CHRONIQUES DE LOUIS XII

PAR

JEAN D'AUTON

IMPRIMERIE DAUPELEY-GOUVERNEUR

A NOGENT-LE-ROTROU.

CHRONIQUES
DE LOUIS XII

PAR

JEAN D'AUTON

ÉDITION PUBLIÉE POUR LA SOCIÉTÉ DE L'HISTOIRE DE FRANCE

PAR R. DE MAULDE LA CLAVIÈRE

TOME QUATRIÈME

A PARIS
LIBRAIRIE RENOUARD

H. LAURENS, SUCCESSEUR

LIBRAIRE DE LA SOCIÉTÉ DE L'HISTOIRE DE FRANCE

RUE DE TOURNON, Nº 6

M DCCC XCV

EXTRAIT DU RÈGLEMENT.

Art. 14. — Le Conseil désigne les ouvrages à publier, et choisit les personnes les plus capables d'en préparer et d'en suivre la publication.

Il nomme, pour chaque ouvrage à publier, un Commissaire responsable, chargé d'en surveiller l'exécution.

Le nom de l'éditeur sera placé en tête de chaque volume.

Aucun volume ne pourra paraître sous le nom de la Société sans l'autorisation du Conseil, et s'il n'est accompagné d'une déclaration du Commissaire responsable, portant que le travail lui a paru mériter d'être publié.

Le Commissaire responsable soussigné déclare que le tome IV de l'édition des Chroniques de Louis XII par Jean d'Auton, *préparé par M. R.* de Maulde la Clavière, *lui a paru digne d'être publié par la* Société de l'Histoire de France.

Fait à Paris, le 10 avril 1895.

Signé : BAGUENAULT DE PUCHESSE.

Certifié :

Le Secrétaire de la Société de l'Histoire de France,

A. DE BOISLISLE.

NOTICE

SUR

JEAN D'AUTON

Le règne de Louis XII a pour caractéristique, comme on sait, une sorte de fièvre littéraire. Le mouvement part d'en haut. Depuis le plus modeste conseiller au Parlement jusqu'au cardinal d'Amboise, chacun tient à honneur de jouer au Mécène : les dédicaces d'Andrelin, de Champier, de Josse Bade et tant d'autres le démontrent abondamment[1]. Bouchet était au service de Louis de la Trémoille[2] : Morvilliers[3],

---

1. Bornons-nous à citer les *Epistres* de Bouchet; les vers insérés à la suite de *Guillermi Piellei, Turonensis, de Anglorum ex Galliis fuga et Hispanorum ex Navarra expulsione* (plaq. de 1512-1513, chez Ant. Bonnemère).

2. Voici une lettre relative à son service :

« Tres cher seigneur, je me recommande a vostre bonne grace tant de bon cueur que je puis. Vous poursuivez par dela un proces de criées pour monseigneur de la Tremoille notre maistre contre Jehan Giffart. Il a paié a l'acquit de mondit seigneur cent livres en quelque lieu ou ladite somme estoit deue, au moyen de quoy on luy a donné terme du demourant jusques a Pasques, et, s'il ne paie dedans ledit terme, on pourra poursuir lesdites criées comme auparavant. Dont je vous advertiz, affin que supercedez la poursuite jusques audit terme. Et, a tant, je pry nostre seigneur qui vous doint ce que desirez. A Poictiers, ce VIIe jour de fevrier.

« Le tout vostre serviteur,
« Jehan BOUCHET. »

(Orig. autogr. Archives de M. le duc de la Trémoïlle. Sur papier; écriture fine, très lisible, de procureur.)

3. Valerand de Varanis appelle Raoul de Lannoy : « Dulcis mi Mecena » (*Carmen de expugnatione genuensi*), etc.

Ligny, Gié, Trivulce[1], par exemple, se constituaient protecteurs des arts ou des lettres[2]. Marguerite d'Autriche, Anne de France[3], Louise de Savoie tenaient de véritables cours intellectuelles[4]. On se faisait honneur, non seulement de soutenir, mais de pratiquer les choses de l'esprit[5].

La cour royale tenait la tête de ce courant. La reine Anne de Bretagne usait royalement des gros revenus de son duché personnel et de son douaire; et, comme elle ne redoutait point le luxe ni la flatterie, les lettres, l'art, les industries artistiques trouvèrent auprès d'elle un accueil sans rival. Quant au roi, il dépensait moins largement, parce qu'il se considérait comme un économe du denier populaire, mais il encouragea spécialement l'histoire, qu'il s'agît d'histoire ancienne ou moderne, des origines fabuleuses de la dynastie ou des faits contemporains[6]. D'abord, il hérita des protégés

---

1. Bibl. Trivulziana, à Milan, cod. 2062 : recueil de poésies de Crassus, Scaurus, Nagonius et autres.

2. Cf. t. IV, p. 379 et 380, notes.

3. La Bibliothèque nationale a récemment recouvré, par les soins de M. Léopold Delisle, l'exemplaire de l'*Abrégé des Chroniques de France,* par Regnault Havart, offert par l'auteur à Anne de France, vers 1500 (voy. *Notice d'un choix de manuscrits des fonds Libri et Barrois exposés dans la salle du Parnasse français,* par M. Delisle. Paris, 1888, p. 30, n° 120).

4. V. notre livre *Louise de Savoie et François I*er, *trente ans de jeunesse.* Cf. Quentin-Bauchart, *les Femmes bibliophiles de France.* Paris, Morgand, 1886, 2 vol. in-4°.

5. Il était de bon ton de « fuir l'oisiveté » et de cultiver personnellement les lettres. Jean Bouchet rapporte que le prince de Talmont,

« Par passetemps, rondeaux faisoit
Et composoit... »

(*Le Temple de bonne renommée,* éd. de 1517, fol. ix.) Le duc Charles de Bourbon appartenait à cette même école. Anne de Graville était une femme de lettres, etc.

6. Nous avons indiqué, dans la *Revue de l'Art français,* 3e année,

de son prédécesseur, des « Paulus Æmilius, » des « Nagonius, ». des Simon « Nanquerius[1]; » il en acquit d'autres en Italie; lorsqu'il entre à Milan en 1499, il agrée l'hommage de la *Genealogia Vicecomitum*, de Tristano Calco, ce serviteur des Sforza[2]. A Pavie, en 1507, il demandait insidieusement à Jason Maino pourquoi, célèbre professeur, il ne s'était pas marié, et Maino de répliquer très hardiment : *Ut, te commendante, Julius pontifex ad purpureum galerum gestandum me habilem sciat*[3]. En 1510, Louis XII recommande même au pape pour des bénéfices le célèbre Pierre Martyr d'Anghera[4], pourtant son adversaire...

On voit ainsi comment se récompensaient les mérites littéraires, non par de l'argent, mais par des charges. Aussi la plupart des écrivains, comme Gaguin, Antoine du Four, Nicole Gilles, Michel Riz, Amaury Bouchard, Laurent Bureau, Claude de Seyssel, Jean Lascaris, Louis Hélien, Guillaume Budé, Charpentier, Villebresme, Octovien de Saint-Gelais, Jean de Saint-Gelais et autres occupèrent des charges de cour ou des fonctions publiques, et on connaît leur vie lorsqu'elle s'est trouvée mêlée à des aventures retentissantes, comme celle des Saint-Gelais, ou à des missions importantes, comme il advint à Riz, à Hélien, à Seyssel...; autre-

janvier 1886, p. 2, les motifs qui paraissent reculer au règne de Louis XII la date de la rédaction des précieux *Mémoires de Fenin*, publiés par Mlle Dupont pour la Société de l'histoire de France. Cf. fr. 25295.

1. Les poésies de celui-ci ont été publiées en 1606, à Paris, in-8°, sous ce titre : *Opusculum de funere Caroli VIII, cum commentario*. Elles contiennent des vers à Chr. de Billy, à Gaguin, à Faustus Andrelinus. Cf. Bibl. nat., ms. nouv. acq. lat. 169, fol. 80.

2. Trivulziana, ms. 1436, p. 445-453.

3. P. Jove, *Vie de Jason Maino*.

4. Voy. notre *Diplomatie au temps de Machiavel*, t. III, Pièces justificatives.

ment, elle échapperait, et l'on ne sait rien de ceux qui, volontairement modestes, se sont dérobés au bruit. Nous connaissons Jaligny comme secrétaire du duc de Bourbon, Nicole Gilles comme secrétaire du roi[1]; le Sala, qui a écrit *Fables et emblèmes en vers*, traduit le roman de *Tristan*, décrit les *Prouesses des princes*, par des mentions administratives[2]. Cependant, sur une requête de Nicole Gilles, le roi lui accorde une pension de cent livres et une patente où il énumère ses services[3]. Un peu plus tard, Humbert « Velay », d'Aix en Savoie, louangeur de Georges d'Amboise[4] et historien de Louis XII, écrira aussi pour réclamer des honoraires[5].

Jean d'Auton appartient à la catégorie des âmes simples, dont on ne sait rien. On a été jusqu'à présent réduit aux conjectures pour retracer son existence.

L'on n'a pas même pu se mettre d'accord sur son origine,

---

1. X^{1a} 9320, 62; lettre de Charles VIII au Parlement. Il lui envoie Nicole Gilles, son secrétaire, contrôleur du trésor à Paris, pour parler de certaines affaires. Moulins, 15 février (1490). — Nicole Gilles, notaire et secrétaire du roi, clerc et contrôleur de son trésor, fit de ses deniers bâtir la chapelle Saint-Louis à l'église Saint-Paul à Paris. Il y fut enterré. Il mourut le 10 juillet 1503; son épitaphe est rapportée ms. fr. 5527, année 1503.

2. Fr. 26110, 729. 15 déc. 1506. Distribution de sel ordonnée pour dépenses de maison, en payant le droit du marchand seulement : Les deux élus du Lyonnais, à chacun six quintaux; à des receveurs, contrôleurs;... « à la poste Estienne Neel, IIII quintaulx; à la garde dez mignes Jehan Sala, IIII q.; à l'escuyer Sala, son frere, IIII q.; » à des magistrats, religieux, fonctionnaires administratifs.... — Un Jean Salat était maitre des requêtes du duc d'Orléans en 1491. Pierre Sala était valet de chambre de François Ier (fr. 21449).

3. Fr. 25717, fol. 147.

4. Vers latins pour le tombeau de G. d'Amboise : « Humbertus Vellietus Acquensis Allobrox dicavit » (ms. Clair. 943, fol. 126).

5. Lettre d'Humbert Velliet au chancelier : Chambéry, jeudi (J. 967).

ni sur la simple orthographe de son nom. On l'a appelé parfois « d'Anton, Danton » ou « Danthon[1]. » Laissons de côté l'apostrophe et l'*h*, qui ne constituent que des variantes sans importance; reste à savoir s'il faut lire un *u* ou un *n*, « Anton » ou « Auton. »

Nous ne croyons pas qu'il puisse à cet égard subsister de doute sérieux; la leçon *Anton* appartient à des copies secondaires[2] ou à des textes imprimés[3]; or, de tout temps, mais surtout au commencement du XVIe siècle, il faut se défier des compositeurs d'imprimerie et des copistes[4]. Dans d'autres textes, le scribe ou l'imprimeur nous donne *Auton*[5]; parfois même, l'une et l'autre version se suivent ou s'alternent[6].

---

1. La leçon *Anton* dans Roman, *Chronique du Loyal serviteur*; Dupuy, *Traité des droits du Roy*, p. 20.

2. Ms. fr. 1953, fol. 23 : « Jehan Danthon. »

3. *L'Exil de Gennes*, à la suite de *les Triumphes de France*, plaq. goth. de 1508 (« Jehan Danton »); *les Espistres envoyées au Roy*, plaq. goth. de 1509 (quatre fois : « Danton »); J. Le Maire, *Plaincte sur le trespas de feu messire de Byssipat* (« Abbé Danton »); Le Maire, *Illustrations de Gaule*, 3e partie, 1re éd. (« l'abbé Dange en Poitou, damp Jehan Danton »). M. Picot pense qu'on prononçait « Dauton » même en écrivant « Danton » (*Revue d'histoire littéraire de la France*, n° 2, p. 146, note).

4. Dans son *Epistre* aux imprimeurs, Jean Bouchet les exhorte à publier désormais ses œuvres plus correctement (*Epistres morales et familieres du Traverseur*. Poitiers, 1545).

5. Fr. 1716, fol. 6 : « Jehan Dauton; » fr. 5087 : « J. d'Authon; » fr. 1952 : « frere Jehan d'Authon; » *Epistres familieres* de Jean Bouchet, éd. de 1545 (épitres 57, 67) : « Jehan Dauthon; » Épitres insérées en tête du *Panégyrique* de Jean Bouchet, 1re éd. : « Jehan Dauthon. »

6. Le ms. 23988 de la *Plainte du desiré*, par Le Maire de Belges, porte « Dauton; » le ms. 1683 de la même *Plainte* : « Danton. » Le bibliophile Jacob fait remarquer que, dans la 67e épitre familière de Jean Bouchet, « Jean d'Authon » rime avec « haut ton, » mais que d'autre part, dans l'Épitre de Crétin à Macé de Villebresme, il rime avec « en ton. » Nous devons toutefois observer

Mais nous possédons les textes officiels et authentiques des Chroniques de Jean d'Auton; ces manuscrits portent tous *Auton*. M. Richard, archiviste de la Vienne, a découvert[1] aussi et a bien voulu nous communiquer un bail notarié, où notre auteur comparaît comme abbé d'Angle le 27 avril et le 28 août 1522, et, dans cet acte, le notaire a écrit « Jean Dauton. » Le rôle officiel des *Officiers de l'ostel du Roy* l'appelle également « Dauton[2]. » Denis et Théodore Godefroy, le bibliophile Jacob ont donc eu raison de conserver le nom, traditionnellement accepté, d'*Auton*[3].

Ce premier point fixé, il reste à rechercher le pays d'origine de Jean d'Auton, question qui présente d'ailleurs un intérêt médiocre pour la critique, car il est très clair que l'écrivain, écho de certaines inspirations, fait abstraction de sa personnalité dans la rédaction de ses Chroniques, et ne se laisse guider par aucune considération locale. Trois indices nous permettent cependant de l'éclaircir : 1° Jean d'Auton a l'habitude personnelle de commencer l'année au 25 mars[4]; 2° il s'étend, avec beaucoup de complaisance, avec une bienveillance anormale et des détails de première main, sur les faits et gestes d'un certain Antoine d'Auton, pour lequel il éprouve évidemment une sympathie particulière[5], et dont il connaît fort bien le pays; 3° il appartenait

que, dans le ms. fr. 1711, fol. 13 v°, de cette épître, le nom est écrit « Dauton. » *L'Exil de Gennes*, imprimé en 1508 pour Guillaume Eustace, à la suite des *Triumphes de France* de J. d'Ivry, est « faict par frere Jehan Danton, » mais la table des matières porte « Dauton. »

1. Archives de la Vienne, abbaye d'Angle.
2. Ms. fr. 3087, fol. 39.
3. Ainsi que Brunet, Græsse, etc.
4. T. I, p. 241, n. 2.
5. Ce d'Auton avait pour ami et compagnon un seigneur d'Aunis, Jean Chapperon, que, dans tout le cours de ses Chro-

à une famille seigneuriale[1], car Bouchet le déclare, dans son *Épitaphe*, « un bon seigneur,... noble de sang,... noble des deux côtés[2]. » Ainsi, Jean d'Auton appartenait à une famille des seigneurs d'Auton ; sa seigneurie se trouvait dans un pays de comput dit florentin, et il ne paraît pas étranger à Antoine d'Auton.

A cette époque[3], il y a une seigneurie d'Auton dans le ressort de Châteaudun[4], qui ne peut nous arrêter, puisqu'elle se trouvait dans un pays de style de Pâques et qu'elle appartenait à la maison d'Armagnac[5]. A défaut de celle-là,

niques, Jean d'Auton met constamment en relief, sous les plus minces prétextes (voy. Table des matières, v° CHAPPERON).

1. On peut, à ce sujet, remarquer aussi son plaidoyer en faveur de la chasse (t. III, p. 102), bien qu'au dire de Bouchet il n'en usât pas personnellement.

2. Cette déclaration écarte de suite un grand nombre de synonymes, les noms de Dauton, Danton ou équivalents étant extrêmement répandus. Ainsi nous trouvons des Danton bourgeois de Rouen (Pièces orig., C. des T., t. 973, n° 21530; t. 980, n° 21865); bourgeois d'Aubusson (l'un d'eux, à la fin du XVIe siècle, s'appelle même Jean Dauthon ou Danthon. Ibid., t. 973, n° 21533); des Dautan laboureurs à Vincennes, à Montreuil près Paris (Ibid., t. 980, n° 21862). Un faux monnayeur picard s'appelle Nicolas d'Auton (ou Dautun. JJ. 234, 83).

3. Il y a actuellement : Authon (Basses-Alpes), 204 hab., arr. de Sisteron; Authon (Charente-Inférieure), 690 hab., arr. de Saint-Jean-d'Angély; Authon (Eure-et-Loir), 1,427 hab., arr. de Nogent-le-Rotrou; Authon (Loir-et-Cher), 1,016 hab., arr. de Vendôme; Authon-la-Plaine (Seine-et-Oise), 655 hab., arr. de Rambouillet; Anthon (Isère), 356 hab., arr. de Vienne.

4. Ms. Moreau 365, p. 56 (mention).

5. Auton ou Anthon. *Inventaire des titres de la maison de Bourbon*, II, p. 436. Cf. R⁴ 580, 32. Procès entre la duchesse d'Orléans et le comte du Maine. Arrêts du Parlement du 8 mai 1470; ordonnance du conseiller Briçonnet, commis le 22 septembre 1471; procès-verbal du même, 15 juillet 1471, pour Alluye, Authon, Montmirail, Bazoche... Briçonnet, du consentement des officiers

devons-nous rattacher Jean d'Auton au Dauphiné ou à la Saintonge, deux provinces où l'on commençait l'année au 25 mars[1]?

On a quelquefois voulu faire de Jean d'Auton un dauphinois, et, à l'appui de cette opinion, on pourrait observer qu'il emploie souvent une expression provinciale, mais surtout lyonnaise et dauphinoise[2], « aller de Lyon en France[3]. » Aubert du Rousset, gentilhomme dauphinois, commandait une compagnie d'hommes d'armes, composée, au dire d'Aymar de Rivail, de dauphinois, et, dans cette compagnie, nous trouvons un Cyprien d'Auton homme d'armes, peut-être dauphinois[4]. Enfin, Jean d'Auton ne s'exprime pas en poitevin quand il appelle[5] *Cytran* Gilbert des Serpens, seigneur de Chatain en Poitou[6].

Mais, d'autre part, sous le fatras conventionnel du langage savant de ce temps, Jean d'Auton laisse percer des traces du langage poitevin et saintongeais. Ainsi, il

du comte, leur enjoint de ressortir du gouverneur du duché d'Orléans et d'Ienville (Janville).

1. « Le xxv de mars, jour de Nostre Dame, auquel l'eglise gallicane commençoit a compter mil cinq cens et xii..., » dit Jean Thenaud, cordelier d'Angoulême (*le Voyage d'outremer,* publ. par M. Schefer, p. 35).

2. En tout cas, elle exclut l'idée de rattacher Jean d'Auton au Perche ou au Dunois; elle était d'ailleurs conforme à la coutume. Ainsi Jean d'Auton dira de même: « gascon, françoys, savoizien » (III, 129), pour distinguer trois personnes diverses.

3. T. I, p. 312.

4. T. I, p. 212.

5. T. I, p. 24.

6. Nous devons observer sur ce point que le nom de *Chitain* subit les plus nombreuses variantes. Des Serpens lui-même signe « Chitan » (ms. Dupuy 261, fol. 191), « Chitain » (Titres orig., n° 7: reconnaissance de son beau-frère Gaspard de Coligny; n° 8). Cf. fr. 21449, *passim.* Jean des Serpens s'intitulait, en 1488, « Cytain » (ibid., n° 5), etc.

dira : « Entour la feste sainct Hylaire[1], » en bon poitevin. Il prononce et écrit « cheulz » (chez), « fayerye » (féerie)[2]... Enfin, ses relations personnelles sont poitevines. Son protégé et son meilleur ami est Jean Bouchet, qui lui a adressé des épîtres, qui a confectionné son épitaphe et qui se fait gloire de suivre ses préceptes. Avec Jean Bouchet, Jean d'Auton trouve encore un prôneur, plus exclusivement poitevin, s'il se peut, dans la personne de Pierre Gervaise, poète fort obscur de Poitiers, connu par une épître, conservée dans les œuvres de Bouchet, où il exalte Jean d'Auton[3]. Ainsi, notre auteur nous apparaît comme le patron naturel des poitevins qui aspiraient aux bienfaits de la cour et aux honneurs du beau langage[4]. On objectera qu'il se rattachait au Poitou comme abbé d'Angle; mais Jean d'Auton, selon l'usage du temps, ne résida point dans son abbaye, si ce n'est à la fin de sa vie; il ne pouvait même pas y résider, puisqu'il suivit professionnellement la cour. Il fut également prieur de Clermont-Lodève, et, de ce côté-là, on ne lui trouve aucunes relations semblables. Enfin, et surtout, observons que Jean Bouchet fut l'élève de Jean d'Auton; il le dit à plusieurs reprises[5]; or, Bouchet fit ses débuts à la cour un peu avant la mort de Charles VIII[6]; d'Auton reçut son abbaye de Louis XII, et ainsi il faut supposer des rapports antérieurs.

1. T. III, p. 103.
2. « Queurée, » pour *curée* (III, 102).
3. Bouchet, *Épîtres familières*, ép. 22, fol. 22 v°.
4. L'abbé Goujet va même jusqu'à dire qu'il était de Poitiers. Bayle, Dreux du Radier, Rainguet (*Biographie saintongeaise*, Saintes, 1851) le rattachent sans hésitation à la Saintonge.
5. Voy. ci-après.
6. Florimond Robertet voulut bien présenter à Charles VIII un échantillon de ses vers (J. Bouchet, *Panégyrique*, Dédicace à Robertet).

Quant aux autres indices en faveur du Dauphiné, ils cèdent devant le fait que la baronnie d'Anton (avec un n^1), en Dauphiné, appartenait au sire du Bouchage[2], qui en portait le titre[3], et avec lequel Jean d'Auton n'a incontestablement aucun rapport. La circonstance que Jean d'Auton connaissait bien Lyon et qu'il a pu employer une locution dauphinoise ou lyonnaise ne prouve rien, attendu qu'il fit à Lyon avec la cour des séjours fréquents et prolongés; il connaît Lyon beaucoup mieux que Paris[4].

Au contraire, la baronnie d'Auton[5], en Saintonge, appartenait à une famille d'Auton, peu célèbre, mais dont nous rencontrons çà et là des traces dans l'histoire[6]. Un Loyset

1. Échange entre le dauphin de Viennois et les seigneurs d'Anthon confirmés par Louis XII, oct. 1498; fr. 2900, fol. 39.
2. Imbert de Batarnay, chevalier, baron d'Anthon et du Bouchage; fr. 2919, fol. 63, acte de 1497. Lettre de d'Aumont à Mme d'Anthon, sa nièce. Amboise, 3 oct.; fr. 2965, fol. 64. Cf. t. II, p. 146, n. 3.
3. Voy. t. III, p. 347.
4. Il connaît même très peu Paris (t. II, p. 221).
5. Actuellement Authon, cant. de Saint-Hilaire-de-Villefranche, arr. de Saint-Jean-d'Angély (Charente-Inférieure).
6. D'après Beauchet-Filleau et de Chergé (*Dictionnaire..... des familles de l'ancien Poitou*. Poitiers, 1841, t. I, p. 156), la famille d'Authon, d'Auton ou d'Aulthon, comptait un grand nombre de membres au xve siècle; ces auteurs citent : Jean, écuyer, seigneur de Béruges, en 1424; Jacques et Louis, brigandiniers du sire de Bressuire, 1467; un bâtard, archer, en 1485-1491; Ythier, habitant près de Civray, 1491-92; Ythier, seigneur de Vausay, archer, 1492; Jean (de Champault), archer, 1491-92; Antoine, homme d'armes, 1506; Charles, homme d'armes de la compagnie La Trémoille, 1517, 1519; divers des xvie et xviie siècles. Les armes sont : de gueules, à aigle éployé, couronné d'or.
— La nouvelle édition de Beauchet-Filleau (I, 188) donne la filiation suivante : Jean d'Authon, écuyer du duc de Guyenne (1472), épousa Marguerite de Mareuil, dont il eut : 1° Nicolas, qui épousa Isabeau Flament de Bruzac (sans postérité); 2° Pierre (aveu en

Dauton, écuyer, était même homme d'armes de la compagnie personnelle de Louis XII avant son avènement, et reçoit de lui une gratification de quarante livres, par le ministère de Jacques Hurault, le 6 mai 1485[1]; notre chroniqueur put donc trouver à la cour des voies préparées. Ajoutons que la famille d'Auton tint par la suite un rôle de plus en plus brillant en Saintonge. « Seguin Dauton, seigneur baron dudit lieu, » était en 1610 sénéchal de la province[2]. De

1487 au seigneur de Taillebourg), qui épousa Souveraine Flament de Bruzac, dont il eut : 1º Antoine; 2º Isabeau (qui épousa, le 30 septembre 1500, Georges Guy); 3º Marie (qui épousa, le 6 mars 1504, Ant. Goulard, s. de la Boulidière). Antoine, homme d'armes, à qui on rapporte les aventures d'Antoine d'Auton décrites dans Jean d'Auton, épousa vers 1500 Anne de Saint-Gelais, de la branche de Séligny, et en eut plusieurs enfants. Mais cette filiation est inexacte ou incomplète, car elle n'établit rien pour notre Jean d'Auton, ni pour un autre Jean d'Authon, écuyer du duc de Guyenne, qui nous est connu par une quittance de ses gages, d'avril 1472 (fr. 6990, fol. 200). Un Charlot d'Auton, gentilhomme saintongeais, et certainement proche parent d'Antoine, figure aussi à la fin du xvº siècle, dans une assez fâcheuse affaire, l'enlèvement d'une jeune fille (JJ. 233, fol. 112 et suiv.). Les *Roolles des bans et arriere bans de la province de Poictou...* (extraits des originaux estans par devers Pierre de Savezay, escuyer, sieur de Bois-Ferrand. Poitiers, 1667, in-4º) citent encore : Daulton Jacques, Daulton Louys, brigandiniers du sire de Bressuire en 1467 (p. 17); et, en 1491, dans l'arrière-ban, Daulton Ytier (de Civray), pour son père, qui est vieux de soixante-quinze ans (p. 41), le même Daulton Ytier, pour son père, s. de Vansay (p. 69); le même, en archer : on lui enjoint d'avoir des gantelets; Dauthon Jean (p. 57), en archer (de Champault, contrée de Niort). Cf. ms. Clairambault 3, cl. 5, nº 90, une quittance de Hugues Dauton, chevalier, en Saintonge (1337). Enfin un sceau d'un Guillaume d'Auton, au xiiiº siècle (*Hist. du Languedoc*, V, pl. 5, nº 63), diffère tout à fait de celui décrit par M. Beauchet-Filleau. On manque donc, en résumé, de données précises.

1. Cabinet des titres, Pièces orig., t. 77, nº 1549.
2. Quittance d'un quartier de gages, 24 mai 1610. Cabinet des titres, Pièces orig., t. 973, nº 21539.

plus, Jean d'Auton qualifie expressément de Saintongeais le seigneur d'Auton dont il parle.

Jean d'Auton naquit donc en Saintonge, et en 1466 ou 1467, puisqu'il mourut en janvier 1528, âgé, selon son épitaphe, de soixante ans « ou plus. » Il était religieux de l'ordre de Saint-Benoît[1]. Nous ne savons rien de ses œuvres avant l'année 1499, à moins que l'on ne veuille reporter à cette première période de sa vie une traduction des *Métamorphoses* d'Ovide, que nous ne connaissons que par une citation de Jean Bouchet[2]; mais cette hypothèse nous paraît peu vraisemblable; ses œuvres proprement littéraires appartiennent à la fin de sa carrière; nous pouvons établir la date de toutes les autres, et nous serions porté à assigner aux *Métamorphoses* une date analogue[3]. Sans doute, Ovide se trouvait fort à la mode sous le règne de Charles VIII, et l'évêque d'Angoulême, Octovien de Saint-Gelais, lui dut alors une partie de sa faveur; mais, sous Charles VIII, personne ne connaissait encore Jean d'Auton[4]. Tout d'un

---

1. Godefroy dit, par *lapsus*, de l'ordre de Saint-Augustin. Cette erreur vient de Jean Bouchet, dans une épître adressée à Jean d'Auton lui-même (en tête du *Panégyrique*).

2. 67ᵉ épitre, à la fin (éd. de 1545) : épitre à « Reverend pere en Dieu frere Jehan Dauthon, abbé d'Angle et croniqueur du feu Roy Loys XII, faisant mention du jeu du monde; » et « Responce faicte par ledict reverend abbé d'Angle... »

3. Bien que Jean Bouchet, lors de la mort de Jean d'Auton, cite les *Métamorphoses* comme une œuvre d' « autrefois. »

4. Le bibliophile Jacob, qui cite les vers suivants de Gervaise :

« ... Que [Jean d'Auton] vis jadis en son saint hermitage
De l'origine composer maints beaux faits..., »

est porté à interpréter ces expressions ambiguës dans le sens d'un commencement de Chronique, qui devait remonter à l'origine des Français. Nous croirions plutôt, mais sans pouvoir rien affirmer, que Gervaise fait allusion à quelque œuvre de début; probablement, Jean d'Auton avait dû composer d'abord, au fond de son coup, ce personnage sans ambition, jeune, modeste, peu remuant, conçoit et exécute le projet d'écrire une relation presque officielle de la campagne de Milan, avec un poème solennel, redondant et insipide, mais de circonstance, *les Alarmes de Mars*. Il prend la peine d'aller à Milan. Il présente son œuvre sans la signer, mais le bibliophile Jacob a parfaitement eu raison d'y suppléer sa signature[1]. D'où put lui venir cette brusque ambition de se faire l'historiographe de la cour? Qui donc tira Jean d'Auton de son couvent pour lui inspirer un acte aussi officiel[2]? qui lui en donna les moyens? qui lui fit espérer le succès? Ici, nous n'avons guère de doute : c'est la reine Anne de Bretagne. Outre que nous reconnaissons là le procédé de la reine Anne, Jean d'Auton, à plusieurs reprises, s'avoue son protégé; le début de cette protection se rapporte précisément à la prise de possession par Anne de Bretagne de son douaire. Malgré son mariage avec le nouveau roi Louis XII, la reine conserva, avec une administration à elle, sa très opulente dotation de reine douairière, comme veuve de Charles VIII; les vastes domaines qui lui furent ainsi attribués s'étendaient surtout en Saintonge, autour de la Rochelle et de Saint-

cloître, un roman de « beaux faits, » selon la mode du temps. Rien, dans sa Chronique, n'annonce un préambule ambitieux ni même un préambule quelconque, au contraire.

1. Avant lui, Th. Godefroy s'était aperçu que le récit de 1499 était de Jean d'Auton et l'avait réuni à la Chronique de 1501-1506, dans une copie actuellement à la bibliothèque de l'Institut (ms. Godefroy 228).

2. Jean d'Auton ne rédigea qu'en 1500 la chronique de 1499 (t. I, p. 90, n. 2), mais il agit dès 1499 avec des allures officielles, voyant par lui-même une partie des choses (il fit le voyage de Milan) et s'informant des autres par enquêtes (t. I, p. 4, n. 1; 87, n. 2), et déjà alors il se plaint de la difficulté de se montrer exact et impartial (p. 109).

Jean-d'Angély, qui y étaient compris ; le douaire comportait aussi des domaines en Languedoc, près de Montpellier. Or, par une coïncidence digne de remarque, le moine que nous croyons saintongeais débute à la cour au moment de la constitution du douaire, et il va, en récompense de ses travaux, recevoir des bénéfices en Poitou, puis près de Lodève.

Cette remarque est fort importante pour la critique des Chroniques. La reine, dont on sait l'esprit volontaire, joua un grand rôle dans les faits que rapporte Jean d'Auton ; c'est elle qui, passionnée pour l'indépendance de la Bretagne, poursuivit une lutte ardente et opiniâtre en vue de marier sa fille Claude au fils de l'archiduc, en lui donnant comme dot une partie de la France. On connaît ces mémorables événements, couronnés par le procès du maréchal de Gié, par la brouille du roi et de la reine, par le mariage de Claude avec le comte d'Angoulême. Or, dès le début de ses Chroniques (et c'est le plus grave reproche qu'on puisse leur adresser), Jean d'Auton s'inspire manifestement des goûts, des idées et, pour tout dire, de l'*école* de la reine. Cette tendance, dont il faut tenir compte en utilisant son récit, est sensible sur bien des points et l'entraîne jusqu'à contrecarrer même dans certaines circonstances les idées du roi et du cardinal d'Amboise. Ainsi, une dépêche du résident vénitien Dandolo, du 18 février 1502 (anc. st.)[1], expose que César Borgia se soutient à la cour par l'appui politique du cardinal d'Amboise et qu'il a contre lui une grande influence, la reine ; en l'absence du cardinal, le parti de la reine ne se gênait pas, dit l'ambassadeur, pour murmurer, pour accuser le roi de laisser le Valentinois *trop lever la crête* et deve-

---

1. Archives de Venise.

nir dangereux; le roi se borne à hocher la tête, en disant qu'il ne laissera pas dépasser les bornes... Eh bien, Jean d'Auton, dans ses écrits officiels, n'imite point la réserve du roi; il témoigne au Valentinois une haine profonde[1]. Bien plus! on dirait qu'il craint de le nommer ou de le qualifier; il recourt à des subterfuges amusants; il appelle César « nepveu du frere du pape[2], » pour dire « fils du pape » sans le dire. Cyprien d'Auton servait dans la compagnie Valentinois, dont Aubert du Rousset était lieutenant; Jean d'Auton appelle cette compagnie *Du Rousset*.

Pourtant, lorsque le rôle antipatriotique de la reine s'accentue et aboutit à un éclat, Jean d'Auton commence à éprouver un certain malaise et modifie légèrement son accent. Il parle encore du procès du maréchal de Gié comme on le faisait dans l'entourage de la reine, mais déjà il donne à son récit un préambule d'étonnement et de philosophie. Il applaudit néanmoins à la chute du maréchal, et il obtient aussitôt après de l'avancement. L'influence de la reine se fait encore jour dans le récit du mariage de Claude de France et dans la longue mention accordée à Antoine Duprat, cet astre naissant[3]. Le chroniqueur pousse même la conscience jusqu'à déclarer « très belle » la pauvre Claude de France, qui était si laide. Mais peu à peu l'inspiration de la reine décroît. Le consciencieux chroniqueur a pris au sérieux son rôle officiel; il cherche à plaire au roi, auquel il offre des poésies; il se débat contre les influences avec un véritable souci d'indépendance. Aussi sommes-nous fondé à croire que son étoile pâlit près de la reine. Nous le voyons

1. Voy. notamment t. II, p. 87.
2. T. II, p. 12.
3. T. IV.

supplanté par d'autres dans les faveurs d'une princesse bonne, mais exigeante; Jean Marot écrit, pour la reine, le récit de l'expédition de 1507; il l'écrit en vers, avec un accompagnement de miniatures fort soignées; la reine le prend pour poète, et, peu après, elle prend Jean Le Maire pour son historiographe. A ce moment, Jean d'Auton, comme nous allons le dire, abandonne la plume de l'historien et se réfugie dans la poésie. On peut supposer à ces divers événements un certain lien, nécessairement tout moral, et il ne serait pas surprenant que la reine, après avoir valu à Jean d'Auton sa carrière, ait contribué ensuite à son éloignement.

Jean d'Auton intitule simplement *Conqueste de Millan* sa première chronique, non officielle. Il appelle déjà la seconde *Chronique du roy Loys XII*^{e}, et la troisième devient *Chronique de France*. L'auteur prend alors le titre d'*Historiographe du Roy*[1]. Au début, il suivait son propre comput, le 25 mars; il adopte à partir de 1501 le comput royal de Pâques[2].

A mesure que son caractère officiel s'affirme, sa narration change de ton; elle devient plus prolixe, plus diffuse, plus consciencieuse, si l'on veut, et en même temps plus hâtive. En maint endroit, il proteste de son soin et de son loyal désir d'impartialité[3]; il nous renseigne sur sa manière de

1. Le récit de 1499 est un récit abrégé, fait évidemment en vue d'appeler l'attention du prince. Jean d'Auton dit lui-même qu'il le fait dans du temps dérobé à d'autres occupations. Le récit de 1500 forme déjà un tout plus vaste et plus complet. Le récit de 1501-1506 forme un volume tout à fait officiel.
2. T. II, p. 3.
3. Voy. t. III, p. 158. Il insiste sur son extrême désintéressement. Il ne prend la plume, dit-il, que parce qu'il ne peut tenir l'épée, par haine de l'oisiveté, qui engendre la volupté (ibid., et I, 3, 109, 117).

composer[1], et, plus il va, plus il multiplie ces affirmations[2]. Il suit partout la cour; il accompagne le roi dans ses expéditions en Italie[3]; il fraie avec les capitaines, avec les hommes d'armes de tout grade; il ne craint pas de boire et de manger avec eux[4], d'aller sur le champ de bataille[5], lui, religieux des plus paisibles, pour se faire une idée de l'art de la guerre et recueillir sur l'artillerie, sur les bandes, sur les exploits de tel personnage, des renseignements précis, authentiques. Déjà, sous Charles VIII, André de la Vigne, commis « à mettre par écrit ce présent voyage, » avait accompagné le roi à Naples, en lui présentant çà et là quelque rondeau de circonstance pour le divertir[6]. Jean d'Auton fait de même, mais son œuvre est plus complexe, plus difficile. Il va partout, le calepin à la main, comme un journaliste de nos jours[7], et il lui faut composer sa

---

1. Il aime surtout parler de ce qu'il a vu (t. I, p. 4, n. 1; II, 107) ou invoquer au moins des témoignages oculaires (III, 164, 166). En célébrant, sur l'ordre du roi, l'histoire invraisemblable de la mort de Thomassine Spinola, il a soin de laisser la responsabilité du récit à Germain de Bonneval (IV, 12), connu alors comme conteur de *Nouvelles* (IV, 361).

2. T. III et IV. Voy. notamment III, 230, 239, 317.

3. Il va à Milan en 1499 (I, 87, n. 2), à Gênes et à Milan en 1502 (II, 245; III, 29, 75), à Gênes en 1507 (IV, *passim*); il vit à la cour à Lyon (II, 106; III, 96), à Blois : « ... Vostre abbé d'Angle, écrit Jean Bouchet à Louis XII,

> Lequel vous suit souvent en robbe sangle
> Pour mettre au vray par escrit vos haults faits. »

4. Il fait même souper à ses frais et chez lui des gens d'armes pour en tirer des récits exacts (III, 317).

5. A Gênes, en 1507, il prend ses renseignements sur le champ de bataille et *de visu* (III, p. 229; IV, p. 12).

6. Godefroy, *Hist. de Charles VIII*, p. 189.

7. Notamment t. III, p. 315. — Il est en cour, « aux escoutes, » dit-il (III, 339).

Chronique sur-le-champ, afin de la remettre au roi sans trop de délai[1]. Ajoutons que la Chronique, aussitôt livrée en pâture à un certain public, valait à son auteur une grande réputation[2] et bien des critiques. Gratifié, en 1505, par le cardinal-légat d'Amboise du prieuré de Clermont-Lodève, où il se trouvait dans la dépendance directe du cardinal de Narbonne, neveu du légat, Jean d'Auton est à la fois satisfait[3] et gêné. Il n'aimait point la lutte; il écrivait par goût, pour éviter l'oisiveté, pour exalter les bons et réprouver les méchants. Quand il vit qu'une si noble mission lui attirait des attaques et des dégoûts (à propos desquels il s'exprime avec une certaine amertume dès 1503[4]), son découragement sur

1. T. III, p. 289, il dit que César Borgia, arrêté en 1504, passera probablement le reste de sa vie en prison. Sa chronique de 1499 fut rédigée en 1500, celle de 1500 en 1502 (I, 318).

2. III, 317. Dès 1503, évoquant la Rhétorique sur la tombe du comte de Ligny, Jean Le Maire de Belges met les vers suivants dans la bouche de cette dame :

« Encores est hors de ce mondain fabricque
Ung mien privé Robertet magnificque,
Qui mon feu George en grant pleur honnoura;
Et Sainct Gelais, coulourant maint canticque,
Pleurant son Roy plus cler que nulle antique,
Les a suivy; si croy que Rhetoricque
Finablement avec eulx se mourra.
Ung bien y a que encor me reste et dure :
Mon Molinet, moulant fleur et verdure,
Dont le hault bruyt jamais ne perira;
Et ung Cretin, tout plain de flouriture,
Qui le conserve en vigueur et nature;
Et toy, Dauton, car la sienne escripture
Et ta *Cronicque* a tousjours flourira. »

Le Maire cite ensuite le second Robertet, et les musiciens Josquin de Prez, Hilaire Évrart.

3. IV, 27.

4. En tête : ch. xxiv; fin du ch. xxii; t. III, p. 317. Dès 1499, il commençait à se plaindre (I, 109).

l'impossibilité de satisfaire tout le monde s'accentue de plus en plus et finit certainement par lui inspirer le désir de laisser là son rôle et de rentrer dans la paix.

Pour rédiger ses Chroniques, Jean d'Auton ne devait d'ailleurs consulter que ses propres forces; on ne lui prêtait aucun appui officiel[1]. Aussi a-t-il rarement un document entre les mains[2] et ignore-t-il des faits très importants, notamment les négociations, et il l'avoue[3].

Il raconte les faits extérieurs, ce qui se sait à la cour, et cela sans parti pris; il représente ordinairement l'opinion moyenne. C'est un excellent homme, d'esprit peu distingué, plein de bonne volonté et de bienveillance, sincère et honnêtement naïf. Soit réserve, soit éloignement naturel ou professionnel pour les intrigues, on s'aperçoit qu'il ne connaît pas à fond le personnel de la cour, parce qu'il commet de petites méprises d'appellation[4]. Plusieurs

1. Il se plaint amèrement qu'on ne lui dise rien et rejette sur ce silence les lacunes qui peuvent se trouver dans ses récits (III, 317).

2. Cependant il donne le texte d'une trêve et le texte des discours de Gênes en 1507. Il invoque aussi (t. III, p. 167) un rapport officiel ennemi. A la même époque, la *Chronique* rédigée par Haneton, premier secrétaire du roi de Castille, ne comprend presque, à l'inverse, que des documents.

3. II, 213; t. III, négociations de 1504; t. IV, p. 343, négociations de Savone; négociations de 1505 (« a porte cloze, quant a moy. » III, 358).

4. Ainsi il appelle Gaspard de Coursinges « Menna » (t. I), « Aymer » (t. II, p. 12, 278); Charles de Bourbon, comte de Roussillon, « Jacques » (II, 189), ou « Louis » (II, 21); Étienne Poncher, évêque de Paris, « Jean » (*passim*); Louis de Castelbajac, « Bertrand » (II, 21); Jacques de la Trémoïlle, seigneur de Mauléon, « François » (II, 12); le marquis Louis de Saluces, « François; » Louis de Bigars, seigneur de la Lande, tantôt « Jean de la Lande » (II, 13, 278), tantôt « Pierre de la Lande » (II, 287, 290); le sire de Rohan, « vicomte de Rohan » (I, 73); Antoine Duprat « Jean Du Prat » (III, 230).

de ces confusions sont d'ailleurs imputables à la hâte de la rédaction[1].

De même, il a quelquefois erré, soit sur des faits d'histoire[2], soit sur des détails de géographie[3]. En général, ces légers *lapsus* ne présentent pas de gravité (comme on peut le voir par les spécimens que nous citons); il appartient à l'éditeur de les reviser, d'unifier par une table des matières les variations, et on ne saurait tenir rigueur à l'auteur, qui, évidemment, recherchait ses renseignements avec beaucoup de soin, qui les a pris à bonne source[4] et les fournit habituellement fort exacts[5]. Sous cette réserve, nous n'avons pas ménagé, dans notre annotation, les petites chicanes de détail[6].

1. Il lui arrive d'appeler « Jean de Rohan » Pierre de Rohan, maréchal de Gié, personnage connu de la France entière; il confond, à un moment, Roquebertin avec Roquemartin, qui fut ambassadeur en Espagne (II, 117); il donne ici son vrai nom à James, infant de Navarre (II, 155), et quelques pages plus loin il le nomme infant de Foix (II, 189, 198); il appelle successivement le même homme d'armes Marc du Fresne (II, 287) et Marc du Chesne (II, 290); Jean de Dinteville ou de Tinteville (II, 21, 74, etc.; cette variante autorisée par l'usage).

2. Il dit (I, 6) que Charles d'Orléans a été *hostage* en Angleterre; c'est Jean, frère de Charles.

3. Il place en Pouille Lecce, qui est dans la terre d'Otrante (II, 204); il appelle Chiavenna tantôt « Clavene, » tantôt Chavannes...

4. Voy. les renseignements fournis par Bayard (III, 108), par le cardinal de Prie, par Gabriel de la Châtre (III, 96), par d'Aubigny, La Palisse et autres capitaines (III, 314), par Antoine de Conflans (II, 158), etc.

5. Voy. t. II, 13; I, 226.

6. Voy. t. I, 5 n. 2, 7 n. 1, 12, 18 n. 2, 47 n. 1, 50 n. 1, 63 n. 1, 78 n. 3, 79 n. 3, 81 n. 1, 91 n. 4, 108 n. 5, 120 n. 1, 123 n. 1, 124 n. 3, 135 n. 4, 148 n. 1 et 2, 150 n. 2, 164 n. 2, 195 n. 1, 197 n. 1, 265 n. 2, 282 n. 2, 307, 314 n. 3; t. II, p. 14, 33, 36, 71, 73 n. 2, 87 n. 1, 91 n. 1, 93 n. 1 et 2, 97, 99, 113, 141 n. 2 et 3, 155

Outre cette critique intrinsèque, nous devons constater que, dans sa manière générale de narrer et d'apprécier les faits, Jean d'Auton est tout simplement l'homme de son temps. Il est superstitieux[1]; la légende médiévale de *Virgile magicien* trouve en lui un de ses plus chauds adeptes. Il croit fort aux esprits[2] et aux prodiges; mais il admet parfaitement, en matière de merveilleux, la vérification et la controverse[3]. Il se montre constamment simple, droit[4], bon[5], doux[6], très franc[7], tolérant[8] et essentiellement modeste[9]. Il ne cherche à faire valoir ni lui ni même ses amis[10]. Donne-t-il la liste nominative des officiers de cour qui accompagnent Louis XII à Gênes en 1507, il s'y omet.

Sa bienveillance native le porte plutôt à excuser les faiblesses ou à les atténuer, à moins que son indignation n'éclate sur un fait majeur. En y regardant de près, on s'aperçoit que, si quelqu'un se conduit mal, rend une place, etc.,

n. 2, 174, 189, 209 n. 1, 210 n. 7, 213 n. 2, 216 n. 1, 218 n. 1, 219 n. 1 et 2, 245, 254, etc.

1. T. III, p. 281-282.
2. Voy. l'histoire de l'esprit *pythonique* à Lyon (II, 104).
3. Voy. ses récits de miracles (au siège de Pise; à Novare, un archer guéri instantanément par l'intercession de Notre-Dame de Hautefaye). Cf. t. III, p. 75, 96.
4.   « De conscience il estoit fort doubteux;
    Il fut droit homme et de grant amitié. »
                                        (Bouchet, ép. 57.)
5. « Le bon Dauton » (épître de Crétin).
6. Voy. t. II, p. 222.
7. Voy. t. II, p. 138; III, 295.
8. T. II, p. 25.
9. T. I, p. 117.
10. Le poète Macé de Villebresme, valet de chambre du roi, était un ami et admirateur de J. d'Auton, puisque Crétin lui écrit à cet égard en termes lyriques. Cependant J. d'Auton en parle peu. Lorsqu'il le cite, comme ambassadeur (t. III, p. 263), il dit : « Ung sien (du roi) valet de chambre, nommé Mascé de Villebreme... »

Jean d'Auton le nomme le moins possible, mais qu'au contraire il exalte l'exploit du moindre homme d'armes, avec un véritable souci de ne pas oublier les petits. Il exaltera également l'ennemi : dans les discours un peu pompeux qu'il produit de temps en temps, il aime à mettre dans la bouche de l'orateur un hommage rendu aux adversaires. Un vif sentiment du devoir, de l'honneur, de la patrie, brille à chaque page ; les questions d'argent n'y tiennent aucune place. Parfois, quelques physionomies de femme le font sourire (et il le faut bien); il voit sans déplaisir les dames italiennes, mais il se ravise aussitôt, en moine pieux et vertueux.

On ne sera pas surpris qu'à ces bons sentiments il ajoute un grand fond d'humanité; la mort de vingt-cinq ou trente hommes d'armes sur un champ de bataille le met hors de lui[1]. Que dirait-il des épopées modernes ! Il est vrai qu'il expose sans sourciller, et comme une loi fatale de la guerre, les horribles massacres de garnisons emportées d'assaut, massacres destinés à répandre une terreur salutaire, et même, selon les vainqueurs, à économiser beaucoup de sang.

Enfin, il rapporte les faits, si complexes, de son époque, avec un esprit sincèrement chrétien[2]. Certes, il se croirait déshonoré s'il ne révélait pas sa science des Grecs et des Romains[3], en invoquant convenablement Mars, Vulcain, Neptune, Phébus... Ce travers ne l'empêche pas de recourir bravement au Dieu unique, auteur de toute grâce et de tout

---

1. Voy. notamment t. III, p. 238.
2. Voy. son éloge de la mort des croisés (II, 179). Il se fait volontiers moraliste (III, 167). Cf. III, 70, 65, 298.
3. Il cite Pline (II, 188), Sénèque... Il rend hautement justice aux Grecs et aux Romains, tout en les qualifiant de barbares (III, 317). Il cite volontiers les héros anciens (non sans quelques confusions) et leur joint les preux de la Table-Ronde (III, 144).

bien. Tout ce que la terre produit de beau porte, à ses yeux, l'empreinte du Paradis : il concède à l'Enfer une couleur exclusivement païenne ; on trouve là tant qu'on veut les Parques, les Furies, Proserpine, Pluton... et Eurydice.

Du reste, comme tous ses contemporains, et surtout comme le cardinal d'Amboise, il ne nourrit aucune illusion sur la situation religieuse de son temps. Il évite de s'étendre sur le compte d'Alexandre VI ; mais, une fois, il lui arrive d'entrer nettement dans le sujet, car le tonnerre est tombé dans la chambre du pape, par un accident qui pourrait être une vengeance céleste ; et alors, malgré le profond respect avec lequel le bon d'Auton parle du Père des fidèles, on sent bien qu'il penche pour la vengeance ; il conclut par les pronostics les plus noirs ; il croit à la prochaine dispersion des fidèles[1].

Mais ce sont là des nuances personnelles discrètement exprimées.

Ce qui donne à l'œuvre de Jean d'Auton une portée unique, c'est que Louis XII agréa les chroniques de son historiographe et les mit à une place d'honneur dans la bibliothèque de Blois[2] ; or, Louis XII s'occupait personnellement de sa bibliothèque[3]. C'est donc une œuvre officielle.

---

1. T. I, p. 296. Cf. t. III, p. 201.
2. « Item, ung aultre livre en parchemin, historié et illuminé, contenant la Cronicque du Roy Loys XIIe de ce nom, couvert de veloux noir... « Item, ung aultre livre en parchemin, contenant les Alarmes de Mars sur le voyage de Milan, en ryme, avec la conqueste et entrée d'icelle, en prose, couvert de veloux noir... (*Chronique de 1499*). « Item, les Cronicques du feu roy Loys XIIe, en parchemin, couverte de velours noir, a fermans d'argent : » parmi les livres « aux armaires, soubz le pulpitre de la cronicque de Angleterre et de la Toison » (Michelant, *Catalogue de la bibliothèque de François Ier à Blois, en 1518*, p. 39, 40).
3. Voy. M. Delisle, *le Cabinet des manuscrits*, t. IV ; notre livre *Louise de Savoie et François Ier*. Champier, dans son *Tropheum*

Contrairement à l'opinion du Bibliophile Jacob, qui n'avait pas renoncé à l'espoir de trouver la fin des Chroniques, nous croyons qu'elles ne furent jamais poursuivies au delà de 1507. Bouchet dit bien que Jean d'Auton resta historiographe du roi jusqu'à la mort de Louis XII, et qu'à cette époque on lui pronostiquait quelque belle prélature[1]. Mais le bon d'Auton était d'humeur paisible et un peu nonchalante. Son ami Gervaise reconnaît qu'il ne se donnait pas volontiers la peine d'achever un travail de longue haleine et « laissait tout imparfait. » Ses désirs n'allaient pas loin. Il avait reçu d'abord l'abbaye d'Angle, en Poitou[2], qui représentait un très faible revenu[3], puis, vers mai 1505, il reçut, et avec les élans d'une reconnaissance très vive, le prieuré de Clermont-Lodève[4], beaucoup plus important[5]. Il était devenu chapelain du roi, aux appointements de 120 livres par an[6]. Le voilà heureux.

Gallorum, dépeint avec raison Louis XII comme un sage, très ami (amantissimus) des littérateurs et des savants, bibliophile émérite, un vrai « Ptolémée Philadelphe; » le roi fait, avec un soin extrême, acheter partout et orner des livres; il a élevé une bibliothèque d'une somptuosité tout à fait royale. Cf. L. Bolognini, *De quatuor singularibus in Gallia repertis.*

1. *Épitaphe,* citée.

2. Diocèse de Luçon (X¹ᵃ 9318, 32). D'après Bouchet, il la reçut de Louis XII, probablement en 1500.

3. 500 livres au xvii⁰ siècle (fr. 15382, fol. 151).

4. L'évêque de Lodève était le célèbre Guill. Briçonnet, abbé de Saint-Guillem-du-Désert (bénédictin).

5. D'un revenu de 3,250 livres au xvii⁰ siècle (fr. 15382, fol. 82; fr. 12731, fol. 47 v°).

6. « Roolle et estat des officiers de l'ostel du Roy nostre sire que ledit seigneur a ordonné estre payez pour ceste presente année commencée le premier jour d'octobre mil cinq cens et huit et finissant le derrenier jour de septembre ensuivant l'an revolu mil cinq cens et neuf, par maistre Françoys Briconnet, conseiller dudit seigneur, son notaire et secretaire, maistre de sa Chambre aux

Nous avons déjà observé qu'à mesure que ses Chroniques

deniers et par luy comis au paiement des gaiges des officiers ordinaires de son conseil, ainsi qu'i s'ensuit.

« Et premierement :
Chappelle.

L'evesque de Marseille, confesseur, viii^c l.
Me Geufroy de Pompadour, aumosnier, viii^c l.
Me Claude de Louvain, aumosnier, iiii^c l.
Me Francoys de Reffuge, ii^c l.

Chappellains et someillers de chappelle.

Maistre Robert Moreau, ii^c xl l.
Me Pierre Thillier, ix^{xx} l.
Me Arnoul Boutin, tant pour luy que pour le somier qui mene la chappelle en tiers, ii^c l.
Me Francoys Chappelays, ix^{xx} l.
Thomas Doussaige, dit le Cadet, vi^{xx} l.
Frere Jehan Dauton, vi^{xx} l.
Me Fleurant Menessier, vi^{xx} l.
Me Pierre Gaultier, tant pour lui que pour le somier qui maine la chappelle en tiers, ii^c l.
Me Robert Coqueborne, ix^{xx} l.
Me Jehan Challocin, tant pour ses gaiges que pour le somier qui maine la chappelle en tiers, ii^c l.
Me Jacques Prevost et frere Claude Benoist, carme, pour eulx deux, vi^{xx} l.
Me Jehan Gourdet, prestre breton, vi^{xx} l.

Medecins.

Me Salmon de Bombelles, viii^c l.
Me André Briau, viii^c l.
Me Loys Burgencis, iii^d l.
Benoist Gaulteret, appotiquaire, tant pour ses gaiges que pour entretenir le chariot, viii^c l.

Barbiers.

Odin Mondoulcet, iii^c l.
Guillemin Guerard, ii^c xx l.

Cirurgiens.

Me Jaques de Lassay, ii^c xx l.
Me Jehan d'Orleans, ix^{xx} l.
Me Jehan de Sens, ix^{xx} l.
Me Boniffort, xxx l. » (Boniforte Bianchini. Voy. Forcella, *Iscrizioni delle chiese... di Milano*, I, 88).

(Fragment de compte. Ms. fr. 3087, fol. 39.)

avancent, le style trahit la fatigue[1] ; que, d'autre part, les difficultés avec la reine, avec les personnalités politiques ou militaires troublaient la sérénité, l'indépendance de l'honnête écrivain et le dégoûtaient de sa mission. Après avoir longuement narré les exploits d'Antoine d'Auton, qui déplurent fort à la cour et au roi, il cesse brusquement son récit. Nous n'en sommes point surpris[2]. Et le catalogue de la Bibliothèque du roi en 1518[3], l'année même où Jean d'Auton se retira du monde, nous montre qu'aucune suite des Chroniques n'avait été déposée. Dès 1511, Le Maire de Belges[4], en offrant à Loüis XII la *Différence des scismes*, se présente comme historiographe officiel[5] (bien qu'étranger), et se dit encouragé par « ung de voz bons serviteurs et varletz de chambre ordinaire[6], » et, le 1er mai 1512, il signe le *Tiers livre* des *Illustrations de France*, « indi-

---

1. Il y a même quelques rabâchages (voy. t. II, p. 135).
2. Jean Le Maire de Belges, qui se tenait aux aguets à Lyon en 1509, raconte, dans une de ses lettres, qu'il vient de voir d'Auton, « illustrateur des croniques de France. » Jean d'Auton arrive d'Italie ; mais, au lieu de suivre pas à pas la cour, un calepin à la main, discrètement, d'Auton la précède, narrant les exploits de vive voix à qui veut les entendre, en héraut, en poète, en bon serviteur, non plus en historien prudent, consciencieux, timoré comme autrefois (lettre du 12 août 1509, insérée à la suite de la *Légende des Vénitiens*).
3. Cité ci-dessus, p. xxiii, n. 2.
4. Le Maire de Belges, neveu de Jean Molinet (fr. 1717, fol. 96), était auparavant attaché à Marguerite, régente des Pays-Bas.
5. « Comme le droicturier office et debvoir de tous bons indiciaires, cronicqueurs et historiographes soit de monstrer par escriptures et raisons apparentes et notiffier a la gent populaire les vrayes et non flateuses louenges et merites de leurs princes et bonnes et justes querelles d'iceulx... A ceste cause, je, qui suis le moindre et le plus jeune de la vocation des dessusnommez indiciaires et historiographes... » (Le Maire de Belges, Prologue de la *Différence des scismes*).
6. Jean de Paris.

ciaire et hystoriographe de la Royne[1]. » Jusqu'à la mort de Louis XII, auquel son caractère devait plaire, Jean d'Auton ne conserva donc que le titre d'historiographe et la faveur personnelle du prince[2].

En abandonnant le rôle ingrat de chroniqueur, il s'attacha à la poésie, il s'affirma comme littérateur et comme poète. La poésie, dans ce moment, menait plus commodément à tout que l'histoire. Déjà, J. d'Auton s'en était réclamé : nous avons mentionné les *Métamorphoses*, les *Alarmes de Mars*. Il offrit sans doute au roi les pièces de vers insérées dans sa Chronique de 1500 et 1501 ; nous savons par lui qu'en 1502 il remit un rondeau à la reine de Hongrie Anne de Foix[3] ; qu'en 1503, à Mâcon, il gratifia le roi de consolations et de conseils en forme de ballade avec rondeau[4] ; il écrivit, en 1504, le *Deffault du Garillant*[5] ; il offrit au roi, en 1505, son élégie sur Thomassine Spinola[6] ; en 1507, à Asti, son *Exil de Gennes la Superbe*[7]. Au camp devant Gênes, en 1507, il composa deux ballades et deux rondeaux contre les Génois[8], et ensuite la pièce insérée dans la Chronique. Au même moment, il translatait de latin en

---

[1]. André de la Vigne était secrétaire de la reine. Ajoutons que le poète Guill. Crétin était, à la même époque, trésorier de Vincennes et chapelain ordinaire du roi (Le Maire, *Illustrations de Gaule*, épître en tête du IIIe livre).

[2]. J. Bouchet, épître 57. Jean Le Maire, *Epistre responsive du Roy... a celle de... damp Jehan Danton, chroniqueur du Roy tres crestien Loys douziesme* (1512; impr. en 1515).

[3]. Inséré, t. II, p. 245.

[4]. Insérée, t. III, p. 217. Imprimée dans les *Excellentes vaillances*, vers 1509; sans le rondeau de la fin.

[5]. T. III, p. 340. Imprimé dans les *Excellentes vaillances*.

[6]. T. IV. Comme nous l'avons observé, un certain nombre d'exemplaires de cette *Complainte* furent distribués à la cour.

[7]. T. IV.

[8]. *Ibid.*

vers français l'épitaphe de Guy de Rochefort, chancelier de France[1]. Après la cessation des Chroniques, il resta poète. C'est vraisemblablement dans cette période qu'il composa pour le jour de l'an du roi[2], en guise de cadeau, une petite ballade dont nous donnons le texte en note[3].

1. Cette traduction, ainsi que *l'Exil de Gennes*, fut imprimée en 1508, à la suite des *Triumphes de France* de Jean d'Ivry (chez Guill. Eustace, plaq. goth.).
2. L'usage païen du jour de l'an s'était perpétué au 1er janvier. Un critique de la *Revue des Questions historiques* s'étant mépris sur cette assertion, que nous avions formulée sans détail dans l'*Histoire de Louis XII*, et la *Revue* ayant refusé d'insérer notre rectification à cet égard, ainsi que sur d'autres erreurs du même critique, nous avons donné quelques preuves à cet égard dans *la Diplomatie au temps de Machiavel*, t. III, p. 129, n. 3. Les poètes envoyaient volontiers une poésie pour les étrennes des grands personnages. Ainsi Bouchet (*Epistres familieres*, ép. 15) adresse à François du Fou, pour le jour de l'an, une épître

« Escript le jour qu'on donne les estreines. »
3. Ms. fr. 1953, fol. 23. — « Ensuyt une balade composée par frere Jehan danthon (*sic*), abbé dangle et historiographe du Roy Loys XIIe, et audict seigneur presentée par icelluy abbé ensemble ladite epistre a ung premier jour de l'an :

« A ce bon jour, Sire, que chascun donne
Nouveaulx presens et qu'on y abandonne
Divers joyaulx pour l'un l'aultre estrener,
Comme le temps se dispose et adonne,
Selon coustume et l'escript qui ordonne
Qu'a cestuy la qui donne il fault donner,
Voulant pour vous quelque don assigner
A mon souhait, soit par cueur ou par lettre,
Tout au premier vous vais ores transmettre
Bon jour, bon an, des milliers plus de dix
Et de bon cueur ce qu'on y pourroit mettre,
Santé, jeunesse, long vivre et paradis;

« Fortune a gré, prosperité si bonne
Que vous puissiez porter ceptre et couronne
Sur tout le monde et en paix y regner;
N'avoir jamais aupres de vous personne

En 1509, il rima des pièces de circonstance, qui furent imprimées à Lyon, cette année même, en un petit volume, par Claude de Troys pour la librairie Noël Abraham. Le volume se compose essentiellement d'un petit poème, *les Espitres envoyées au Roy tres chrestien dela les montz par les Estatz de France*[1], que Jean Bouchet appelle

>Qui vous ennuye ou voix qui mot vous sonne
>Dont vous deussiez marrir ou indigner;
>Bon appetit a l'heure de disner
>Et au soupper bon goust et bien repaistre,
>Dormir au lict a dextre et a senestre,
>De beaulx enfans avoir preux et hardis,
>De joye tant qu'il n'y faille a remettre,
>Santé, jeunesse, long vivre et paradis;
>
>« N'avoir le froit yver n'obscur autonne,
>Pluye, ne vent, ne tempeste qui tonne,
>N'autre saison subiette a yverner,
>Mais doulx printemps qui les fleurs assaisonne,
>Herbes et fruictz produit et affoisonne
>Et terre fait embellir et orner;
>Vivre a plaisir, en honneur sesjourner,
>Avoir, pour myeulx demourer en seur estre,
>Amys parfaictz, les ennemys submettre,
>Nom florissant sur tous ceulx de jadis,
>Tous voz desirs acomplir, sans obmettre
>Santé, jeunesse, long vivre et paradis;
>
>*Envoy.*
>
>« Prince, beaulx faictz veoir en prose ou en metre,
>Doulce musicque ouyr soubz voix de maistre,
>Comptes plaisans entendre et joyeux dictz,
>Scavoir tout ce qui est et qui doibt estre,
>Avoir tout l'or de la myne terrestre,
>Santé, jeunesse, long vivre et paradis. »

1. *Les espitres envoyées au Roy tres chrestien dela les montz, par les estatz de France, composées par frere Jehan Danton, historiographe du dict seigneur, avec certaines ballades et rondeaulx par ledict Danton sur le faict de la guerre de Venise composées* (sur la première page, marque à l'écu royal). Petit in-4°. — Au même moment, on imprima le petit recueil : *les Excellentes vaillances,*

Trois épîtres « moult belles, des trois États contenant les querelles. » En réalité, ce sont trois harangues de chacun des États, avec un prologue. L'*Église* rappelle les services des rois très chrétiens envers la foi, et toute l'histoire de Louis XII : ses aventures de jeunesse en Bretagne, qu'elle exalte; le siège de Novare (1495), à propos duquel elle le compare à Hercule et à Hector (selon le langage ecclésiastique du temps); puis les conquêtes de Milan, de Naples, de Gênes, enfin Agnadel. La *Noblesse*, que le roi maintient et ennoblit, dépeint le départ du prince,

> Dont la Royne qui se plainct a bon droict,
> Et qui tousjours pres d'elle te vouldroit,

et les exploits de la bataille. *Labeur*, enfin, se congratule. Après ce poème viennent une ballade et un rondeau, fanfares d'encouragement martial, composées avant la bataille d'Agnadel; une ballade et un rondeau d'enthousiasme après la bataille; une ballade et un rondeau très humains sur les malheurs de la guerre, enfin une petite épître de neuf vers sur les vainqueurs de Venise. Toutes ces poésies sont expressément signées de Jean d'Auton et suffiraient à prouver que leur auteur suivit encore le roi dans cette glorieuse campagne. L'évocation des États ne nous étonne point sous la plume de Jean d'Auton : il s'applique toujours à faire remarquer avec quel soin Louis XII tenait à la régularité des États; libéral, comme le roi, ce qu'on appellerait aujourd'hui parlementaire, il relevait de ce parti des États, que, depuis 1484, le roi avait personnifié comme duc d'Orléans, qui gardait en France de profondes racines,

---

batailles et conquestes du Roy dela les mons, composées par plusieurs orateurs, plaq. goth. s. d. Ce recueil contient, sans nom d'auteur, avec la ballade offerte de 1503 et *le Deffault du Garrillan*, un fragment des *Alarmes de Mars*.

et auquel la poésie fait souvent allusion[1]; une autre *Complainte de France* sur le départ de Charles VIII pour l'Italie pourrait servir de pendant à l'œuvre de Jean d'Auton, sauf que, là, c'était la France, qui, au lieu d'être haranguée, haranguait successivement Église, Noblesse et Labeur[2].

Sur la foi d'un titre hasardeux, le Bibliophile Jacob a fait encore honneur à Jean d'Auton d'un certain nombre de pièces de vers contemporaines, réunies dans deux manuscrits de la bibliothèque de Colbert, cotés aujourd'hui à la Bibliothèque nationale mss. fr. 1952 et 1953[3]. Plusieurs de ces pièces appartiennent à Crétin et à Jean Marot; on ne peut attribuer sûrement à Jean d'Auton que celles qui portent nommément sa signature; la ballade offerte au roi pour un jour de l'an (fr. 1953, fol. 23) et la pièce qui ouvre le premier volume : « l'Epistre du preux Hector » (fr. 1952, fol. 1). La donnée héroïque de la seconde pièce n'est pas neuve; elle peut remonter, pour le moins, à la fameuse épître d'Othéa à Hector, écrite par Christine de Pisan pour Louis Ier d'Orléans, et dont de nombreuses transcriptions prouvent la popularité persistante. L'œuvre de Jean d'Auton obtint elle-même un grand succès; elle paraît dater de 1511. Jean Le Maire composa, sous le nom du roi, une *Epistre responsive*[4], qui trouva place, avec les *Espistres des Estats*,

---

1. Montaiglon et Rothschild, *Anciennes poésies françaises*, t. III, p. 247-260, la Déploration des États sur l'entreprise des Anglais et Suisses (impr. en 1513); p. 80 et suiv., l'Apostrophe à l'Église, Noblesse, Labeur; p. 97, les Complaintes de dame Crestienté et des trois États.

2. Montaiglon et Rothschild, t. VIII, p. 74.

3. Deux volumes reliés aux armes de Colbert, avec le titre inexact de *Poésies d'Authon*.

4. *Epistre responsive du Roy tres chrestien*. Le Maire dit qu'Hector parle une langue « de lait et de miel : »

« Certes tu as ung truchement bien dextre, »

dans une des productions de l'art contemporain, le recueil de poésies, vraisemblablement fait pour la reine, qui se trouve à la Bibliothèque impériale de Saint-Pétersbourg[1]. Le même recueil contient encore deux morceaux de Jean d'Auton, une traduction d'une épître au roi de Jean-Francisque Soardi, auteur italien (de Bergame) qui produisit aussi un éloge de Louis XII, et surtout l'*Epistre elegiaque pour l'Eglise militante*, de Jean d'Auton, « historiographe, » allusion aux démêlés avec Jules II ; cette pièce est ornée de la célèbre miniature, reproduite par dom Bernard de Montfaucon, qui représente une femme désolée (l'Église) assise dans une basilique, dont *Dissolution*, coiffée de la tiare, ébranle une colonne et fait tomber la voûte ; une troisième figure, *Charité*, tout en embrassant de la main gauche une autre colonne, pour la soutenir, pose la main droite sur un chevalier en cotte d'armes fleurdelisée (le roi de France), qui semble venir au secours[2].

Jean Bouchet mentionne encore une autre œuvre de Jean

ajoute-t-il (épître publiée en tête du IIIe livre des *Illustrations de Gaule*, éd. de 1515). L'*Epistre d'Henri VII à Henri VIII*, par Jean Bouchet (1512) fait aussi un grand éloge de l'Épître de J. d'Auton (Montaiglon et Rothschild, *Anciennes poésies*, III, p. 26 ; J. Bouchet, *Epistres familieres du Traverseur*, ép. 1).

1. *Poésie*, in-fol., vélin, 8 D, ms. de 112 feuillets et 11 miniatures. Voy. la *Notice* sur le *Musée de l'Ermitage*, publiée en 1860, p. 93 (l'auteur attribue au ms. une date erronée, 1509). Ce ms., provenant des bibliothèques Séguier, de Harlay, Coislin évêque de Metz, Saint-Germain-des-Prés, fut pillé sous la Révolution et, alors, acheté à vil prix par M. Dombrowsky, attaché à l'ambassade de Russie, qui le revendit, en 1805, au tzar. Deux de ses miniatures ont été reproduites dans l'ouvrage de M. Bancel sur *Jean Perréal*, une autre dans *Mœurs, usages et costumes au moyen âge*, par Paul Lacroix, p. 87.

2. Ce factum (que nous n'avons pu voir encore) a beaucoup de similaires à cette époque. Il y a toute une littérature consacrée à exposer

d'Auton, dont il ne nous donne pas la date : une *Ballade des Dix vertus*[1].

Ces poésies mirent le comble à la renommée littéraire de Jean d'Auton parmi ses amis et dans le monde officiel. Crétin, s'adressant à Macé de Villebresme, valet de chambre de Louis XII, traite leur auteur d' « armonieulx, suave et doux[2]. » Jean Le Maire, le nouvel historiographe, veut bien admettre Jean d'Auton comme son égal[3]. Jean Bouchet

les vices de l'Église et l'urgence d'une réforme. On peut en rapprocher notamment l'amer poème de Jean Bouchet : *la Deploration de l'Eglise militante*, imprimé chez Guill. Eustace, le 15 mai 1512.

1. Thème classique que Jean Perréal développa sur le tombeau de François II à Nantes. L'œuvre de Jean d'Auton date peut-être de 1506.

2. « Il te plaira supporter les deffaulx,
Et si l'escript, comme on le voit yssu
De moy, n'est tel que se l'avoit tissu
Ce reverend abbé le bon Dauton,
Merveille n'est, car il abonde en ton
D'armonieulx, suave et doulx langage,
Et ne scauroys y mectre de l'an gage
Correspondant, mais me fault soubz luy taire
Pour demourer remys et solitaire
Comme recluz en ce boys de Vincennes. »
(Fr. 1711, fol. 13 v°. Épître de Crétin à Macé de Villebresme.)

3. « Abbé Danton et maistre Jean Le Maire,
Qui en nostre art estes des plus expers,
Ouvrez l'archet de vostre riche aumaire
Et composez quelque plaincte sommaire...
... Secourez moy, Bigne et Villebresme,
Jehan de Paris, Marot et de la Vigne. »
(*Plaincte sur le trespas de feu messire Guillaume de Byssipat.*)

De la Bigne, cité ici, était un écuyer du roi et du duc de Bourbon, auteur du récit de la mort de Pierre de Bourbon; Macé de Villebresme, valet de chambre du roi, poète, correspondant de Crétin; Jean de Paris n'est sans doute pas le peintre de ce nom, valet de chambre du roi, mais plutôt un Jean Le Roy de Paris, se distingue par un lyrisme extrêmement chaud et affectueux ; il vante surtout le prosateur, l'historien[1].

nommé par Le Maire, et qui, pour le dire en passant, pourrait bien être l'auteur, encore inconnu, du célèbre roman : « *Jehan de Paris. Sensuyt ung très beau et excellent romant nommé Jehan de Paris, roy de France...*, imprimé à Lyon, par Pierre de Saincte Lucie, dict le Prince, près Nostre Dame de Confort, » s. d., in-4°.

1. Dans *le Temple de bonne renommée*, publié en 1517, passant en revue les gloires littéraires de la France, il écrit :

« Si le françois aussi beau que latin
Voulez savoir, allez devers Cretin,
Semblablement devers l'abbé Danthon,
Qui tant a fait de livres (ce dit-on),
Desquelz partie ay veu... »

Cf. *Epistres familieres*. Dans l'épître 57, sur la mort de Jean d'Auton, il écrit :

« Ou est celuy qui en langue vulgaire
Ait mieulx escript pour les lecteurs attraire,
Qui proposa plus que luy doulcement,
Qui prouva mieulx et plus subtillement,
Qui excita par plus grand'vehemence,
Ne qui tempta par plus doulce eloquence?
En grave prose il couchoit tous ses vers
Sans rien contraindre, a l'endroit ou envers ;
Il estoit brief, ressemblant a Salluste,
Bref florissant, aucunes fois aduste,
Fort abondant, comme Pline second,
Et coppieux comme Tulle et facond.
Il estoit grave en parolle et facile,
Et Sainct Gelaiz et luy n'avoient qu'un style.
... Oncq' n'en congneu de plus doulce elegance,
Mieulx escripvant, sans tache d'arrogance. »

Bouchet cite ensuite sa traduction des *Métamorphoses*, traduction d' « autrefois, » qu'il dit exquise ; sa *Ballade des Dix vertus* :

« En si hault style et beau que les malades
Se gueriroient en icelles lisant... »

Il vante : « son esprit tant subtil,
Tant inventif, tant bening, tant fertil. »

Dans l'épître 61, à Fr. Thibault, avocat à Poitiers, il dit :

« Priant a Dieu qu'il te donne le style
Des deux Grebans, dont grant doulceur distille,

Nous ne pouvons pas nous associer sans réserve à ces éloges amicaux. Nous avons loué l'annaliste. Mais, comme littérateur, Jean d'Auton débuta mal ; il a une connaissance superficielle de la littérature ancienne, dont il n'a point tiré le suc, et qu'il étale avec un pédantisme intolérable[1], encore que mitigé. Ses premières œuvres particulièrement confinent au pur *pathos*. Comme historien, il lui arrive, hélas, de viser à l'éloquence académique, mais jamais de s'élever au-dessus de ce qu'il a vu ; il a l'esprit vulgaire, la philosophie banale ; il ne peint pas, il photographie avec quelques lourdes retouches ; aucun de ces traits qui font valoir un personnage, qui illuminent une physionomie ! D'ailleurs, comme historien officiel, il ne pouvait guère se les permettre, et par cela même qu'il ne prétend pas, comme Commines, démêler, pénétrer profondément les affaires, il présente pour nous l'immense avantage du désintéressement, de la sincérité. Il n'a pas non plus le style piquant de Jean de Saint-Gelais, la phrase pure, fine et spirituelle de Seyssel, deux écrivains qui écrivent pour eux-mêmes ; lui, il écrit officiellement, et le genre pompeux lui paraît le seul à la hauteur de ses fonctions. Aussi, dans ses Chroniques, demeure-t-il presque invariablement lourd et boursouflé. Certes, il recherche parfois la couleur, mais alors il la prodigue ; tire-

>   Et de Castel l'invention des laiz,
>   De Georges l'art, la veine Sainct Gelaiz,
>   De Charretier la prose, et le vulgaire
>   De l'abbé d'Angle et maistre Jan Le Maire,
>   Le facil art de maistre Jehan Marot
>   Et le moral tant bon de Meschinot. »
> Dans l'épitre 67, à Germain Colin :
>   « Georges avoit une veine elegante,
>   Grave et hardie, et frere Jehan d'Authon
>   Doulce et venuste, et Le Maire abondante. »

1. Voy. *Hist. du XVI⁰ siècle*, III, 318.

t·on un coup de canon, il embouche la trompette épique, il proclame que la terre tremble, que les eaux refluent, qu'un tourbillon voragineux enveloppe l'univers. D'après le Bibliophile Jacob, Jean d'Auton serait l'inventeur de ce genre, et il faudrait le rendre responsable de tous les défauts de goût faciles à constater chez ses contemporains Le Maire, Bouchet, Champier, d'Ivry... C'est, croyons-nous, lui faire trop d'honneur; il n'exerça certainement aucune influence ni sur Le Maire, ni sur Champier, ni sur d'Ivry. Il y a, à cette époque, deux écoles; celle des écrivains non professionnels, hommes politiques ou hommes d'action, qui écrivent dans un but extralittéraire, simplement pour dire ce qu'ils ont à dire. Ceux-là, surtout s'ils touchent à la cour, parlent une langue claire et exquise; mais ils sont peu nombreux. Et puis, il y a l'école des écrivains de profession, qui ont fait leur rhétorique et connaissent leur Olympe; ceux-ci se soucient peu du sens, ils cultivent la phrase, et quelle phrase! Loin de se faire le chef de cette école, Jean d'Auton, qui arrivait, par elle, du fond de sa province, en sentit les défauts; à partir de son séjour à la cour, son style, comme poète, s'épure sensiblement et surtout se simplifie. Il suffit, pour s'en rendre compte, de comparer ses dernières œuvres poétiques aux *Alarmes de Mars*.

Ce bon et pieux personnage, dépourvu d'intrigue et de brillant, ne pouvait réussir à la cour de François Ier. Aussitôt la mort de Louis XII, il perdit tout crédit[1]. Ses moines en profitèrent pour lui intenter un procès, bien probablement injuste, mais qui ne lui en coûta pas moins beaucoup d'argent et surtout de gros ennuis[2]. Il quitta la cour en 1518 et s'en

---

1. Il ne figure pas dans la chapelle du nouveau roi (fr. 21446).
2. « Quelquun des siens de secte monachalle,
　　Bientost apres, par fureur Megeralle,

alla finir sa vie dans une retraite toute monacale. A sa louange
et à celle de ses amis, nous devons dire que, malgré sa dispa-
rition, les amitiés de la cour lui demeurèrent fidèles. Jean
Bouchet, alors triomphant, lui fit parvenir dans son abbaye
d'Angle des épîtres, dont l'une est imprimée à la suite du
Labyrinthe de Fortune[1]. Se rappelant que Jean d'Auton
lui a appris à boire à la *fons Castallie*, il lui soumet, avec
une rare modestie, quelques vers. L'abbé répond par une
poésie encore plus modeste : « Tout grossement, selon mon
rude stille,... scelon mon petit savoir, » il exalte Bouchet et
s'excuse de la mission que le poète veut bien lui confier. Son
ami Bouchet, dit-il, est l'élève direct de Démosthènes, de
Cicéron, de Quintilien : lui, d'Auton, moins hasardeux que
jamais, il compare les hommes de la génération nouvelle qui

> Voulut brouiller cest abbé par proces,
> Ou furent fais quelques legiers exces ;
> Dont cest abbé, qui ne les feit onc faire,
> Eut a grant tort par long temps de l'affaire.
> Il en sortit, non sans mise et douleur,
> Victorieux a son tres grant honneur. »
>
>   (J. Bouchet, ép. 57.)

1. Jean Bouchet, dans ses *Epistres familieres,* a inséré (ép. 22)
une épître que lui adressa, vers la même époque, Jean Gervaise ;
Gervaise, après un pompeux éloge de Bouchet, cite Jean Gerson,
Jean Michel, évêque d'Angers, Octovien de Saint-Gelais,

« Dont a jamais en sera mention. »

Il ajoute :

> « Voy tu pas la le tres humble abbé d'Angle,
> Qui est mussé dedans ce coing ou angle,
> Qui du feu Roy Loys fut croniqueur,
> Ouquel mon art florist, par grant liqueur,
> Tant doulcement, par brief et doulx langage,
> Que veis jadis, en son sainct hermitage,
> De l'origine composer maints beaulx faictz
> Qu'il a laissez comme tous imperfaictz. »

Il cite ensuite Pierre Rivière (traducteur de *la Nef des folz*),
Pierre Blanchet (pour ses satires, farces), Guill. Crétin.

veulent tout voir, tout savoir,... à l'indiscret Actéon. Il termine ainsi :

> Escript et faict en ung petit bout d'angle
> De cabinet, en l'abbaye d'Angle.

En 1525, après le désastre de Pavie, Jean Bouchet adresse encore à l'ancien chroniqueur de Louis XII une longue épître mélancolique, où il le prie de reprendre son excellente plume des Chroniques afin de relever les esprits abattus et de chanter la gloire des preux chevaliers de Louis XII disparus dans cette folle tourmente[1]. L'abbé d'Angle répond par une pièce où il déplore la catastrophe, en style libre et simple. L'épître et la réponse furent publiées par Jean Bouchet lui-même en tête du *Panégyrique* ou Vie de Louis de la Trémoille[2].

Dans sa retraite, Jean d'Auton vivait comme le dernier de ses religieux : austère, solitaire, dormant à la dure, précé-

---

1. « A ce regard orateur excellent,
   De bien escripre et parler opulent,
   Qui du feu roy les triumphes et gestes
   Mis par escript en parolles digestes,
   Je te supplye employer ton esprit
   Et ta main doulce a mettre par escript
   Les nobles faictz et proesses louables
   De ces seigneurs qu'on veit insuperables. »

2. Épître de Jean Bouchet « à l'abbé d'Angle, » sur Pavie, et la variation de Fortune, et *Epistre dudit abbé d'Angle a l'acteur, faisant mention de la perte d'aucuns princes et aultres gens occis a ladicte journée*. La première est adressée « a reverend pere en Dieu Jehan Dauthon, abbé d'Angle, de l'ordre sainct Augustin. » Dans sa réponse (*Epistre dudict Dauthon, abbé dangle, audit Bouchet*), Jean d'Auton déplore la bataille et les morts ; il prend la plume, dit-il, sur le désir de Bouchet :

> « Car c'est la fleur de la chevalerie
> De France, helas ! qui est morte et perie. »

Il signe :

> « Le tien amy et frere l'abbé d'Angle,
> Qui pour l'esté a prins sa robe sangle. »

NOTICE SUR JEAN D'AUTON. xxxix

dant tout le couvent à matines, sans suite ni maison, méprisant le monde, n'aimant ni le plaisir ni la chasse. Il passa ainsi dix ans et mourut en bon chrétien dans son abbaye, au mois de janvier 1528; il y fut enterré. Jean Bouchet, qui lui consacra une épitaphe chaleureuse, insérée dans le recueil *Les Généalogies, effigies et épitaphes des rois de France*[1],

---

1. 1545, in-fol. Au fol. 79 v° (épitaphe 60). Voici le texte de cette épitaphe, que nous avons citée plusieurs fois :

« Cy dessoubz gist, en ce bien estroict angle,
Ung bon seigneur, aultreffoiz abbé d'Angle,
Religieux : c'est frere Jehan Dauthon,
Noble de sang, qui vescuit, ce dist on,
Par soixante ans et plus en bon estime;
Grand orateur, tant en prose qu'en ritme,
Il ordonnoit comme en prose ces vers,
Sans rien contraindre, a l'endroict ou envers;
Il estoit grave en son metre et facille;
Brief, onc ne vy de plus grand style.

« Plusieurs traictez en ritme composa,
Ou le sien sens et scavoir exposa;
Du Roy Loys, de ce nom le douziesme,
Tant qu'il porta le Royal diadesme,
Fut croniqueur, et en prose a escript
Ses nobles faictz, ou monstra son esprit.

« En ritme a fait trois epistres moult belles,
Des trois Estatz contenans les querelles;
Et ce bon Roy, voyant que moyne estoit
Et que tres bien estre abbé meritoit,
Le fit pourvoir de ceste prelature
En attendant plus feconde avanture;
Car il eust eu chose de plus hault prix,
Si fiere mort n'eust ce bon Roy surpris.

« Dix ans avant que mourust ce bon pere,
Austere vie il tint on monastere,
En mesprisant, par merveilleux desdaing,
Les gens du monde et tout honneur mondain;
Il ne dormoit en mol lict, soubz courtines,
Tousjours estoit le premier a matines;
Il se rendoit si tres humble et abject

célébra pathétiquement sa mort dans une longue épître à l'abbé de la Fontaine-le-Comte[1], et continua encore par la suite à vénérer sa mémoire.

Cependant, Jean d'Auton fut vite oublié. Pierre Grognet, dans la *Louange et excellence des bons facteurs qui ont bien composé en rime*[2], où il cite des poètes bien peu connus, ne le nomme même pas : André Du Chesne, dans la *Series auctorum omnium*[3] qu'il voulait publier, indique Seyssel, Barthélemy de Loches (sans le nommer), Ben. da Portu, Champier, Flori, Riz, Gaguin, Paul Émile, A. Perron, Papire Masson...; d'Auton, point. Le P. Nicéron ne le mentionne pas dans les *Mémoires des hommes illustres*.

Un siècle environ après la mort de Jean d'Auton, grâce aux savants Godefroy, les Chroniques sortirent de la tombe. Théodore Godefroy en donna des fragments dans les *Entre-*

   Qu'il ne sembloit estre abbé, mais subject,
   Et tellement qu'on ne l'eust peu congnoistre
   Entre les siens religieux on cloistre.

   « Par luy estoient grans boubans reboutez,
   Combien qu'il fust noble des deux coustez;
   Il ne vouloit chasse ne venerie,
   Riches habitz ne pompeuse escuerie;
   En solitude il vivoit tout seulet,
   Se contantant d'un prebstre et d'un varlet;
   Il ne vouloit compaignée pompeuse,
   De conscience estoit fort timoreuse.

   « Puis, en janvier mil cinq cens vingt et sept (1528),
   Il trespassa, disant maint beau verset.
   Le corps duquel repose soubz la lame :
   Priez a Dieu que pardon face a l'ame. »

1. Épître 57. Il appelle Jean d'Auton « ung de noz amys; » il se dit son élève et donne sur lui de nombreux détails. Cette épître de deuil fut écrite le 28 janvier 1527 (1528), « un jour de janvier palle et blesme. » Dans des épîtres postérieures, Bouchet vante encore très vivement son ami.

2. Montaiglon, *Anciennes poésies*, VII, 1 et suiv.

3. Paris, 1633, in-fol.

veues de Charles IV, de son fils Vuenceslaus, Roy des Romains, et de Charles V, Roy de France, a Paris, l'an 1378, et de Louys XII, Roy de France, et de Ferdinand, Roy d'Arragon, a Savonne, l'an 1507 (1612)[1].
Il publia aussi, avec des coupures, la plus grande partie des Chroniques : c'est-à-dire, en 1605[2], la Chronique de 1506-1508 comprise dans notre tome IV ; en 1620, les Chroniques de 1500-1501[3] et de 1502[4], celles-ci en deux volumes séparés. Il ne donna pas celle de 1499, ni celles de 1503 et 1504.

Plus tard, dans le *Cérémonial françois*, Denis Godefroy a publié de nouveau le remarquable récit de l'entrevue de Savone en 1507[5] et renvoyé à Jean d'Auton pour la réception de l'archiduc en 1501[6].

1. Paris, 1612, in-4°, p. 1-46. L'extrait est anonyme. L'ouvrage de Godefroy a été réimprimé deux fois.
2. *Histoire de Louys XII, roy de France, père du peuple, et des choses mémorables advenues de son règne dès l'an MDVI jusques en l'an MDVIII, par Jean d'Auton, son historiographe et abbé d'Angle, de l'ordre Sainct Augustin. Extraicte de la Bibliothecque du Roy et mise en lumière par Theodore Godefroy, advocat au Parlement de Paris. A Paris, chez Abraham Pacard, ruë Sainct Jacques, a l'Estoille d'or.* MDCXV (in-4° de 388 p., plus la table).
3. *Histoire de Louys XII, roy de France, père du peuple, et des choses mémorables advenües de son regne es années 1499, 1500 et 1501, tant en France que au recouvrement du duché de Milan, en la conqueste du royaume de Naples et autres lieux. Par Jean d'Auton, son historiographe. Tirée de la Bibliothecque du Roy et nouvellement mise en lumière par Théodore Godefroy, advocat au Parlement de Paris. A Paris, chez Abraham Pacard, ruë Sainct Jacques, au Sacrifice d'Abraham.* MDCXX (in-4°, 356 p.).
4. *Histoire de Louys XII, roy de France, père du peuple, et des choses mémorables advenues de son règne, tant en France, Italie que autres lieux, en l'année MDII, par Jean d'Auton, son historiographe et abbé d'Angle, de l'ordre de Sainct Augustin. Tirée...* (le reste comme au volume précédent. In-4°, 188 p.).
5. T. I, p. 715.
6. T. II, p. 735. Wulson de la Colombière emprunta également

Dreux du Radier, dans la *Bibliothèque historique et critique du Poitou* (Poitiers, 1842, in-8°, t. I, p. 99 et suiv.), a fait connaître certains morceaux de la partie laissée inédite par les Godefroy. Cimber a encore publié le récit de Savone[1], Leroux de Lincy la Ballade sur la Prise de Gênes[2], ou *Exil de Gennes la Superbe*[3].

Enfin, le Bibliophile Jacob (M. Paul Lacroix) a donné une édition complète des Chroniques, avec l'histoire d'Humbert Velay en appendice (4 volumes in-8°). Dans cette édition, qui a rendu un véritable service à la science, l'éditeur s'est malheureusement cru autorisé à moderniser Jean d'Auton, ou plutôt à le modifier; il a abandonné l'usage orthographique du temps de Louis XII; parfois, il a corrigé les mots eux-mêmes, pour en tirer une sorte de néo-vieux français, qui n'est ni notre langue courante ni celle du XVIIe siècle, encore moins celle du XVIe. Par certains détails, il vieillit même Jean d'Auton; ainsi, il transforme « à la fin » en « a la parfin. » Ces corrections, imparfaitement systématiques, ont altéré la couleur du récit et çà et là le sens. De plus, le Bibliophile Jacob s'est permis de corriger, sans en avertir le lecteur, certaines erreurs. A un point où Jean d'Auton parle de 100,000 hommes (ce qui est exagéré), l'éditeur met

à Jean d'Auton d'importants détails sur les tournois, dans son *Théâtre d'honneur.*

1. *Archives curieuses*, t. II, p. 27 et suiv.
2. *Chants historiques français*, t. II, p. 37.
3. M. le Dr Knuth a publié sur Jean d'Auton une note qui n'apporte aucun nouveau détail, sous le titre suivant : *Beiträge zur Kritik des Geschichtsschreibers Jean d'Auton, Hofhistoriographen des Königs Louis XII von Frankreich. Inaugural-Dissertation der hohen philosophischen Fakultät der Universität Greifswald zur Erlangung der Doktorwürde vorgelegt und nebst den beigefügten Thesen, Mittwoch, den 5 november 1890, nachmittags 3 Uhr, öffentlich verteidigt,* von Carl Knuth, aus Stettin. Greifswald, Druck von Julius Abel, 1889, in-8°, 46 p.

« 30,000, » chiffre qu'il estime sans doute convenable. Cette édition ne pouvait donc passer pour définitive.

Quant au sobre commentaire dont le Bibliophile Jacob l'a entourée, quelques erreurs s'y sont glissées[1].

Il existe un certain nombre de transcriptions des Chroniques[2] et des Œuvres[3] de Jean d'Auton. Mais nous n'avons pas à nous en occuper, puisque nous possédons l'exemplaire original des Chroniques, de 1500 à 1507, fait pour Louis XII, et conservé depuis lors dans la Bibliothèque du roi, à Blois, à Fontainebleau, puis à Paris. Cet exemplaire forme trois volumes, actuellement cotés mss. fr. 5081, 5082, 5083, reliés en maroquin rouge au xviie siècle[4].

Pour *la Conqueste de Milan* (Chronique de 1499), la Bibliothèque nationale de Paris possède également l'exemplaire de Louis XII. Ce ms., in-4°, coté autrefois 9707, actuellement fr. 5089, est un volume de 53 feuillets, à

---

1. Nous n'en indiquerons que quelques-unes à titre de spécimen, sans insister autrement : t. I, sur la p. 89, Jean de Polignac, seigneur de Beaumont, pris pour Claude de Beaumont, seigneur de Pélafol; p. 97, Codebert Carre et Poquedepare pris pour une même personne; p. 132, François de Rochechouart, seigneur de Champdeniers, pris pour le sieur de Chandée, etc. Quelques identifications géographiques, quelques explications linguistiques sont contestables ou erronées.

2. Ms. de la Conqueste de Milan, fr. 5089, fr. 5090; des copies plus modernes dans la coll. Dupuy; ms. fr. 17519, fol. 256 à 312; une copie des chroniques de 1499 et de 1501-1506, pour les Godefroy, à la bibl. de l'Institut, ms. Godefroy 238; fr. 17522 (chronique de 1500); fr. 10155 (chron. de 1501-1506); fr. 4055, fol. 87 (extraits).

3. Citons encore, outre les mss. déjà indiqués, des exemplaires du xvie siècle de *l'Exil de Gennes* (ms. fr. 1716, fol. 9); du poème sur le Garillan (ms. fr. 5087).

4. Nous donnons la description de chacun de ces manuscrits en son lieu. Voy. t. I, p. 113 (ms. 5081); t. II, p. 1 (ms. 5082); t. IV (ms. 5083).

reliure moderne, intitulé : *les Alarmes de Mars sur le voyage de Milan, avecques la conqueste et entrée d'icelle*. On lit encore sur la garde : « Cest livre appartient au Roy Loys XII°. » Il porte en tête une belle miniature : *le Triomphe de Mars*[1]. Les vingt-cinq premiers feuillets sont occupés par le poème *les Alarmes de Mars*[2]. A la fin se trouve une plaisanterie dans le goût du temps, de pseudo-vers latins, qu'il faut lire en français[3].

1. Cette miniature présente une particularité digne de remarque. Elle paraît issue d'une miniature représentant le même sujet et exécutée par l' « enlumineur » Robinet Testard pour le comte Charles d'Angoulême, vers 1490-1495 (ms. des *Échecs amoureux*, fr. 143, fol. 36) ; il y a même une sorte de parenté entre l'écriture des *Échecs*, exécutée par l'écrivain Michel, et la transcription du manuscrit de Jean d'Auton. En 1499, Louise de Savoie, fort mal vue du roi, vit un moment sa pension diminuée et licencia une partie de son personnel : Michel ne fit plus partie de la maison et Testard n'y recevait qu'un émolument fort modeste. Il se pourrait que ces deux personnages, habitués aux travaux de cour, eussent encouragé Jean d'Auton à profiter de la constitution du douaire de la reine, comme nous l'avons dit. Mais, bien entendu, c'est là une pure hypothèse. D'un autre côté, Vérard, qui se rendit plusieurs fois en 1497 à la cour de Cognac, a donné dans son édition de la *Généalogie des Dieux*, de Boccace, en 1498, une gravure de Mars qui rappelle singulièrement la composition de Testard : guidé par une étoile, Mars s'avance sur un char, le fléau à la main (fol. ccxx, chap. xxvii, *de Thoas et Euneus, filz de Jason*).

2. Voy. t. I, p. 1, n. 1.

3. T. I, p. 2, note.

CY COMMANCE

LA CRONICQUE DE FRANCE

DE L'AN MILLE CINCQ CENS ET CINCQ.

I.

Parlant, au premier, d'une griefve maladye dont le Roy fut lors durement actainct.

En l'entrant du moys d'apvril, en l'an mille cincq cens et cincq, le Roy, de rechief, se trouva tout debille et fort mallade, et tant que ses medecins ne savoyent bonnement par quel regime y remedier, dont eurent grant doubte en son affaire, car de fieuvre continue et chault mal fut tant espris que, plusieurs jours, le boyre, le menger et le dormir perdit, si que chascun pencoit qu'il en fust faict[1]. La Royne, qui plus en son mal se sentoit interessée et qui l'amoit comme soy mesmes, estoit nuyt et jour en place pour le servir de ce qu'elle pouvoit et le secourir de ce que mestier luy estoit, et, pour le rejouyr, devant luy monstroit visage riant, et luy usoit de joyeuses parolles; mais, a part,

---

1. L'*Ystore Anthonine,* écrite en 1507, dit (fr. 1371, fol. 294 v°) : « Endit an M V° et V, le Roy olt une griefve maladie ou il soustint une si grant passion qu'il perdi long temps la parole, tant qu'on n'y attendoit que la mort. »

toute couverte de larmes, se doulloit si tres amerement
que nul la veoyoit qui de pitié ne plorast : nul entroit
en sa chambre, reservez ceulx qui estoyent ordonnez
pour le service, desquelz furent : Françoys d'Orleans,
conte de Dunoys[1]; messire Loys de la Trimoille,
premier chamberlant; maistre Florimond Robertet;
l'evesque de Perigueulx, son aumosnier, et frere Jehan
Clairée, son confesseur, lequel l'enhortoit moult bien
de son salut. Ausi de luy se monstra tres catholicque
prince, car il se confessa reverentement, et les divins
sacremens de l'Eglize tres devotement receupt, et, en
la presence de messire Guy de Rochefort, son chancellier, et de Florimont Robertet, fist son testament[2].

1. Nommé grand chambellan par patentes de Blois, 7 juillet
1504 (A. Du Chesne, *Histoire des chanceliers*, p. 542).
2. Louis XII, par son testament, donnait entièrement raison
aux prévisions du maréchal de Gié contre la reine; il ordonnait
que sa fille épousât François d'Angoulême. Ce testament, amplifié le 31 mai, constituait la reine tutrice personnelle, avec un
conseil de régence et de gouvernement, composé de la reine, de
Louise de Savoie, du cardinal d'Amboise, du comte de Nevers,
du chancelier, de la Trémoïlle et de Robertet; le roi interdisait
à sa fille de sortir de France jusqu'à son mariage avec le duc de
Valois et lui léguait tous les biens de la maison d'Orléans, y
compris Blois, Gênes et le Milanais (fr. 2831; fr. 3911; Dupuy 85).
Par un codicille séparé de la même date, il ordonnait que sa fille
épousât le plus tôt possible le duc de Valois, malgré les engagements pris avec le duc de Luxembourg, engagements contraires au serment du sacre, puisqu'ils préjudicient au royaume,
et dont, d'ailleurs, nous sommes « deuement et legitimement
dispensez » par le cardinal d'Amboise, légat apostolique dans le
royaume (originaux du testament et du codicille, J. 951, nos 4, 6.
Cf. *Musée des Archives*, n° 546). La reine fut obligée, bien à contrecœur, de se réconcilier avec Louise de Savoie et de jurer avec
elle, sur la vraie croix, l'exécution du testament. Jean d'Auton
passe légèrement sur ces dispositions, qui atteignaient si vive-

Or avoit il singuliere fience en Dieu et souveraine envye de guerir, qui sont deux choses qui de mort a vie souvant rameinent les humains; dont luy, estant en son grabat, se voua a la saincte hostie de Disjon, ou tousjours avoit eu entiere devocion et souveraine reverence[1].

Durant ceste maladie, aux evesques et seigneurs de l'Eglize du Royaume de France, et par tous les pays du Roy, fut commandé de faire processions et prieres pour sa sancté; ce qui fut faict par plusieurs jours ou le clergié et les nobles se assemblerent de toutes pars, faisans leurs devotes oraisons envers le Consolateur des desolez pour la guerison de leur bon prince; a ce ne faillit lè pauvre peuple de France, qui mist lors son labeur en oubly pour y accourir a troupeaulx, les maintz joinctes et les yeulx tendus a mont, criant a haulte voix: « Helas! vray Dieu, salut des esperens en toy, gecte sur nous les yeulx de ta misericorde, et nous estans la main de ta grace et regarde en pitié l'estat du Royaume de France, que des armes celestes tu as ennobly et enrichi de ta foy crestienne, ouquel

---

ment la reine. Cependant, tout cela était si public que, dès le 29 mai, l'ambassadeur vénitien signalait la présence du duc de Valois à la cour comme héritier du royaume et la décision de son mariage avec Claude (Sanuto, VI, 179).

1. L'*Ystore Anthonine* dit, de son côté : « En laquelle passion portant, il olt une affectée devocion au saint sacrement de l'autel, qu'il promist en son courage que, s'il retournoit a convalescence, qu'il feroit par tout son royaume une autreffoys la solennité et procession dudit sacrement et impetreroit du saint pere pardon general a tous ceulx qui y assisteroient. » Il guérit, obtint une bulle et fit une procession le jeudi après la Saint-Jean-Baptiste (fr. 1371).

ton nom divin est haultement honnoré et ta saincte foy dignement exhaulcée. Ore y avoit ta bonté mys ung prince de florissant bruyt, renommé, loué de toutes vertus, sur les requys le plus exquis et entre les bons le meilleur : helas! Fortune, ennemye de prosperité et marrastre d'umaine gloire, le tient ores languissant en la couche de maladye, de qui la main tenoit jadis en craincte ses ennemys et ses subgectz en repos. Regarde, Dieu, regarde a la playe de nostre chief, tant griefve que nous, ses pauvres menbres, en commainçons a sentir l'amere douleur, et ne nous lesse comme peuple sans ducteur ou brebis sans pasteur : escoute les piteuses clameurs de ton pauvre peuple, sire Dieu, et ne mectz le cry de la commune gent a despris, car l'oreille de ta doulceur a tousjours sa voix ouye et sa priere exaulcée ; si, te suplions, nostre pere Dieu, que a ceste oraison nous soyes enclin, et a ceste requeste propice, en donnant prompte santé et longue vye a nostre Roy tres crestien. »

Ainsi faisoit le peuple de France piteuse conplaincte pour la maladye du Roy[1] et devote oraison pour sa santé; avecques ce, la Royne transmist hastives postes devers le Pere Sainct pour avoir pardons et indulgences a tous ceulx qui devotement vouldroyent prier

---

1. Les poètes s'en mêlèrent. Dardanus écrivit :

« *Pro valitudine regia.*

Surge, pater Mavors, tua si[n]t tibi prelia cordi,
   Si te tangit amor militieque decus.
Improba letiferis pharetram mors plena sagittis
   Ecce parat regi, fata suprema, suo.
... Si cadet ille, cadet tunc quoque martis honos... »
(*Dardani, poete laureati, Epigramma*, fr. 1717, fol. 88.)

Dieu pour sa guerison et prosperité; dont ledit Sainct Pere le pape y eslargist tant du tresor divin et apostolicque grace que, en tout le Royaume de France et par tous les pays du Roy deça et dela les mons, envoya le jubillé et, affin que chascun fust plus enclin de prier Dieu pour le bon prince, ordonna, ledit Pere Sainct, que, au XVe jour du moys de juillet ensuyvant, seroient faictes processions generalles et porté le corps sacré de Jhesu Crist comme au jour de sa feste[1], et que tous confex et repentens, en priant Dieu pour le Roy et sa santé, gaigneroyent les grans pardons, comme en l'an du jubillé a Romme[2].

Le cardinal d'Amboise, legat susdit, s'en retournoit

Fauste Andrelin publia une poésie dont nous détachons les vers suivants :

« *Fausti, poete laureati, pro valitudine regia, carmen.*

... Alme Deus, cuncta est cui summa in secla potestas,
    Qui prono effusas suscipis ore preces,
Aspice jam raptum suprema in funera regem
    Et grate optatam ferto salutis opem.
Innumera ex una dependet vita salute,
    Mox aut infœlix, si cadet ille, cadet.
Fac tua, fac cœlo pietas descendat ab alto,
    Fac sit ad instantes reddita vita preces,
Ecce gemens soli francus tibi supplicat orbis !... »

(Fr. 1717, fol. 92; cf. Sanuto, VI, 178.)

1. Cf. Saint-Gelais (p. 177), qui emploie les mêmes expressions et dépeint vivement l'angoisse de la France.
2. La bulle d'indulgence du 17 mai 1505 déclare que Louis XII, « nuper gravi et periculosa ægritudine... quasi in mortis articulo constitutus, voto Altissimo facto per virtutem sacratissimi Corporis Domini nostri Jesu Christi, quod pientissime veneratur, statim dolore quo premebatur levatum se et pristine sanitati senserit restitutum. » Louis XII désire voir, en souvenir de cet événement, instituer des prières dans l'octave du Corpus Christi. Comme sa vie importe fort à l'action de la chrétienté contre les

lors de son voyage d'Allemaigne[1], qui, par les postes courans de lieu en autre, sceut les piteuses nouvelles de ceste griefve maladye ; s'il fist lors mauvaise chere, non sans cause ; car il, a l'effort de ce malleur, veyoit

Turcs et qu'il est « S. R. E. pientissimus et observatissimus filius, » le pape institue en effet une procession pour le 26 juin prochain, avec transport du saint sacrement (Archives du Vatican, *Julii II Regesta secreta,* reg. 984, fol. 209).

1. Le cardinal d'Amboise venait de recevoir à Haguenau, pour Louis XII, l'investiture impériale du duché de Milan. L'investiture lui fut accordée par diplôme du 5 avril (J. 506, n° 12 *bis*). Procès-verbal de son hommage fut dressé et collationné en chancellerie le 6 avril (J. 506, n° 12 ; bibl. de l'Institut, ms. Godefroy 129, fol. 76). Il avait été convenu que, pour cette investiture, le roi verserait 100,000 livres. Il y eut à ce sujet des difficultés préalables, parce que le roi avait déjà remis aux ambassadeurs allemands 3,500 livres sous diverses formes et que, par suite, il avait prétendu s'acquitter en mandatant, le 24 février 1504 (anc. st.), 96,500 livres seulement (ms. Clairambault 224, fol. 413). Il fallut s'exécuter, et le cardinal reçut, le 15 avril, quittance de 100,000 livres (fr. 10433, fol. 171 v°). Le cardinal dut, en outre, répandre à la cour diverses libéralités, dont nous avons le curieux état (ms. Clairambault 16, p. 1053) : Cyprian Certaine, chancelier de la comté de Tyrol, pour les « officiers, commensaulx, secretaires et autres, » reçut 1,400 livres tournois ; et encore, pour lui-même, la même somme, « tant en faveur des services qu'il a faiz au Roy nostredit seigneur, en traictant la paix d'entre lui et les Roys des Rommains et de Castille, que a cause de l'investiture du duché de Milan, et aussi afin qu'il soit plus enclin faire service audit s^r le temps a venir. » Philbert Naturel, conseiller, prévôt d'Utrecht, même somme, mêmes motifs ; Mathieu Lenque, conseiller, coadjuteur de Gürck, de même ; Paul d'Estain, chevalier, conseiller, maréchal de Saint-Pryam, de même ; Paulus Bris, Bonyral deela Rien (?) et Hans von Schaullemberg, capitaines de gens d'armes à Trèves, 70 liv. tournois, pour avoir accompagné le légat avec douze de leurs hommes, de Trèves à Haguenau, « pour la seurté des chemyns, qui estoient dangereux ; » Baltazart de Dobenburgk, gentilhomme de Bohême, serviteur du roi des Romains, pour avoir accompagné

la chaire de son auctorité esbranlée et l'appuy de sa prosperité froissée et tout le Royaume de France en chemin perileux et dangereulx hazart, ce qui luy ramplist le cueur d'ennuyeulx suspirs, et les yeulx d'angoisseuses larmes, et, pour avoir extreme reffuge au souverain remede, tendit les mains aux cyeulx et la pencée envers Dieu, a qui fist tres humble priere et devote oraison pour l'alegement du mal de son bon prince et souverain seigneur le Roy; puis adressa sa requeste a la glorieuse mere de Dieu, advocate des humains, et, le plus tost qu'il peut, s'en vint a Clery, ou, devant l'ymage de la Vierge Marie, celebra t[r]es devotement et fist ses oblacions et prieres d'intencion pure et bonne volunté, et puys s'en revint devers le

le légat par les pays d'Allemagne « et l'avoir servy de truchement durant ledit veaige, » 28 livres tournois; Simon, bastard de Bisse, capitaine, pour avoir accompagné le légat par l'Allemagne « avec ung nombre de gens de guerre, » 43 livres tournois. — *Somme :* 7,141 livres.

« *Presentacion et delivrance de vaisselle d'argent.*

« A Eitlfritz, conte de Sorne, » 6 tasses, 2 flacons, 2 aiguières découvertes, d'argent (comme ci-dessus), « pesans 50 marcs 6 onces 3 gros; » « conte Fustamberg, portant l'espée devant ledit Roy des Rommains, » 6 tasses, 2 flacons d'argent, pesant 37 marcs 6 gros; Jean, fils du comte de Sorne, 1 bassin, 1 pot d'argent, pesant 8 marcs 60 onces 7 gros; R. P. en Dieu l'évêque de « Trigesce, » conseiller du roi, 6 tasses pleines, 2 aiguières découvertes, pesant 24 marcs 6 deniers; Honchbiden, conseiller et docteur, 6 tasses, 1 pot, pesant 13 mars 6 onces 1 gros; comte Félix, serviteur du roi des Romains, 6 tasses, 2 pots, pesant 19 marcs 2 onces. — Somme : 7²⁰13 marcs 6 onces 1 gros, valant, à 12 livres 10 sous le marc, 1,922 livres 9 sous 2 deniers. — Total des deux parties : 9,063 livres 9 sous 2 deniers. Certificat du cardinal d'Amboise que Henri Bohier, receveur général des finances, a payé ces sommes, 8 avril 1505 (*Sign. autogr. :* G., cardinal d'Amboyse. Sceau pendant sur simple queue).

Roy, qui tousjours estoit au lit. La Royne ne cessoit de prier Dieu et les sainctz et faire votes et promesses pour sa santé.

Messire Loys, sire de la Trimoille, qui moult se douloit de ce cas, le voua a Nostre Dame de Lyence, promectant y aller a pié. Somme, chascun pour luy promectoit de offrir sa chandelle au sainct ou sa devocion estoit[1]. Quoy plus? tout le royaume de France estoit troublé de cest affaire. Or, fut le Roy, durant ceste maladie, par deffault de repos, tant affoibly que ses spirituelz sensitifz entrerent en resverie, et, après divers propos, demanda madame Glaude, sa fille, laquelle luy fut presentée par la damme de Tournon[2], sa gouvernante; puys voulut avoir son espée et une javelline dont il luy souvint lors : pour luy conplaire, luy fut baillé, en lieu de ce, quelque baston, lequel voulut bailler a madame Glaude, disant que nul autre qu'elle, s'il ne vouloit incontinent mourir, y touchast; mais celle dame de Tournon, voulant ayder a soustenir celluy baston, y toucha; ce que le Roy advisa et dist qu'elle estoit morte, puysque a ce baston avoit touché. Dont ses medecins et ceulx qui autour de luy estoyent, pour soustenir son dire et ayder a son ymaginacion, lui dirent qu'il estoit vray et la firent oster de la et cacher par ung temps, et puys ramener devant luy; de quoy s'esmerveilla, en disant qu'il pensoit

---

1. Cf. le *Rosier historial*.
2. Jeanne de Polignac, dame de Tournon, « gouvernante de la personne de Mme Claude de France. » L'année suivante, la reine lui fit don du revenu net de la châtellenie de Mehun-sur-Yèvre (valant 35 livres), « pour se mieux entretenir au service de madite dame » (fr. 26110, fol. 792).

qu'elle fust pieça morte, laquelle dist, pour tousjours luy conplaire, qu'il estoit vray, et que, apres sa mort, avoit esté en paradys, ou Nostre Dame l'avoit ressuscitée, laquelle mandoit au Roy qu'il beust et mengeast, et que tantost seroit gueri : ce qu'il fist, et peu apres reposa bien a point, dont ses medecins, qui toute peine prenoyent a luy secourir, furent joyeulx et peu a peu, a l'ayde de Dieu, le misrent sus, dont tout le peuple du Royaume de France rendit graces a Nostre Seigneur.

Durant le grant axès de ceste maladye, partout, et mesmement par les pays du Roy, furent nouvelles qu'il estoit mort; dont aucunes des villes de France furent fermées et les chasteaulx gardez, et en la duché de Millan faict bon guect, et tant que messire Charles d'Amboise, gouverneur dudit pays, fist serrer les gens d'armes et mectre vivres par les places fortes de ladite duché de Millan et prya les seigneurs dudit pays estre bons et loyaulx envers la couronne de France, soubz laquelle seroyent tenus en liberté et deffendus des ennemys.

II.

DE LA MANIERE ESTRANGE DE LA MORT D'UNE DAME GENEVOISE NOMMÉE THOMASSINE ESPINOLLE, INTENDYO DU ROY, QUI MOURUT LORS EN LA VILLE DE GENNES.

A Gennes pareillement fut dit pour vray nouvelles de la mort du Roy : de quoy les Gennevoys monstrerent par semblant estre moult troublez, et pencerent sur leur affaire ce qu'ilz voulurent; et, entre autres, fut une dame genevoise nommée Thomassine Espinolle, dont j'ay parlé cy devant ; laquelle monstra bien icy le neu de l'amour des bonnes femmes indissoluble et leur constance inmobille, car, a l'exemple de la bonne Julya, femme de Ponpée, qui, voyant les habitz de son seigneur tainctz du sang des bestes ordonnées au sacrifice, le cuydant mort, sans autrement s'en enquerir, crieva de dueil, ceste dame recommandable, au seul rapport de la premiere voix disant : « Le Roy est mort ! », laissa toute cure mondaine et plaisir humain pour se retirer en sa chambre de dueil, ou respandit ung torrent de larmes et rendit ung milion de soupirs, disant : « Ores est mort le myen intendyo, accroist de mon estat, support de ma vye et deffence de mon honneur ; ce qui me oste l'envye de plus vivre et me donne vouloir de finir mes jours. » Ainsi se douloit l'esplorée dame, monstrant comment son intendyo estoit d'elle bien voulu, et l'amour dont elle luy en vouloit, qui estoit, comme j'ay dit, entre eulx honnorable et au prejudice de nuly. Ores en fut tant que la pauvre dame, esprise de dueil et avironnée de regretz, fut, par l'axès de melencolye, conduyte jucques au lit de la mort, qui, huyt jours apres ce, par une douleur de fievre continue, lui separa l'ame du corps ; dont les Genevoys en firent funeralle feste et moy historial recit, tant pour reveller la nouvelleté du cas que pour magnifier le feminin amour.

En ce temps, la Royne, voyant le Roy convalescer et recouvrer santé, et que hors du danger de sa maladye estoit, s'en alla en son pays de Bretaigne, accompaignée des princes et seigneurs de France et des barons et gentishommes de sondit pays a grant nombre, ou tant honnorablement fut receue que ce fut ung merveilleux triumphe. Toutes les villes ou elle passoit luy furent tendues et les chemyns nectyez; les seigneurs de l'Eglize et gentishommes du pays, avecques les marchans et tout le peuple, luy furent au devant et l'accueillirent tous de vouloir cordial et joyeuse chere. A Nantes et a Renes, et es autres principales villes de son pays[1], se tint l'espace de cincq moys, ou presque, durant lequel temps tint ses Estatz et mist ordre en toutes les affaires de ses terres de Bretaigne, et, de jour en autre, avoit nouvelles du Roy[2], lequel estoit sus et faisoit tres bonne chere, et ainsi, se trouvant allegre, eust envye de s'en aller a Tours, ce qu'il fist, et passa par Amboise, ou sejourna quatre jours. La estoit madame d'Angolesme et monseigneur Françoys d'Angolesme son filz, et Marguerite

1. Alain Bouchard décrit en grand détail le voyage d'Anne en Bretagne, ses entrées solennelles à Morlaix, Saint-Brieuc, Dinan. Sur ce pèlerinage, voyez aussi Albert Le Grand, *Vie, gestes... des saints de la Bretagne armoricaine.* Nantes, 1637, in-4º, p. 493. Cf. Desjardins, *Négociations,* t. II, p. 97. Les allures trop purement bretonnes de la reine, l'affectation qu'elle mit à se réinstaller dans son duché et à y prolonger son séjour finirent par vivement déplaire au roi; mais cette indépendance ravit naturellement les Bretons. Le poète cornouaillais Disarvoez Penguern écrivait encore à ce sujet, en 1510 :

« L'an mil cinq cens et cinq, alla tout droit
En Bretaigne ceste haulte princesse
Pour visiter son païs, et a Folgouet,
Acompaigné d'une grande noblesse,
Comme d'une souveraine duchesse,
Fust receue en grande reverance. »
(Ms. fr. 24043.)

2. Le roi se plaignait fort. Le cardinal d'Amboise s'entremit vivement pour réconcilier les deux époux.

sa fille, lesquelz le Roy enmena avecques luy a Tours et les fist loger en son logys du Plessis, ou la sejourna par l'espace de deux moys ou environ, en passant le temps a divers esbatz, l'une foys a veoir tirer ses archiers, l'autre a regarder chevaucher ses grans chevaulx et l'autre a chacer les sangliers dedans le boys du parc, ou monseigneur d'Angolesme estoit tousjours quant et luy; tous plaisans deduys et joyeulx passetemps luy furent faictz lors, pour tousjours le tenir en lyesse; chascun luy disoit propos nouveaulx et estranges nouvelles, et, entre autres, luy fut dit, par vray rapport[1] d'aucuns Genevoys et autres qui estoyent venus de Gennes, commant dame Thomassine Espinolle, dont j'ay escript cy dessus, estoit morte, et ce, pour avoir ouy dire que le Roy estoit mort, et luy fut compte des regretz qu'elle avoit faictz et de la maniere de sa mort; de quoy le Roy fut moult esmerveillé et bien marry; mais a ce ne peut nullement remedyer ne autrement satisfaire, si n'est, pour publier sa vertus, et anpliffyer son merite, voulut que, par escript present, en fust memoire future, et, pour ce faire, me donna la charge, qui lors escripvoye sur les gestes de France, et me dist que messire Germain de Bonneval, gouverneur de Lymosin, m'advertiroit de cest affaire, comme celuy qu'il en avoit embouché et la verité en savoit. Dont m'en allay au logys de celuy gouverneur, lequel me de[c]laira toute la chose, ainsi que par escript je l'ay cy, en ma cronicque, redigée.

---

1. Nous avons indiqué précédemment que ce bruit était erroné. Thomassine Spinola mourut en 1516.

III.

La Conplaincte de Gennes sur la mort de dame Thomassine Espinolle, Genevoise, dame intendyo du Roy, avecques l'Epitaphe et le Regret[1].

L'impetueulx vent, coursoire Vulturne,
En Orient menant bruyt diuturne,
Contre Aquillon descendant de son polle,
Lassus en l'air faisant leur monopolle

---

1. La *Complainte de Gênes,* œuvre de courtisan, offerte au roi, fut reproduite en un certain nombre d'exemplaires manuscrits pour les princes ou les gens de la cour. La Bibliothèque nationale possède trois de ces exemplaires de seconde facture (mss. fr. 6169, 1684, 25419). Tous trois sont contemporains, sur parchemin; deux sont ornés de trois miniatures semblables, quoique modifiées dans leurs répétitions par certaines variantes voulues. En tête, Thomassine, sur la jetée ou aux portes de Gênes, suivie de trois, de quatre compagnes, regardant, les yeux rouges, s'éloigner le vaisseau de Louis XII; au début de l'*Épitaphe,* mort de Thomassine, dans son palais, entourée de ses suivantes; en tête du *Regret*, le roi, en deuil, dans son palais en deuil, debout, les bras croisés, dans l'attitude de la douleur; derrière lui, quatre ou six courtisans en deuil compatissant à son chagrin; dans le fond à droite, un hallebardier en deuil; derrière, une porte s'ouvre sur un corridor au bout duquel une autre porte avec un personnage ou une vue de jardin. Dans le ms. 6169, la place des miniatures est restée en blanc. Le ms. 25419, in-8° carré, porte au revers du folio de garde l'ex-libris suivant : « Este libro es de Luis de Mendoça; » il vient de la bibliothèque Lavallière. Le ms. fr. 6169, grand in-8°, porte au verso du feuillet de garde un écu de gueules, à trois tours (deux et une) d'argent, avec la devise : *Nan Dotes.* Il vient de la bibliothèque de Colbert. Le ms. fr. 1684, in-4°, portant en tête la mention contemporaine : « *la Complainte de dame Espinolle,* » paraît avoir toujours appartenu à la Bibliothèque royale. Il paraît être l'exemplaire de don. Cependant, le blanc réservé sur le feuillet de garde n'a point été rempli. Ce dernier manuscrit est aussi le seul où l'on trouve une prétention à quelque exacti-

Et bruyans crys sur l'eure conticine[1] ;
Saturne, ayant sa bucyne[2] argentine
En l'assendant du palais Capricorne,
A son public par les cieulx crye et corne,
Et retentist ses tons melodyeulx[3]
Pour reveiller les deesses et dieulx,
Disant a tous les celestes consors :
« Levez vous sus, mectez vous aux essors
Et allez veoir[4] la region terrestre
Pour ne lesser plus la bas en terre estre
Celle qui est tant digne de louanges,
Qu'elle doit bien estre avecques les anges ;
Car sa vye louable et meritoire
A deservy son lieu au consistoire
Des immortelz et posseder le trosne
Sidereal, comme saincte matrone,
Qui a son loz tant faict[5] magnifier
Que apres sa mort se doit deiffier ;
C'est le vouloir des dieux[6] et le plaisir
Qu'elle viengne[7] les cieulx[8] prendre[9] et saisir
Et qu'elle soit tost eslevée et source,
Et mise sus les Plyades et l'Ource ;
Car elle fut en vertus coustumiere,
Dont sera la spectacle de lumiere,
Pour la gloyre[10] d'icelle ampliffyer[11],

tude pour les portraits. Nous indiquons ses variantes relativement au texte de notre Chronique. Les autres exemplaires sont des copies courantes dont les variantes n'offrent point d'intérêt. Il existe aussi à la bibliothèque de Montpellier un de ces exemplaires courants, qui a été publié par M. Kühnholtz, avec une reproduction des miniatures (Kühnholtz, *Des Spinola de Gênes et de la Complainte depuis les temps les plus reculés jusqu'à nos jours.* Montpellier, 1852, in-4°); mais l'auteur nous paraît avoir attaché trop d'importance à l'exemplaire qu'il avait sous les yeux, et il a joint à son édition des renseignements difficiles à accepter.

1. *Intempestine* (ms. 1684). — 2. *Bucine.* — 3. *Melodieulx.* — 4. *Voir.* — 5. *Fait.* — 6. *Dieulx.* — 7. *Vieigne.* — 8. *Cyeulx.* — 9. *Prandre.* — 10. *Gloire.* — 11. *Ampliffier.*

Et aux autres myeulx[1] exempliffyer[2]. »
Sur ce, j'oy ce cry finir et taire,
Et Jupiter lesser le Sagitaire,
Pour saillir hors de sa clere maison,
Disant aux corps celestes : « C'est raison,
Puys[3] qu'en terre fut d'honneur tant parée,
Que aux cieulx luy soit mansion preparée,
Et qu'il n'y aict zodyacal[4] degré
Que a son plaisir ne monte et a son gré. »
Ce dit, Phebus, du palais du Lyon
Gecta sa bas des raidz ung million[5],
Pour esclarcir le monde bruyneulx
Et faire a mont ung chemin lumineulx ;
Mercure y vint, o sa teste canyne,
Qui doulcement o sa Virge benigne
Se monstra le gracieulx champion[6] ;
Mars destourna la queuhe au Scorpion,
Pour ne vouloir le chemin empescher ;
Venus ausi vint sa libre approcher
Pour la parer de rameaulx et de fleurs ;
Dyane n'eust lors voulu estre ailleurs,
Mais la chambre du Cancre avoit ouverte,
Et de nymphes tappissée et couverte.
Ainsi chascun d'iceulx fist son devoir
Pour accueillir la dame et recepvoir,
Comme estoit deu à celle bienheurée
Plaisante au monde et aux cieulx desirée.
Je ne savoye ancore a qui c'estoit
Que tant d'onneur lassus on apprestoit,
Mais tost après au vray fuz advertye[7]
Que une dame myenne[8] estoit departye[9]
De ce siecle, en celle nuyt passée,
Et qu'elle estoit de douleur trepassée[10].
Or en sceu je les piteuses nouvelles,

1. *Mieulx.* — 2. *Exempliffier.* — 3. *Puis.* — 4. *Zodiacal.* — 5. *Millyon.* — 6. *Champyon.* — 7. *Advertie.* — 8. *Mienne.* — 9. *Departie.* — 10. *Trespassée.*

Qui ne me sont ne plaisantes ne belles,
Par les clameurs du peuple Gennevoys,
Que j'entendy cryer[1] a haulte voix,
Disant : « Helas[2] ! Thomassine[3] Espinolle,
Qui nous estoit guydon et banerolle,
Et l'entretien du Roy nostre bon prince,
Le seul recours de la nostre province,
La ressource de nostre adversité,
Est morte ! Helas ! que fera la cyté[4]
Desollée, puysque celle perdons,
Que ne pouvons plus recouvrer par dons ? »
Ainsi estoit pleurée et regrectée,
Dont en sera ma Complaincte trectée.

Complaincte elegiacque.

Oyant les crys, les lamentz et delas,
Les pleurs, les plainctz, les souppirs et helas,
Que pour la mort de celle furent faictz,
De larmoyer mes yeulx ne furent las ;
Mais, en laissant tout plaisir et soulas,
Et chargée de dueil outre mon faix,
En recordant ses graces et bienffaictz,
Et sa valleur tant regrectée et plaincte,
J'ay bien voulu dicter une complaincte
Pour faire icy commemorer son nom,
Disant a tous : « Si sa vye[5] est estaincte,
Tousjours en loz florira son regnon[6]. »

Pourquoy doncques[7] n'eut elle longue vye
Puysqu'elle avoit bon vouloir et envye
De profficter[8] en vertueulx propos ?
Elle n'avoit pas la mort deservye[9],
Ne ne devoit si tost estre ravye[10],
Mais tous temps vivre en tres heureux repos ?

---

1. *Crier.* — 2. *Hellas.* — 3. *Tommassine.* — 4. *Cité.* — 5. *Vie.* —
6. *Regnom.* — 7. *Donques.* — 8. *Profiter.* — 9. *Deservie.* — 10. *Ravie.*

Respons icy, o fatalle Atropos,
Qui sans raison, de tes cruentes mains,
Romps les fillectz[1] de la vye[2] aux humains,
Malgré Cloto et Lacchesis[3] tes seurs?
Tes faictz sont trop cruelz et inhumains,
Quant soubz ta main nulz hommes ne sont seurs!

Par coup soubdain celle as rendue morte,
En demonstrant ta perilleuse sorte,
Dangereuse, diverse et importune ;
Mais ung remort sur ce me reconforte,
C'est qu'elle fut constante, ferme et forte,
Contre l'assault de parverse fortune.
On n'en devroit pas louer plus fort une
Que ceste cy, que chascun dit et vante
Avoir esté belle, bonne et savante,
Sage, riche, gracieuse et benigne,
Honnorable, très faconde et prudente,
Et paragon de grace feminine.

Si par[4] larmes espandre et ruisseller,
Ou richesses tost desamonceller,
Estoit permis[5] de revoquer les ames,
Je ne vouldroye ja tant dissimuller[6]
Que tout ne misse a celle rappeller,
Comme la plus desirée des dames.
Or, est son corps trancy, entre les lames
De ses parens trepassez et amys.
Helas! pourquoy est il ainsi la mys,
Pour devenir si ville pourricture[7],
Et aux vermetz de terre estre submys[8],
Qui fut le chief des œuvres de nature?

O Gennevoys, que ferez vous ycy[9],
Si n'est douloir et plourer de soucy,

1. *Filletz.* — 2. *Vie.* — 3. *Lachesis.* — 4. *Pour.* — 5. *Promis.* —
6. *Dissimuler.* — 7. *Pourriture.* — 8. *Soubmys.* — 9. *Icy.*

Pour la perte qui vous est advenue
Par le decez de corps qui est trancy,
Que vous voyez en la terre estre ainsi,
Ce qui vous est dure desconvenue?
Le temps requiert ausi¹, l'eure est venue
Que vous devez porter le noir habit
Pour demonstrer le funeral obit
D'une qui fut la plus qu'autre extimée;
Celle perdez par ung cas trop subit,
Qui seulle estoit myeulx² digne d'estre amée.

Que faictes vous, mesdames Genevoises,
Damoiselles, marchandes et bourgeoises,
Chambarieres, servantes et exclaves?
Aprochez vous plus pres que de deux³ toises,
Pour lamenter en lieu de faire noises,
Et ne soyez a plourer icy graves.
Lessez a sec sur le sablon voz naves,
Et espuysez⁴ toute l'eau de la mer
Pour la venir en ce lieu consumer⁵
Par le degouct de voz yeulx larmoyens⁶.
Celle est morte, qui, pour vous renommer,
Sur les autres a trouvez les moyens!

Vous, Neptunus, qui la mer gouvernez
Et ses voisles faictes singler au vent,
Venez ycy⁷ et nous entretenez;
Plus ne pouvons sans vous aller avant,
Car nous avons perdu par cy devant
Le gouvernail de nostre navigage,
La conduyte de tout nostre passage,
L'appuy tenant nostre seure esperence⁸,
L'yntendyo du noble Roy de France.

Dame Aurora, qui avez arrosée

1. *Et.* — 2. *Mieulx.* — 3. *Deulx.* — 4. *Espuisez.* — 5. *Consummer.* — 6. *Lermoyens.* — 7. *Icy.* — 8. *Esperance.*

De voz larmes la terre en plusieurs lieux [1],
Pleuvez icy celle doulce rosée
Que pour Cynus degoutez [2] de voz [3] yeulx :
Vous ne pouvez, ce croy je, faire myeulx [4],
Car celle la, qui plus estoit louée
D'excellant priz de beaulté avouée,
Et qui portoit tous les tiltres d'onneur,
A rendu l'ame au celeste Seigneur.

Vous, Eacus, Mynos et Radamant,
Qui de tous droictz infernaulx decidez,
Gardez vous bien de faire jugement
Contre celle, et que n'y procedez,
Ou si de tant, certes, vous excedez,
Tantost sera sentence revoquée ;
Car ja sa cause est mise et evoquée
Au grant conseil du divin consistoire,
Ou tous les dieulx tiennent leur auditoire.

Thesiphone, Aletho et Megere,
Pluton, Caron, Bellides, Tantallus,
Et tous ceulx qui en lieu de refrigere
Estez plungez es infernaulx palludz,
A ceste cy ne ferez voz sallutz,
Car, du gouffre obscur, puant et noir
Ou vous estes [5], jucques [6] a son manoir,
Qui est plus beau que les champs Elisées,
N'a seur chemin adresses ne brisées.

Lessez les fleurs, o deesses Nappées,
Et appellez les fontalles Nayades [7],
Et aux forestz de verdure drappées
Allez querir Satires et Dryades [8] ;
Sonnez [9] ausi a ses Amadryades [10]
Que trouverez sur les arbres perchées,

1. *Lieulx.* — 2. *Degouctez.* — 3. *Vox.* — 4. *Mieulx.* — 5. *Estez.*
— 6. *Jusques.* — 7. *Naydes.* — 8. *Driades.* — 9. *Sonnés.* —
10. *Amadriades.*

Dessus les mons Oreades[1] couchées,
Phaunes aux champs, en mer les Nereydes;
Amenez les icy a mes aydes.

O Narcisus, qui eustes en desdain
La doulce Eco, en bon point jeune et belle,
Vous n'eussez pas faict reffus si souldain[2]
De ceste cy, ne tant esté rebelle,
Tant de vertus avoit et grace telle,
Mais qu'elle n'eust parolle ou regard chiche
Qu'onques homme, tant fust grand, bel ou riche,
Ne la sceut voir, adviser ou oyr,
Qui n'eust desir de son amour joyr.

Sus, Terpander, florisant en[3] musique,
Et Appollo[4] le doulx armonizant,
Mectez a part la science et praticque[5]
De vostre chant; plus n'est ycy[6] duysant.
Vous, Orpheus, tant bien citharizant
Que les Enfers endormez par voz sons,
Et Haryon, qui faictes les poissons
Dancer en mer, quant la harpe touchez,
Fuyez d'icy[7] et plus ne m'approchez.

Par vraye amour et douloureulx regret,
Dont elle fut jucques au cueur actainte,
Pour son seigneur intendyo[8] segret,
Le cuydant mort et sa vye estre estaincte,
Las, elle en print[9] celle mortelle estraincte,
Pour trop serrer le lyen d'amytyé[10];
C'est ung bienfaict et ung cas de pityé[11]
Qui ne se doit a jamais oublyer[12],
Mais en tous lieulx cryer et publyer[13].

---

1. *Orcades.* — 2. *Soubdain.* — 3. *Inventeur de.* — 4. *Appolo.* — 5. *Pratique.* — 6. *Icy.* — 7. *Ici.* — 8. *Intendio.* — 9. *Elle print.* — 10. *Amityé.* — 11. *Pitié.* — 12. *Oublier.* — 13. *Crier et publier.*

Que diront plus orateurs et poetes
De Tisbée[1], d'Ero et de Philys,
De Medée, fille du Roy OEtes,
Dont amours ont les corps ensevellys[2],
D'Erigone, de Cyla[3], dont je lys,
De Jullya et Dido de Cartage?
Celles doyvent[4] lesser en bas estage,
Et à ceste funder ung oratoire,
Ou tous ses faictz seront mys en histoire.

Elle a bien faict des[5] œuvres tant louables
Que par escript se doyvent rediger
Et emgraver en pierres et en tables
Pour les mectre en veue et eriger;
Elle a voulu les vices corriger
Et approuver les graces et vertus,
Les affamez a peuz, les nudz vestus,
Servy[6] a Dieu et bien amé l'Eglize[7],
Et tout son temps vescu en ceste guise.

Ennuyeulx n'est[8] ce compte a reciter,
Dont le surplus du dire je revoque.
Mais, toutesfoys, pour mon deu aquicter,
Vestue en noir et portant mesme toque,
Mes cytoyens a ce dueil je convoque,
A celle fin que chascun soit recors
De la dame dont icy gist le corps,
Et qu'elle soit tant plourée et doulue,
Qu'on cognoisse qu'elle estoit bienvoulue.

Le long propos de ce piteulx affaire
Tant me reduyt a courroux et a dueil
Que je ne say certes se je doy faire
Plaincte de bouche ou fondre en larmes d'ueil.
C'est ung regret dont si fort je me dueil

---

1. *Thisbée.* — 2. *Ensevelys.* — 3. *Cila.* — 4. *Doivent.* — 5. *De.*
— 6. *Servi.* — 7. *Eglise.* — 8. *M'est.*

Que mes souppirs, qui tousjours sont en l'er,
Me sincoppent et rompent le parler,
Tant que je suys¹ a ce moyen contraincte
Faire sillence et finir ma conplaincte².

L'Epitaphe parlant par la bouche de la deffuncte.

Comme chascun au tour du malleur tumbe,
Icy, dessoubz ceste massive tumbe,
Suys morte, helas! et perye³ avant age,
Sans nul respit avoir pour l'avantage
De jeunesse dont j'estoye emparée,
Et de beaulté moult richement parée.
De biens mondains dont ausi j'en aquys⁴
Moult largement, quant a Gennes nasquys⁵,
Ou j'ay vescu doulcement a sejour
Et demeuré la jucques a ce jour.
Auquel lieu vint, comme j'estoye en vye⁶,
Le noble Roy de France, ayant envye⁷
De visiter sa supperbe cyté,
Ou se trouva comme s'il fust cyté;
C'estoit le preux Roy doziesme Louys.
Je le veiz la, l'entendy et l'ouys,
Parlay a luy au myeulx que faire peuz,
Et mon regard sur luy a faix repeuz,
Si bien que amour me fist⁸ tost mectre en queste
De l'accoincter, dont je feiz mon enqueste
Et demanday la grace du bon prince,
Qu'il m'octroya, disant que je la prince;
Puys me voulut laisser et retenir,
L'intendyo⁹, sans autre erre tenir.
Helas! j'eu bien ce noble don prou cher,
Car oncques puys ne laissay approucher
Homme de moy, non certes mon mary,
Qui maintes foys en a esté marry.

1. *Suis.* — 2. *Complaincte.* — 3. *Perie.* — 4. *Aquis.* — 5. *Nasquis.* — 6. *Vie.* — 7. *Envie.* — 8. *Feist.* — 9. *Intendio.*

Deux ans¹ ou plus, j'ay tousjours maintenue
Ceste vye² et pour luy main tenue,
Et eusse faict tant qu'au monde eusse esté,
Et pour luy seul tout mon cueur excepté;
Mais Fortune, celle marrastre adverse,
Disant ainsi qu'elle m'aura traverse,
Et ne voulut suffrir ce, ne parmectre,
Comme sera icy touché par mectre;
Car une voix m'envoya pour me dire
Qu'il estoit mort, dont fuz esprise d'ire
Et de courroux, tant que lors je m'accouche,
Ne oncques puys³ ne levay de ma couche,
Disant : « Helas! ha! Mort! trop est mortel
Ton dur⁴ assault, si par toy est mort tel!
Car s'il estoit, comme⁵ on dit, trepassé,
Mon corps vouldroit ce pas estre passé. »
En ce disant, la fieuvre continue,
Me vient saisir et tant me continue
Qu'a la parfin mes espritz tant lassez
Ne peurent plus soustenir tel acez.
Dont commainçay les membres a estandre,
Tirer du cueur qui du travail est tendre;
Lors vient la mort que les deux⁶ yeulx me bousche,
M'estrainct⁷ le poux et me ferme la bouche.
Ainsi laissay les choses temporelles,
Dont mainctes ont souvant mal temps pour elles.

Helas! sire, soyez cy enseigneur,
Si vraye amour est ou gist en seigneur,
Si vous estes apres moy survivant
En ce monde ou n'y a seur vivant,
Ne mectez pas celuy corps en oubly
Que vous avez tant de grace ennobly;
Puysque pour vous il est mort; soubz la lame,
Vueillez avoir souvenance de l'ame.

1. *Dueulx*. — 2. *Vie*. — 3. *Puis*. — 4. *Deur*. — 5. *Come*. —
6. *Dueulx*. — 7. *Estainct*.

REGRET QUE FAICT LE ROY POUR LA MORT DE SA DAME INTENDYO [1].

Cruelle Mort, de dur venin esprise,
D'amer poison enracynée et prise
Et de fievre[2] pestiffere[3] entachée,
Pour quoy as tu par celée entreprise
Celle dame au despourveu surprise,
Et contre elle ta fureur actachée?
Elle n'estoit pas encores tachée
De viellesse[4], ne de son griz pellage,
Mais au printemps de son florissant age[5],
Belle, bonne, sage, riche et discrete;
Or, est elle morte par ton oultrage;
Tousjours la plains et sans fin la regrecte[6]!

En faict d'honneur estoit si bien aprise
Qu'elle ne fut en sa vie reprise
D'aucun meffaict et de mal reprochée.
Or l'avoye je pour intendyo prise,
Et elle moy, de quoy myeulx[7] je me prise,
Veu les vertus dont elle estoit merchée.
Tant fut certes de mon cueur aprochée
Que pour son bien maintenir en usage
J'eusse bien faict a Gennes ung voyage;
Mais de maleur est morte la pauvrete.
Helas! c'est bien ung merveilleux domage :
Tousjours la plains et sans fin la regrecte!

Elle vivant, j'ay sa valleur comprise,
Tant qu'il ne fault que morte la desprise;
Mais est requys[8] que par moy soit cherchée,
Voire du cueur que regret auctorise

---

1. LE ROY. — 2. *Fieuvre.* — 3. *Pestifere.* — 4. *Vieillesse.* —
5. *Aage.* — 6. *Regrete.* — 7. *Mieulx.* — 8. *Requis.*

De ce faire, et le cas favorise,
Disant que amour ne peut estre cachée;
Ce que scet bien ma pencée empeschée,
Mes sens ravys¹ et mon triste courage,
Qui ne peuvent oublyer² l'avantage
Que me fist lors tant que ores en suffrecte :
Son corps en est en terre pour hostage.
Tousjours la plains et sans fin la regrecte!

Prince, j'ay eu son amour en partage,
Dont elle aura de moy, pour heritage,
Prierre³, adieu et oraison segrecte.
Je ne luy peuz donner autre suffrage,
Si n'est que icy en ce bas monde et frage,
Tousjours la plains et sans fin la regrecte!

Celle est morte qui a vescu sans blasme,
Et eu le bruyt de tant eureuse fame
Que impossible seroit de trouver homme
Qui sceust nombrer la moytyé⁴ de la somme
Des grans vertus qu'avoit la noble dame.

Qui veust savoir commant elle se clame,
Je ne la⁵ veulx certes celler a ame :
Thomassine Espinolle se nomme
      Celle.

Cy finira ma piteuse epigrame.
Louant ses faictz et priant pour son ame,
Comme regret de ce faire me somme,
Et vraye amour qui me commande en somme,
Sy j'amay lors, ancores veust que j'ame⁶
      Celle.

---

1. *Ravis.* — 2. *Oblier.* — 3. *Priere.* — 4. *Moytié.* — 5. *Le.* — 6. *Je ame.*

Après que j'eu ceste elegye mise a fin[1], j'en presentay, audit lieu de Tours[2], ce que j'en avoye faict au Roy, pour luy donner de ma part quelque diverse nouvelleté et moyen d'agreable passe temps : ce qu'il advisa de mot a mot, et, comme depuys par aucuns me fut dit, l'envoya a Gennes pour faire mectre sur le tumbeau de la deffuncte, en signe de continuelle souvenance et spectacle memorable.

En ceste maniere se passa une partye du temps de celle année, que le Royaume florissoit en paix et le peuple prosperoit a prouffict. Quoy plus? si n'est que le très louable prince, comme chief des vertueulx et

1. Jean d'Auton, qui honore tant ce deuil de fantaisie, n'a point mentionné la mort de la première femme du roi, Jeanne de France, morte en odeur de sainteté à Bourges, le 4 février 1505 (V. notre livre *Jeanne de France,* et ci-dessus, t. III, p. 359). Jeanne avait fondé un ordre de religieuses, l'Annonciade, que sa sœur Anne, d'accord avec Jules II, s'occupait pieusement alors d'asseoir sur des bases solides (bref de Bologne, 6 id. jan. 1506. Arch. du Vatican, *Julii II Regesta secreta,* reg. 984, fol. 263 r°-267 v°). On assure cependant que Louis XII, qui n'était pas heureux, entourait Jeanne du plus respectueux souvenir (not. déposition de Michelle, veuve de Noël Guyon, au procès de canonisation). Cette sainte femme laissait dans l'esprit public une trace profonde. Jean Bouchet, dans *le Temple de bonne renommée,* en faisait une sainte quelques années plus tard (éd. 1517, fol. 77) :

 « Or, en sortant du cousté latéral (du côté des saints),
 Ung grant tumbeau je aperceu, de coural,
 Enrichy d'or et pierres par oultrance,
 Ou reposoit dame Jehanne de France,
 Qui de Berry fut duchesse et vesquit
 Si sainctement que le monde vainquit,
 Et ses bombans dont elle ne tinst compte.
 L'ame est au ciel, ainsi que chascun comte. »

2. Louis XII passa à Tours tout le mois de juillet 1505 et le commencement d'août. Il demeura à Blois ou aux environs tout le reste du temps.

exemple des bons, eut tousjours cognoissance du service de ses gens et souvenance de leurs biensfaictz, tant que, soubz sa main, le merite de chascun estoit, scelon son estat, haultement remuneré et recompancé deuement : a ses serviteurs lays donnoit grosses offices et bons gages ; a ceulx de l'Eglize, prelatures et benefices, et, affin que nul demeurast sans en avoir, quant de quelque evesché ou abbaye faisoit pourvoir ses plus recommandez, de leur despoille revestoit les autres ; et, qui plus est en grace de recognoissance estoit tant clervoyant que, de son propre motif, pourvoyoit ceulx des siens qui n'avoyent en court amys pour les advancer ou audace pour en demander, qui est œuvre louée de la bouche de tous et moyen d'actraire le cueur de chascun. En ce mesme temps, en colloca plusieurs, dont le bienffaict m'est reduyt a memoire pour en avoir eu ma part, telle que, par son commandement, du cardinal de Nerbonne[1], lequel, devant ce, avoit pourveu de plus, j'eu lors le prieuré de Clermont de Lodève en Languedoc, ce qui de moult rainfforça l'entretiennement de mon estat et m'obligea de plus a prier Dieu pour la prosperité du donneur.

Or, avant, icy est a dire que Phelippes d'Autriche, archiduc, faisoit lors la guerre au duc de Gueldres, parent du Roy[2], et de tout son pouvoir contrarioit au vouloir dudit seigneur, et mesmement pour l'evesché de Tournoy, dont il vouloit pourvoir ung des seigneurs de son conseil, nommé Charles du Haultboys, et, avecques ce, faisoit prises et surprises sur les droictz

---

1. Fr.-Guillaume de Clermont-Lodève, cardinal de Narbonne, neveu du cardinal d'Amboise.
2. Charles d'Egmont, duc de Gueldre, fils d'une Bourbon.

de la juridiction de Tournay, apartenant au dommaine de la couronne. Par quoy le Roy envoya en embaxade par devers luy Angilbert Mons‍r, conte de Nevers, avecques grant nonbre de gentishommes, et bien accompaigné de gens de conseil, desquelz estoyent maistre Jehan Poncher, evesque de Paris[1]; maistre Pierre de Sainct Andrieu, juge mage de Carcassonne[2], et maistre Jacques Olivier[3], son advocat en parlement; ausquelz ne voulut ledit archiduc donner audience ne tenir parolles d'amytié, ni faire raison de son tort. De quoy le Roy, adverty, delibera donner secours contre luy au duc de Gueldres et luy faire reparer par force le meffaict que par amytié ne vouloit amender[4].

Toutes ses choses revolues, le Roy s'en alla de Tours a Amboise, ou sejourna cincq jours, et puys tira droict a Bloys[5], ou devers luy vint en ambaxade, pour le Roy d'Angleterre, ung chevallier angloys nommé messire Charles de Sombrecet[6], parent dudit Roy d'Angleterre;

---

1. Étienne Poncher (et non Jean Poncher, comme nous l'avons déjà observé), d'abord conseiller au parlement de Paris, employé par Charles VIII dans les affaires de Saluces (fr. 2919, fol. 9 *bis*), puis chancelier de Milan, était devenu évêque de Paris en 1503 et avait prêté serment en cette qualité le 30 avril 1503 à Lyon (fr. 25718, fol. 74; cf. *Cérémonial françois*, II, 866).

2. Pierre de Saint-André, juge-mage de Carcassonne, puis président de Toulouse, chef de la justice de Gênes, premier président de Toulouse, venait de jouer un rôle important dans le procès du maréchal de Gié.

3. Jacques Olivier, avocat de la reine à Toulouse contre le maréchal de Gié; il devint avocat général et premier président du parlement de Paris.

4. L'archiduc fut assigné au parlement de Paris le 6 septembre (*Lettres de Louis XII*, I, 24).

5. Il était à Blois le 16 août (Desjardins, *Négociations*, II, 114).

6. Somerset.

lequel ambaxadeur fut du Roy honnorablement receu et festyé a souhet et ouy sur ce qu'il vouloit dire et demander, qui estoit que ledit Roy d'Angleterre, qui bon pour les Françoys avoit tousjours esté et estoit, en voulant de plus en plus fort estre, et, pour acroistre l'alyence et ranforcer l'amytié d'entre le Roy et luy, demandoit avoir en mariage Marguerite d'Angoulesme, proche parente du Roy; et, sur ce, bailla ledit ambaxadeur, par articles, l'intencion dudit Roy d'Angleterre et tout ce qu'il vouloit dire.

Le Roy veist iceulx articles et lut de point en point, et icelz mist en conseil pour en avoir l'oppinion : le cas fut debatu a plusieurs foys, et, sur ce, alleguez divers propos et mainctes choses, et, entre autres, dit que, si le Roy n'avoit aucuns hoirs masles de sa chair procreés et que si monsʳ Françoys d'Angoulesme, par deffault de ce, succedoit a la couronne comme le plus proche et ausi que en hoirs masles deffaillist, au moyen du mariage de ladite Marguerite d'Angoulesme, seur dudit monseigneur, pourroyent les Angloys, en l'advenir et contre l'ordonnance de la loy sallicque, quereller, comme par ung tel cas ont faict, le royaume de France ; ce qui pourroit a telle heure mouvoir guerre qui seroit immortelle entre les Françoys et Angloys, et a la perte de tout le royaume de France. Par quoy fut conclut, a la fin, que celuy mariage ne se feroit ; dont s'en retourna ledit ambaxadeur sans autre chose faire.

Le Roy s'en estoit allé lors a une petite place nommée Madon, a deux lieues de Bloys, ou fist venir la contesse d'Angoulesme et ses enfens[1], lesquelz fist loger

---

1. Il nous faut préciser en quelques mots les négociations aux-

au Moutis soubz Bloys, et la vint ausi la duchesse de Bourbon[1], bien accompaignée. Souvant fut le Roy a la chace des cerfz et des sangliers en la forest de Bloys, qui pres de la estoit, et passa le demeurant de la belle saison audit lieu de Madon[2], ou se trouva tousjours en bon point ; puys s'en retourna a Bloys avecques toute sa seigneurie[3], ou, tantost apres, la Royne

quelles fait allusion Jean d'Auton et qui n'ont jamais été bien élucidées jusqu'ici. Ferdinand le Catholique demanda la main de Louise de Savoie, qui vint, à ce propos, trouver le roi à Madon ; elle refusa, en déclarant que le fiancé lui paraissait trop mûr. Un ambassadeur d'Angleterre, lord Herbert, se trouvait là, et on reparla d'un projet de mariage en Angleterre pour Marguerite de Valois, qui avait échoué en 1503 ; cette fois, ce n'était plus le prince de Galles, mais le vieux roi d'Angleterre, veuf depuis deux ans, qui désirait se marier. Il demandait Louise, qui refusa encore ; lord Herbert alors demanda Marguerite. Louise de Savoie ne faisant pas d'opposition, la chose parut décidée. Le roi accepta, et l'on échangea des notes diplomatiques. On alla jusqu'à fixer le chiffre de la dot. Mais Marguerite, quand on lui en parla, refusa absolument ; elle avait une passion en tête ; elle trouvait l'Angleterre éloignée et « estrange, » le roi vieux, et, malgré la présence de Louis XII, elle disait que, « quant l'aventure viendra que son frere sera roy, qu'elle trouvera lors bien josne, riche et noble mary, et sans passer la mer » (Deux notes, J. 965, n°s 23, 24 ; Sandret, *Revue des Questions historiques*, 1873, p. 210-211 ; Desjardins, *Négociations*, II, 113, 126, 130, 131, 150 ; *Deuxième voyage de Philippe le Beau*, publ. par Gachard, p. 202 ; J. Gairdners, *Letters... of Richard III*, II, 133-142, 143, 146 ; dépêches de l'envoyé portugais Lopes en France, analysées dans les *Archives des missions*, 2° série, t. V [1868], I, n°s 84, 133, 150).

1. Anne de France.
2. Il alla simplement à Madon au commencement de septembre et revint à Blois le 10. Il repartit pour Madon le 15, et il était de retour à Blois le 22.
3. Le roi fit jurer par ses capitaines l'exécution de son testament, c'est-à-dire (comme le voulait le maréchal de Gié) d'empêcher Claude de sortir du royaume. Le premier serment fut prêté le 31 mai 1505 (Berault Stuart). Les autres s'échelonnèrent.

vint de son voyage de Bretaigne, toute ravye de joye

Ils furent prêtés par écrit, en double expédition, avec la signature du capitaine (J. 951 ; cf. portefeuilles Fontanieu, 154-155; Vidaillan, *Histoire des conseils,* I, 398; fr. 2831, fol. 89, 90, 91; fr. 15536, fol. 5, 6). L'importance de ce fait nous oblige à indiquer sommairement la teneur des serments originaux contenus dans le carton J. 951 :

Blois, 30 septembre 1505. — Serment de Berault Stuart d'Aubigny, à Dieu, sur la damnation de son âme et sa part de paradis, sur la vraie croix et les saints évangiles, en sa présence et celles du cardinal d'Amboise, du secrétaire Robertet : si le roi va de vie à trépas sans enfant mâle, de servir Claude et le duc de Valois, sans nul excepter, ici et hors du royaume, lui et les cent archers écossais de la garde, jusqu'à la mort inclusivement, au cas où « aucuns, quelz qu'ilz soient, » voudraient emmener Claude hors du royaume, et l'empêcher d'observer le testament fait par le roi à Blois le 31 mai dernier : et spécialement de servir la reine pour le mariage de Claude avec François. *Signé :* « Berault STUART. »

Même serment, par Jean Stuart. Signé.

Madon, 17 septembre 1505. — Serment de Jacques de Crussol, capitaine des 200 archers de la garde (semblable, sauf la dernière phrase). Signé par lui et son lieutenant.

Blois, 19 octobre 1505. — Serment de Guillaume de la Marck, seigneur de Montbason. Signé. Apostille signée de ses deux lieutenants.

8 novembre 1505. — Serment de Gabriel de la Châtre, seigneur de Nançay, capitaine des 100 archers de la garde. Signé.

16 mars 1505 (anc. st.). — Cédule de Roger de Béarn, seigneur de la Bastide, de son serment, prêté aux mains de l'évêque de Paris, de ne remettre la place de Mauléon-de-Soulle que sur ordre exprès du roi et de la remettre sur cet ordre ; de n'y commettre nul lieutenant gascon qui ne soit bon et naturel français.

Même date. — Serment d'Antoine de Lonbes, seigneur de Fontaines, capitaine de Granville (semblable, sauf la dernière phrase).

Même date. — Serment de Jean Bertran, seigneur de Villemer, commis capitaine d'Angers, jusqu'à ce qu'il en soit autrement ordonné (*idem*).

Même serment de Guillaume Criston, capitaine de Milan, prode voir le Roy prosperer en estat et revenu en santé[1].

En ce mesmes temps, fut trecté le mariage du Roy Ferrand d'Arragon et de madamoiselle Germaine de Foix, nyepce du Roy ; lequel Ferrand estoit vefve de dame Ysabel de Castille, morte quelque peu de temps devant ce[2] ; et, pour conduyre le demené de cedit mariage, celuy Ferrand, Roy d'Arragon, avoit envoyé ses ambaxadeurs devers le Roy[3], lesquelz y besoignerent tellement que, par le vouloir du Roy et l'oppinion de son conseil, le mariage fut conclut et accordé[4],

mettant aussi de servir, si le roi mourait, ses enfants mâles, ou à défaut Claude et celui qui l'épousera ; prêté devant le roi, le cardinal d'Amboise, légat en France, le chancelier, les archevêques de Sens et de Tours, les évêques d'Albi et de Paris, les abbés de Fécamp et de Saint-Ouen (de Rouen), les seigneurs du Bouchage, Jean Stuart, capitaine de la garde écossaise, les généraux des finances et autres.

1. Le cardinal d'Amboise venait, au contraire, de lui écrire de Madon, le 17, une lettre suppliante pour mettre fin à sa mésintelligence avec son mari (Leroux de Lincy, III, 158).

2. V. t. III, p. 352.

3. V. Humbert Velay. Le premier *appointement* avait été signé le 28 juillet par Louis XII, confirmé par le roi d'Aragon le 26 août.

4. 12 octobre. François d'Angoulême le ratifia, avec le titre de dauphin (cf. Léonard : *la Diplomatie au temps de Machiavel*, t. III, p. 213). L'original de cette confirmation se trouve aux Archives nationales, K. 1639, d. 3. Il est signé *Françoys,* avec grand sceau rouge pendant sur queue de parchemin et le sceau du cardinal d'Amboise, intervenant dans l'acte comme tuteur. Les patentes de Louis XII, instituant la tutelle du cardinal d'Amboise sur le jeune prince et datées du même jour, consacrent habilement l'hégémonie du cardinal par des considérations de politique extérieure. Pour le bien du royaume, il est nécessaire, disent-elles, que notre très cher et très amé neveu le duc de Valois, comte d'Angoulême, notre successeur en notredit royaume, en cas que nous n'ayons pas d'enfant mâle, soit compris dans l'alliance avec Ferdinand. Comme il est mineur, et considérant les grands services

et ladite Germaine de Foix fiencée et esposée audit Roy Ferrand, par procureur[1], ou furent faictz divers esbatz et joyeulx passetemps, par lequel mariage fut dit et accordé que tous les princes et seigneurs du royaume de Naples, qui lors estoyent en court fuytifz de leur pays pour avoir tenu pour le Roy, seroyent remys en leurs terres et seigneuryes.[2]

du cardinal d'Amboise, qui n'a épargné sa personne ni ses biens, nous « baillons » au cardinal « la totalle administracion de la personne de nostredit nepveu le duc de Valoys durant son bas aage et pupilarité », et lui donnons pouvoir de l'assister comme tuteur pour son accession à l'alliance avec Ferdinand (signées du roi, contresignées de Robertet. Blois, 8 oct. 1505; orig., K. 1639, d. 3).

1. La dispense nécessaire fut donnée, séance tenante, au château de Blois, le 17 octobre 1505, par l'évêque d'Albi et l'évêque de Paris (Orig., deux sceaux pendants sur simple queue, K. 1639, d. 3).

2. Mais on excepta César Borgia par la convention suivante :
« Ludovicus Dei gratia Francorum Rex, ac Mediolani dux, etc. Universis et singulis presentes litteras inspecturis. Notum facimus quod, quamvis inter nos et catholicum et potentissimum Ferdinandum Hispaniarum, etc. Regem, fratrem nostrum et confederatum, sit inter alia in capitulis pacis, unyonis et lige concordatum quod princeps Rosani, marchio Bitruti et alii cujuscunque status, nacionis et condicionis sint, qui pendente guerra inter nos et prefatum Regem fuerunt capti et tenentur captivi per dictum Regem catholicum vel per alios suarum partium, scilicet in Italya, Arragonia, Castella et Hispania vel alio loco sint illico restituti in plena et pura deliberacione absque aliqua pecuniarum solucione. Nichilominus tamen fuit inter nos et prefatum catholicum Regem seu ejus oratores nomine suo concordatum quod certis causis et respectibus in supradicto capitulo seu concordia non intelligantur Cesar de Borgia dux Valentinensis nec etiam comes de Pallas qui per dictum Regem catholicum capti detinentur, immo non obstante dicta concordia et capitulacione Catholicus Rex possit eos detinere ut sibi visum fuerit. In cujus rei testimonium presentes publicas litteras fieri jussimus manu nostra signatas et sigillo nostro pendenti munitas. Datum Blesis die

L'archiduc, a qui lors, a cause de sa femme, fille de la feue Royne d'Espaigne[1], appartenoit ledit royaume, fist son armée et amas de gens pour aller prendre pocession de ses pays d'Espaigne et faire la son entrée, et, premier que partir, prist treves et abstinence de guerre avecques le duc de Gueldres[2], duquel il avoit prises quelques places ou mist grosses garnisons et bonnes gardes, et ausi ordonna de ses affaires de son pays de Flandres, et laissa gouverneurs et lieutenans pour luy audit pays. Et, ce fait, avecques grant nombre de Flamens et Allemans, bien garny de finences, se mist sur mer, tirant vers la terre d'Espaigne, et, par quelque temps, luy et ses gens eurent vent a gré; mais, a l'approcher d'Espaigne, leur survint une fortune de mer tant impetueuse que tout son navigage fut soubdainement separé et esparty, les ungs d'un costé, les autres d'autre, desquelz perirent par nauffrage troys navires et grant nombre de gallyons, ou noyerent de troys a quatre mille hommes; et est assavoir que la pluspart d'iceulx furent par tempeste recullez jucques a la coste d'Angleterre, ou ledit archiduc et ceulx qui estoyent en son navire cuyderent tous periller, car leurdit navire fut rompu et esclaté contre les terres; si fut ledit archiduc incontinant, avecques ceulx qui pres de luy estoyent, secourus par legiers brigandins et petites barches, tant que a seureté furent menez en terre ferme; et, pour ce que ledit nauffrage

xii^a mensis octobris anno Domini millesimo quingentesimo quinto, et regni nostri octavo.

« Loys. »

(Sur le repli :) « Per Regem, *Robertet* » (Orig., parch., K. 1639, d. 3).

1. Morte le 26 novembre 1506.
2. *Lettres de Louis XII*, I, 34 et suiv.

s'estoit faict en Angleterre, ledit archiduc fut mené et conduyt a Lomdres, ou le Roy d'Angleterre estoit lors, lequel le festya honnorablement et le consolla au myeulx qu'il peut de la deffortune de sa perte, en le trectant le plus humainement qu'il sceut faire; et, apres que quelque bonne espace de temps eut la demeuré, il demanda s'en aller en ses pays, priant le Roy d'Angleterre ne le plus detenir, veu les affaires qu'il avoit; auquel dist le Roy d'Angleterre que de droict pouvoit estre son prisonnier, veu que son nauffrage avoit faict en Angleterre, mais ne le vouloit trecter comme prisonnier; ains luy feroit comme a frere et bon amy, en luy disant : « Vous avez en voz pays Emond de la Pole, conte de Suffolk, lequel se dit avoir droict a la couronne d'Angleterre et veust quereller mes pays. De quoy je le repute mon mortel ennemy et luy en veulx de toute ma puissance. Par quoy, si vostre delivrance voulez avoir, avant ce, vous veulx prier que celuy conte de Suffolk me vueillez mectre entre les mains, et, ce faict, aurez non seullement franche delivrance, mais secours de mon pouvoir et ayde de mon effort. » L'archiduc, voyant que besoing luy estoit de ainsi le faire, mist ledit de Suffolk entre les mains du Roy d'Angleterre, en luy priant le trecter le plus doulcement qu'il pourroit, ce que luy promist de faire[1]. Ainsi fut delivré l'archiduc[2], lequel, estant en Angleterre, fist la de rechief sa provision pour aller en Espaigne, ou s'en alla, bien accompaigné par mer comme devant, et eut le temps doulx et la mer transquille, tant qu'en

---

1. Suffolk, ainsi extradé, fut enfermé à la Tour de Londres. Plus tard, en dépit de l'engagement pris, Henri VIII lui fit trancher la tête (1513).

2. Après une captivité de plus de trois mois.

son royaume d'Espaigne fut en brief, et la receu des seigneurs et gens du pays a grant sollempnité et joyeuse feste[1].

Apres la feste de Nouel, madame Germaine de Foix, Royne d'Arragon, s'en alla de court pour tirer vers Espaigne, accompaignée de grant noblece de France, et avecques elle s'en allerent les princes et seigneurs du royaume de Naples, qui, au moyen de ce mariage, devoyent estre remys en leurs seigneuryes; ausquelz le Roy donna force argent et lectres pour bailler au Roy d'Arragon, touchant la delivrance de leurs places et possessions. Aussi ordonna le Roy que, pour icelle conduyre jucques en Espaigne, l'evesque d'Alby feroit le voyage avecques plusieurs autres[2] et que, par toutes les villes et lieulx du royaume de France ou elle passeroit, feroit entrée et seroit receue comme la personne du Roy, ayant puissance de donner graces et remissions et eslargir prisonniers; et ainsi s'en alla celle noble princesse, laquelle partit de Tours, entour la feste des Roys, et adressa vers son pays[3] par ung temps si tres froict a merveilles qu'en plusieurs lieulx les arbres gellerent et mesmement les noyers et les ollyviers en Languedoc, les amendiers et les chastaigniers jucques a la racyne et les vins dedans les pipes par les caves et celliers; et eust gellé le blé semmé en terre, n'eust esté la nege, qui en plusieurs lieulx

---

1. Mai 1506.

2. L'ambassade d'apparat chargée de l'escorter se composait de Louis d'Amboise, évêque d'Albi, Hector Pignatelli et Pierre de Saint-André, juge-mage de Carcassonne (un des juges du maréchal de Gié). Louis d'Amboise, d'abord évêque d'Autun, neveu du cardinal, avait succédé en 1503 à son oncle Louis d'Amboise sur le siège d'Albi.

3. Son mariage eut lieu le 18 mars (fr. 4329, fol. 93).

couvroit les champs de plus de quatre piedz de hault. Les petilz oyseaulx, qui, pour l'empeschement de la nege et par la force du vent et froidure desmesurée, ne trouvoyent a pasturer, mouroyent sur le champ, et prenoit on les perdriz et les merles et d'autres assez a la course par les champs; et, oultre, ceulx qui, mal vestus, se mectoyent en pays de plaine estoyent tantost tranciz et gellez, et tant que plusieurs, que j'ay veu depuys, en perdirent les doiz des mains et en furent perclus des membres[1].

IV.

Commant, en celuy temps, deux gentishommes de Bretaigne furent prés a combatre pour la querelle d'une dame dudit pays de Bretaigne.

Ce temps durant, fut ung combat a l'oustrance mys sus entre deux gentishommes de Bretaigne, dont l'ung estoit de ceulx de Chasteaugiron et l'autre a la Royne, et ce pour ce que celuy de Chasteaugiron avoit accusé une damoiselle maryée dudit pays de Bretaigne d'avoir commys adultere, et qu'il en avoit veu telles enseignes qu'il vouloit dire et maintenir qu'il estoit vray; ce que, par ladite damoiselle, fut nyé comme meurdre, et tant fist qu'elle trouva ledit gentilhomme qui voulut soustenir sa querelle et deffendre son honneur contre ledit de Chasteaugiron; mais, au premier que proceder par faict d'armes, la Royne voulut que la chose fust mise devant son chancellier de Bretaigne pour savoir de la

1. Néanmoins, cette année fut très fertile. En Lombardie, le blé, qui, en 1505, année de disette, avait valu jusqu'à trois livres et demie, descendit à quinze sous (*Cronaca di Cremona*).

preuve, de laquelle ne fut trouvé autre chose que la seulle accusation de celuy de Chasteaugiron ; par quoy furent remys au combat, et le tout devant et a l'ordonnance du Roy, qui pareillement les envoya a son grant conseil ; touteffoys fut deliberé leur donner le champ, et fist faire les lices dedans le chasteau de Bloys et semer la place de fumier et de sable pour soustenir a ferme les chevaulx des champions, lesquelz devoyent combatre ung sapmedy de apres les Roys, ou se trouverent les gentishommes de tout le pays et autres a grant nombre, et les querelleurs prestz d'accomplir leurs armes. Mais, premier que passer oultre, le Roy voulut savoir sur ce l'oppinion de son conseil, qui fut tel par conclusion que, par une telle querelle que ceste, ne devoit avoir combat, combien que tous duelles, qui sont combatz de deux, soyent, a la probacion de la verité cellée, trouvez, et mesmement a cause de meurdre, de trahison et de crime leze incognuz, fors pour indice de seulle accusacion. Touteffoys, scelon toutes les loix, sont iceulx combatz reprouvez, qui par nul prince catholicque se doyvent recepvoir ne parmectre, car en telles choses est veu Dieu contre son divin commandement estre tempté, pour ce qu'il est vraissemblable que le plus fort submarche le plus debille. Et de tels execrables combatz soloyent user les Romains, disans aucuns estre une devocion envers Fortune qu'ilz avoyent, affin que icelle, enyvrée du sang de leurs cytoyens par maniere de batailles, leur fust en guerre propice et aux armes adventageuse : autre raison plus a croire est sur ce cas assignée, disant que les ducteurs des legions romaines, destinez aux batailles, devoyent veoir dedans sceines et teatres telle maniere de combatz et hommes nudz joxter a l'ostrance et exploicter les glayves et blecer et occyre plusieurs, affin que en mortelle bataille ne trouvassent chose espouventable de veoir leurs ennemys armez, et que frayeur n'eussent des playes des navrez et orreur du sang des mors; lesquelles choses furent depuys, scelon les mesmes loix romaines, reprouvées et deffendues, pour ce que tels jeux gladiatoires sont preparez pour delecter de sang humain la volupté des yeulx creuelz, ou l'omme sans cause est occys pour l'apetit deshordonné de l'omme. Ce qui fut remonstré au Roy, et plusieurs autres raisons contre ledit combat; par quoy il deffendit le champ ausditz querelleurs et volut que, a son grant conseil, en fust de tous pointz decidé; dont lesdites armes furent arrestées.

Le Roy tinst lors a Bloys ses Estatz, et la ordonna des affaires de son royaume et entretenement de ses subgectz, sans gueres desemparer la chambre, pour le dangier du grant froict, qui durant ses jours estoit en saison; et, lorsque le temps se commança a eschauffer, il sortit a l'esbat, prenant son deduyt a ce que myeulx luy sembloit requys pour sa prosperité maintenir. La passa tout doulcement la saison du caresme et puys tres devotement celebra la joyeuse feste de Pasques[1]; sur laquelle mectray paille a mon escript jucques a temps, en faisant fin au recit de ce present historial volume contenant les faictz de France de l'an mille cincq cens et ung, continuant jucques a l'an mille cincq cens et six.

1. 11 avril. Le 6 avril, François d'Orléans, comte de Dunois, épousa à Blois Françoise d'Alençon (fr. 4329, fol. 88).

EXORDE

SUR LES GESTES ANNALLES

DU CHRISTIANISSIME ROY LOYS XIIme DE CE NOM,

FAITTES PAR FRERE JEHAN D'AUTON, HISTORIOGRAPHE

DUDIT SEIGNEUR [1].

Voyant le loz, le bruyt et le renon
Du Roy Loys, douzieme de ce nom,
Environner le monde et ses climatz,
Et que chascun faict recueilz et amas
De ses œuvres dignes et honnorables,
Comme de faictz non oys et mirables,
Dont les fluans orateurs rethoriques
Enrichissent leurs chambres et boutiques,

---

[1]. D'après le ms. original, actuellement coté fr. 5083; ms. in-4°, comprenant, actuellement, 155 feuillets, anciennement numérotés, plus 9 feuillets de garde en tête, et 2 à la fin. Les feuillets de garde 6 et 7 r° et v°, et partie du r° du feuillet 8 sont occupés par une table des titres des chapitres. L'*exorde* occupe le v° du feuillet 9 de garde et se continue au feuillet 1. Ce ms. a toujours appartenu à la Bibliothèque du roi. En haut du v° du 4° feuillet de garde initial, se trouve la mention de la Bibliothèque de Blois : « Ex libris historialibus, pulpito ultimo, ad parietem versus curiam. Littera o b. » Au v° du feuillet 5, on lit les mentions suivantes, d'écritures plus modernes : « Le Roy Loys douzieme commença a regner lan de grace 1506 (*ce chiffre exponctué*) et regna 17 ans. — Les Annales du Roy Loys douzieme, lesquelles commencent en lan 1506. » (A cette dernière note, une autre main a ajouté : « 1507 ».) Le ms. a porté autrefois le n° 1225, puis le n° 8421.

Faisant aucuns, sur ce, nouveaulx ditez
Et louanges de biensfaictz meritez,
Et les autres, par cueur ou ouyr dire,
Comme ilz scavent reciter et descrire,
En composent, par metres et en vers,
Cas estranges et maintz propos divers;
Je, toutesfoys, comme le moings scavant
De tous autres, voulant mettre en avant
Plume et papier, pour faire mon recueil
De ce que j'ay sur ce cogneu a l'ueil
Et sceu par vray comme le temps s'exploicte,
Pour avoir fait sur les lieux mon amplecte,
En ensuyvant mes annalles histoires
Sur les combatz, conquestes et victoires
Et autres faitz encherchez et actainctz
Par les Gaules et lieulx ultrammontains;
Affin aussi que ceulx de l'avenir
Ayent, des faitz des presens, souvenir,
Prenant le bien et vertus pour exemple,
Et le deffault pour ung chasty tres ample,
Et pour donner, scelon la verité,
Loz a celuy qui loz a merité,
Et reprouver, par raison satiriques,
Les griefz effors et exces des iniques;
Sachant le faict de louange ennobly
Ne devoir pas estre mys en oubly,
Ay presumé mettre les mains a l'œuvre,
Tout grossement comme rude mennevre,
Pour publyer, ainsi comme j'entens,
Les gestes, clers et faictz de nostre temps,
Que j'ay voulu rediger par expres
Comme s'ensuyt cy dessoubz en apres.

I.

Cy commencent les croniques annalles sur les gestes du christianissime Roy Loys, XIIme de ce nom, des ans mille cincq cens et six et mille cinq cens et sept[1].

Les peres rommains, comme recitent leurs hystoriographes et orateurs, soloyent dire que, en regardant les ymages honnorables et arcz de triumphe de leurs predecesseurs, ayant souvenance de leurs œuvres magnificques et memoire de leurs biensfaictz, estoyent pour ce plus emflammez a vertus; toutesfoys, scelon la sentence du divin Iheronime, les vrays escriptz et approuvées hystoyres des gestes florissans sont les perpetuelz sepulcres et eternelz monumens des hommes dignes de louenge; par lesqueulx les corps estainctz par temporelle mort revivent en eternelle memoire, et les noms oubliez par trect de temps sont remys en perpetuelle souvenance. A ceste cause, tenant la doctrine de ceulx qui les simulacres triumphaulx lessent pour les riches, et la memoire de vertus pour les bons, voyant le cristianissime Roy Loys, XIIme de ce nom, prosperer en gloire, accroistre en honneur et proffiter en vertus, et aussi en ensuyvant mon propos

1. Une grande miniature (fol. 1 v°) représente le mariage de François d'Angoulême avec Claude de France. Le cardinal d'Amboise, assisté de deux cardinaux, les unit. A droite, Louise de Savoie et ses dames; à gauche, la reine et ses dames. Dans le fond, le roi et la cour. Miniature d'exécution hâtive et de facture défectueuse, comme toutes celles de ce volume. L'artiste ne s'est point préoccupé de la ressemblance des figures.

hystorial sur les gestes des Françoys, commançant en l'entrant de l'an mil cincq cens et six, ou j'ay faict fin des faictz precedens par volumes abregez; pour continuer doncques, et affin que la memoire des choses recordables, par deffault de les recueillir et mectre en lumiere, n'esvanoyssent comme les temps ou deperissent comme les corps, tout ainsi que au plus vray j'ay peu veoir et savoir, ay voulu, par maniere de vrayes cronicques et gestes annalles, des modernes et futures choses de mon temps faire ample description. Disant au premier que le tres cristien Roy Loys, doziesme de ce nom, au comancement de l'an susdit mil cincq cens et six, estoit dedans sa ville de Bloiz, la Royne avecques luy, et madame Glaude leur fille, laquelle estoit en l'age de sept a huyt ans[1], tres belle[2] et moult bien enseignée, et la se passa le temps en toute joye et plaisir; car le Roy estoit lors tres sain et en bon point, et tous ses pays eureulx en paix et plantureux en biens. Advint que, en ce temps, sur la fin du moys d'apvril, le Roy, pencent en ses affaires, s'en alla a Tours, la Royne et madame Glaude avecques luy, et fist venir devers luy Loyse de Savoye, contesse d'Angolesme[3], et ses deux enfens, lesqueulx estoyent tant bien apriz que le Roy les aymoit moult a certes, et tant luy estoit agreable le filz, qui le plus

1. Six ans et demi.
2. Bonne, excellente, parfaite, mais belle, non; elle était même infirme.
3. Louise de Savoie avait obtenu du roi la tutelle de ses enfants, qu'elle gérait avec beaucoup de soin et d'économie. Elle profita des circonstances pour obtenir des accroissements de pension. Le roi lui donnait en outre 2,500 livres par an, pour arrérages d'un prêt de 40,000 livres consenti par Charles d'Angoulême en

proche a venir estoit de la couronne, que, pour ce et autres raisons apparentes, delibera luy donner madame Glaude, sa fille, en mariage[1], pour laquelle chose trecter voulut audit lieu de Tours tenir conseil. Dont envoya a tous ses parlemens de France et a toutes ses villes pour faire venir vers luy de chascun lieu gens sages et hommes consultez, et tant que en peu de temps furent en ladite ville de Tours, de chascune court de parlement, presidans et conseilliers, et de toutes les principales villes de France, hommes sages, ordonnez et deputez par lesdites villes et pays de France, comme dit est. Aussi y estoyent tous les seigneurs du sang, grant nonbre de prelatz, le chancellier et tout le grant conseil, avecques la pluspart de la noblesse du Royaume de France. Lorsque tous les Estatz furent la ainsi assemblez, le lundi, le mardi et le mercredy des Roisons[2], dedans la grant salle du Plessix, le Roy tint siege royal, auquel lieu furent assemblez les Estatz[3], c'est assavoir : les prelatz de

1495, lors de la campagne de Novare. Louis XII remboursa à Louise ce capital en 1508 (fr. 20379, p. 62)..

1. Le mariage que Louis XII avait préparé avec tant de labeur devait être bien peu heureux, car les deux futurs époux recevaient une éducation fort différente. La fille de Louis XII était très sérieusement élevée, et son futur mari très gaiement. « Ce jeune prince, » dit l'*Heptaméron* (nouvelle IV), « étoit fort sujet à son plaisir, aimant la chasse, passetemps et danses...; et avoit une femme fort fâcheuse, à laquelle les passetemps du mari ne plaisoient point. » Aussi avec sa femme menait-il toujours sa sœur, « qui étoit de joyeuse vie..., toutefois sage et femme de bien. »

2. Les Rogations, 11, 12, 13 mai.

3. Le 13 mai 1506 seulement, le résident impérial J. de Courteville écrit que les *États* vont requérir le mariage de Claude et du « dolphin » (Le Glay). Il reçoit fort mal cette nouvelle, inattendue pour lui (Sanuto).

l'Eglise, les princes et seigneurs du royaume, le conseil des parlemens et des villes de France ; sur lesqueulx dudit conseil presidoit messire Guy de Rochefort, lors chancelier de France. Et la fut tenu conseil sur le trecté dudit mariage et oy l'oppinion de chascun, ou plusieurs belles choses furent alleguées et saines oppinions proposées, comme l'affaire le requeroit, en quoy gisoit l'onneur du Roy, la seureté du royaume et le salut de la chose publicque. Par quoy, toutes allegacions oyes, fut uniquement conclut et dit que, pour le bien et utillité du royaume de France, ledit mariage se devoit aconplir et parfaire[1], et, de ce faire, chascun desditz Estatz, et tous ensemble, pryerent le Roy. Et, pour faire la proposicion au Roy, pour les villes et pays de son royaume de France, ung nommé messire Jehan Bricot, docteur regent a Paris et chanoyne de Nostre Dame, fut a ce ordonné[2], lequel monstra au Roy, et a tous les assistans, le grant bien et proffitable utillité qui, pour les bonnes aliences des

1. Il manquait le consentement, très important, des Bretons, qui, pour mieux marquer leur autonomie, arrivèrent à part et ne se mêlèrent point à la réunion. Dès que les Bretons eurent *requis* aussi le mariage, le roi le fit de suite notifier aux ambassadeurs d'Allemagne et des Pays-Bas (Dépêche de Courteville, 21 mai 1506. Le Glay, I, 138).

2. Il prononça du roi un châleureux éloge; il en dit « toutes les louenges que on sauroit ne pourroit dire de roy parfait » (Le Glay, *Négociations*, I, 136), écrit Courteville le 16 mai. « Quant aux nouvelles de par deçà, il y en a de bien nouvelles, telles que, après que le Roy est venu en ceste ville, se sont icy assemblez les Estats de France : aussi y sont tous les princes et princesses de ce royaulme. » Jeudi dernier, leur orateur, en audience solennelle des États, « en salle ouverte, » requit le mariage : le chancelier répondit qu'on en confererait. On attend les envoyés de Bretagne.

amys cognuz, et le grant peril et mortel danger de celles des reconcilyez et ennemys couvers, se peuvent ensuyvre et advenir sur le royaume de France et a toute la chose publicque, comme autresfoys par aliences estranges en estoit advenu ; a quoy estoit obvyer sur toutes choses et a ce avoir singulier esgard. Plusieurs autres bonnes raisons et propos afferens a ladite matiere dit ledit Bricot[1], et tant que le Roy, veu l'oppinion de son conseil[2] et la priere de chascun,

---

[1]. Cette célèbre scène fut fort émouvante. Tous les députés, à genoux, pleuraient. Le roi était ému jusqu'aux larmes, lorsque Bricot le proclama *Père de la France* (cf. Cl. de Seyssel, p. 2; *Lettres de Louis XII*, I, 43 et suiv.; Saint-Gelais, p. 181). C'est de là qu'est venu à Louis XII le surnom si justifié de *Père du peuple*. Il faut observer que, dans le langage de l'époque, cette expression n'avait pas le sens précis que nous lui attribuons. Le commencement du XVIe siècle est une époque de paix sociale très profonde, d'accord parfait. On attribuait volontiers aux souverains le nom de « Père, » comme on le fait encore aujourd'hui en Russie. Laurent de Médicis, à Florence, prit ce titre (Roscoe, *Vie de Laurent de Médicis*, édit. franç., I, 397); l'amiral de Graville, puis le cardinal d'Amboise, comme lieutenants généraux de Normandie, en furent honorés par les États de ce pays (notre *Histoire de Louis XII*, t. III). En octobre 1501, Louis XII prend envers l'empereur l'engagement de ne jamais « nous porter ne nommer pere du pays d'Itallye » (K. 1639, d. 3). Néanmoins, le nom de *Père du peuple*, qui fut donné à Louis XII, témoigne d'un état d'âme tout particulier et d'un véritable élan d'affection populaire. L'appréciation de Jean d'Auton à cet égard est corroborée par celle de Jean Bouchet (*Épistres familières*, ép. 14e, et dédicace du *Panégyrique* à Fl. Robertet), d'après lequel Louis XII reçut ce nom de *Père du peuple* à cause de son extrême souci de ne pas accroître les tailles, et aussi à cause de sa bonté et de son soin de la justice. Il est le seul roi de France qui l'ait reçu.

[2]. Dans sa dépêche du 21 mai 1506, Courteville rapporte qu'il a été tenu un grand conseil extraordinaire des princes du sang, prélats, conseillers, qui furent unanimes à appuyer la demande

consentit ledit mariage, et devant tous, par la main de maistre Georges, cardinal d'Amboyse et legat en France, les fist fyencer le jour de l'Ascencion, dedans la grant salle du Plessiz lez Tours[1]. De quoy, par tout le royaume de France, furent faictz les feuz de joye[2].

des États : mardi dernier, l'archevêque de Sens, MM. de Piennes, du Bouchage et un maître des requêtes vinrent trouver Courteville pour lui notifier la nouvelle. Ils alléguèrent les promesses du sacre, qui, selon eux, priment toutes les autres. Courteville les écouta patiemment, sans dissimuler son étonnement par suite des traités et de la ratification de l'année précédente (Le Glay, I, 138). Haneton, dans sa *Chronique,* donne un récit analogue de la scène des États.

1. Le chancelier annonça les fiançailles le 19 mai, et elles furent célébrées le 21. Jean d'Auton passe assez rapidement sur ces événements : « la Royne estoit moult desplaisante de che que se faisoit » (Le Glay, *Négociations,* I, 142).

2. Le contrat de mariage avait été solennellement signé. On le fit confirmer par un serment spécial des bonnes villes (J. 951; *Musée des Archives,* n° 550; Archives de Lyon, AA. 160; Archives de Dijon, B. 7; *Mémoires de Bretagne,* II, 1572; Dumont, IV, 1, 56; Le Glay, I, 138; Sanuto, etc.). Le traité de mariage contenu dans les patentes du 22 mai 1506 stipule le mariage (les fiançailles étant déjà faites) : on s'engage à l'accomplir dès la puberté des époux. La dot de Claude comprendra les terres d'apanage (Blois, Asti, Soissons, Coucy); le roi s'en réserve l'usufruit. S'il a un fils mâle, il pourra les retirer, en échange d'une rente de 20,000 livres avec titre ducal; la reine donne en dot 100,000 écus d'or, en deux annuités. Mais, si la reine a un fils, elle pourra disposer du duché de Bretagne pour ce fils, nonobstant son propre contrat de mariage avec le roi, auquel on est d'accord de déroger. On convient du douaire habituel des reines. Le contrat est signé à Montils-lès-Tours, par le roi, la reine, Louise de Savoie; contresigné par le cardinal d'Amboise, l'évêque de Paris, l'évêque de Nantes, MM. de Rohan, de Rieux, le chancelier de Bretagne, Jean de Ganay, le général de Bretagne (Rousset, Suppl. du *Corps diplomatique,* II, 1, 12). On voit que, pour obtenir le consentement de la reine, il avait fallu lui faire une concession importante. — La forme du serment prêté par les villes varie beaucoup. Le carton J. 951 des

Apres les fiençailles faictes, les princes et seigneurs de France et autres gentishommes a grosses bendes

Archives nationales contient les serments prêtés par Troyes, Lyon (19 mai), Tours (27 mai), Orléans (28 mai), Rouen (30 mai), Reims (8 juin), Dijon (14 juin), Amiens (17 juin), Toulouse (18 juin), Bourges (22 juin), Montpellier (3 juillet), Abbeville (7 juillet), Bordeaux (8 juillet), Sens, Angers (10 juillet), Poitiers (22 juillet). On voit par ces dates que des mesures préventives avaient été prises. Les habitants furent réunis par les députés, ou bien à son de trompe. A Orléans, même, ils reçurent l'ordre d'envoyer une personne par feu, sous peine de cinq sous d'amende. Dans la réunion, on lut l'engagement pris par les députés d'obtenir la ratification du mariage par les habitants de la ville avant la Madeleine, ou bien les députés exposèrent verbalement l'engagement qu'ils avaient souscrit. Partout, les habitants promirent ou jurèrent de maintenir le projet de mariage. Le roi se préoccupa très vivement d'obtenir aussi l'engagement des Milanais. Un ordre du sénat de Milan, du 4 juin 1506, prescrivit au *vicarius provisionum* de réunir les habitants par paroisse, pour élire des députés (*nuntii*) chargés d'aller en France accomplir ce que réclamait le roi (Angiolo Salomoni, Memorie storico-diplomatiche, p. 6). Le viguier répondit qu'à Milan on n'avait pas l'habitude de semblables élections, qu'il n'y avait pas de précédents pour un vote au suffrage universel. Il demanda que les députés fussent élus par les *XII de provision* et quelques-uns des principaux citoyens : le sénat autorisa, le 2 juillet, cette procédure (J. 951, n° 7). Jean-Étienne Castiglione, sénateur, et Scaramouche Visconti furent ainsi délégués, le 3 juillet; la chancellerie reçut ordre, le 18 juillet, de leur libeller des lettres de créance, comme à des envoyés ordinaires (A. Salomoni, *op. cit.*, p. 6). L'assemblée électorale se composait de citoyens notables, dévoués à la France, Antonio-Maria, marquis Pallavicini, Teodoro Trivulzio, le comte Lodovico Bonromeo, sénateur, etc., et les envoyés reçurent, avec le titre d'ambassadeurs, la simple mission de féliciter le roi, de jurer l'observation de sa décision (Copie du procès-verbal, J. 951). Louis XII jugea prudent d'aller plus loin : un ordre royal, signé au Plessis-lès-Tours, le 21 juillet 1506, et revêtu du grand sceau *de majesté* en cire jaune, ordonna que tous les capitaines des places de Milan et de Gênes, tous les commandants de bandes ou de compagnies jureraient de bien et loyalement servir, si le roi mourait sans se preparerent a faire joxtes et tournoys[1], dont, dessoubz le Plessix, pres le colliege des Bons Hommes[2], entre la muraille du parc et la riviere, furent faictes les lices. Ce jour, le Roy fist faire la monstre de ses gentishommes entre la muraille du parc et la riviere, ou furent tous armez et montez, leurs chevaulx bardez et couvers de draps d'or et d'orfevrerye, dont plusieurs d'iceulx menoyent, les ungs XII grans chevaulx, les autres XIIII et les autres XX, tous chevaulx de priz et gorierement acoutrez, et eulx tous vestus de drap d'or et autres riches paremens. Ausi les quatre cens archiers de la garde firent la leur monstre.

Messire Guyon d'Amboise tint ce jour ung combat en foulle de XII gentishommes contre XII, desquelz il en menoit XII, et ung autre gentilhomme, nommé Mollart Suffray[3], les autres doze. Avecques eulx estoit ung nommé messire Françoys de Daillon, lequel avoit avecques luy quarante autres gentishommes, tous montez et armez a l'albanose et a la turque, lesquelz,

enfants mâles, jusqu'au mariage effectif de Claude : nul, sauf Louis XII, ne pourrait les délier de ce serment ni les destituer pour ce motif; avant que Louis XII eût un fils mâle ou que sa fille Claude fût mariée (J. 951). Pour expliquer ce luxe extraordinaire de précautions et l'émotion intense du royaume, il faut se rappeler que la vie du roi, au dire des médecins, ne pouvait pas dépasser le mois de janvier, que la France se trouvait entourée d'ennemis acharnés et que son avenir dépendait entièrement du mariage de Claude avec l'héritier de la couronne, contrairement aux vœux de la reine.

1. Le mariage est fait; il y a « feus et joie » par la ville; la semaine prochaine, on donnera de grandes joutes et tournois. « Quy quy en ait joie, je n'y prens nul plaisir, » écrit le résident J. de Courteville, le 24 mai 1506 (Le Glay, I, 142).

2. Couvent de Saint-François de Paule.

3. Mollart Suffray, seigneur d'Uriage.

premier que assembler, firent leur descœuvre, courses et escarmouches de chevaulx legiers en maniere de mortelle bataille et guerre ouverte. Le Roy fist la mectre et atiltrer force grosse artillerye, qui, durant l'escarmouche, fut tirée et ruée contremont autour de la bataille, comme en maniere de donner sur les ennemys. Et, apres lesdictes courses et escarmouches, les gens d'armes des deux batailles, tous en foulle, adresserent les ungs contre les autres de telle roydeur que, au choquer, toutes les lances allerent par esclatz, et puys a grans coups d'espée s'entremeslerent et combatirent longuement, et tant que le Roy les fist departir. Ce faict, le seigneur de la Crote, avecques ses chevaulx legiers, donna sur l'artillerye, et luy et ses gens icelle gaignerent et enmenerent, en faisant toute la maniere de guerre mortelle. Ce que la Royne regarda, et les dames qui avecques elle estoyent[1], disant que c'est estrange chose que la guerre et merveilleuse a regarder.

Deux jours apres, ledit messire Guyon d'Amboise tint ung pas aux lices, et avecques luy messire Françoys de Daillon, Françoys de Maugiron, le seigneur de Gimel, l[e] bastard de Luppé, Chevrieres, Rochebaron, le seigneur de Beaumont, le seigneur de la Fayete, le seigneur de Castelpers et ung nommé Le Croc, lesquelz tindrent le pas.

Les assaillans furent le duc de Bourbon, lequel ouvrit le pas, le conte de Vandosme, le prince de Talmont, Guy de Laval, Jacques de Bourbon, conte

---

1. Parmi les dames alors présentes à la cour, Saint-Gelais cite Mmes de Bourbon, d'Alençon et leurs filles, Mmes de Taillebourg, de Vendôme, de Nevers, de Dunois, de la Trémoïlle et sa fille.

de Roussillon, messire Jacques du Fahy et Françoys d'Ars, lesquelz combatirent a cheval, et a la bariere a pié, ou fut la donné mains coups de lance et d'espée, tellement que chascun des combateurs y eut honneur et le Roy plaisir[1].

Cela faict, les estrangiers se retirerent, et la court demeura audit lieu de Tours.

II.

Commant le Roy envoya messire Françoys de Rochechouart avecques autres en embaxade devers le Roy des Rommains.

Le mariage faict, comme j'ay dit[2], le Roy envoya

1. Cf. Sanuto.
2. Par une coïncidence singulière, Jean de Saint-Gelais, l'historien, dont on incriminait, à tort ou à raison, les rapports avec Louise de Savoie, maria sa fille unique quelques jours plus tard, le 17 juin 1506. Le contrat ne met en cause que des familiers de Louise de Savoie; d'un côté : Jean de Saint-Gelais, seigneur et baron de Montlieu, et demoiselle Jeanne, sa fille; de l'autre : noble et puissant seigneur Jean de Mareuil, seigneur et baron de Montmoreau, et vénérable personne Jean Calveau, conseiller des requêtes de la comtesse d'Angoulême et du duc de Valois, procureur du cardinal Philippe de Luxembourg, évêque du Mans, tuteur et curateur de noble et puissant seigneur Charles Chabot, baron et seigneur de Jarnac, et de demoiselle Catherine Chabot, ses neveu et nièce (fils et fille de Madeleine de Luxembourg); Saint-Gelais donne à sa fille 2,000 livres comptant, pour meubles qui deviennent communs, et à son décès 16,000 livres, ou 600 fr. de rente; en attendant, une pension de 300 livres par an. S'il n'a pas de fils, elle héritera de tous droits, aînesse et autres. Elle succédera toujours à Montlieu et Sainte-Aulaire, s'il n'a que des filles. Charles Chabot et ses hoirs seront tenus de porter le nom et les armes de Saint-Gelais avec les leurs : s'ils s'y refusaient,

en ambaxade, devers le Roy des Rommains, messire Françoys de Rochechouart, et avecques luy maistre Anthoine du Prat, maistre des requestes, et maistre Anthoine Jourdan, segretaire dudit seigneur, lesquelz, pres a partir, despescherent par le commandement du Roy ung ayrault, lequel envoyerent devant porter les lectres du Roy au Roy des Rommains, et pour l'avertir de la venue d'iceulx ambaxadeurs[1]. Lequel ayrault se mist a chemin a toute diligence, et tant qu'il arriva en Ongrye, ou trouva ledit Roy des Rommains en camp, faisant la guerre a ung conte du pays, nommé le conte Estephe, pour ce qu'il vouloit avoir la fille du Roy de Hongrie[2], que le Roy des Rommains vouloit avoir pour le filz du Roy de Castille. Le Roy des Rommains, apres avoir receues les lectres du Roy, despescha ledit ayrault et luy bailla ung de ses postes pour le mener devers lesdiz ambaxadeurs de France, et iceulx advertir de son vouloir. Sur ce, se mirent a chemin ledit ayrault et la poste pour retourner devers lesditz ambaxadeurs, lesquelz estoyent partiz de Tours le xxvme jour du moys de may en l'an

---

Montlieu et Sainte-Aulaire passeraient aux héritiers les plus rapprochés, avec la même obligation, et M. et Mme Chabot auraient, en tout et pour tout, 25,000 livres. Le contrat porte enfin partage de M. et Mlle Chabot ; celle-ci reçoit les biens laissés par sa mère en Picardie, plus 10,000 livres (Copies ; fr. 2748, fol. 267 et suiv.; fr. 11195, 2e partie).

1. Cette précaution était utile, car la mission avait pour but d'expliquer au roi des Romains le mariage de Claude, qui renversait tous les projets. On disait Maximilien d'accord avec la Hongrie et prêt à expédier à Gonzalve de Cordoue une armée de secours (Desjardins, II, 171). D'après Sanuto (VI, 357), Accurse Maynier fut aussi envoyé pour les négociations avec la Hongrie.

2. Agée de deux ans.

susdit mille CCCCC et VI, et avoyent pris leur chemin a Orleans, a Troys, a Bar le Duc, a Nanxi et a Strabourg. Or, avoit ledit messire Françoys de Rochechouart lectres du Roy pour bailler a l'evesque de Strabourg[1], frere du duc de Bavyere; ausi avoit lectres adressans au marquis de Baulde et au duc de Virtamberg, lequel duc estoit a une sienne place, nommée Estoquart[2]; d'Estoquart furent a Orne[3], et la se misrent sur la reviere de la Dunoe[4], et par icelle riviere furent jucques a une ville nommée Regensebourg[5], es aultes Allemaignes, ou illecques trouverent leur ayrault et le poste du Roy des Rommains, lequel leur bailla lectres par lesquelles leur mandoit qu'il leur envoyoit deux de ses gentishommes pour les mener en la conté de Carinte[6] en Autrice, leur mandant que la oyroyent de ses nouvelles. Or, estoit ladite conté de Carinthe a plus de dix journées loings du lieu ou estoit lors le Roy des Rommains. Dont messire Françoys de Rochechouart, principal ambaxadeur pour le Roy, voyant l'esloing de son chemin et la haste de son message, dist qu'il n'yroit audit lieu de Carinte, mais remanda au Roy des Rommains, par son poste, qu'il avoit charge du Roy son maistre de luy dire de bonnes choses et dilligenter son voyage; par quoy le prioit qu'il luy plust ne le renvoyer si loings de luy, mais le vousist despescher au plus tost qu'il auroit

1. Albert de Bavière.
2. Stuttgart.
3. Ulm.
4. *Donau* (Danube).
5. *Regensburg* (Ratisbonne).
6. Carinthie.

temps de ce faire. Tantost que le Roy des Rommains eut sceue l'intencion de l'ambaxade, luy remanda, puys qu'il ne se vouloit eslongner ne aller en ladicte conté de Carinthe, qu'il s'en allast en la ville de Lins[1] en Autrice, assés pres de luy, et que la sauroit ou se devroit trouver pour aller a luy. Dont s'en alla avecques les autres ambaxadeurs le long de la Dunoue jusques au lieu de Lins, tres belle ville, en laquelle le feu empereur Frederich, pere dudit Roy des Rommains, se tenoit et y mourut, ou la lesditz ambaxadeurs actendirent l'espace de huyt jours pour cuyder avoir responce dudit Roy des Rommains, lequel ne sonnoit mot. A cette fin renvoyerent par devers luy pour savoir qui luy plaisoit de faire sur leur charge. Lequel de rechief leur manda qu'il l'alassent actendre a ung autre lieu nommé Isenays, en la conté d'Estayez[2], aux montaignes d'Autrisse, au mesme lieu ou sont les mynieres de fer, dont il tire tous les ans plus de cent mille florins de profficit. La ariverent lesditz ambaxadeurs le premier jour d'aoust. Ce mesme jour arriva illecques ung des gentishommes du Roy des Rommains pour dire ausditz ambassadeurs qu'il leur mandoit qu'il n'yroit audit lieu, mais qu'il s'en allassent l'actendre a ung autre lieu nommé Graiz[3], quatre journées plus bas, tirant en la Hongrie a une repeue pres, ce qu'il firent; et eulx estant la furent quatorze jours entiers sans avoir aucunes nouvelles du Roy des Rommains, lequel faisoit toutes ses dissimullations et esloing de parler ausditz ambassadeurs, affin qu'il

1. Linz.
2. Eisenerz, en Styrie.
3. Graz, capitale de la Styrie.

n'allassent par devers luy et qu'ilz n'eussent veue et cognoissance de l'armée, qu'il avoit tant pouvre et desordonnée que a iceulx Françoys ne l'eust voulu monstrer pour chose du monde; car ses gens estoyent a peu de nombre et nudz comme Arabbes. Mais, pendant ce qu'il desloignoit lesditz ambassadeurs, il trecta d'appoinctement avecques les Hongres, qui plus puissans de beaucoup estoyent que luy; car, estans lesditz ambassadeurs a Lins, iceulx Hongres, jucques a une lieue pres du camp du Roy des Rommains, brullerent trente et cinq villaiges de ses pays, sans ce qu'il leur donnast ung seul allarme; ains trecta d'appoinctement, et apres avecques ses gens s'en alla a une ville nommée Vyenne en Autrisse, et de la, pour conclure dudit appoinctement, envoya devers les Hongres ung chevallier des siens, bien fort son recomandé, lequel s'en alla droict au camp d'iceulx Hongres, a une lieue pres du lieu ou le Roy des Rommains avoit tenu son camp. Et, lorsque ledit chevallier approcha, cuydant faire son ambassade, la commune gent du camp des Hongres se meut, et, sans avoir esgart a la seurté que doyvent avoir ambassades, coururent sus audit chevalier, disant : « Nous ne voulons appoinctement ne paix au Roy des Rommains, qui sans juste querelle vient assaillir noz pays et nous faire la guerre; » et, ce disant, sans vouloir oïr ledit chevallier, le tuerent sur le camp.

Dedans Vienne estoient lors les ambassades des Hongres devers le Roy des Rommains, qui tantost sceut la mort de son chevalier que les Hongres avoient occys; de quoy fut moult courroucé, mais dissimulla pour l'eure. Toutesfoys le peuple de Vienne se meut ausi, voulant tuer les ambassades des Hongres et leur faire jeu party ; ce que ne voulut le Roy des Rommains pour l'onnesteté garder et l'envye qu'il avoit d'avoir paix avecques eulx ; par quoy rapaisa tout et la conclut son appoinctement tel que les Hongres luy baillerent deux mille beufz et troys mille aulnes de drap pour nourir et vestir ses gens, qui bon besoing en avoyent, lesqueulx il disoit vouloir mener avecques luy a Romme pour se faire la couronner empereur. Ainsi fut conclut le trecté d'entre luy et les Hongres. Par quoy, fist partir ce qu'il avoit de gens d'armes en son armée et les fist marcher le chemin de Romme jusques au bout de ses pays, et arrester en une ville nomée Vilhac[1], prochaine ville de la terre de Sainct Marc, et luy demeura dedans les montaignes d'Autrice, a la chace des cerfz et des chamoys, ou print ung grant cerf a merveilles, et plus grant que autre communement, car il avoit cinq piedz de haulteur, duquel il fist mectre la grandeur en toille, qu'il donna pour la nouvellecté a messire Françoys de Rochechouart, ambassadeur pour le Roy, et depuys luy envoya les cornes jusques a Grenoble, lesquelles estoyent si grandes et massyves qu'elles pesoyent quarente et deux livres, et icelles donna pour estrange present au cardinal d'Amboise[2].

Or estoyent lesdiz ambassadeurs audit lieu de Graiz, ausqueulx il ennuyoit moult de ce qu'ilz n'avoyent nouvelles du Roy des Rommains, dont messire Françoys de Rochechouart, grant ambassadeur pour le Roy,

1. Villach?
2. Le roi fit monter des cornes de ce genre, sur un cerf de cire, dans le jardin de Blois.

luy envoya ung gentilhomme des siens, nommé Germain de Mauleon, pour le prier et requerir que son plesir fust de le vouloir oyr, ou autrement, veu la longtaineté du temps de son voyage et la charge hastive qu'il avoit du Roy son maistre, s'en retourneroit sans luy dire ladicte charge. Et, sur ce, manda le Roy des Rommains audit ambassadeur qu'il se rendist a une ville nommée Loven[1], a troys journées dudit Graiz, sur la riviere de Meure[2], qui passe audit lieu de Graiz, ou se rendit ledit messire Françoys de Rochechouart avecques les autres ambassadeurs, et la trouva les gens du Roy des Rommains, lesquelz les logerent dedans une petite abbaye, a ung cart de lieue de Loven, ou deux jours apres se rendit le Roy des Rommains. Et, le lendemain qu'il fut la arrivé, manda lesditz ambassadeurs et leur envoya cinquante gentishommes des siens jucques a leur logis pour les conduyre et mener audit lieu de Loven par devers luy, lesqueulx se mirent a chemin, en divisant ensemble de choses joyeuses. Et, en aprochant la porte de la ville d'ung trect d'arc pres, leur vint au devant l'arcevesque de Tresves, filz du marquis de Baulde, ung sien jeune frere avecques luy, et grant suyte d'autres gentishommes du pays, lesqueulx menerent lesditz ambassadeurs descendre au logis dudit arcevesque. Et, apres collation faicte, et qu'ilz furent prestz, le Roy des Rommains les manda venir par devers luy, ce qu'ilz firent, et s'en allerent a son logis et monterent en sa chambre. Messire Françoys de Rochechouar entra le premier, ou trouva le Roy des

1. Leoben.
2. Muhr.

Rommains, la accompaigné du duc de Juilliers[1], du marquis de Brandebourg[2], du conte de Sorne[3] et de l'evesque de Gurse.

A la venue desditz ambassadeurs, le Roy des Rommains se leva de la chaire et fut au devant jucques a moytié de la chambre, et la mist la main au bonnet, en demandant a messire Françoys de Rochechouart, principal ambassadeur, commant se portoit le Roy de France, son frere; lequel de Rochechouart luy dist : « Sire, il faict tres bonne chere et se recommande a vous. » Et lors le Roy des Rommains le prist par la main et le tira a part a une fenestre de la chambre, ou luy demanda s'il vouloit dire sa charge en public ou a part, lequel dist que tout ainsi qu'il luy plairoit et qu'il vouloit bien dire devant tous; ce qu'il accorda voluntiers. Et lors maistre Anthoyne du Prat, ung desditz ambassadeurs, s'avança et, pource que tous les assistans n'entendoyent le françoys, commança a dire en hault et rethoric latin la charge de leur ambassade, laquelle contenoit commant le Roy, pour le bien et utilité du royaume de France, et a la priere et requeste et par l'advys et deliberation du conseil des Troys Estatz de France, il avoit donné en mariage madame Glaude, sa fille, a Françoys d'Orleans, conte d'Angolesme, le plus proche a venir de la couronne ; de quoy en vouloit bien advertir ledit Roy des Rommains, et, au surplus, que le Roy vouloit et desiroit avoir tousjou[r]s bonne paix et amour avecques luy, et en oultre vouloit savoir si le Roy des Rommains vou-

---

1. Guillaume de Juliers.
2. Joachim de Brandebourg.
3. Le comte de Horn?

loit tenir l'accord qu'i avoit faict touchant l'investiture de la duché de Millan pour madamme Glaude et ses sucesseurs.

Autres articles furent la pour le Roy dictz et declairez par ledit maistre Anthoine du Prat. A chief desquelles choses le Roy des Rommains demanda ausditz ambassadeurs s'il avoient autre chose a dire : « Si avons, sire, dist messire Fran[ç]oys de Rochechouart, mais, s'il est vostre plaisir, ce sera a vous seul, et a part. — Or bien, dist le Roy des Rommains, je say bien qu'avez prou de choses a dire, mais vous venez de loings et estes las, et avez mestier de repos; par quoy vous vous pouvez retirer a vostre logis quant vous plaira, et demain, a l'eure que je seray prest de vous oyr, je vous manderay. » Et, sur ce, s'en allerent a leur logis, accompaignez de grant nombre de gentishommes du Roy des Rommains.

Le lendemain, sur les deux heures apres mydi, furent iceulx ambasadeurs transmys querir par ledit Roy des Romains. Si s'en allerent par devers luy, et, eulx venus en sa chambre, leur dist : « Or, dictes, seigneurs, vostre charge quant vous plaira. Mais, premier, je veulx savoir si vous vouldrez bien qu'aucuns de ceulx de mon conseil soyent avecques moy pour oyr vostre charge. — Oy, sire, dirent les ambassadeurs, qui vous plaira. » Dont appella a ce l'arcevesque de Treves[1], le duc de Juillieres, le marquis de Brandebourg, l'evesque de Gurse, le conte de Sornes et le chancellier de Tirolle pour assister; lesqueulx tous assemblez, le Roy des Rommains se mist en sa

---

1. Jacques de Baden.

chaire, son conseil tout autour de luy. Lors maistre Anthoyne du Prat, maistre des requestes, dist en latin leurdicte charge pour ce que autre que le Roy des Rommains n'entendoit le françoys, disant que le Roy leur avoit donné charge luy dire ce que par avant luy avoyent dit, et davantage, que touchant les cent mille francz qu'il demandoit pour l'investiture de la duché de Millan, laquelle il avoit accordée pour les hoirs qui en l'avenir sortiroyent de madame Glaude, atendu que le mariage d'elle et du filz du Roy de Castille, archiduc, ne s'acomplissoit, entendoit le Roy que de riens ne luy en estoit tenu ; mais que, la ou il vouldroit bailler ladicte investiture a madame Glaude et a ceulx qui d'elle descendroyent, il luy feroit bailler les cent mille frans qu'il luy avoit promys, et iceulx delivrer au lieu et jour qui seroit entre eulx advisé et ordonné ; par ainsi, qu'il fist bailler le consentement des electeurs. Ce dit, le Roy des Rommains demanda ausditz ambassadeurs s'il avoyent autre chose a dire. Lesqueulx dirent que si avoyent, ce qu'il feroient apres ce qu'ilz auroyent eue responce de luy sur les choses par eulx alleguées. Sur quoy ne voulut ledit Roy des Rommains rendre responce, mais les fist semondre par aucuns des siens, et luy mesmes les somma par plusieurs foys de dire toute leur charge ; ce que ne voulurent, s'ilz n'avoyent premierement responce de luy ; lequel ne voulut dire autre chose, si n'est, quant au regard dudit mariage, qu'il touchoit plus au petit archiduc qu'a nul autre, et que a celuy manderoit ce que le Roy luy en avoit faict dire pour y pourveoir comme il sauroit ; et ausi, tant que touchoit l'investiture de madame Glaude, que ausi il le manderoit aux electeurs de l'Empire pour en savoir leur vouloir, et de ce en avertiroit le Roy[1]. Et, sur ce, lesditz ambassadeurs prindrent congé de luy, lequel au partir leur donna charge faire ses recommandacions au Roy de France, son frere, et leur bailla ung gentilhomme allemant, lequel parloit bon françoys, nommé ledit gentilhomme Symon de Ferrete. Quatorze journées, par le pays dudit Roy des Rommains celuy gentilhomme mena et conduyt lesditz ambassadeurs, et tant qu'ilz arriverent a Trente, ville pres de terre Saint Marc, et de la tirerent a Millan, ou estoit lors lieutenant du Roy messire Charles d'Amboise, lequel advertirent de l'armée du Roy des Rommains. Et, de la, messire Françoys de Rochéchouart manda au Roy de tout ce qu'il avoit explecté en son ambassade et sceu envers ledit Roy des Rommains[2].

III.

Commant le Roy de Castille, archiduc, apres avoir sceu le mariage de madame Glaude et du conte d'Angoulesme, mal content de ce, prist alliance a plusieurs et se declaira ennemy du Roy, et de la mort dudit Roy de Castille.

Le Roy de Castille, estant lors en ses pays d'Espaigne, fut adverty du mariage de madame Glaude, fille du Roy, avecques Françoys d'Orleans, conte

1. Maximilien, toutefois, écrivit au roi d'Angleterre une lettre extrêmement violente, où il traitait Louis XII de parjure sans aucune périphrase (J. Gairdner, *Letters... of Richard III*, I, 301).
2. Cf. *Lettres de Louis XII*.

d'Angoulesme, laquelle pensoit estre pour son filz; dont autres foys par cy devant avoit esté parolles. Par quoy se mal contenta[1], disant que autres foys promesses avoyent esté faictes de madame Glaude et de son filz, a quoy il s'atendoit[2]. Toutesfoys ne sceut autre chose que faire sur ce, si n'est user de menasses[3] et dire que tous ses amys et aliez luy fauldront, ou en France fera telle guerre que mainctes qui de ce ne pevent mais le compareront cherement, et, des lors, print alyences et confederations a tous ceulx qu'il peult savoir estre ennemys couvers du Roy, car nul pour lors estoit declairé ennemy de France, et, en oultre, volut anymer les autres a son pouvoir, et tant fist que le Roy des Rommains, son pere, toutes les Espaignes et Angletaire, comme se disoit, avecques les Venissyans, suyvant les plus fors, et grant partie des Italles se tindrent de son party contre le Roy. Dont soy voyant de luy moult puissant, et de tant d'alyences fortiffyé, se declaira ennemy du Roy, qui delibera de sa part obvyer a tous ses dangiers, avecques l'ayde

---

1. Louis XII écrivit lui-même, le 31 mai, à M. de Chièvres une longue lettre personnelle pour lui expliquer le vœu des États et le mariage (lettre insérée dans la *Chronique* de Haneton).

2. Il provoqua, à ce sujet, une consultation de cinq jurisconsultes flamands, qui lui donna tort (Le Glay, I, 195). Cette curieuse consultation émet l'avis, en substance, que : 1º le roi de France n'est pas parjure; 2º la clause de garantie du mariage avec l'archiduc, immorale en soi, est morale seulement pour les princes; 3º Charles d'Autriche, mineur, n'a pas actuellement d'action pénale pour réclamer le dédit stipulé.

3. Il écrivit de Valladolid, le 20 juillet 1506, à Louis XII que le mariage de Claude ne serait pas une cause de rupture, mais qu'il avait besoin d'en parler à son père et à son beau-père (*Lettres de Louis XII*, I, 54).

souveraine, disant qu'il mectra sus telle armée que se sera pour devoir rabbatre les coups a tous ses ennemys. Or, advint que le Roy des Rommains, comme prest de tous temps de faire aux Françoys quelque allarme, voulut mectre sus grosse armée pour courir sur la duché de Millan ; le Roy de Castille, ausi faire une autre armée en Espaigne pour vouloir descendre en Languedoc et en Guyenne, et les autres ses confederez, chascun en son cartier, mectre sus grosse puissance pour ennuyer le Roy et assaillir son royaume de France. De quoy ne se meut le Roy que bien a point ; ains tint conseil sur son affaire et envoya par ses pays faire mectre sus tant de gens que le nombre et pouvoir d'iceulx luy sembloit devoir suffire a garder sa terre et chacer ses ennemys, et en oultre fist ranforcer de gens d'armes sa duché de Millan, disant que, si le Roy des Rommains commance par se costé, que luy mesmes yra en personne pour luy copper le chemin et empescher le passaige.

Or, estoit le royaume de France menacé de toutes pars, et le Roy en propos deliberé de bien le deffendre et despendre grant tresor a l'affaire dont en avoit plus que prince de cristienté ; ce qui tenoit moult ses ennemys en craincte, car il avoit gent et argent, ce qui, apres l'ayde de Dieu et le cueur des amys, faict obtenir les victoires, faire les conquestes et entretenir les royaumes. Combien que amas de pecune soit, a tout prince liberal, detestable, si est elle, a tout affaire, secourable.

Or advint, en deduysant le moyen de ses menées, comme il peut a Dieu qui des royaumes dispose, que le Roy de Castille, estant en son pays d'Espaigne, fut soubdainement actaint de si griefve maladie[1] que, malgré le remede des medecins, en moings de huyt jours fut mort[2]; dont tous ses alyez baisserent le nez et firent sillence, si que de tous pointz leur entreprise fut abbatue et anyentye. Dont le Roy demeura en son entier et paisible en son royaume de France[3].

IV.

Commant le Roy envoya messire Charles d'Amboise avecques grosse armée a Boullongne pour icelle soubmectre a l'obeissance du pape, et commant Françoys de Clermont, cardinal de Nerbonne, fut pour ce et autres choses devers ledit Sainct Pere le pape.

En ce mesme temps et an mil CCCCC et six, le pape Julius second mist armée sus pour vouloir soumectre et reduyre a son obeissance Boulongne la Grasse, laquelle avoit esté, cincquante ans ou plus, hors la sugetion de l'Eglize, a qui elle appartenoit d'encienneté, mais estoit lors par force occuppée et gouvernée par ung Boulonnoys, nommé messire Jehan Bentivolle, lequel ausi, sachant l'armée du pape mise sus, a ceste cause fist de sa part grosse gent d'armée, fortiffier la ville et mectre dedans grant nombre de gens

---

1. Une pleurésie. L'*Ystore Anthonine*, contemporaine (fr. 1371), affirme qu'il fut empoisonné (fol. 295), mais ce soupçon était alors formulé contre toutes les morts rapides ou inattendues.

2. 25 septembre 1506.

3. On ne regretta pas Philippe, qui « avoit semé (en France) un grain qui peu y eust proufité » (*Le Loyal serviteur*, p. 127).

d'armes, et icelle bien garder. Le pape, voyant que difficille chose luy seroit venir a chief de son intencion sans autre secours que de sa main forte, envoya devers le Roy luy pryer qu'il luy pleust donner en son affaire quelque ranfort, et que, par le pouvoir de son armée, qui estoit lors en la duché de Millan, luy pourroit aysement faire telle ayde que Boulongne pouroit estre remise et reduyte a la seigneurie apostolique, a qui de droict elle appartenoit, et ausi que, si ung tel service faisoit a l'Eglize, que a tousjoursmais de plus icelle obligeroit envers le royaume de France, qui a tout grant besoing et extreme necessité avoit tous temps eu l'espée au poing pour icelle augmenter, secourir et deffendre; dont, pour le loyer de ses merites, en portoit, entre les autres royaumes crestiens, l'excellant titre d'onneur souverain du nom tres cristien. Et ausi mandoit le pape au Roy que, s'il voulloit passer les mons pour voir de ses affaires et visiter ses pays, que voluntiers se trouveroit en quelque lieu entre eulx advisé, ou bien qu'il l'actendroit a Boulongne pour illecques le veoir et pa[r]ler avecques luy. Oyant le Roy la requeste et dire du Sainct Pere le pape, et la promesse qu'il luy faisoit de l'actendre a Boulongne, comme prince tres chatollicque, conservateur des droictz de l'Eglize, deffensseur de sa franchize et filz obeissant d'icelle, disposa d'employer son pouvoir audit affaire, en tant qu'il manda a messire Charles d'Amboise, son lieutenant dela les mons, qu'il tinst prestz ses gens d'armes et qu'il fist amastz de gens de pié jucques a grant nombre; et lors qu'il luy manderoit qu'il allast en avant, là ou son plaisir seroit; ce que fist ledit messire Charles d'Amboise si a point que en peu de jours ses gens furent tous prestz de marcher.

Durant ce, le Roy transmist devers le pape, qui ja estoit sorty de Romme[1], ung nommé Françoys de Clermont, cardinal de Nerbonne, par lequel mandoit audit Pere Sainct qu'il luy donneroit tel secours en toutes ses choses que riens n'espairgneroit a ce, et que, des gens d'armes siens estans en la duché de Millan, se tinst tout seur, lesquelz il auroit toutes foys que besoing en seroit, et que ja l'avoit mandé a messire Charles d'Amboise, son lieutenant dela les mons. Et, en oultre, mandoit audit Sainct Pere qu'il estoit deliberé de s'en allé, apres l'yver passé, dela les mons, et que tres voluntiers aussi voiroit Sa Saincteté et se trouveroit en quelque ville de par dela, ou seroit par luy advisé. Autres charges et creances eut ledit cardinal de Nerbonne devers le pape, que je lesse pour abreger et dire que celuy cardinal, tres bien accompaigné, prist son chemin de Romme; et, premierement, fut passer par Avignon, ou sejourna quelque peu de jours, puis marcha par la conté de Venisse[2], puis par le Daulphiné, a Briençon, a Ourse[3], a Suze, en Ast, a Alixandrie et a Pavye, ou estoit lors messire Charles d'Amboise, lieutenant du Roy, et la furent deux jours a courir les cerfz dedans le parc de Pavye, ou prindrent ung grant cerf. Et, apres ce qu'il eurent parlé de leurs affaires, ledit cardinal monta sur la

---

1. Le pape quitta Rome le 26 août 1506. L'extrait du *Diarium* de Paris de Grassis, relatif à cette campagne, a été publié à part, par M. Luigi Frati, sous le titre de : *Le Due spedizioni militari di Giulio II* (Bologna, 1886, in-8°). Nous renvoyons à cette édition.

2. Le comtat Venaissin, gouverné comme légation par le cardinal d'Amboise.

3. Oulx.

riviere du Pau et fut par eau jucques a Plaisance en
Lombardye, de Plaisance a Parme, a Modeine et a
Boulongne, ou avoit ja grant nombre de gens d'armes
que messire Jehan Bentivolle, gouverneur d'icelle,
avoit la mys, sachant que le pape avoit faict armée
pour venir assieger ladicte ville de Boulongne. Or ne
savoit ancores celuy Bentivolle que le pape eust
demandé secours au Roy, et que le Roy le luy eust
promis; par quoy, sachant la venue dudit cardinal de
Nerbonne, voulant a celuy faire tout l'onneur qu'il
pouroit, envoya devant luy ses enfans, bien accompaignez de gens d'armes, montez et armez, et leurs chevaulx bien bardez, lesquelz marcherent au devant
dudit cardinal troys mille hors Boulongne, ou mirent
pié a terre pour luy faire la reverence. Ce faict,
remonterent et marcherent tous ensemble vers la ville,
ou, a ung mille pres, se trouva messire Jehan Bentivolle, accompaigné de gens d'armes a toute puissance, lequel vouloit descendre pour faire la reverence
audit cardinal, ce que ne voulut, mais s'entrembras-
serent tout a cheval; et, ce faict, en parlant de plusieurs choses, marcherent jucques a la ville, ou ledit
Bentivolle fist entrer honnorablement celuy cardinal,
et le mena descendre et loger dedans son palais de
Boulongne, ou le festya grandement et le desfroya
avecques tout son train pour le disner; et, apres ce,
s'en alla ledit cardinal coucher assez pres de la, une
ville nommée Plenore, terre de Boulongne. Le lendemain, print le travers des Alpes, t[i]rant le grant chemin
de Romme jucques a Florence, et la sceut que le pape
estoit party de Romme pour s'en venir a Boulongne
a toute grosse armée, et qu'il tenoit le chemin de la

Marque d'Ancone. Par quoy celuy cardinal, pour adresser, prinst le chemin de Perose, terre de l'Eglize, et passa oultre deux milles loings[1], ou trouva le pape avecques grant nombre de cardinaulx et gens d'armes, et la luy fist ledit cardinal son salut, comme il devoit, et luy dist ce que le Roy luy mandoit de par luy, et toutes ses charges; de quoy le pape fut moult joyeux, et fist tres bonne chere audit cardinal et le festya tres honnorablement, en s'enquerant souvant de la prosperité du Roy et de ses affaires. Apres long propos et parolles joyeuses, chascun se retira, et, le lendemain, le pape fist son entrée audit Perose, ou les seigneurs et le peuple de la ville le receurent a grant triumphe[2]. La dedans sejourna doze jours, durant lequel temps le marquis de Mantoue, lieutenant de son armée, se rendit a luy audit lieu de Perose, entour la fin du moys de septembre[3], et la fist la monstre de ses gens d'armes, ou avoit environ six cens hommes d'armes, armez a la mode d'Itallye, legierement, et montez sur chevaulx legiers; ausi y avoit troys mille hommes de pié ou quelque peu moings.

Les montres d'iceulx gens d'armes faictes, le pape avecques son armée partit de Perose[4] et prist son adresse vers la ville de Urbin, ou fut receu et festyé par le duc et la duchesse[5], et trecté tout a plaisir, auquel lieu sejourna quatre jours.

1. A Torricella, 12 septembre (P. de Grassis, p. 39; Guichardin).
2. 13 septembre 1506. Voir Paris de Grassis, p. 40 et suiv.
3. Il entra solennellement à Pérouse le 17.
4. 21 septembre (Paris de Grassis).
5. 25 septembre, au matin. Le duc d'Urbin fit enlever les portes de la ville pour la réception du pape. Le pape repartit le 29.

Le Roy avoit ja seu que le pape marchoit avecques son oust, par quoy avoit mandé a messire Charles d'Amboise, son lieutenant, que, a toute dilligence, marchast celle part avecques huyt cens hommes d'armes, et les gens de pié qu'il avoit amassez; et, de tout ce, voulut avertir le pape par ses postes, et tant que audit lieu d'Urbin[1] sceut ledit Sainct Pere les nouvelles du Roy, et comment sondit lieutenant, avecques grosse armée, se devoit rendre a luy a Boulongne, et qu'il avoit mandé marcher son armée, qui ja estoit sur les champs preste de le secourir et se joindre avecques luy. De quoy le pape fut moult joyeulx, et se dist tousjours estre tenu au Roy, en le remercyant de tout son pouvoir.

Apres ses nouvelles sceues, le pape, avecques son armée, marcha droict a Boulongne et prist son chemin vers Sezayne[2], a Fourly[3] et devant Fayence, terre d'Eglize, que les Venissyains par force occuppoyent lors et estoyent dedans tous en armes, tenans les portes clozes[4]. Par quoy le pape passa oultre et marcha jucques a Ymolle, et la demeura troys sepmaines en actendant approcher l'armée du Roy, qui ja estoit a la route. Et ausi ce pendant fist marcher son armée jucques a une ville nommée Castel Sainct Pierre, terre de Boulongne, estant a huyt mille d'Ymolle.

1. Légère erreur. La lettre du roi n'arriva au pape que le matin du 30 septembre, à Macerata. Dans cette lettre, Louis XII déclarait vouloir venir lui-même en Italie au moment du carême.
2. Cesena, 2 octobre.
3. Forli, 9 octobre.
4. Ce passage fut très difficile. Le pape licencia sa cour et se dépouilla lui-même de ses objets les plus précieux, tant il redoutait une attaque des Vénitiens (P. de Grassis).

Tantost apres que l'armée du pape fut devant Castel Sainct Pierre[1], ceulx de la ville parlamenterent, et a la parfin se rendirent a la mercy dudit Pere Sainct.

V.

Commant messire Charles d'Amboise, lieutenant du Roy dela les mons, fist marcher son armée droict a Boulongne pour secourir le pape.

Messire Charles d'Amboise, lieutenant du Roy dela les mons, sachant qu'il estoit heure de partir pour aller au secours du pape, avoit faict assembler ses gens d'armes a Parme et mys en marche, comme le Roy luy avoit mandé, et tenoit ordre tel que, nonobstant l'empeschement des pluyes et l'ennuy de l'yver qui lors avoient cours, gens d'armes, pietons et artillerye, et tout le sommaige n'avoit arrest, car soubz ledit lieutenant du Roy avoit capitaines expertz et lieutenans advisez en faictz d'armes, et, pour ce que j'ay sceu les noms desditz capitaines qui la estoient, je les ay voulu commemorer, affin que, si bienffaict y a, que ce soit a la louenge d'eulx et a l'exemple des futurs. Premierement, y estoit present messire Charles d'Amboise, general lieutenant du Roy, lequel avoit a luy cent hommes d'armes; messire Jacques de Chabanes, seigneur de La Palixe, lequel avoit cincquante hommes d'armes; messire Yves d'Allegre, cincquante hommes d'armes; messire Robert Stuart, cent hommes d'armes escossoys; Adrien de Brimeu, lieutenant des cens

---

1. Castel-San-Pietro, sur le Sillaro, à 23 kilom. de Bologne.

hommes d'armes du marquis de Mantoe; messire Jehan de Durefort, seigneur de Duras, cincquante hommes d'armes; messire Rogier, baron de Beart, cincquante hommes d'armes; messire Galeas Palvesin, quarante hommes d'armes; messire Anthony Marie de Sainct Severin, cincquante; messire Philibert de Clarmont, seigneur de Montoison, cincquante; le seigneur d'Oroze, quarante; le seigneur de Chastellart, quarante; le seigneur de Fontrailles, trente; le conte de Misoc, cincquante; messire Mercure, cent Albanoys. Les capitaines des gens de pié estoyent Mollart[1], allemant; Jacques d'Allegre; Peralte, espaignol; Cossains et ung italyen, nommé le marquys Bernato, lesquelz avoyent soubz leur charge quatre mille hommes, allemans, daulphino[y]s et piemontoys. Aussi y avoit xv pieces d'artillerye soubz la main de messire Jehan de Bessé, gruyer de Bourgoigne. Et ainsi fut mise l'armée de France au champs, tirant le droict chemin de Boulloigne, et tant que, devant une place bouloignoise, nommée Castelfranc[2], furent les Françoys, et la misrent le siege. Puys commancerent a tirer quelques menues pieces d'artillerye pour voir que ceulx de la place vouldroyent dyre, lesquelz se deffendirent tout lachement en tirant bien peu de coups, et, sans actendre sur eulx plus grant effort, se rendirent, leurs bagues sauves. Ce faict, ledit lieutenant du Roy, avecques ce qu'il voulut de ses gens d'armes, entra dedans; ce que tantost sceut le pape, qui lors estoit a Ymolle, de quoy fut bien joyeulx, pencent que, au moyen dudit secours, Boulongne seroit bientost a luy soubmise.

1. Suffray.
2. Castel-Franco, à 12 kilom. de Modène, à 25 de Bologne.

Messire Jehan de Bentivolle, qui lors estoit a Boulongne, sachant la venue de l'armée du Roy et la prise de Castelfranc, fut bien esbahy, disant qu'il ne pourroit longuement tenir contre ladicte armée, et que de deux maulx luy failloit eschever le pire, ne voulant pour riens cheoir entre les mains du pape, qui de mort luy en vouloit, par quoy advisa que myeulx estoit pour luy se rendre au[x] Françoys, pencent estre, entre leurs mains et soubz la clemence du Roy, humainement trecté; et, pour y ouvrer sommairement, envoya ambaxades a Castelfranc par devers messire Charles d'Amboise, lieutenant du Roy, pour luy dire que, si son plaisir estoit de prandre a mercy luy et sa famille et tous ses biens saufz, que a luy voluntiers se rendroit et luy mectroit Boulongne entre les mains. Lesditz ambaxades porterent leur parolle et firent sur ce tout ce que enchargé leur estoit, et advertirent ledit lieutenant du Roy du vouloir dudit messire Jehan de Bentivolle, et comment entre ses mains se vouloit rendre et mectre ladicte ville de Boulongne en son obbeissance. A quoy fist responce que pour l'eure ne povoit avecques luy riens composer, et qu'il n'avoit autre charge du Roy son maistre que de venir au secours de l'Eglize et faire ce que le pape luy commanderoit, parquoy ne pouvoit de luy riens conclure sans en advertir ledit Pere Sainct. Ce nonobstant, veu le party humain de celuy Bentivoille, luy manda que, s'il vouloit bailler sauf conduyt pour quelqun de ses gens, qu'il envoyroit devers le pape, et que a son pouvoir trecteroit de la paix. Dont ledit Bentivolle, voyant que la chose ne pouvoit pour l'eure prendre meilleur fin pour luy, bailla sauf conduyt et seurté pour passer par ses dangiers et aller vers le pape. Ce faict, ledit lieutenant du Roy transmist a Ymolle ung sien segretaire, tresorier des guerres de Millan, pour advertir le pape comment messire Jehan de Bentivoille se vouloit rendre et metre entre les mains du Roy, et la ville de Boulongne en son obbeissance, pourveu que luy, sa famille et tous ses biens fussent saufz et gardez, et commant, sur ce, ledit lieutenant n'avoit voulu riens conclure, mais avoit le tout remys au vouloir et a l'ordonnance du pape, en luy mandant que Sa Saincteté y advisast pour y besoigner scelon son plaisir et commandement, et que tout ainsi le feroit sans faillir, et qu'il luy pleust sur ce luy faire savoir son vouloir. Oyant le pape les choses susdictes, fut contant de la reduction de Boulongne; mais, quant a ce que ledit de Bentivoille et ses choses demouroyent sauves, ne luy vint pour l'eure a plaisir et si avoit bonne envye de le trecter autrement; car, durant leur discord, ledit de Bentivolle avoit faict mourir le pere du dataire du pape, dont avoit conceue hayne mortelle contre luy. Mais, apres avoir pencé a tout, et que user de vengence estoit contre le comandement de Dieu, consentit que ledit de Bentivolle seroit mys entre les mains du lieutenant du Roy pour en faire a son plaisir, et ses biens saufz; et ainsi despescha ledit tresorier des guerres et le renvoya devers ledit lieutenant du Roy, lequel estoit a Castelfranc.

Tantost apres qu'il eut renvoyé ledit messager françoys, luy souvint de quelque chose qu'il avoit oblyé a mectre en ses lectres : par quoy de rechief transmist apres ung autre des siens, qui estoit son chambrier; et, pour ce qu'il ne savoit parler françoys, demanda au

cardinal de Nerbonne, qui avecques luy estoit, ung de
ses gens pour accompaigner son homme et rapporter la
parolle, lequel luy bailla ung sien chappellain, qui chantoit devant luy. Si s'en allerent iceulx ensemble et
passerent par le camp du pape, dont estoit chief le
marquys de Mantoue, lequel advertirent de leur affaire;
et, voyant qu'ilz n'avoyent sauf conduyt, leur dist
que sur leur chemin n'avoit nulle seurté, pour ce que
ce jour avoyt envoyé devant Boulongne cent de ses
Albanoys qui ne savoyent riens du trecté de la paix.
Mais, pour ce, ne s'arresterent, pencent qu'ilz passeroyent au moyen dudit chambrier, qui savoit parler
itallien, et qu'ilz diroyent aux Boulongnoys que, pour
le bien et proffict de la ville, estoyent envoyez du pape
au lieutenant du Roy. Or advint que, a l'approcher
de ladicte ville, comme a deux mille pres ou environ,
rencontrerent les Albanoys du marquis de Mantoue
venans de leur course, lesquelz avoyent trouvé ung
capitaine de Boulongne avecques trente chevaulx
legiers sortiz pour descouvrir, desquelz ne s'estoit
sauvé que ledit capitaine, que tous ne fussent tuez ou
priz. Dont celuy capitaine, tout effr[a]yé, s'en estoit
retourné a bride abatue jucques a Boulongne, ou la
fist assavoir aux Boullonnoys commant les gens d'armes
du pape leur avoyent couru sus et leurs gens deffaictz, dont les ungs estoyent mors et les autres prisonniers, tellement que de tous n'en estoit eschappé
que luy tout seul, qui, a force de courir, avoit gaigné
la ville. Oyant les Boullonnoys ses nouvelles, grant
nombre d'iceulx s'armerent et monterent a cheval,
puys se misrent aux champs a la suyte desditz Albanoys, qui ja estoyent pres de leur camp, dont ne les

rencontrerent, mais troverent le chambrier du pape et son compaignon courans la poste. Et, pour ce que ledit chambrier estoit myeulx monté que le prestre du cardinal de Nerbonne, estoit devant plus de deux gectz d'arc. Or advint que celuy chambrier fut priz par les Boulonnoys, lesquelz le voulurent tuer; mais il leur dist commant le pape l'envoyoit devers le grant maistre de France, lieutenant du Roy, pour le proffict de la ville et trecter de la paix, et ausi que, s'il estoit question de guerre contre le pape et eulx, qu'il ne le fissent mourir, car il avoit de quoy payer cent escuz pour sa rençon. Tant jouha de doulx parler que autre mal ne luy firent, mais le prindrent et garderent tres bien. Son compaignon, qui tout de loings voyoit les Boulongnoys jouer de force, ne sceut que faire, si n'est tourner le dos, et se voulut mectre a fuyr; mais fut advisé par aucuns d'iceulx Boulongnoys, dont l'ung d'eulx bien monté se mist seul a la course après luy, et tant que bientost l'eut actainct, en luy voulant courir sus. Le prestre, voyant son cheval las, et qu'il ne se pouvoit sauver a fuyr, et ausi qu'il n'avoit a besoigner que a ung homme seul, mist la main a l'espée et se deffendit en maniere que la javelline de son ennemy saisist et la luy osta du poing; et, de faict, l'eust tué et deffaict, n'eust esté que sept ou viii des autres, qui virent la deffence de celuy prestre, hastivement coururent la et, sans le vouloir ouyr parler ne escouter sa raison, donnerent sur luy a tous costez, et tant que, en se deffendant, l'abbatirent et le tuerent sur le champ. Le chambrier du pape fut mené a Boulongne et presenté a messire Jehan de Bentivoille, auquel dist celuy chambrier la charge qu'il avoit du pape; par quoy fut incontinant delivré et a luy baillé seurté pour aller faire son messaige.

Durant ses jours, la pluye estoit en ce lieu continuelle nuyt et jour, et dura tant longuement que les fanges estoyent si grandes par les chemins que gens et chevaulx y estoyent jucques au genoilz, tellement que l'artillerye ne se pouvoit charryer, et la failloit tirer a force de gens et chevaulx, qui, a toute la peine du monde, la menoyent de lieu en lieu. Ce nonobstant, messire Charles d'Amboise, lieutenant du Roy, mist tel ordre a tout ce, que, pour l'empeschement de celuy temps, ne demeura riens en arriere, mais partist de Castelfranc avecques son armée et artillerye, et tira vers Boulongne de tant qu'il fut a ung pont, deux mille pres dudit lieu de Boulongne. La le trouva le messager du pape et luy presenta ses lectres, desquelles fut bien joyeulx, mesmement pour ce qu'il consentoit que messire Jehan de Bentivoille fust mys entre les mains du Roy, et ses biens estre saufz. Lorsque ledit messire Jehan de Bentivoille sceut le vouloir du pape et l'armée de France estre si pres de Boulongne, partit dudit lieu et, a l'aube du jour, se rendit audit pont; et la s'en alla mectre entre les mains dudit lieutenant du Roy, comme avoit promys de faire, et avecques luy ung de ses filz nommé messire Alixandre de Bentivoille; lesquelz receupt doulcement et iceulx bailla en garde a ung lombart, nommé messire Anthoyne Marye de Palvezin, auquel donna charge de les mener a Millan et les faire garder tant que seroit le plaisir du Roy. Et, au partir, ledit messire Jehan de Bentivoille bailla les clefz de Boulongne a messire Charles d'Amboise, en luy recommandant sa pauvre femme desollée et ses biens, la face toute couverte de larmes et le cueur serré de doulleur, en faisant les plus piteulx regretz et doulloureux plainctz qu'onques fist pauvre chevaillier, disant : « Helas! Fortune, ennemye de gloire et marrastre de prosperité, que t'ay je meffaict quant, en mes jours florissans, et au temps de ma doulce juvente, m'as laissé quelque temps feliciter a plaisir, et, aux ennuyeulx ans de ma chanue veillesse, me mectz en exil perpetuel? Ores, me faictz tu a cler cognoistre que le plus malleureux geurre[1] de tes adversitez est avoir esté longuement prospere, et puys de choir sans ressource! » Plusieurs autres lamentacions desolables fist le pauvre chevaillier, et tant que le lieutenant du Roy mesmes fut meu de telle pytié que des yeulx luy sortirent les larmes; mais, pour rentrer, envoya ledit de Bentivoille a Millan. La femme et ung des enfens dudit Bentivoille, apres ce, s'en allerent avecques huyt cens chevaulx hors Boulongne et tirerent vers la duché de Ferrare, ou porterent la plus grant partye de leurs bagues et choses portatives.

Le lieutenant du Roy, ayant les clefz de la ville de Boulongne, pencent, sans nulle resistance, entrer dedans, transmist la ung nommé messire Galeas Visconte, avecques ses fourriers, pour faire les logys ; lesquelz fourriers, cuydant mercher lesditz logys, furent assaillis de la commune de Boulongne, qui fist ung cry sur eulx et ung tel hutin que ce fut jucques a charger, en maniere que iceulx fourriers furent, les ungs blecez et aucuns tuez et menez tellement que a grant peine se peut sauver ledit messire Galeas Vi-

---

1. *Sic*, pour : *la guorre* (joyeuseté, fête)?

conté, avecques partye de ses fourriers, lesquelz s'en allerent d'effroy au devant du lieutenant du Roy, qui, avecques son armée, approchoit la ville ; et, sachant la rebellion susdicte, comme ennemy d'icelle, fist la droict marcher l'armée et mectre le siege devant, et a toutes mains faire pecter artillerye et abbatre tours et murailles, en l'assaillant si vivement qu'il n'y eut dedans si hardy qui n'eust frayeur de ce bruyt. Et, ce voyant, aucuns de ceulx de la ville, qui ja savoyent l'appoinctement du pape et de Bentivoille, envoyerent en poste devers ledit Sainct Pere et devers aucuns des cytadins de la ville, qui ja c'estoyent allez rendre au pape pour iceulx advertir du siege et de la continuelle baterye que faisoit le lieutenant du Roy devant Boulongne, et que, si tost n'y estoit pourveu, ladicte cité estoit en danger d'estre prise d'assault et pillée par les François, qui tous effors mectoyent en avant pour y entrer.

Oyant le pape ses nouvelles, fut tant esmerveillé que plus ne pouvoit, et esbahy de ceste affaire, veu les lectres que, peu devant, luy avoit envoyées ledit lieutenant du Roy, disant que, apres que messire Jehan de Bentivoille seroit entre ses mains, il s'en yroit loger dedans Boulongne. Or savoit le pape ja que ledit Bentivoille avoit rendu les clefz de la ville, et que a Millan l'avoit envoyé le lieutenant du Roy. Sur quoy ne savoit que penser, si n'est que quelque nouvelle rebellion eussent faicte les Boulonnoys, ou que les Françoys voulussent piller ladicte ville, qui estoit moult riche et plaine de tous biens ; par quoy pença que, si ladicte ville estoit ainsi prise et pillée, qu'il feroit double perte et que son entreprise luy seroit plus dommaigeuse que proffictable ; car il auroit perdu les fraiz et mises qu'il auroit faictes pour soustenir son armée, ou ja avoit grant tresor despendu, et ausi que la cyté qui estoit sienne seroit destruyte et desolée, ce qui dedans estoit pris et pillé, le peuple mys a sac et les biens d'icelle ravys et emportez, ce qui seroit totallement a son desavantage. Dont, pour a ce vouloir mectre provision, transmist hastivement le cardinal de Nerbonne devers messire Charles d'Amboise, lieutenant du Roy, luy pryer et dire qu'il cessast de batre la ville et qu'il fist tenir coy ses gens. Si s'en alla ledit cardinal, et, luy estant par chemin, couroyent incessaument postes de Boulongne pour haster les messaigiers du pape, disant que les Françoys avoyent ja tant batue la ville d'artillerye et faict telle ouverture qu'on n'actendoit que l'assault, et que, sans faillir, elle seroit emportée et prise, qui ne mectroit sur ce hastif remede et sommaire provision. Le cardinal de Nerbonne, qui du pape avoit charge de hastivement aller faire cesser l'armée de France, voyant que assez tost ne pouvoit courir, et ausi que plus de xv mille de chemin avoit encores a faire, transmist la ung de ses gens nommé Jehan Roussart, accompaigné d'une des postes de Boulongne, pour advertir le lieutenant du Roy du vouloir du pape et de la venue dudit cardinal, et pour faire cesser le siege jucques a ce que ledit cardinal eust parlé a luy. Or se mirent les coureurs en voye et, tant que les chevaulx peurent aller, tirerent vie en maniere que, apres qu'ilz eurent chevauché viii mille de pays, le cheval dudit Roussart fut defferré et tant las qu'il demoura tout court ; par quoy la poste de Boulongne, qui sans celuy Françoys ne pouvoit faire bon message pour les

Boulongnoys, se mist a pié et luy bailla sa monture, en luy monstrant son adresse et luy priant bien fort qu'il se hastast, car long chemin avoit a faire; ce qu'il fist, et tant que, sur les deux eures de nuyt, arriva ledit Roussart devant la ville de Boulongne, du costé d'Ymolle, ou la trouva gros guet et les gardes de ladicte ville en armes, lesquelz salua et leur dist commant, de par le pape, venoit la pour les affaires de Boulongne, et iceulx advertist de la venue dudit cardinal son maistre, que le pape envoyoit la a tout grant haste, et que, pour plus avancer l'affaire, ledit cardinal l'avoit transmys devant a delligence extreme. Par quoy prya lesdictes gardes que, pour plus tost estre au siege des Françoys et pour le proffict de la ville, le lessassent passer par la dedans, qui estoit pour le plus court; ce que ne voulurent, pour ce qu'il estoit Françoys, et ausi que seurement n'eust sceu passer, veu que guerre mortelle se faisoit lors entre eulx et les Françoys, et que l'ung n'espairgnoit l'autre. Mais icelluy adresserent hors la ville par ung chemin touchant le long des fossez, et l'advertirent de cryer en passant : *l'Eglize!* qui estoit le cry commun de la ville, ou, autrement, ceulx du guet luy pourroyent tirer quelque coup d'artillerye ou de trect. Si se mist a passer le long dudit chemin tout coyement, en cryant : *l'Eglize!* et ne luy demanderent riens les ennemys jucques il approchast le camp des Françoys; et, lorsque au roiz de la lune, qui estoit clere, le virent adresser vers le camp, luy tirerent a la passée plusieurs coups de haquebutes et de trect, et tant qu'il fut contrainct, pour se sauver, de mectre pié a terre et habbandonner son cheval pour gaigner les hayes et jardrins, qui la dessoubz estoyent; et ainsi, comme il peut, se rendit au siege, ou trouva sur les piedz le lieutenant du Roy, armé de toutes pieces, faisant tirer artillerye aux roiz de la lune contre la ville et abatre murailles, sans cesser, deliberant le lendemain donner l'assault.

Par ledit messaiger fut adverty de la venue du cardinal de Nerbonne, que le pape luy envoyoit pour faire cesser le bruyt; et, tantost qu'il sceut les nouvelles de ce, fist arrester l'artillerye et accoiser le siege; mais, pour tant, fist faire ses aproches et trenchées, et mist guetz de toutes pars. Jucques a l'eure de la mynuyt, des deux costez firent sillence, sans tirer ni faire bruyt. Mais, apres ce, Boullongnoys commancerent le hutin et a tirer coups d'artillerye sur le camp des Françoys, lesquelz ausi ne leur faillirent, mais tirerent de plus belle et plus qu'onques mais, car il avoyent ja approché leurs pieces pres des fossez de la ville. Et ainsi tirerent l'ung contre l'autre jucques a une heure apres mynuyt que le cardinal de Nerbonne survint au champ, et la advertist le lieutenant du Roy commant le pape ne vouloit que ladite ville fust prise par force, en priant ledit lieutenant qu'il cessast de faire plus tirer contre ladicte ville; parquoy la baterye fut cessée et le siege arresté, combien qu'il ennuyast moult audit lieutenant et aux Françoys qui la estoyent, veu la deffance que iceulx Boullongnoys, apres l'appoi[n]ctement, fa[i]soyent; mais, pour obeyr au pape, tout fut arresté.

Tantost apres vindrent ambaxades de la ville devers ledit lieutenant du Roy, disant qu'ilz avoyent charge des cytadins et peuple de ladicte ville de dire au lieutenant du Roy que icelle dicte ville et les habitans avecques tous leurs biens estoyent au pape, et de l'Eglize; et, veu que ledit lieutenant, qui la se disoit pour le pape, vouloit icelle prendre et destruyre, s'esbahissoyent, en le priant, pour l'onneur de leur souverain seigneur le pape, qu'il se vousisent desister de plus leur courir sus, et que de leur part feroyent leur devoir et viendroyent a la raison. Sur quoy fist ledit lieutenant responce, en disant : « Vous savez assez commant, par le consentement du pape, messire Jehan de Bentivoille, lors vostre chief et gouverneur, s'est rendu au Roy, luy, sa famille et ses biens saufz, et commant, apres qu'il m'eut baillé et rendu les clefz de Boullongne, mes fourriers, en voulant mercher dedans les logys, ont estez, par vous et vostre comune, les ungs occis, les autres blecez et chacez; et ausi commant, nonobstant tout autre appoinctement entre le pape et aucuns de voz citadins faict, vostre cyté s'est rebellée et faict tout l'effort de guerre qu'elle a peu faire contre l'armée du Roy qui cy est : ce qui est mal monstré a vous, que soyez ou veillez estre sugectz au pape, pour lequel ladicte armée est icy venue. Dont a ceste cause, de ma part, je suys deliberé de vous faire reparer tous ses mesfaictz et d'entrer dedans Boulongne, vueillez ou non. » Sur ce, ne repliquerent lesdiz ambassadeurs autre chose, doubtant avoir pys; mais, apres plusieurs autres raisons, conclurent que ledit lieutenant et ses gens de cheval entreroyent dedans, et les pietons demoureroyent hors, esquelz seroit de la ville transmys force vivres. Toutesfoys ne fut du tout la conclusion arrestée, par ce que ancores n'avoyent le consentement de tout le peuple de la ville, mais fut dit que le lendemain a quatorze heures, qui sont VIII heures en France, viendroyent rendre responce sur ceste affaire. Ainsi retournerent lesdiz ambaxadeurs pour raporter ce que avoient faict et conclut, et besongner au surplus. Pendant lequel temps, messire Charles d'Amboise, lieutenant du Roy, et le cardinal de Nerbonne parlerent de leur affaire, et apres delibererent entre eulx aller disner au pont, deux mille pres de la. Les ambaxadeurs de Boulongne retournez en la ville, apres leur raport faict, meurent la ville de tenir conseil, ou les seigneurs et la plus grant partye de la commune furent assemblez ; et la furent debatues plusieurs choses. Toutesfoys a la parfin, par comun assentement, fut dit que le lieutenant du Roy, avecques les gens de cheval, comme avoit esté appoincté par lesdiz ambaxadeurs, entreroyt en ladicte ville. Dont s'en retournerent iceulx ambaxadeurs devers ledit lieutenant du Roy et luy disrent que, lorsque luy plairoit, luy et ses gens de cheval pouvoyent entrer en ladite ville, et que aux pietons seroit transmys vivres et provisions a suffisance. A quoy fist responce ledit lieutenant du Roy que, a l'eure qu'il se trouveroit deliberé, il y entreroit. Et, sur ce, luy et ledit cardinal se misrent a chemin pour aller disner au pont, comme devant avoyent entrepriz.

Lesdiz ambaxadeurs se misrent au retour, et, tantost qu'ilz furent en la ville, une partye de la commune, qui n'avoit esté appellée au conseil susdit, sachant celuy appoinctement, dirent qu'il estoit a leur prejudice et que c'estoit chose qui touchoit a tous ; pour ce, de tous devoit estre approuvée. Autre chose alleguerent, ou peu de propos raisonnable avoit. Et ainsi ceste meschante commune, prompte a mectre aux champs et aisée a effrener, fist ung insulte, et avecques grant tumulte misrent la main aux armes, monterent sur les murailles de la ville et recommancerent a tirer coups de trect et artillerye contre les Françoys, et les Françoys a eulx; somme, chascun recomainça la guerre de nouveau, et tant que iceulx Boulongnoys firent une saillye de quatre a cinq mille hommes sur les Françoys, qui se tindrent pié quoy, saisis de leurs armes. Si grant fut le bruyt que le lieutenant du Roy, estant au chemin pour cuyder aller disner au pont, comme celuy qui de se ne se doubtoit, veu l'appoinctement devant faict, oyant cest effroy, tout a course de cheval s'en retourna jucques au camp, ou la trouva ses gens d'armes tous en ordre, pres de charger sur leurs ennemys. Et, sans autre chose dire, luy qui estoit legierement armé et monté sur ung courtault, mist pié a terre et prist une picque au poing; puys se mist avecques deux mille ccccc allemans, qui estoient la pour le Roy, et adressa a ceulx qui estoient sortis, en maniere qu'ilz les reppossa jucques dedans la ville, tant que sur la foulle, a l'entrer des portes, furent icelz Boullongnoys chapplés et assommez plus de deux cens; et, n'eust esté que ceulx qui sur lé murailles estoyent a coups de trect et d'artillerye donnerent sur les Allemans et recueillirent leurs gens, peu en fust rechappé.

Apres la retrecte d'iceulx Boullongnoys, voyant le lieutenant du Roy la desloyaulté d'iceulx villains tant continuer, fut deliberé de leur donner l'assault et faire tout mectre a sac. Mais ausi, sachant que le pape se mal contanteroit, veu ce qu'il luy avoit mandé, differa et voulut sur ce tenir conseil, ou appella les capitaines de l'armée qui la estoyent et autres, comme le cardinal de Nerbonne é l'arsevesque d'Aiz[1] et plusieurs autres, lesquelz conclurent que le pape seroit desdictes choses adverty et de la desloyaulté d'iceulx Boullongnoys, et commant, au moyen des faulx tours et appoinctemens par eulx enfrainctz, le lieutenant du Roy avoit juste cause et bonne querelle contre eulx, par quoy estoit deliberé de leur faire mortelle guerre. Toutes ses choses furent mises par lectre, pour icelles demonstrer au pape. Ledit cardinal de Nerbonne s'en retourna par devers luy, et luy bailla lesdictes lectres que luy envoyoit ledit lieutenant du Roy, desquelles choses fut tres mal content et tres anymé contre les Boullongnoys, disant qu'il les destruyra, s'il fault qu'en armes aille sur le lieu et que a bon droict avoyent deservy cruelle pugnicion.

Aucuns des principaulx de Boullongne, lesquelz s'estoyent ja rendus au pape, misrent si bonne dilligence a rapaiser le deffault que la chose fut adoulcye, moyennant ce que ceulx de Boullongne luy manderent que, quant luy plairoit de entrer dedans la ville, toutes les portes luy seroyent ouvertes, et au lieutenant du Roy pareillement : ce qui paciffya tout.

Le pape, sachant Boulongne avoir dit le mot, manda a messire Charles d'Amboise, lieutenant du Roy, que, dedans troys jours apres ce, qui estoit le VIIIme du moys de novembre, il yroit faire son entrée a Boullongne, en le pryant que, avecques tous ses gens d'armes de cheval, luy vousist tenir compaygnye : ce qu'il fist, car, lors qu'il sceut que le pape marchoit et

---

1. Pierre Le Filleul.

qu'il approchoit Boulongne, avecques toute son armée fut au devant. Et la luy fist le pape joyeulx recueil et tres bonne chere, en remercyant le Roy de son bon secours, et luy de la peine que pour luy avoit prise, soy offrant a luy faire tout le plaisir de quoy le vouldroit requerir[1].

VI.

Commant le pape entra dedans Boulongne avecques son armée et l'armée du Roy[2].

Ainsi s'en alla le Pere Sainct a Boulongne avecques ses gens de cheval, et ledit lieutenant du Roy ausi avecques tous ses gens d'armes; et ainsi accompaigné entra dedans ladicte ville de Boulongne a grant triumphe[3]. Apres qu'il fut ainsi entré et qu'il se vist maistre de la ville, il fist comander, a peine de la

1. Il donna 8,000 ducats à Chaumont et 10,000 à ses troupes (Guichardin). Ascanio Sforza et le cardinal Frédéric de San Severino ambitionnaient vivement tous deux la légation de Bologne (Pauli Cortesii, *De Cardinalatu*, fol. 1510, fol. xlviii).

2. Une miniature du ms. (fol. xx) représente l'entrée du pape à Bologne. Au fond, une porte fortifiée, avec l'inscription : *Bouloingne*. Devant, à gauche, en colonne, l'armée française; au milieu, le pape, en chape d'or, en robe bleue, tiare en tête et bénissant, sur son mulet gris harnaché de rouge et or; à sa droite, un homme d'armes à cheval, tenant l'épée nue. Derrière, des cardinaux, des évêques, des gens d'armes. Dans le bas, légende en lettres d'or : « Lantrée du pape, entra[nt] dedens Boloigne. »

3. Jules II entra à Bologne le 10 novembre, malgré les avis des astrologues, qu'il refusa d'écouter, « caute potius ac clanculum, quam apparenter. » Dès que son arrivée fut connue, la population entière se porta au-devant de lui et l'acclama avec un enthousiasme extraordinaire, qui surprit et charma le pape (Paris de Grassis). Érasme assistait à cette entrée.

hart, que tout le harnoys de la ville fust apporté et mys dedans une maison ordonnée a ce faire : ce qui fut faict, et puys commys gens de par le pape pour ladicte maison garder et disposer des armes comme plairoit a sa Sainctete. La dedans fut festyé et entretenu le pape, par les cytadins et seigneurs de la ville, honnorablement. Et ainsi plusieurs jours durans il festya et trecta ledit lieutenant du Roy, tellement que tousjours le fist seoir a sa table et servir tout a souhect, en luy faisant tant familyere chere que a toute heure parloit a luy; et lors qu'il s'en voulut aller, luy fist grans dons et presens et contanta a la raison et fist en maniere que luy et les capitaines de l'armée du Roy tout amplement se contenterent de sa benediction.

Ce faict, ledit lieutenant du Roy et les capitaines de l'armée prindrent congé du Sainct Pere[1], puys s'en retournerent en la duché de Millan, chascun a sa garnison.

VII.

Comment en la ville de Gennes, en celuy temps, le peuple et les nobles d'icelle eurent division ensemble, et commant ceulx du peuple chacerent les nobles et s'armerent contre le Roy.

La superbe cyté de Gennes, qui lors estoit entre les mains du Roy, et soubz son pouvoir gouvernée par messire Philippes de Cleves, seigneur de Ravestain, ayant paix a tous ses voisins et vye prospere en son

---

[1]. La nouvelle en parvint à Blois le 27 novembre (Desjardins, II, 190).

estat, tout ainsi que grant aise foulle le trop sejourné, non pouvant endurer le bien de felicité, a soy mesmes, comme forcennée, se voulut prendre et mutiner par guerres civilles[1] et plus que civilles, car cytoyen contre cytoyen, et parent contre parent, furent commeuz en maniere que les nobles et le peuple de ladicte ville eurent division mortelle entre eulx ; et ce, pour ce que les nobles voulurent suppediter le peuple, et le peuple se faire esgal aux nobles et iceulx mespriser.

Or, est a savoir que ladicte ville de Gennes, entre les autres villes du monde, est excellente, extimée, tant en estat de noblece que en faict de marchandise ; en laquelle sont grandes et anciennes maisons, desquelles sont les principalles, comme je l'ay sceu estant sur le lieu (lesquelles, pour veriffyer mon histoire, j'ay voulu nommer, et partye des noms des seigneurs desdictes maisons qui en ce temps estoyent) : et premierement la maison noble de Flisco, qui lors estoit la plus renommée de Gennes, de laquelle estoyent messire Jehan Loys de Flisco, seigneur d'icelle, Paul de Flisco, Paris de Flisco, Francus de Flisco et Manuel de Flisco ; puys estoit la noble maison de Aurya, dont estoient Jheronyme de Aurya, Stephanus de Aurya, Marcus de Aurya, Constantin de Aurya et Raphus de Aurya ; ausi estoit l'autre noble maison de Spinulla, de laquelle estoyent Lucas Spinulla, Baptiste Spinulla,

---

1. « Et la cité de Gennes, apres deux longues pestillences, soubz le domaine de Loys douziesme, roy de France, prosperoit si haultement que oncques ne fut veue en si bonne garde de agrandir, beneficier et acroistre. Car de tous coustez habondoient les marchandises, et les caracques de toutes pars apportoient richesses innumerablez .» (*Cronaca di Genova*, da Aless. Salvago, pubbl. da C. Desimoni, p. 98).

Jehan Spinulla, Stephanus Spinulla, Obertus Spinulla, Carolus Spinulla, Christophorus Spinulla et Jehan Jacques Spinulla; la quarte maison des nobles de Gennes estoit de Grimaldis, dont portoyent le nom messire Jehan de Grimaldis, Amsaldus de Grimaldis, Georges de Grimaldis et Jehan de Grimaldis. Autres maisons riches estoyent du peuple de Gennes, qui se nomoit le peuple gras, c'est assavoir ceulx qui tenoient plus d'avoir : entre lesquelles estoit la maison des Justinianis, de laquelle estoyent Silvestre Justiniani, Setephanus (*sic*) Justiniani, Lucas Justiniani, Bricius Justiniani, Paul Baptiste Justiniani, Symon Justiniani, Demetrius Justiniani; de la maison de Furnariis, estoient Mainfredus de Furnariis, Pascal de Furnariis et Raphaël de Furnariis; de Francis, ausi estoyent Lazarus de Francis, Johannes Baptista de Francis et Bernardus de Francis. Plusieurs autres grosses maisons des nobles et du peuple gras estoyent dedans Gennes, comme la maison de Sauli, des Lomellins, des Cathanées, de Nigrono, de Usus Maris, des Centurions, et plusieurs autres; sur toutes lesquelles estoyent prééminées et de regnon les maisons de Adourne et de Campefurgose[1], desquelles estoyent Augustinus Adourne, le plus grant de tous lesdiz Adournes, lequel avoit esté gouverneur de Gennes soubz le duc Ludovic, lors qu'i tenoit la duché de Millan, Jehan Baptiste Adourne, Bernardus Adourne et Baltazar Adourne. De la maison de Campefurgose estoit seullement ung nommé Petrus de Campefurgose, duquel le pere avoit esté lors duc de Gennes, et se tenoient iceulx hors la

1. Adorno, Campofregoso.

ville, dedans grosses places et fors chasteaulx qu'ilz avoyent; et, combien qu'ilz fussent du peuple gras, si vivoyent ilz noblement, sans user de marchandise que par leurs facteurs. Or estoyent iceulx Adournes et Furgoses tant auctorizez en ladicte ville de Gennes que toutes les auctres maisons dessus nomées, tant de nobles que du peuple, voyre et toute la commune de la ville, tenoyent les ungs pour Furgose et les autres pour Adourne, tellement que par cy devant s'estoyent plusieurs foys mys en armes Gennevoys contre Gennevoys et faictz meurdres et occisions avecques grans tumultes et sedictions popullaires l'ung contre l'autre; et tenoyent a Gennes leurs criz : *Adourne* et *Furgose*, comme a Rome : *Coulonne* et *Oursin,* où a Millan : *Guelphe* et *Jubellin*[1]; sur quoy avoit le Roy mys telle police et si bon ordre que de son temps n'avoyent eu iceulx criz concursoires, lieu auctorisé en maniere que nouvelles en fust, a peine de la hart.

Pour entrer en propos historial sur le revoltement de ladicte ville de Gennes, est a reciter que iceulx Gennevoys, ayant le temps a plaisir et l'eur a souhect, ne peurent longuement suffrir l'aise de la paix ne soustenir la durté de la guerre, comme sera dit par apres. Car, au premier, le peuple gras, tout enoingt de richesses et boussoufflé d'orgueil, avecques le populaire effrenné, qui ne demande que mutation de seigneuryes et cas de nouvelleté, voyant les nobles vouloir seigneurir et prendre auctorité sur eulx, dirent que telle injure ne suffriroyent. Les nobles, de leur part, disans que a eulx appartenoit honneur et pre-

---

1. Gibelin.

minence sur marchans et mecanicques, se tindrent fermes, et tant que la ou ilz trouvoyent ceulx du peuple mal aparentez les souffletoyent a toutes mains et outrageoyent a leur pouvoir. Ceulx du peuple pareillement leur faisoient de mesmes, et eussent plus; mais autres que les nobles n'avoyent loy de porter espées ou armes par la ville : par quoy iceulx nobles se trouvoient la plus des foys les plus fors; dont s'eschaufferent de plus, et firent iceulx nobles forger espées et dagues, ou firent engraver et mectre sur les manches et lumelles de leurs glayves en escript : *Castiguevillain*. Le peuple gras et la commune se misrent a gronder contre les nobles, et a grosses bendes cheminerent par les rues, et marcherent devant eulx en les mesprisant, et voulurent prendre les honneurs et eulx auctoriser par tout devant lesdicts nobles. Et ainsi chascun d'eulx faisoit commaincement de mutin. Et, pour continuer, ung gennevoys du peuple gras, nommé Manuel de Canalle, durant ce temps, rencontra par la ville ung des gentishommes de Gennes nommé Martin Spinulla, auquel demanda quelque chose qu'il luy devoit, comme il disoit : lequel gentilhomme, en lieu d'autre payement, haulsa la main et dona a celuy de Canalle telle souffle sur la joue que le sang luy en vint au nez et a la bouche; puys passa oultre, sans dire mot[1]. Celuy qui avoit eu la buffe estoit mal accompaigné et sans baston, dont ne se peut revencher; si s'en va avecques cella, disant entre les dentz : « Vous

---

1. Le chroniqueur Salvago rejette la faute sur le parti populaire, toujours agité, incapable de paix et qui refusait de payer ses dettes, qui avait même comploté la mort de tous les gentilshommes (*Cronaca di Genova*, éd. Desimoni, p. 98 et suiv.).

m'avez presté vostre mytaine, gentilhomme de bran,
que de fievre quartine soyez vous esposé et moy si a
quelque eure ne la vous rendz ! » Toutesfoys, pour
l'eure n'en fut autre chose. Dedans peu de jours apres
ce, advint que ung autre des gentishommes de Gennes,
filz d'ung nommé Dominicque de Nigrono, fut a la
maison d'ung notaire nommé Bernard Ragius ; et la
celuy gentilhomme prya la femme dudit Ragius de
deshoneur, laquelle ne voulut par amour a son deshordonné vouloir obeyr : dont se voulut celuy prendre a
elle par force. Si se prist a cryer et a deffendre sa
piece, tant qu'elle eschappa de ses mains, et, lors que
son mari fut venu de quelque lieu, ou il estoit ce jour
allé, elle luy dist en plorant commant ledit gentilhomme s'estoit pris a elle et l'avoit voullu forcer. Dont
celuy notaire s'en alla plaindre a messire Phelippes de
Cleves, gouverneur de Gennes pour le Roy, lequel
s'enquist de l'affaire ; et, sachant la verité du faict,
voulut faire prendre et pugnir ledit de Nigrono, mais
il se osta du chemin et se absenta de la ville pour ung
temps, et demeura hors, jucques son pere et aucuns
autres ses amys eussent adoulcy le forfaict et appaisié
partye : ce qu'ilz firent. Ce faict, ledit gentilhomme
s'en revint a la ville, lequel n'eut la esté gueres de
jours que il ne se trouvast a ung autre bruyt, tel que
il eut parolles injurieuses avecques ung du peuple,
nommé Peregrum de Leonardis, et tellement que de
parolles a patacz vint la chose, en maniere que ledit
gentilhomme, qui avoit ung poignart au costé, occist
ledit Peregrum : dont s'en alla, et avecques le secours
d'aucuns autres gentishommes ses amys fut mys hors
la ville. Ce faict, voyant le peuple que a toute eure

estoyent les nobles de Gennes en querelle contre eulx, s'assemblerent a grosses trouppes le long des rues, et la ou ilz rancontroyent les gentishommes ilz leur couroyent sus; et de la en avant furent deliberez que la premiere foyz que iceulx gentishommes feroyent bruyt, que tout le peuple s'esleveroit et avecques grant tumulte occiroyent tous les gentishommes de Gennes. Messire Phelippes de Cleves, conte de Ravestain et gouverneur de Gennes pour le Roy[1], voyant le diffe-

---

[1]. Jean d'Auton se montre trop bienveillant pour Ravenstein, personnage altier, sympathique à la noblesse, mais un peu imprévoyant, dont on a vu précédemment le triste rôle à Naples et à Métélin. Ravenstein, d'ailleurs, ne résidait pas assez à Gênes. Il venait à peine de revenir de France, en septembre 1505, au moment des premiers troubles de Gênes, lorsqu'une épidémie s'étant déclarée, il se retira à Milan pour l'éviter, ce dont le grand maître Chaumont le blâma très vivement (Sanuto, VI, 223). Son lieutenant Roquebertin, sympathique, lui, au parti populaire, partit également pour les eaux d'Acqui; il se hâta de revenir, à la nouvelle des événements, mais trop tard (Salvago). Au reste, Jean d'Auton se contredit plus loin; il parle du *retour* de Ravenstein à Gênes, ce qui suppose bien son absence. Cf. le remarquable exposé de l'affaire par Guichardin. Nous indiquerons plus loin la narration de l'affaire d'après le parti de la noblesse. — Le ms. Dupuy 264 (fol. 79) contient du reste un curieux rapport de Ravenstein au roi, daté de « Gênes, 25 janvier » (probablement 1501), qui montre que depuis longtemps on ressentait les difficultés de la situation et que le roi prescrivait de les tourner à force de vigilance, de patience et de douceur. Ravenstein proteste qu'il a, selon son expression, l'œil ouvert aux affaires : « La, Dieu mercy, jusques a ceste heure tout y est bien, et ne dormiray point ou il sera besoing. Et, pour entretenir ceulx de ceste ville en doulceur, j'espere de les conduyre, en sorte que par raison n'auront cause d'eulx mal contenter. » Il ajoute le compte de l'argent qu'il a reçu; on augmente les forces militaires. Il a mis sur *la Charente* 150 mariniers et des vivres pour un mois. Il y a neuf autres galères. On pourrait en envoyer d'autres sans risque. Il réclame vivement, pour satisfaire les Génois, l'autorisation

rent et la division des nobles et du peuple, adressa sur ce sa parole a l'ung et a l'autre, en leur disant : « Messrs, la division civile d'entre vous, qui vient d'une chose qui de petite occasion, vous pourra porter doumage inreparable et perte sans recœuve. Entendez que toutes les plus grandes et plus renommées cytez du monde sont tumbées en ruyne et demeurées en desercion par les seulles divisions et guerres intestines et civilles de leurs mesmes cytoyens; et sachez que, par le lyen de concorde, petites choses se augmentent grandement; mais, par l'effort de discorde, les grandes seigneuries sont anyentyes; et vous souvieigne que tous royaumes ou pays divisez cheent sans ressource et viennent a ruyneuse desolation. Ne faictes doncques que, par vous mesmes, vous et vostre cyté soyez destruytz et exillez, car c'est la fin du payement du salaire de division. » Plusieurs autres remonstrances et advertissemens de proffict leur fist ledit seigneur de Ravestain[1], mais pour ce ne se rappaiserent ; dont, voyant

d'importer les blés de Provence et Languedoc, vu le prix des marchandises.

1. Ravenstein essaya de résister. Le Conseil général ayant décidé une révision de la constitution, Ravenstein fit ses réserves absolues, « salva auctoritate regis, » ce qui excita une vive protestation et motiva un mémoire énergique du Conseil au roi. Dans ce mémoire, le Conseil proteste hautement de la pureté de ses vues et de la régularité de ses actes; il allègue l'unanimité de son vote. Il rappelle la capitulation, acceptée par le roi, d'après laquelle on doit observer les statuts de la ville : or, Gênes a toujours eu le droit de réformer ses statuts. L'article premier de la capitulation dit que les anciens seront élus selon la coutume : mais, dans sa réponse, le roi n'a pas reproduit ces mots. D'ailleurs, on a exactement suivi les règles de la procédure coutumière. Gênes, en modifiant de tout temps ses lois, a d'ailleurs obéi au droit naturel et général : « De jure communi, omnes populi pos-

leur obstination, s'en alla devers le Roy pour l'advertir desdites choses[1]. Et ce pandant iceulx tant suyvirent leur maleur que le xvme jour de jung[2], en l'an susdit mille ccccc et six, advint que ung des gentishommes de Gennes, nommé Visconte de Aurya, se trouva en la place de Aurya, ou se vendoit la fruyte et les herbes, de quoy se repaissent souvant les Gennevoys ; et la fut ung autre Gennevoys nommé Guillon, de ceulx du peuple, lequel marchanda a quelqun qui la estoit des potirons, que les aucuns appellent champaignons, et iceulx voulut emporter ; ce que voulut avoir ausi ledit gentilhomme, et mist la main au panier ou estoient lesdits potirons. Celuy Guillon, qui ancores ne les avoit paiez, les voulut emporter, disant que premier les avoit marchandez et qu'il les auroit. Et, voyant ce, ledit gentilhomme haulce la main et donne ung grant coup de poing au travers du visage dudit Guillon, en disant : « Emporte cela, villain, et j'emporteray les potirons ! » Et de faict tira une dague qu'il avoit et voulut frapper ledit Guillon, qui tantost quicta le gaige, et, comme oultragé d'avoir esté batu, tout plain d'ire et de courroux, commance a cryer : *Pople! pople!* sur les gentishommes. Dont tout a coup se meut le peuple, et mesmement (comme j'ay seu audit lieu de Gennes) furent troys du peuple nommez Paule Baptiste Justiniani, Bricius Justiniani et Manuel de Canalle, qui premier firent le bruyt, et mutinerent le peuple contre les

sunt sibi condere leges et statuta sub quibus vivere habeant et tam in procedendo quam in judicando et in aliis » (Bibl. de l'Université de Gênes, ms. V^c, fol. 194).

1. D'après le Mémoire des Nobles (fr. 2961, fol. 23), cette première insurrection eut lieu le 20 juin et s'apaisa.

2. 18 juillet, d'après le Mémoire des Nobles.

nobles, tant que, au cry dudit Guillon, chascun courut aux armes, si que, en moings d'une heure, plus de dix mille villains furent armez par les rues, cryant tous : *Pople! pople!* a haulte voix, adressant aux maisons des gentishommes, dont plusieurs en tuerent. Les aultres, voyant ainsi contre eulx le peuple esmeu, habandonnerent leurs maisons et s'en fouyrent hors la ville. Or estoit demeuré celuy Visconte de Aurya en ladite place, ou se trouverent aucuns marchans, et luy disrent : « Ostez vous d'icy, de Aurya, ne voyez vous le peuple en armes contre vous autres gentishommes? sachez que, s'il vous trouvent icy, que vostre vie est hazardée au plus perilleux danger qu'elle fut oncques, et pour ce advisez a vostre affaire, car le plus tost ne sera pas assez. » Desquelles parolles ne fist compte ledit de Aurya[1], mais dist qu'il ne craignoit les villains ne toute leur puissance, et les actendit en l'eure que son maleur ne luy fuyt, car iceulx villains sans nul respit le taillerent en pieces, et tous ceulx qu'ilz en peurent raincontrer.

Le seigneur Jehan Louys de Flisco[2], oyant ce bruyt, se fortiffia en sa maison[3], ou mist grant nombre de gens armez pour le garder ; mais nul de ses gens ozoit

---

1. D'après Salvago, Doria était au contraire l'homme le plus doux et le plus inoffensif.

2. Jean-Louis, d'après Salvago, était le principal personnage de la ville et très populaire, malgré ses attaches aristocratiques. Il essaya en vain de calmer le peuple : la colère populaire se retourna contre lui; on fit le siège de son palais, et il dut s'enfuir. Cependant Roquebertin avait accordé à la foule ameutée démission de tous les officiers et promesse de prendre les nouveaux par tiers, dans la noblesse, dans la bourgeoisie, dans le peuple.

3. Appelée *Violata*.

aller par la ville querir vivres et ce qu'il luy estoit
necessaire, par quoy luy fallut a la parfin desloger et
lesser sa maison, et, le plus segretement qu'il peut,
issit de la ville. Si s'en alla a ung chasteau sien, nommé
Montaubyou[1], a XII mille de Gennes, ou demeura
quelque peu de temps, en actendant si le peuple ce
pendant se passiffieroit; ce que ne fist, car, lors que
lesdits gentishommes eurent habbandonnée la ville,
ceulx du peuple entrerent dedans les maisons d'iceulx,
et, comme si de bonne guerre tout leur fust habban-
donné, mirent la main au pillaige et emporterent tout
ce que dedans trouverent, et d'aucunes d'icelles s'em-
parerent. Dont ledit seigneur Jehan Louys, de ce
adverty, ne s'en oza retourner, mais s'en alla a une
petite ville nommée Gavy, terre des nobles de Gennes,
ou illecques s'assemblerent tous les chassez et tindrent conseil sur leur affaire, dont la conclusion fut
d'envoyer devers le Roy[2] pour l'advertir de l'insurrection du peuple, qui avoit ainsi tuez et chacez les
nobles de sa ville de Gennes, et luy pryer qu'il luy
plust y mectre bonne paix et doulce union, ou autrement sadite ville, plaine de peuple effrenné, se pouroit par elle mesmes destruyre ou faire quelque rebellion contre Sa Magesté; a quoy estoit besoing de
mectre ordre somairement. Et, pour lesdites choses
rapporter, envoyerent iceulx gentishommes ung des
nobles de leur party[3], docteur, nommé messire

1. Montobbio.
2. La chronique du *Loyal serviteur* attribue cette décision au seul Jean-Louis.
3. On répandit le bruit en Italie que cet envoyé avait emporté 100,000 ducats à distribuer à la cour (Frati, *le Due spedizioni militari di Giulio II*, 141).

Estienne[1]. Ceulx du peuple, sachant que lesdits gentishommes envoyoient devers le Roy pour faire plaincte d'eulx, pareillement y envoyerent de leur part ung autre docteur, nommé messire Nycholas[2], pour luy dire et remonstrer les griefves injures et continuelles extorcions que les nobles par cy devant leur avoyent faictes, disant que, de leur part, il s'en vouloyent du tout soubmectre a son bon vouloir et arrestée ordonnance. Lesdits messagiers ouys par le Roy, et mise la chose en conseil, fut apoincté par ledit seigneur que messire Phelippes de Cleves, conte de Ravestain, retourneroit audit lieu de Gennes, et, pour assister avecques luy, deux docteurs luy furent baillez, nommez messire Estienne Olivier de Vienne, seigneur en parlement de Grenoble, et messire Falque d'Aurillac, pour ouyr et ordonner du differant d'iceulx Gennevoys. Et, sur ce, furent par le Roy iceulx despeschez, lesquelz s'en retournerent a Gennes. Et, en tirant celle part, ledit conte de Ravestain prist pour sa seurté mille[3] hommes pour le conduyre audit lieu; et ausi, affin que ladite chose fust tousjours myeulx esclarcye et consultée, envoya a Seine querir ung docteur, qui la estoit conseiller de justice, nommé ledit docteur

1. St. Vivaldi. Il fut accueilli à la cour avec beaucoup de faveur. Symphorien Champier nous a conservé le texte de son discours au roi dans l'opuscule *Sequitur compendiose atque sub forma epitomatis expeditio in Genuenses a domino Simphoriano Champerio compilata*, imprimé à la suite du *Tropheum Gallorum*.
2. Nicolas de Oderico. Son instruction est datée du 6 août (Archives de Gênes, *Istruzioni e relazioni diplomatiche*, fa 3, 2707 c.). Le 7 août, Demetrio Giustiniani fut accrédité près de Ravenstein (*Ibid.*). Oderico reçut, le 30 août, de nouvelles instructions (*Ibid.*).
3. 700, d'après Salvago.

messire Estienne de Cernerieu, lequel se trouva audit lieu de Gennes avecques les autres. Et la tous ensemble commaincerent a faire inquisicion de ce qui leur estoit enchargé et consulter leur affaire.

Messire Jehan Loys, qui estoit a Gavy, sachant la venue du conte de Ravestain et de ceulx que le Roy avoit la transmys, pencent que seurement pouroit aller a Gennes, se mist a chemin pour tirer celle part, et, a toutes adventures, prist cinq cens hommes de pié pour le conduyre et mener plus seurement. Si s'en entra avecques son enfenterye dedans la ville, et s'en alla a sa maison. Le peuple de ladite ville, qui ne l'avoit pas agreable, voyant que a grosse bende estoit entré, et ausi que le seigneur de Ravestain avoit la amené grant nombre de gens, se doubtant que quelque force luy pouroit estre faicte, a ce moyen ne voulut entendre au conseil ; mais, comme suspecionneulx d'iceulx gens d'armes, commaincerent a cryer *Pople! Pople!* et s'armerent a grosse roupte, et firent ung concurse tumultuaire contre ledit seigneur. Jehan Louys, en le voulant assieger en sa maison. Et, voyant ce bruyt, le conte de Ravestain[1] fut devers le peuple esmeu, pour le cuyder adoulcir, en disant : « Messrs, voulez vous faire contre ce que vous avez mandé au Roy, vostre souverain seigneur, qui, en voullant

---

1. C'est Ravenstein qui, après avoir conféré avec les nobles à Asti, prit la chose de haut, ordonna à Fieschi de rentrer ouvertement avec d'autres nobles et résolut d'écraser le parti populaire. Mais l'entourage de Ravenstein le trahit et encouragea au contraire le peuple (Salvago). Son gouvernement, à ce moment-là même, mettait hors la loi un noble génois, Giov.-Batista Pallavicino, coupable de piraterie (Pat. du 11 juillet 1506. Bibl. de l'Université de Gênes, ms. V[c], fol. 196, 198).

obtemperer a vostre priere et remonstrance, a cy faict assembler tout plain de sages hommes et gens de conseil pour vous faire droict et justice contre ceulx qui tort vous auront faict, et remectre vostre cyté en paisible estat et tenir en franche liberté ? Ne luy avez vous mandé que a son vouloir estyez pres d'obeyr et faire ce qu'il luy plaira adviser sur le differant de vous et des nobles de ceste cyté ? Quel raport luy pourray je faire de vous et de vostre obbeissance, que je voy contraryer du tout a raison, veu que, en lieu de trecter la paix, vous mectez la main aux armes ? Je vous pry, Messrs, que, pour le bien de vous et de vostre dite cyté, toutes voz divisions soyent de ores en avant assouppées et anyentyes, et que, par l'avys du conseil du Roy et du vostre qui cy est, toute la rumeur et discencion d'entre vous soyent amendées. » Autres remonstrances raisonnables leur mist devant les yeulx, mais tout fut pour neant ; car ladite commune, toute plaine de premier motif, tout a une voix fist responce, que ja ne lesseroyent ceulx du peuple leurs armes, ne n'entendroyent a propos de conceil, que premierement ledit messire Jehan Loys avecques ses pietons ne fust hors la ville, et que jamais gentishommes n'auroyent pouvoir sur eulx. Sur quoy ne sceut ledit seigneur de Ravestain de quel moyen savoir user, si n'est qu'il s'en alla devers ledit seigneur Jehan Loys et luy dist qu'il estoit besoing que hors la ville s'en allast, autrement le peuple ne laisseroit les armes et n'obeyroit a raison, ce qui pourroit estre cause de convertir division civile en rebellion publicque, disant : « Parce que celuy peuple, ja presque revolté, pourroit pencer que, a l'ayde des gens d'armes, que vous et moy avons cy amenez, on leur vouldroit faire quelque force, et que le Roy donneroit contre eulx faveur aux nobles, a ce moyen se pourroit toute la ville rebeller, ce qui seroit tant difficille a ramender que, pour le moings, ennuy ou doumage s'en ensuyvroit pour le Roy, et pour la cyté servitute ou desercion. Par quoy, dist il, me semble pour le myeulx, en obvyant a ses dangers, que devez desemparer pour ung temps. Et, ce pendant, le Roy pourvoira a l'affaire, en maniere que les nobles seront remys et maintenus en leurs auctoritez, et le peuple gardé et tenu en son droict. » Oyant ledit seigneur Jehan Loys celle remonstrance raisonnable, dist : « Il m'enuye bien que, pour la menace de villains et le danger d'ung peuple esmeu, je soye contrainct d'abbandonner ma maison ; mais, pour ce que c'est ores pour le myeulx, faire le me fault. » Et, ce dit, fist trosser ses bagues et se mist a chemin pour sortir hors la ville, lequel fut en passant menassé des villains et en danger d'estre d'eulx assailly. Mais il sortit et s'en alla a sondit chasteau de Montaubyou, ou fist faire a ses gens le guect toute nuyt, comme celuy qui se doubtoit d'avoir suyte, ce qu'il eut, car celle mesme nuyt saillirent de Gennes plus de dix mille homes en armes et le suyvirent jucques a ung lieu nommé Carle[1], une place sienne, a six mille pres de Gennes, le pencent la trouver. Mais il avoit passé oultre et estoit allé a Montaubyou, comme j'ay dit, dont bien luy en fut ; car il avoyent deliberé et juré tous ensemble de l'assieger et prendre d'assault et tuer luy et tous ses gens, sans en respiter ung

---

1. Carro.

seul. Advint que iceulx Gennevoys, ainsi mutinez, voyant que ledit seigneur Jehan Loys estoit a Montaubyou, disrent que la le yroyent assallir et proposerent d'y aller mectre le siege.

Le conte de Ravestain, gouverneur de Gennes, sachant la saillye et l'exploict d'iceulx Gennevoys, et le vouloir qu'ilz avoyent d'aller mectre le siege devant le seigneur Jehan Loys, prist quant et luy aucuns des conseilliers qui avecques luy estoient, quelques marchans ausi et cytadins de la ville, et s'en alla au devant desdits Gennevoys, qui ja tiroient vers ledit lieu de Montaubyou, deliberez de l'assieger, et iceulx, par doulces parolles et belles remonstrances, quelque peu adoulcist, les voulant faire retourner a Gennes ; ce que ne voulurent, mais s'en allerent a ung lieu nommé Chabery[1], au port de Lespece, et aux autres appartenances desdites places que tenoit ledit messire Jehan Loys, et icelles prindrent par force et misrent gens dedans pour les garder. Sachant le seigneur de Ravestain la prise desdites places, fut somer les gens de ladite commune de icelles rendre et mectre entre les mains et a l'obeissance du Roy, a qui elles appartenoyent ; ce que ne voulurent, mais disrent qu'ilz les garderoyent a qui elles appartenoyent et ne voulurent, par commandement ne autrement, rendre au Roy lesdites places. Dont le seigneur de Ravestain en advertist le Roy[2] et

---

1. Chiavari.

2. Louis XII écrivait sans cesse aux Génois pour essayer de les calmer, pour les inviter à lui soumettre pacifiquement leurs différends, mais sans succès (Salvago). Ravenstein, ne pouvant rien apaiser, s'esquiva, assez malaisément même, et laissa Roquebertin aux prises avec les difficultés (25 octobre 1506).

de tout le bruyt que avoyent faict iceulx Gennevoys, et commant il n'avoyent voulu entendre au conseil, ne oyr parler de l'apoinctement d'eulx et des gentishommes, et que il ne pouvoit plus donner ordre en leur affaire, car il estoyent presque tous revoltez et en vye de faire quelque rebbellion, et que, s'il plaisoit au Roy qu'il s'en allast par devers luy, qu'il l'avertiroit du tout. Le Roy, oyant ses nouvelles, manda audit seigneur de Ravestain qu'il s'en retournast par devers luy[1], ce qu'il fist; et, premier que partir, voulant au myeulx pourvoir, laissa son lieutenant, audit lieu de Gennes, ung nommé Phelippes de Roquebertin, gouverneur de Plaisance, et avecques luy ung autre, nommé messire Estienne de Cernerieu, docteur, lesquelz, au myeulx qu'ilz peurent, misrent peine de rapaiser le peuple et les cytadins entretenir, en maniere qu'il n'y eut plus de bruyt dedans Gennes, mais tousjours tenoyent, ceulx de la commune, les places par eulx prises, sans les vouloir rendre, et pour chose du monde ne vouloyent que les gentishommes chacez tournassent dedans

---

1. Au contraire, à son retour, dès le mois de septembre 1506, Ravenstein déclarait tous les tumultes apaisés et n'avait plus d'inquiétude (Sanuto, VI, 426). Son départ précipité eut toutes les apparences d'une fuite (« con infamia, » dit Sanuto, *ibid.*, c. 471; cf. Giustiniani, *Annales*). L'assertion de Jean d'Auton est erronée. En disparaissant, Ravenstein laissait le champ libre aux fauteurs de désordre, que son lieutenant se flattait de contenir en abondant dans leur sens (*Relation* inédite *du siège de Monaco*. Cette *Relation*, que nous aurons à citer plus d'une fois, est une traduction italienne, — conservée aux Archives de Monaco et dont nous devons une transcription à l'obligeance de M. le conseiller d'État Saige, — d'une relation latine écrite, selon M. Saige, par Jean-François Marenco d'Alba, médecin d'Étienne et d'Honoré Ier Grimaldi).

la ville[1]. Par quoy messire Jehan Loys et grant nombre des autres se retirerent vers le Roy et le prierent, comme ses pauvres sugectz exillez, de les vouloir recepvoir en sa garde et leur ayder a remectre en leurs maisons, dont estoyent, par la force du peuple de Gennes, sans raison dechacez et mys hors. Le Roy, voyant ses pauvres gentishommes plainctiz et chacez de leurs maisons, les accueillit doulcement et les trecta en sa maison, comme prince humain doit faire, en leur promectant de leur secourir en leur affaire, en sorte que, si par doulceur n'y pouvoit pourvoir, que par force y mectroit la main[2], veu ausi que le peuple

1. Roquebertin se fit absolument l'homme des révoltés, qu'on l'accusait même de pousser (*Relation inédite*). Il publia, le 29 octobre, sous le nom de Ravenstein, une *grida,* par laquelle il défendait, sous peine de confiscation, d'exporter ou de faire sortir aucun objet, marchandise ou autre, appartenant à un noble (Archives de Gênes, *Manoscritti, Raccolta di documenti inediti sciolti,* b^a 2, n° 628).

2. Le 25 octobre, Louis XII adressa à Ravenstein, qu'il croyait toujours à Gênes, la dépêche suivante : (*Note contemporaine, au dos.* « Die xxv octobris 1506. A rege, de xxi. Scripte Illustrissimo Domino Gubernatori.) A mon cousin le sieur de Ravastain, mon lieutenant, gouverneur et admiral de Gennes. (*Au dos.*) — Mon cousin, je vous ay cy devant plusieurs foiz escript que me feissiez savoir commant alloit le fait de ma cité de Gennes. — Toutesfoiz, quelque chose que vous en aye escript, je n'en ay jamais riens entendu a la verité, dont je me donne merveilles; a ceste cause, et que je desire singullierement y mectre une fin et resolucion, je vous prie que vous recueillez d'eulx tout ce qu'ilz veullent dire et alleguer, et vous venez incontinant devers moy et m'apportez le tout, car je le vueil bien debatre avecques vous pour y mectre ladite fin et resolucion au bien de ladite ville. Et, si ceulx d'icelle ville veullent envoyer avecques vous aucuns d'entre eulx pour me dire et remonstrer ce qu'ilz vouldront, j'en seray tres contant et les orray voulentiers. J'avoye expedié l'advocat de Napples (*Michel Riz*) pour aller par dela remonstrer a

de Gennes avoit ja commaincé contre luy mesmes le hutin, en prenant et detenant aucunes places de sa seigneurie de Gennes, comme avoit esté adverty par messire Phelippes de Cleves[1].

Et ainsi passa le temps sans bruyt, jucques entour la feste de Noel, que de rechief lesdits Gennevoys s'esmeurent, disant que le Roy avoit retirez les gentishommes de Gennes et contre eulx les vouloit deffendre et soustenir. Sur quoy tindrent leur turbe populaire, ou furent appellez Paule Baptiste Justinian, Demetri Justinian, Manuel de Canalle, Anthoyne de Ciully, Bricius Justiniain, Benedict Ponsovo, Marc de Terilli, Bernard de Topolli et plusieurs autres mutins. Et par

ceulx de la ville mon voulloir et entencion. Mais, veu que vous en venez et que par vous j'entendray le tout, il n'est ja besoing qu'il tire plus avant et luy mande qu'il s'en retourne. Au demeurant, je vous avoye mandé que me feissiez savoir si vous aviez recouvert les places que tenoit en Riviere de Gennes mon cousin messire Jehan Loys. Lesquelles se n'aviez recouvertes, je vueil et entends qu'ilz mectent en vos mains ou de vostre lieutenant. Et adieu, mon cousin, qui vous ait en sa garde. Escript a Bourges, le xxi° jour d'octobre. (*Ligne ajoutée.*) Mon cousin, oultre ce qu'il est besoing que vieignez pour le faict de Gennes, j'ay aussi neccesserement a besoigner de vous pour le fait de Flandres. GEDOYN. — (*Signé*) LOYS. GEDOYN. » (Orig. pap. Arch. de Gênes, *Francia*, 4/2780.)

1. Le 12 novembre, les Génois révoltés décidèrent d'envoyer deux ambassadeurs au roi et en même temps deux au pape, qu'ils savaient leur ami (Salvago). Les deux ambassadeurs près du roi étaient Paul de Francis et Paul de Jugo. Ils reçurent des lettres de créance spéciales pour Ravenstein et Robertet (Archives de Gênes, *Istruzioni e relazioni diplomatiche*, filza 3). Ils étaient précédés par un autre ambassadeur, André Ciceri, envoyé le 4 octobre au cardinal d'Amboise (*Ibid.*). Hier. Palmario et Ag. Joliete, dépêchés au pape le 19 novembre, avaient pour mission ostensible de le féliciter de la prise de Bologne (*Ibid.*).

iceulx fut dit et allegué, devant le peuple, commant jadys la cyté de Gennes avoit esté en si haulte reputacion et de tant extimée que empereurs et Roys et tous princes du monde la redoubterent; et commant tant de victoires et triumphes avoit obtenu par mer et par terre qu'il n'y avoit au monde si puissant qui contre elle osast pour la guerroyer lever la main, et que tant eureuse avoit esté en ses entreprises qu'onques n'avoit en mer ne en terre esté domptée, vaincue ne soubmarchée; et, veu doncques ses tiltres tant plains de glorieuse renommée, en ensuyvant les louables œuvres de leurs vertueulx devanciers, pour augmenter les honorables gestes d'iceulx et aquerir a eulx nouveaulx tiltres de immortel los, devoyent contre tous deffendre leur querelle et habbandonner leur vye a tous dangers pour soustenir la reputacion excelse de leur superbe cyté de Gennes, voire contre le pouvoir immoderé du plus redoubté Roy, le Roy de France, si contre eulx vouloit guerre entreprandre ou iceulx fouller pour soustenir les nobles. Tant d'autres propos d'avys inconsulté furent la mys en avant que tout le peuple gras et mesgre, c'est assavoir marchans mechaniques et gens de bras, tout ensemble leverent les mains, disant que pour mourir ne fauldroyent a tel besoing, mais estoyent pres et aparillez de non seullement deffendre leur ville, mais de saillir au champs et tenir bataille contre tous venans. Or estoient la troys Gennevoys de leurs principaulx, nommez Paulus Baptista Justinien, Manuel de Canale et Anthoyne de Ciuilli, lesquelz, voyant le vouloir du peuple, disrent, oyant tous : « Messrs, vous savez commant les gentishommes par nous chacez et exillez de ceste terre se sont retirez vers le Roy de

France, que très bénignement a retirez et long temps
ja entretenus ; et est à pencer que contre nous leur
donnera quelque secours et qu'il se vouldra efforcer
de nous soubmectre et lyer a quelque nouvelle servitute, ce que ne fusmes oncques ne nostre cyté domptée. Par quoy et pour obvyer a ce danger, nous est
besoing d'y pourvoir. Et la façon : nous avons ja le port
de Lespece et d'autres fortes places entre les mains,
qui nous pouvoient nuyre. Et, pour amander nostre
affaire, besoing nous est d'en avoir une qui sur toutes
autres nous est necessaire et propice, sans laquelle ne
pouvons tenir en seureté nostre cyté de Gennes, et
noz ennemys en craincte : c'est la place de Monigue,
qui est assize sur la mer et marchissant a noz terres,
entre la conté de Nisse et noz fins, tirant vers la Provence, forte a merveilles et tellement que, si unes foys
pouvoit estre entre noz mains, le Roy de France, par
sondit pays de Provence, ne pourroit avoir entrée sur
nous ne prendre mer par ce costé que a noz dangiers
ne se soubmist. Par quoy nous est besoing, si nous
voulons contre luy tenir et ses ennemys nous declarer,
d'avoir ladite place et, pour ce, mander noz alyez et
amys, affin que a cest affaire nous vueillent donner
ayde et secours. Et, pour myeulx faire seurement
nostre cas et que en ce ne soyons par le Roy de France
empeschez, nous fault dissimuller nostre intencion en
portant l'enseigne de France et la livrée du Roy et
cryant : *France ! France !*, disant que nous sommes
tous bons et loyaulx françoys et que soubz la main et
seigneurye du Roy nous voulons reduyre et mectre
ladite place de Monigue et ses appartenances a sa seigneurye de Gennes. Et ainsi le Roy n'aura occasion

de nous empescher nostre entreprise, veu que ses ennemys ne nous serons declarez[1].

VIII.

Commant les Gennevoys furent mectre le siege au chateau de Monigue.

Toutes ses choses dictes, le peuple de Gennes, tout a une voix, dist que tout prest estoit d'y aller et jucques a la mort employer son pouvoir pour prandre ladite place. Lorsque la commune et le peuple gras furent unys en cest affaire, transmyrent a Pize, qui lors estoit alyée et confederée de Gennes, pour avoir secours des Pizans, lesquelz, sachant l'affaire de Gennes comme alyez d'icelle, y envoyerent deux mille cinq cens hommes levez a Pize, a Lucque et par leurs autres pays alyez, soubz la charge de deux capitaines pizans, nommez l'ung Ternatin[2] et l'autre Gambecourte[3], et deux grosses pieces d'artillerye, nommées le Beuffle et le Lizard. Les nouvelles de ceste entreprise furent tost semées par les Italles et en Lombardye, et tellement que plusieurs villes mutines et mesmement de la duché de Millan, pencent que Gennes deust tout confondre, y envoyerent soubdartz a grant nombre : desquelz me

---

1. L'agitation de Gênes ne laissait pas que de rayonner de tous les côtés. A Milan, on jugea prudent de régler, par un *banno* du 13 janvier, la circulation nocturne et de défendre de porter des armes (Pélissier; *Documents...*; p. 151). Simone Arrigoni, convaincu de trahison, fut proclamé solennellement rebelle (*Ibid.*, p. 152).

2. Tarlatino, célèbre condottiere, originaire de Città di Castello.

3. Gambacurta, condottiere.

vouluz enquerir, estant a Gennes apres la prise d'icelle, et, pour en savoir et donner a cognoistre desquelz on doit se deffier, en demanday a plusieurs, qui diversement m'en parlerent; et a la fin tant y bosoignay (*sic*) que j'en sceu a Gennes, par ung myen oste et familyer nommé Antonius de Luzardo, lequel m'en parla et dist comme celuy qui pouvoit avoir esté a toutes les consultations et veu tout l'affaire, car il estoit du peuple gras et bien auctorisé en ladite ville de Gennes. A tant m'esclarcist la chose qu'il me bailla par escript les noms des premiers mutins, la maniere de la division des nobles et du peuple, l'occasion de l'insurrection de la commune, les noms des capitaines et commissaires de leur armée, le nombre de gens qu'il avoit, d'ou et de quelles villes ilz estoyent, les noms des maisons nobles et du peuple gras et de ceulx qui lors en estoient, et en somme de tout l'affaire de Gennes. Pour rentrer doncques et parler de ceulx qui furent avecques lesdits Gennevoys, est vray que grande troupe de Plaisantins, Alexandrins et Bosquyns[1] de la duché de Millan s'assemblerent avecques les Pizans, lesquelz estoyent en nombre de troys a quatre mille, et tous ensemble s'en allerent a Gennes. Et, eulx la venus, le peuple de Gennes, pour ranforcer ladite armée, mist sus troys mille hommes de guerre gennevoys et, pour iceulx mener, esleurent entre eulx, pour commissaires de la guerre, Paule Justinian, Manuel de Canalle et Anthoyne de Ciuuly, les capitaines gennevoys[2]; Jehan

1. Sans doute habitants de Bosco-Marengo.
2. Les commissaires nommés furent Paulo-Baptista Giustiniani, Manuele da Canali, Augustino da Castiglione, Antonio da Sivori, avec le capitaine Tarlatino et l'ingénieur Zoardo (Saige, *Documents historiques relatifs à la principauté de Monaco*, II, 57, 58).

de Las, basque[1]; Manuel du Castellas, lombart; ung marquis de la maison de Sforce, parent du seigneur Ludovic, et ung autre nommé René Guyton, de Tours[2], lesquelz furent ordonnez pour gouverner et conduyre ladite armée des Gennevoys et aller audit lieu de Monigue; et, pour batre la place, pour ce que par terre, au moyen de l'empeschement des montaignes[3], ne pourroyent aisement charrier, misrent sur mer leur artillerye, c'est assavoir vingt et deux grosses pieces d'artillerye, toutes getans bouletz de fer avecques force d'esmerillons et autre menue artillerye, et ausi armerent et avitaillerent en mer une carraque, deux galleres, deus grosses barches et cinq brigantins, avecques tout plain de petilz luz a xii rames, pour aller assieger ladite place du costé de la mer. Et, tout cela prest, huyt mille hommes paysans des environs se mirent sus, pour eulx assembler avecques ladite armée de Gennes, ou povoit avoir de doze a xiiii mille hommes, que gens de guerre que paysans. Ausi esleurent les Gennevoys ung duc du peuple, lequel estoit taincturier et nommé Paule de Nove, auquel baillerent gens et estat, et a luy du tout submirent leur affaire, pour ce que a leur mutin s'estoit monstré tousjours pour la querelle populaire. Et combien que sa femme, qui sage et advisée estoit, luy deffendist et destournast la charge

---

1. Capitaine du Châtelet, d'après *le Loyal serviteur*; cf. ci-dessous, p. 145.

2. Le commandant en chef était Tarlatino. Il est assez étrange de trouver des Français parmi les collaborateurs d'une entreprise désavouée par le roi de France.

3. Le 7 novembre 1506, les Génois donnèrent à l'ingénieur Ambr. Zoardo et au capitaine Gambacurta l'ordre d'étudier les procédés les plus pratiques d'un investissement (Saige, *Documents*, II, 48).

de l'office que on luy bailloit, toutesfoys il l'acepta, dont luy en advint ce qu'il devoit, comme sera dit par apres.

Ainsi, comme sesdites choses s'exploictoyent en la maniere dicte, messire Lucyain de Grimaulx, seigneur de Monigue, fut par aucuns de ses amys[1] de l'entreprise adverty : dont a toute dilligence fist advitailler et fortiffier sa place et manda querir soubdartz en ses pays et ailleurs et ausi en advertit messire Charles d'Amboise, lieutenant du Roy dela les mons, en luy demandant secours pour le Roy, de qui se disoit serviteur, et sadite place avecques tous ses biens estre a luy et de sa seigneurie[2]. Tant fist ledit seigneur de Monigue que il eut, par le commandement dudit lieutenant du Roy, dix hommes d'armes et xx archiers de ceulx de la compaignye de messire Yves d'Allegre, lors gouverneur de Savonne, lesdits gens d'armes menez par ung nommé Jehan de Saincte Columble, lieutenant de ladite compaignye. Et ausi y fut ung autre nommé Arigoys, basque[3], qui portoit leur enseigne; pareillement y furent envoyez dix archiers de ceulx du seigneur Jehan Jacques. Plusieurs gentishommes, parens et autres amys et sugectz dudit seigneur de

1. Dès le 4 novembre 1506, Lucien Grimaldi, seigneur de Monaco, demanda au gouverneur de Nice un sauf-conduit pour mettre en sûreté dans le port de Villefranche les galères et autres vaisseaux du port de Monaco (Saige, II, 49). Il prit très énergiquement l'initiative d'une forte résistance.

2. Il insista aussi, mais vainement, près du duc de Savoie (12 et 24 novembre. Saige, II, 50, 52, 56).

3. « Harigoys, basco, uomo molto esperto nel mestier della guerra » (*Relation inédite*). Il fut blessé pendant le siège. On le retrouve plus tard parmi les cent gentilshommes du roi, sous le nom de *Pierre de Herigoye* (K. 502, n° 5, viii v°).

Monigue, sachant son affaire, le furent secourir et servir a leurs despens, et se trouverent en nombre de deux cens hommes des siens bien armez audit lieu. Deux cens cinquante autres souldartz françoys, bisquayns, piemontoys, pizans et lombars, mist le seigneur de Monigue dedans sadite place, ou pouvoyent estre en tout environ de cinq a six cens hommes. Or estoit celle place moult bien artillée, car il y avoit dedans XXII grosses pieces d'artillerye, toutes a roues, et, pour batre murailles, d'autres moyennes et petites y avoit troys cens dix huyt, comme j'ay sceu par ung des freres dudit seigneur de Monigue, qui dedans ladite place estoit durant le siege, et me dist celuy que telle municion de pouldre y avoit que c'estoit pour ung an a tirer de chacune desdites pieces six coups le jour. Pour ladite artillerye exploicter, estoyent dedans ladite place trente et deux bons canoniers et LX hacquebutiers. Ainsi estoit la place de Monigue garnye et si tres forte que pour y entrer n'y avoit que une passée d'estroicte advenue. Dont des quatre pars d'icelle estoyent les troys advironnée de mer et l'autre ceinte de hault rochier enciz d'amont jucques en bas; laquelle actendoit en ceste maniere la venue du siege desdits Gennevoys.

Le Roy fut de ses choses adverty par Phelippes de Roquebertin, qui lors estoit ou palais de Gennes, lieutenant dudit seigneur de Rav[e]stain, ou n'estoit pas a grant seurté. Car, de jour en autre, n'atendoit que l'assault d'iceulx villains, mais il adoussissoit au plus qu'il pouvoit et a bellees parolles, dont savoit assez bien jouer, comme besoing estoit, les entretenoit, et tant que tousjours entre eulx avoit seurté de aller et de venir. Toutesfoys le Roy, apres avoir sceu lesdites nouvelles, luy manda que, si plus grant bruyt survenoit a Gennes, que luy et ses gens se retirassent au chasteau, le plus doulcement qu'il pourroint, et que la actendissent de ses nouvelles ; ce que ancores ne firent, doubtant que, s'ilz se retiroyent, les Gennevoys, suspectioneulx de ce, ne se retournassent du tout et aussi qu'ilz cryoyent tousjours : *France! France!* et ne se declairoyent ennemys. Ausi manda le Roy a messire Charles d'Amboise, son lieutenant dela les mons, et messire Yves d'Allegre, gouverneur de Savonne, que, si lesdits Gennevoys alloyent assieger Monigue, que quelque bon nonbre de gens d'armes, estans lors en garnison vers le costé dudit lieu de Savonne plus pres de Monigue, avecques ung autre nonbre de gens de pié, fussent mis sus et envoyez audit lieu de Monigue, pour lever le siege, s'il venoit a tant. Ce qui fut faict, comme sera dit apres.

Mais fault ores continuer propos sur l'entreprise des Gennevoys, qui par mer et par terre avoyent leur armée preste pour aller mectre le siege a Monigue ; dont advint que, sur la fin du moys de novembre, ladite armée se mist en voye et prist son chemin la coste de la mer, et au plus droict qu'elle sceut. Et, si tost qu'elle fut au champs, VII ou VIII mille paysans des marchissans et confins de Gennes s'assemblerent la et tous ensemble marcherent vers Monigue, criant tousjours *France* et *Populo*. Et adresserent iceulx Gennovoys a Menton, a Roquebrune, deux petites places de Monigue, lesquelles ilz prindrent legierement[1], car

---

1. Roquebrune fut incendiée. Cependant les commissaires avaient reçu l'ordre de n'attenter en rien aux droits du duc de Savoie sur Menton et Roquebrune (Saige, II, 63).

elles n'estoyent fortes ne fournyes de gardes ; et ausi en tenoit le seigneur de Monigue peu d'extime, mais que il peust bien garder Monigue, laquelle estoit forte a merveilles et bien armée, estant a six vings mille de Gennes, que elle tenoit en subgection, et la venue de Provence. Par quoy avoyent iceulx Gennevoys moult grant envye de la soubmectre a leur seigneurie. Si firent tant par leurs erres qu'il aprocherent ladite place de Monigue[1]. Et, voyant la venue, ung nommé Berthelemy de Grimaulx, capitaine de ladite place, fist atiltrer grant force artillerye a leur passée ; et pour les voulloir atraire, fist sortir cent hommes et iceulx contre eulx marcher troys a troys, comme pour leur vouloir donner la bataille. Les Gennevoys, voyant la saillye de ceulx de la place, s'ad[r]esserent a eulx a grosse roupte ; et la commancerent une bonne escarmouche et s'entremeslerent si a point, que de quinze a vingt d'i[c]eulx Gennevoys demeurerent mors sur le champ et troys du chasteau fort blecez. Et, en escarmouchant, ceulx de la place se retiroyent tousjours, pencent que les Gennevoys les suyvroyent pour leur donner une meute d'artillerye. Mais, quant fut a l'approcher jucques a la portée de l'artillerye, il se doubterent de l'amorce ; par quoy s'arresterent et laisserent les aultres retirer[2]. Ce faict, adviserent les lieulx plus a main pour mectre leur siege et, tout bien advisé, premier que assoir leurdit siege[3], sommerent le seigneur de Monigue de rendre la place en luy promec-

1. Voy. l'instruction aux commissaires génois, du 29 novembre 1506 (*Atti della Societa ligure per la storia patria*, t. XXIII, p. 631).
2. 6 décembre (*Relation inédite*).
3. 10 décembre 1506.

tant tant d'argent qu'il vouldroit demander, si le tresor de Gennes pouvoit suffire a ce. Lequel fist responce qu'elle estoit au Roy et a luy, et que si bien la garderoit que ja villain par force n'y mectroit le pied dedans. Ce dit, les Gennevoys, bien marrys, firent cryer a son de trompe devant ladite place que celuy du dedans qui vouldroit tuher ledit seigneur de Monigue auroit troys mille escus, et celuy qui mectroit le feu dedans les municions de l'artillerye en auroit v cens. Et ainsi s'essayerent par argent d'avoir icelle place, mais ce fut pour nyant. Dont assirent leur siege et misrent leur artillerye en onze lieulx, tant sur les montaignes qui autour de la estoyent que sur les coustez et au plain, ou firent onze rampars[1].

IX.

Du siege et de la baterye du chasteau de Monigue par les Gennevoys.

Du costé de la marine assiegerent ausi ladite place, en maniere que de leurs barches, carraques et galleres pouvoyent tirer contre les murailles et tours dudit chasteau de Monigue; et tant commainça ladite artillerye a bruyre et tempeter qu'il sembloit que les rochiers esclatassent. Les cannonnyers du dedans leur rabatoyent tellement leurs coups que homme de eulx n'ousoit montrer le nez qu'il ne fust mouché jucques au sang. Somme, la baterye fut tant mortelle que a toute heure sans cesser dura plus de six jours,

1. Cependant l'investissement ne fut pas complet.

si que les coups du dehors furent extimez plus de six mille. Et tant ruerent groux boulletz que en troys pars abatirent cent toises de muraille ou plus, tant du costé de la mer que de l'advenue de la place.

Durant ceste baterye, messire Yves d'Allegre, gouverneur de Savonne, transmyst Jacques d'Allegre, son filz, avecques vi cens laquays[1], a une ville pres d'illecques, nommée la Turbye, pour icelle garder et secourir ceulx de Monigue, pour empescher les vivres par terre et ennuyer le siege par allarmes ; ce qu'il fist souvant et tant que, ung jour durant ledit siege, neuf enseignes de Gennevoys se misrent au champs pour ruer sur ses gens, lesquelz mist pareillement au champs et donna au travers, en sorte qu'il les mist en roupte et les deffist. Plusieurs y demeurerent, les autres furent pris et les aultres s'enfuyrent[2]. Au dessus, et pres de la Turbye, avoit une forte tour du duc de Savoye, ou pareillement estoit grosse garnison de Savoziens, lesquelz ausi donnerent souvant alarmes aux Gennevoys[3]; ainsi estoient ennuyez de tous costez ; toutesfoys batoyent par terre et par mer la place de Monigue, et a tout pouvoir s'esforçoyent de la terrer (sic). Et, ce durant, le second jour du moys de janvier, ceulx de la place firent une saillye sur ceulx qui

---

1. D'après la *Relation inédite*, 700 « soldati » français, commandés par le capitaine « Migliando » et soldés par le sire de Monaco. En arrivant à la Turbie, ils reçurent d'avance un mois de paie.

2. On se canonna pendant un mois, devant Gênes, sans avancer. Mais les soldats de la Turbie, malgré le désir du sire de Monaco, ne descendirent point dans la ville (*Relation*).

3. Un ordre du duc de Savoie, en janvier 1507, interdit aux Niçois de fournir aucuns vivres à l'armée génoise (*Atti della Societa ligure*, p. 648).

estoyent a la garde de l'artillerye des Gennevoys et se misrent hors jucques au nombre de xxv hommes armez, lesquelz soubdainement chargerent sur lesdits gardes, qui estoint deux cens ou plus, et donnerent si rudement que iceulx Gennevoys, pencent estre surpris, habandonnerent leur artillerye et s'enfuyrent tout le cours. Et, ce voyant, les souldars du chasteau sortirent environ quatre xx et se joignirent aux autres, lesquelz tous ensemble aprocherent l'artillerye de leurs ennemys ; et, voyant qu'il estoyent foibles pour l'emmener et que les Gennevoys a toute puissance les approchoyent, ce nonobstant, avecques groux cloux de fer estoupperent les troux par ou se mect le feu en l'artillerye et en enclouerent quatre des plus grosses pieces, en maniere que, ung moys durant, ne tirerent plus. Durant ledit siege, plusieurs assaulx y donnerent les Gennevoys, mais tousjours furent repossez et batus ; et pour ce ne cessoyent de ruer coups a toutes mains. Si estoyent ilz souvant reveillez par ceulx du dedans ; car le plus souvant des jours faisoyent cources et saillyes et en aterroyent tousjours quelqun[1].

Jacques d'Allegre, seigneur de Millo, estant lors a la Turbye, voulut aller pour quelque affaire a Nisse et print avecques luy partye de ses gens de pié et laissa le surplus pour garder le logys. Mais, tantost qu'il eut desemparé le lieu, les Gennevoys a grosse puissance, sachant le chief estre absent, assaillirent la Turbye ; et, combien que bien fust par les gens dudit seigneur de Millo deffendue, si fut elle emportée et les gardes prinses et mises a sac.

[1]. Les Génois essayèrent de pénétrer par trahison, mais sans succès (*Relation*).

Messire Yves d'Allegre, sachant toutes ses choses, et que le siege de Monigue avoit ja duré plus de troys moys, delibera d'y aller pour lever le siege; si prist avecques luy huyt xx hommes d'armes des siens, de ceulx du marquis de Monferrat, de ceulx de Montoison et de ceulx du capitaine Fontrailles, avecques deux mille hommes de pié, soubz la charge des capitaines Peralte, espaignol; Jheronime Barnabo[1], Cossains[2], Estrelin et quelques autres qui la estoyent, et messire Mercure, grec, avecques cent Albanoys; et ainsi se mist a la route, tirant vers Monigue, qui tousjours estoit batue et assaillye des Gennevoys; ce qui moult ennuyoit a messire Lucyan de Grimaulx, seigneur dudit Monigue, lequel leur faisoit souvant allarmes et ennuys.

Sur le commaincement du moys de mars, ledit seigneur de Monigue fist une saillye de deux cens hommes sur le camp des Gennevoys; et premierement adressa sur le plus proche rempar, ouquel estoyent envyron cent hommes des Gennevoys, lesquelz furent surpris, car ilz ne se doubtoyent de ladite saillye, pencent ceulx de ladite place assez embesongnez pour garder leurs murailles et remparer les breches d'icelles, qui estoyent moult grandes. Si advint que le seigneur de Monigue avecques sa bende se trouva contre ledit rampar, ou Gennevoys sortirent garnys de leurs armes, et la s'entremeslerent tellement que lesdits Gennevoys furent oultrez; et, apres assez long combat, tour-

---

1. Probablement Barnabo Visconti, qui devint chambellan, chevalier de l'Ordre, capitaine de 40 lances (quittance de 1518; fr. 26107, 210).

2. Capitaine de laquais.

nerent le costé et se retirerent a ung autre rampar, dela pres ung gect de pierre, lequel rampar estoit fort et gardé par aucuns françoys qui s'estoyent mys a la soulde des Gennevoys. Ausi y avoit audit rampar Pizans a force, lesquelz pouvoyent estre en nombre de troys a quatre cens. Avecques le seigneur de Monigue estoit ung homme d'armes basque, nommé Arigoys, porteur de l'enseigne de messire Yves d'Allegre, lequel Arigoys estoit hardy homme, et la se mist des premiers. La noise fut grosse, car ceulx du dedans ne faillirent a charger a grans coups de picque et de hallebarde. Le seigneur de Monigue, qui estoit en la meslé, enhardioit ses gens en donnant a tour de bras. Quoy plus? Si a point se batirent que cinq de ceulx du seigneur de Monigue furent la pris et ung tuhé, et le capitaine Arigoys blecé. Du party des Gennevoys moururent de xx a xxv et plusieurs blecez. Ce faict, apres que allarmes furent faictz par tout le camp, ledit seigneur de Monigue, avecques ses gens, se retira le petit pas et fut suyvy des Gennevoys; mais furent iceulx repossez a coups d'artillerye et de trect, tant que sans autre dommage entra dedans sa place a toute sa brigade.

Les Gennevoys, qui espies et descouvreurs avoyent par tout le pays, sceurent par vray que messire Yves d'Allegre, avecques grosse roupte de gens d'armes, estoit ja sur les champs pour aller secourir Monigue et leur lever le siege. Lors furent envoyez de Gennes a Monigue deux commissaires nouveaulx, c'est assavoir Paule de Nove, leur duc, et ung nommé Silvestre Justiniani; et disrent tous les Gennevoys audit Paule de Nove, leur duc, que s'il pouvoit prendre Monigue, que a sa venue seroit receu en curre triumphal, a la maniere antique de Romme. Iceulx arrivez audit lieu de Monigue, sachant la venue dudit seigneur d'Allegre et que besoing estoit de mectre briefve fin a leur entreprise[1], disrent : « Seigneurs Gennevoys, vous voyez que ja quatre moys entiers sont que tenons ycy le siege, ou n'avons exploicté chose a nous hounourable, ni proffitable a la chose publicque ; et tant plus y demeurerons et moings y aquesterons, si de meilleur vouloir et plus hault courage ne mectons mains en besoigne. Assez estes advertiz de la venue du seigneur d'Allegre, qui a toute grosse puissance vient pour lever nostre siege, s'il est le plus fort. Mais, pour obvier a tout inconvenient, nous est surtout mestier de prendre ceste place ; ce que en brief nous fault exploicter ou demeurez frustrez de nostre intencion, de laquelle est ja le Roy de France ascaventé. Par quoy donnons y telle provision que de plain assault soit par nous ladite place emportée. Et ce faict soyons seurs de demeurer tous temps seigneurs en terre et Roys en la mer. » A chief de sez motz, chascun desdits Gennevoys reprint cueur, disant qu'ilz mouront tous ou qu'ilz auront la place ; et firent recomancer une baterye, qui dura troys jours et troys nuytz sans cesser du costé de Serraval, ung lieu ainsi nommé dedans Monigue ; et la aterrerent plus de cent toises de muraille ; et, a la ruyne et choite d'icelle, les deffences basses furent estouppées, en maniere que l'artillerye du dedans ne pouvoit nuyre aux ennemys,

---

1. Ils étaient informés des dispositions énergiques de Louis XII. Depuis le mois de décembre, le gouvernement génois et Paul de Nove en particulier ordonnaient absolument aux commissaires une action énergique et décisive (Saige, II, 73 et suiv.).

et ne se osoient montrer ceulx de la place a la deffence de la breche, car elle estoit sugecte aux montaignes ou les Gennevoys avoyent faict leurs rampars et la lever leur artillerye atiltrée; et si estoint ceulx de Monigue devers le costé de la mer tout a descouvert, dont, des carracques et galleres, tiroyent les Gennevoys sur eulx, en maniere que homme ne se ousoit la arester sans sa vye trop hazarder. Toutesfoys, le seigneur de Monigue delibera de mourir la avecques tous ses gens ou reposser ses ennemys. Voyant les Gennevoys que breche a suffire avoyent pour devoir donner l'assault, ordonnerent le lendemain icelluy estre donné par quatre mille hommes, lesquelz Paule de Nove, duc des Gennevoys, voulut mener et conduyre, ayant souvenance du triumphe que les Gennevoys luy ont promys s'il gaigne la place. Or, vient le jour que lesdits Gennevoys, avecques leurs eschelles et crampons, s'aprestent de donner l'assault; lesquelz sur l'aube du jour font sonner trompettes et groux tabours de Suyces et sortent en place pour comancer le hutin. Et, eulx ainsi en camp, Paule de Nove, leur duc, devant tous commança a dire : « A ceste foys ce monstera le vouloir vertueulx et pouvoir invincible du peuple gennevoys, qui oncques par puissance d'omme vivant ne furent surmontez ne a servitute soumys. Sur doncques, Seigneurs ! esvertuez voz cueurs et exploictez voz forces a cest affaire, car a ce fil pend le priz de vostre loz, l'avancement de vostre honneur et le rabays de vostre reputation. Si a ce coup estes vaincueurs, vye prospere aquesterez et immortelle renomée! Si laschement estes vaincus, la fin de vous sera reprochable a vostre nom et honteuse a voz amys ! Si fortune vous est adverse, mieulx est mourir en bataille que fuyr vaincu! » Ces parolles dictes, chascun des Gennevoys et tous ensemble leverent la main, disant que, pour craincte de mort, ne reculleront ung seul pas.

X.

D'UNG ASSAULT QUE LES GENNEVOYS DONNERENT AU CHASTEAU DE MONIGUE, OU FURENT ICEULX REPOSSEZ ET PLUSIEURS D'EULX OCCIS.

Messire Lucyan de Grimaulx, voyant que l'assault est[oit] prest a donner, ordonna, pour la deffence de la breche, sept postes, chacune de trente hommes, desquelles il en prist une pour luy, ordonnée a estre mise au millieu des autres; a ung sien frere, nommé messire Charles de Grimaulx, bailla l'autre; a Berthelemy de Grimaulx, son lieutenant, ung autre; au capitaine Arigoys, a Christofle Royer d'Ast, a Anthony Bence[1] et au comit[2] de ses galleres, a chascun d'iceulx une desdites postes ordonnées estre mises tout le long de ladite breche, qui estoit grande a passer cent hommes de front. Et iceulx advertist que, au besoing et a relays, ceulx desdites postes qui seroyent les plus froiz secourussent les lassez. Au seigneur de Saincte Colombe, lieutenant de messire Yves d'Allegre, bailla une breche pres une des portes du chasteau a garder, avecques trante hommes françoys[3]. Et ainsi assist ses postes pour actendre l'assault, en disant a ses gens[4] :

1. De Monaco, comme on verra plus loin.
2. Sans doute *Commessario*.
3. La *Relation inédite* attribue à L. Grimaldi une prière et à Tarlatino un discours.
4. D'après la *Relation*, Lucien prit ses dispositions avant le

« Mes bons seigneurs et amys, le temps est venu que chascun de nous doibt desplyer la force du bras et la vertus du cueur, pour son honneur deffendre et sa vye garentir, qui sont les choses entre autres plus dignes de recommandacion. Dont myeulx nous est icy mourir a la deffence de ce, et en gardant nostre place, que nous rendre a la mercy des villains, comme lasches et meschans, qui nous seroit a jamais ung descry de voix commune et ung reproche de villainye. Si nous sommes peu de nombre au regard des ennemys, necessité, qui a besoing rainforce les crainctifz, par vive raison nous doibt rendre invincibles. Si noz muralles sont brechées, il n'est forteresse que de gens vertueulx. Et vous souveigne que audacieulx vouloir est ung rampar inexpugnable. » Ce dit, chascun prist cueur, en sorte que la meslée leur tardoit a venir. Et est assavoir que sur le lieu avoit provision de grosses pierres pour ruer sur ceulx qui vouldroyent escheler la muraille, huyles boullans, lances de feu, chaulx vive, poix et souffre ardant, pour donner a ceulx qui approcheroyent ladite muraille, et force artillerye dedans les tours et deffences de la place pour tirer a la traverse.

Et ainsi tout autour de la breche actendoyent ceulx de Monigue la venue de l'assault, lequel fut commaincé ung matin, sur le point de souleil levant[1], que Paule de Nove, duc du peuple de Gennes, avecques

---

lever du soleil; il garda la porte de Serravalle avec cent hommes, disposa cent autres hommes sur les murailles et deux cents autour de la Darsena. Deux barques chargées de soldats devaient exécuter une fausse attaque.

1. 19 mars 1507.

quatre mille hommes gennevoys et pizans, aprocha la muraille a tout grant nombre d'eschelles. Et, a l'approcher, l'artillerie des deux costez commainça a tonner comme tempeste. Des montaignes et de la mer tiroyent les Gennevoys sur ceulx de la place, dont plusieurs en affollerent[1]. Mais, pour ce, nul desemparoit pour doubte de mort. Et tant fut que main a main se combatirent, les ungs a la breche, les autres sur les eschelles, tant mortellement qu'on ne veoyoit que gens ruer par terre. Ceulx du dedans, a grans coups de picques, repossoyent ceulx qui les approchoyent. Les Gennevoys s'efforçoyent a relays de gaigner la place, et la estoit Paule de Nove, qui fist ses effors, et tres hardyment le fist. Car tousjours, combien qu'il fust vieil et encyen, si estoit il des premiers qui emcourageoit moult les autres, et tant que ung pizan, du party des Gennevoys, monta, l'enseigne au poing, par une eschelle, jucques sur le bort de la muraille, laquelle n'estoit du tout mise a bas, et mist ung pied dessus, voulant entrer, et cryant : *Populo!*[2] *Populo!* La eut merveilleuse foulle, car les Gennevoys de toutes pars eschellerent la muraille et assaillirent la breche, a quoy resisterent le Monigoys de telle force que des Gennevoys plusieurs furent renversez. Celuy qui portoit leur enseigne s'efforçoit d'entrer et donnoit sur le costé, ou ung nommé Anthony Bence, monigoys, tenoit sa poste, lequel se deffendit a

---

1. Les boulets tombaient surtout sur la place et faisaient peu de mal. Tous les matelas de Monaco avaient été requis et servaient de boucliers aux assiégés (*Relation*).

2. Le texte porte : « *Pouplo, populo;* » — « *Popolo a me,* » d'après la *Relation*.

force immoderée, et luy, voyant l'enseigne des Gennevoys ung pié sur la muraille, adressa la si a point que d'ung coup de picque qu'il rua de toute sa force le remversa du hault en bas, lequel fut a la choite tout acravanté. L'enseigne ainsi par terre, ceulx de Monigue se ravigourerent et s'efforcerent de nouveau, en gectant huysle bouillant et souffre ardant[1], a tout lances de feu sur ceulx qui assailloyent la place, tellement que Gennevoys furent repossez et abandonerent la muraille toute enrougye de leur sang. Dont fut cessé l'assault, qui plus de cinq eures avoit duré. Leurs eschelles demeurerent la, qui servirent de bere pour emporter les mors, dont il y en avoit de troys a quatre cens. Et ne moururent de ceulx de la place que troys seullement, mais grant nombre y eut de blecez.

Durant l'assault, les Gennevoys, voulant amuser partye des souldartz de la place, affin que tant de gens ne fussent a la deffence de la grande breche, prindrent barches couvertes, brigandins et autres bateaux, jucques au nombre de XX, et dedans misrent quatre cens hommes de guerre, lesquelz aborderent leurs bateaux a l'entrée du port, vers une tour nommée l'Esperon, et la avecques leurs eschelles descendirent et prindrent terre, comme pour vouloir assaillir ladite place de celuy costé. Dont ceulx qui estoyent aux deffences de celle part, voyant iceulx Gennevoys descendus, tout soubdainement donnerent coups d'artillerye contre leurs barches et brigandins, si qu'ilz les percerent, en maniere que l'eau entra dedans, tant qu'ilz allerent a fons, et ainsi demeurerent ceulx qui estoyent descen-

---

1. Surtout des pierres (*Relation*).

dus entre la muraille de la place et le bort de la mer, au danger de leurs ennemys. Or avoyent ilz grant nombre d'eschelles, lesquelles dresserent contre la muraille et s'essayerent de monter; mais a grans coups de pierre et de haquebutes furent repossez et batus, en sorte qu'ilz furent contraingtz d'abandonner leurs eschelles. Et, voyans que leurs barches et brigandins estoyent a fons, ne sceurent ou prendre seurté, si n'est derriere une grosse tour, ou se musserent pour le danger du trect, et demeurerent jucques l'assault fust du tout fyny, que le seigneur de Monigue sceut leur piteulx affaire, qui de ce fut bien joyeulx; et, pour en faire la raison, fist sortir par une posterne, du costé ou ilz estoyent, cent hommes des siens, lesquelz les allerent reveiller et donner au travers, en maniere que, si tost qu'il cuydoyent prendre plaine, l'artillerye les affolloit, dont en furent aucuns tuez et les autres noyez a la rive de la mer et tous occis, quatre vingtz d'iceulx reservez seullement, lesquelz furent priz et menez au chasteau de Monigue.

XI.

Commant les Gennevoys leverent leur siege de devant le chasteau de Monigue.

Durant ce, messire Yves d'Allegre approchoit de tant que les Gennevoys sceurent sa venue, et, voyant qu'ilz ne prendroyent la place de Monigue, deux jours apres ledit assault[1] bruslerent leur loges et barraques[2],

1. 21 mars.
2. Détail plaisant : en voyant ces feux, les gens de Vintimiglia,

puys myrent leur artillerye en mer et s'en allerent partye par mer et partie par terre. Les ungs tirerent vers une place sur la marine, nommé Porte Morice[1]; l'autre partie des Gennevoys s'en allerent droict a une place nommée Vintemille, laquelle ilz tenoyent, et de la a Gennes. Messire Yves d'Allegre[2], sachant leur desloger, les suyvit avecques ses gens d'armes et reprist Menton et Roquebrune, qu'ilz avoyent pris en allant mectre le siege a Monigue, lesquelles places se rendirent sans nulle deffence, et ausi prist Porte Morice, laquelle se rendit par composicion de dix mille ducatz. Ce faict, ledit seigneur d'Allegre s'en retourna a Savonne, et ses gens chascun a sa garnison[3].

XII.

Du revoltement de Gennes, et commant messire Gallaz de Saluzart print aucuns Gennevoys au colliege de Sainct Franscisque a Gennes.

Avant le temps du siege de Monigue, dedans la ville

ennemis héréditaires de Monaco, les prirent pour des feux de joie; ils crurent à la capitulation de Monaco, se mirent à sonner les cloches et à danser tous dans les rues (*Relation*).

1. Port-Maurice, ou Porto-Maurizio.

2. La garnison de la Turbie, avant de se retirer, vint réclamer à Monaco une forte surpaie : on lui donna quatre mois de solde. Son capitaine, dit la *Relation*, qui affectait si orgueilleusement de servir le roi seul et non le sire de Monaco, ne craignit pas cependant de réclamer comme un simple mercenaire.

3. D'après la *Relation*, Roquebrune se rendit immédiatement à Agostino Grimaldi, sans résistance; Menton fit plus de difficultés. Lucien Grimaldi écrivit à Yves d'Alègre, qui vint l'occuper avec des forces considérables, aux frais de la ville.

de Gennes, au pallays d'icelle, estoit pour le Roy ung nommé Phelippes de Roquebertin, lequel entretenoit le plus doulx qui pouvoit le peuple de la ville, qui, durant ledit siege, ne s'estoit ancores declairé contre le Roy, mais cryoit tousjours *France* et *Populo*.

Or, advint lors que le VIIIme de feuvrier, a ung jour de quelque feste, grant nombre de Gennevoys furent a Sainct Francisque, ung colliege de cordelliers, assix au pié de la cytadelle du chasteau de Gennes, ou illecques ouyrent le commaincement de vespres. La fut messire Gallaz de Salluzart, en voyant iceulx Gennevoys en ses dangiers, dist qu'ilz estoyent de bonne prise, veu que ja avoyent commancée la guerre et assaillyes aucunes places du pays du Roy, et que ancores tenoyent le siege a Monigue, terre dudit seigneur; par quoy sonna ung nombre de ses gens et fist garder les portes de l'eglize, et iceulx prist, et envoya dedans le chasteau prisonniers, lesquelz trecta rudement et les enferma dedans ung lieu ou avoit ung moulin a bras, esquelz faisoit tourner ledit moulin et mouldre le blé a grant peine et travail, sans leur donner que du pain et de l'eau, ce que n'avoyent iceulx Gennevoys acoustumé; ausquelz demandoit grande somme d'argent pour leur rançon, de laquelle ne vouloyent finer, disant qu'ilz estoyent pouvres et que de tant grosse rançon ne sauroyent faire paye, par quoy furent pour ung temps mal trectez. Dont ceulx de la ville s'en allerent plaindre a Phelippes de Roquebertin, lieutenant du gouverneur pour le Roy, auquel disrent que le capitaine du chasteau n'avoit querelle contre eulx et qu'il ne devoit prendre ne detenir les gens de la ville, qui tenoyent pour le Roy et estoyent ses sugectz, et beaucoup d'autres raisons alleguerent. Dont celuy de Roquebertin, pour complaire au peuple et pour doubte de commune insulte, leur promist d'en parler au capitaine et de luy remonstrer son tort, en fasson que lesdits prisonniers seroyent rendus ou pour le moings trectez tres bien et humainement, ce qui adoulcist quelque peu le peuple. Si s'en alla ledit Roquebertin au chasteau et dist au capitaine comme la ville estoit presque revoltée, au moyen des prisonniers qu'il detenoit; par quoy advisast qu'il en devroit faire, en façon que le proffict du Roy et son honneur y fussent gardez. Sur quoy respondit ledit capitaine qu'ilz estoyent ses vrays prisonniers et qu'ilz estoyent de prise, veu qu'ilz avoyent commancé la guerre et assaillies les places du Roy, par quoy ne les rendroit, si le Roy ne luy mandoit expressement.

Tandis que ses choses s'exploictoyent, le Roy, adverty du tout et sachant la revolte de Gennes, dist qu'il pourvoiroit a ce[1], dont, pour vouloir mectre pro-

---

[1]. Les nobles avaient adressé à la cour un mémoire, pour réclamer une action énergique et décisive. Nous allons résumer cet important factum, où ils exposent les faits à leur point de vue et où ils portent contre le gouvernement français de Gênes les plus graves accusations, passionnées et parfois inexactes : « *Memoriale de le cosse accadute in la sublevatione de li populi de Genes.* » Le mémoire rejette, d'abord, la responsabilité des événements sur les « mali governi e cativi comportamenti » des officiers royaux : il y a eu des extorsions d'argent; pour des vétilles, on a poursuivi de soi-disant crimes de lèse-majesté et prononcé des confiscations. Les coupables sont le procureur fiscal Jehan Bartholomeo de Lunelis et Nicollo de Guidobonis de Tartona, vicaire royal de M. de Ravenstein. Le peuple de tout le pays, ainsi mécontenté, devait se soulever facilement. Le 20 juin de cette année, il se souleva, sous la direction de Polo Baptista Justiniano; l'habileté de

vision de plus a la garde de sondit chasteau de Gennes,
qui estoit la principale place et meilleur deffence,

soixante nobles, qui supportèrent mille injuries, calma cette sédition. M. de Roquebertin était aux bains d'Acqui ; on lui en référa ; on le pria de revenir ; il ne s'en soucia pas et répondit, assure-t-on, de laisser faire, « che scuzera un poto de dexe milia scuti. » Quand il revint, P.-B. Justiniano, auteur de la sédition, alla au-devant de lui, à deux jours de marche, et corrompit, dit-on, par de l'argent Roquebertin, qui ne fit rien pour apaiser la sédition et, au contraire, la fomenta et l'accrut. Il ne voyait que Justiniano. Les révoltés avaient élu un conseil de douze membres : sur l'avis de Roquebertin même, ils le réduisirent à quatre, pour mieux assurer le secret. Malgré les prières des nobles, Roquebertin reconnut ce conseil et traita avec lui. Le peuple s'enhardit : le 18 juillet, soulèvement général, sous la direction de Petro et Vincencio Sauli et de leurs frères, ainsi que de beaucoup de Justiniani, Fornari et Adorni. Avec Roquebertin, ils coururent le pays en criant : *Franza* et *Via populo et officij* et *Ad la morte li gentilhomini*. On massacra un nommé Vesconte ; on blessa grièvement Augustino Doria ; on frappa une foule de nobles. En vain les nobles demandèrent-ils de prendre les armes pour se défendre ; en vain offrirent-ils leur appui à Roquebertin. Celui-ci resta avec le peuple ; la nuit, il autorisa le vol et la rapine. Le peuple pilla plus de cinquante maisons de nobles ; il y viola plusieurs femmes ; le jour venu, le peuple se forma un conseil, contrairement aux statuts ; le jour suivant, il reprit les armes, et, à midi, devant Roquebertin, qui se disait impuissant, on enfonça la porte d'un palais et on se livra à toute sorte d'excès. Ainsi proscrits et abandonnés, les nobles députèrent au roi Andrea Doria ; Doria trouva à la cour Ravenstein, qui l'empêcha de se plaindre de Roquebertin et se déclara prêt à partir pour Gênes, afin d'y rétablir l'ordre. Mécontents du silence de Doria, les nobles députèrent encore deux des principaux d'entre eux, qui rencontrèrent en route Ravenstein, lequel les invita à ne pas aller plus loin, car il se rendait à Gênes avec pleins pouvoirs. A Asti, Ravenstein trouva M. de Chaumont, Jean-Louis de Fieschi et beaucoup des principaux nobles qui délibéraient sur les événements. Les nobles le prièrent d'agir énergiquement. Chaumont, avec sa grande expérience, était du même avis. Il refusa et, sur les lettres de Roquebertin et de l'argentier Gualtero Fiamengho, il se laissa persuader

transmist celle part ung nommé Allabre de Saule, son
ussier de chambre, par lequel escripvoit et mandoit

par les ambassadeurs du peuple d'aller à Gênes avec peu de
monde; il résolut d'emmener 1,000 hommes de pied et n'en
emmena en réalité qu'environ 650. Il aurait pu néanmoins triompher, car le peuple était épouvanté; ses chefs se cachaient
et pensaient à fuir. Mais il se mit à parlementer. Il envoya à
J.-L. Fieschi, qui se trouvait à Violata, avec une bonne compagnie, l'ordre écrit de quitter la ville. Celui-ci, malgré ses réclamations, dut obéir. A peine fut-il hors de Gênes, le peuple prit
les armes, nomma des officiers à sa guise avec le consentement
de Ravenstein, à qui on promit une somme d'argent; Gontero
dit même à un noble : « Vous autres gentilshommes, vous ne vou-
« lez rien donner, vous n'aurez rien. » Les révoltés s'emparèrent
de toute la Rivière. Lucha Spinula, à qui Ravenstein refusa du
secours, perdit La Pieve, malgré l'autorité du roi dont il la tenait
en fief. On voulut faire de même à Monaco. Les révoltés disaient
tout haut que Ravenstein leur obéissait et que le roi agirait en
conséquence. Un émissaire des nobles, parti en poste, obtint la
révocation de diverses ordonnances de Ravenstein et la défense à
Roquebertin de rien innover contre la noblesse. On ne tint aucun
compte des ordres du roi : on disait que, pour un écu, on obtiendrait des ordres contraires. Bref, le *castelletto* seul obéissait au roi.
Ravenstein a reçu plus de 3,000 écus, savoir : à Asti, par des
marchands locaux, 1,000; à Lyon, plus de 2,000 par les Sauli; on
lui en a promis 20,000 autres. M. de la Clayette a reçu une chaine
d'or de 300 écus au moins; Roquebertin a touché à Gênes
5,000 écus. La noblesse, ainsi donnée en proie, se voit obligée
de recourir au roi. Le roi, avec six galères dans la Rivière,
4,000 Suisses, 150 lances et les sujets des nobles, aura la victoire
avant de paraître sous les murs de Gênes, surtout si le commandant en chef est un homme habile et connaissant l'Italie; et, en
prohibant le ravitaillement de Gênes, ce qui est facile, car tous
les environs appartiennent aux gentilshommes et sujets fidèles du
roi, le roi peut s'assurer facilement de la vallée de Pulcifera (*sic*);
l'important est d'agir vite, avant l'hiver (Ms. fr. 2961, fol. 23 et
suiv.). — A l'appui de ce mémoire, on peut voir l'engagement de
Jean-Louis de Flisco, Étienne de Vivaldis, Ant. Spinola, Laurent Lomelin et Jean-Jacques Doria, au nom des nobles de
Gênes, de rembourser au roi l'entretien de 4,000 Suisses et de

par créance a messire Charles d'Amboise, son lieutenant general dela les mons, a Phelippes de Roquebertin, lieutenant du gouverneur de Gennes, et a messire Gallaz de Salluzart, capitaine du chasteau de Gennes, son vouloir touchant son affaire de dela. Lequel Allabre s'en alla en poste, et si tost que en moings de six jours fut a Millan devers le lieutenant du Roy, auquel, en ensuyvant sa charge, bailla ses lectres et dist sa creance. Apres que le lieutenant du Roy eut veu et ouy ce que mandé luy estoit, au plus tost qu'il peut despescha ledit Allabre, auquel bailla gens et moyens pour le guyder jucques a Gennes, ainsi que le Roy luy mandoit par ses lectres, et luy bailla ung chevaucheur d'escuyerie pour luy rapporter nouvelles de l'excucion de son faict. Ainsi s'en va ledit Allabre son droict chemin, tirant a Gennes, et premier adressa a ung lieu, nommé le bourg de Busalle, a xv mille pres de Gennes, et la trouva ung nommé messire Robert Espinolle[1], frere du seigneur de Sarraval, gennevoys. Auquel dist ledit Allabre que ledit de Sarraval, son frere, l'adroissoit a luy avecques ung sien serviteur qu'il luy avoit baillé pour le conduyre, et prioit ledit messire Robert que, le plus tost et le plus droict que possible seroit, le fist adresser et mener a Gennes. Ce qu'il fist par ung marchant dudit bourg, qui savoit le plus couvert chemin et seures adresses pour aller audit lieu. Si le mena celuy marchant tout seurement

---

4,000 hommes de pied, sous clause pénale de 100,000 ducats (Portefeuille Fontanieu, 156, 18).

1. Deza (*Istoria della famiglia Spinola*. Piacenza, in-fol.) observe qu'aucun Spinola ne se compromit dans les événements qui vont suivre (p. 292).

jucques a l'entrée d'ung lieu nommé Poulceuvre, qui est l'advenue des destroictz des montaignes de Gennes, et luy dist celuy marchant que la estoit le plus dangereux de leur passage, car de la estoyent aucuns des capitaines et chiefz des Gennevoys mutins, et mes[me]ment ung nommé Guilhon, capitaine de Poulceuvre, par lequel estoit venu le moyen de la premiere division de Gennes, comme j'ay dit dessus. Toutesfoys passerent oultre, sans autre danger, et approcherent la tour de la Lanterne, nommée la tour de Codefa, assise en mer, entre la ville de Gennes et ung bourg nommé le bourg de Sainct Pierre d'Areyne, regardant sur le moulle. Et, eulx estans au droict de la lanterne, pour ce que lors faisoit froict, ledit Allabre enchapperonné pença que luy en ceste maniere ne passeroit, sans estre de plusieurs regardé, enquys, et par aventure arresté de ceulx de la ville, ousta son chapperon et mist une chayne d'or au coul, qu'il avoit baillé a garder a sa guyde, et ainsi passa tout seurement jucques au palais, ou descendit et envoya loger ses chevaulx. Puys demanda a quelqun des mortes payes dudit palais ou estoit ung nommé Phelippes de Roquebertin, lieutenant du seigneur de Ravestain, lequel mena en la chambre de celuy Roquebertin, qu'ilz ne trouverent la, car il estoit allé ce jour au sermon et devoit disner en ville avecques aucuns des cytadins, lesquelz ilz entretenoit tousjours de doulces parolles, comme besoing luy estoit. Ledit Allabre, au plus tost qu'il peut, manda a Roquebertin qu'il estoit la venu de par le Roy, et qu'il avoit affaire hastivement a luy; dont celuy Roquebertin a toute dilligence s'en alla au palais, ou ledit Allabre luy bailla les lectres que le Roy luy envoyoit et celles de messire Charles d'Amboise, et luy dist la creance qu'il avoit a luy dire, contenant que, tout incontinant les lectres veues, ledit Roquebertin s'en allast a Millan devers ledit messire Charles d'Amboise, lieutenant du Roy, et que premier eust a bailler audit Allabre les mortes payes du pallais, ou pouvoyent estre troys cens hommes, pour les mectre ou le Roy luy avoit mandé. Lequel Roquebertin dist : « Voluntiers acompliray je le mandement et vouloir du Roy; mais difficille chose seroit a faire promptement et seurement me desloger; car, si les mortes payes habandonnent le palais, le peuple de Gennes pourra pencer que le Roy se deffye de eulx et que leur machinacion est clerement descouverte, par quoy moy et tous les Françoys, qui devant eulx nous trouverons, serons en danger de la vye; dont est besoing differer la chose quelque peu de temps. » A quoy ne voulut entendre ledit Allabre, disant : « Non, il est besoing de faire le vouloir du Roy, qui est de promptement retirer ses mortes payes et les mectre a la garde du chasteau, qui grant besoing en a; et, si par avanture ilz sont deffaictz ou empeschez par les Gennevoys, et que guerre soit du tout ouverte, a grant difficulté pourra estre ledit chasteau garny de gens d'armes. Et en oultre vous devez savoir que, au moyen de la prise d'aucuns Gennevoys que le capitaine dudit chasteau detient, tout le peuple de Gennes en est mutiné et prest a dire le mot contre le Roy, dont est mestier, au plus tost que faire se poura, et, avant que plus de bruyt se lieve, de ranforcer le chasteau, et tant y a que ja pence le Roy que vous soyez avecques lesdites mortes payes audit chasteau, ainsi que ja long temps vous a mandé, comme il m'a dit a mon partement, et que la vous trouveroye. Pour ce, n'est heure de plus differer, mais faire le vouloir du Roy. » Oyant celuy Roquebertin ce que dit est, pria ledit Allabre que au moings vousist premier demeurer illecques deux ou troys jours, et que ce pandant il trouveroit moyen de sortir de la ville et eschever le danger des villains, ce que ne voulut ledit Allabre, mais dist que plus ne demeureroit au palais. « Car j'ay, dit il, lectres adroissans a messire Gallaz, capitaine du chasteau, lesquelles fault a toute dilligence a luy presenter; car j'ay, de ce, comandement expres du Roy, auquel me fault, toutes choses lessées, obeir. » Ce dit, voyant celuy Roquebertin que autre chose ne pouvoit, et qu'il estoit force que ledit Allabre s'en allast au chasteau, dist : « Or, allez en la garde de Dieu; je vous bailleray une mulle et ung gentilhomme pour vous conduyre et acompaigner jucques au chasteau, affin que la ville ne se doubte de nostre affaire. Allez le plus celeement que pourez, et par voyes oblicques que la guyde que je vous baille vous saura mener. Et, au surplus, je vous transmectray toutes les mortes payes du palais, de nuyt, affin que par les villains ne soyent advisées ou arrestées. » Ce dit, ledit Allabre avecques sa guyde monta a cheval, et dist a sa guyde qu'il le menast vers la marine, a l'oposite de la ou il vouloit aller, affin que les Gennevoys ne sceussent ou il tiroit. Et ainsi s'en alla vers la marine a cartier et retourna par rues segrectes et foraines, tant que, sans empeschement, se rendit au chasteau, ou trouva messire Gallaz de Salluzart, capitaine de ladite place, auquel bailla les lectres du Roy, et luy monstra mandement dudit seigneur, comme il faisoit et ordonnoit ledit Allabre capitaine de Sainct Francisque, qui est ung colliege de cordelliers, assix au pié de la cytadelle du chasteau, bien ranfermé et fort a merveilles, lequel peut secourir le chasteau et estre du chasteau secouru contre la ville, dont estoit besoing mectre garnison dedans ledit colliege. Ausi mandoit le Roy, par lectres ausdits souldartz du pallais, qu'ilz eussent a obeyr audit Allabre en cest affaire, comme a sa personne, apres le departement de Roquebertin.

Celuy messire Gallaz, capitaine du chasteau de Gennes, voyant les lectres que le Roy luy escripvoit et le mandement susdit, receupt joyeusement ledit Allabre. Et sommairement tous deux ensemble parlerent sur leur affaire, disant, par conclusion, que mestier estoit que Phelippes de Roquebertin, lieutenant du palais, montast jucques au chasteau, pour parler plus amplement de leurs besoignes, et savoir a luy de l'estat et maniere des villains de Gennes et quel vouloir ilz avoyent, pour y pourvoir scelon leur possible. Ainsi transmirent message segretement devers ledit Roquebertin, le pryant qu'il vousist aller par devers eulx, pour parler d'aucunes choses, touchant les affaires du Roy; et que le capitaine du chasteau fust allé parler a luy, mais il n'ozoit habandonner le chasteau, par quoy le prioit bien fort qu'il luy plust monter jusques audit lieu : ce que ne voulut ledit Roquebertin, disant que, pour la doubte de la commune qui grandement estoit esmeue, n'ozeroit et que, s'il faisoit semblant d'y aller, le peuple l'assommeroit, car il estoit tout effrenné et en bransle de ouvrir la guerre aux Fransoys. Quoy plus ? si n'est que ledit

Allabre manda a Roquebertin, s'il ne pouvoit monter au chasteau, qu'il luy envoyast les mortes payes du palais, comme le Roy luy avoit mandé : ce que promist de faire celuy Roquebertin dedans, quatre jours apres; pendant lequel temps, il pratiqua aucuns des plus octorizés de Gennes, par doulces parolles et moyens exquys, pour envoyer a Millan ambaxadeurs par devers messire Charles d'Amboise, lieutenant du Roy, lequel avoit puissance sur toutes ses affaires, et que avecques luy pourroyent telle chose trecter, que se seroit au proffict de la ville et bien de la chose publicque ; et que, de sa part, il y besoigneroit en maniere que Gennes pourroit cognoistre qu'elle auroit ung amy en luy. Toutesfoys ses belles choses leur disoit ledit Roquebertin pour trouver moyen de sortir de la ville avecques eulx et se retirer a Millan, pour la seurté de sa personne; ausquelles choses s'accorderent les Gennevoys, et a chief de quatre jours luy baillerent ambaxades, pour aller avecques luy a Millan devers ledit lieutenant du Roy. Et, sur ce propos, se mectent en avant lesdits de Gennes, accompaignés de trente chevaulx, et prennent leur chemin vers bourg de Busalle. Or avoit ledit Roquebertin, premier que partir de Gennes, despeschée une poste et icelle envoyée a Millan, pour advertir le lieutenant du Roy commant il menoit les ambaxades de Gennes par devers luy. A quoy fist responce ledit lieutenant du Roy que de luy il n'avoit commission ne puissance aucune de faire avecques lesdits Gennevoys quelque trecté, ne de les ouyr; a ceste fin, leur renvoya la mesme poste pour de ce les advertir. Lesquelx Gennevoys, oyant ladite responce, tres mal contens, s'en retournerent a

Gennes, et ledit Roquebertin avecques son train prent son chemin droict a Millan[1].

Le mesme jour que celuy Roquebertin partit de Gennes, dist a ung nommé Maubouvyer, et a ung autre nommé Françoys de la Fuste, des souldartz du palais de Gennes, que, la nuyt ensuyvant de son partement, eussent a mener et conduyre les aultres souldartz dudit palais a Sainct Francisque, dont estoit capitaine ledit Allabre, car ainsi l'avoit mandé le Roy. Dont icelle nuyt se rendirent lesdits Maubouvyer et Françoys de la Fuste a Sainct Francisque, avecques six vingtz et sept d'iceulx souldartz. Les autres, qui estoyent en nombre deux cens ou environ, demeurerent avecques ung nommé Averluch, allemant, qui portoit l'enseigne du seigneur de Ravestain, leur capitaine, lequel Averluch ne voulut servir le Roy, ains fist mutiner lesdits compaignons, dont y avoit plusieurs Françoys, lesquelz se misrent au service et a la soulde des Gennevoys.

Dedans le palais de Gennes, estoit demeuré ung nommé messire Estienne de Cernerieu, docteur, lequel avoit la lessé Phelippes de Roquebertin, pour estre son lieutenant. Mais, voyant la retrecte des souldartz dudit palais, et le peuple de Gennes esmeu, dist qu'il se osteroit du chemin, comme les autres, ce qu'il fist; car, la nuyt ensuyvant, il deslogea sans trompette et

---

1. D'après Salvago, Roquebertin n'avait imaginé cette ambassade que comme expédient pour garantir sa sortie. Cependant, il parait qu'en réalité ces ambassadeurs envoyèrent à Milan demander un sauf-conduit, qu'on le leur accorda, qu'ils ne parurent pas (nouvelles du 9 mars. Sanuto, VII, 31) et qu'on essaya encore de négocier, malgré leur abstention (*Ibid.*, 36, 46); mais les Génois étaient divisés au sujet de cet accord.

s'en alla d'emblée devers le lieutenant du Roy, qui lors estoit a une petite ville nommée Gamallo, terre de Millan[1]. Et de la s'en alla audit lieu de Millan, pour estre plus asseur.

Lorsque ledit Maubouvyer et de la Fuste eurent menez ce qu'ilz peurent de leurs gens devers l'ussier, Allabre, au matin, dedans ledit colliege de Sainct Francisque, receupt le serment d'iceulx, de bien et loyaument soubz sa charge servir le Roy.

Le mesme jour que les souldartz eurent faict le serment, comme dit est, ledit Allabre, capitaine de Sainct Francisque, voyant grant nombre de freres estre leans, doubtant long siege, et que, au moyen de trop de gens, les vivres se peussent diminuer et deffaillir, et venir autres inconveniens, appella le gardien, auquel dist que pour les causes susdites estoit requis d'en envoyer partie et retenir ceulx seullement qui mestier faisoyent pour le service divin ; par quoy ledit gardien en envoya tous lesdits freres, reservez cinc, et luy sixiesme.

Tout cela faict, ledit capitaine se prist garde de sa place et l'environna de tous costez, pour icelle adviser ; et, aux lieulx qu'il veist besoigneulx de ayde, fist faire fors et rampars, ou luy et ses gens misrent la main a l'œuvre, en maniere qu'ilz n'eurent doubte de la force des Gennevoys, ne crainte de leur siege.

1. Sans doute Gambolò, près de Vigevano.

XIII.

COMMANT LES GENNEVOYS SE MISRENT SUS CONTRE LE
ROY ET ASSIEGERENT LE CASTELLATZ DE GENNES, ET
PRINDRENT PAR COMPOSITION; ET COMME, SUR LADITE
COMPOSITION, IL OCCIRENT INHUMAINEMENT LES FRAN-
ÇOYS QUI DEDANS ESTOIENT.

Tantost que les ambaxadeurs de Gennes furent retournez de bourg de Busalle audit lieu de Gennes sans avoir esté ouys du lieutenant du Roy; et ausi sachant commant le capitaine du chasteau de Gennes avoit priz aucuns de leurs cytoyens, que ancores tenoit prisonniers et iceulx traictet tres rudement; coignoissant ausi par l'absentement des souldartz du palais, qui s'estoient retirez au chasteau, que les Françoys ne se fyoyent plus en eulx, et que de tous pointz leur entreprise estoit descouverte, tindrent entre eulx une turbe commune ou conseil populaire, ou plusieurs propos escartiz et raisons inconsultées furent mises sus. A ce conseil, furent appellez Paule de Nove, duc du peuple de Gennes, Manuel de Canale, Demetrius Justinian, Anthony de Ciuuly, le capitaine Ternatin, Guilhon, capitaine de Poulcevre et autres de ceulx qui estoyent venus du siege de Monigue, et grant nombre d'autres, tant du peuple gras que de la commune; lesquelz, apres plusieurs allegations desordonnées, conclurent de declairer eulx et la ville de Gennes contre le Roy, et des lors commaincer leur rebellion et tuher tous les Françoys qu'ilz pourroyent trouver et prendre dedans leur pays; tant que, pour commaincer, tous a une voix crierent : *Populo! Populo!* taisant leur cry de : *France! France!* que jucques a celle heure avoyent tousjours cryé.

Avecques leurs cris impetueulx et bruyt de peuple effrenné, s'en allèrent assieger une petite place nommée le Castellas, estant assise au dessus du chasteau de Gennes[1], dedans les montaignes, en laquelle estoyent xx[2] Françoys et troys femmes, soubz la charge d'ung nommé Regnault de Nouaille, capitaine de ladite place ; et, ung jour de vendredy lendemain de la my caresme, sur l'eure du point du jour, aprocherent lesdits Gennevoys le Castellas et comaincerent a tirer encontre leur artillerye, sans cesser, depuys le matin jusques au soir sur le vespre. Les Françoys qui dedans estoyent se deffendirent au mieulx qu'ilz peurent ; mais, pour ce que la place estoit mal advitaillée et desprouveue de secours, les souldartz parlamenterent, disant aux Gennevoys : « Nous rendrons la place, noz vyes et bagues sauves, ou sinon summes deliberez de vivre et mourir icy a la deffence de nous et de nostre place. » Les Gennevoys, voyans qu'ilz ne les auroyent par force, sans avoir partie a la perte, combien qu'ilz eussent juré la mort de tous les Françoys qui la estoyent,

---

1. Une miniature du célèbre ms. *le Voyage de Gênes*, de Jean Marot (fr. 5091), représente (fol. 10 v°) la prise du *Castellazzo* par les Génois. Au premier plan, le château et l'abbaye de Saint-François, avec les étendards de France flottant au vent ; la mer ; la ville de Gênes. En haut d'une montagne, le *Castellazzo*, avec le drapeau français (rouge et jaune, à emblèmes d'or). Des colonnes de Génois montent à l'assaut, en massacrant des femmes ; quelques-uns portent, au bout de piques, des dépouilles sanglantes. Ils ont le pavillon à croix rouge et le pavillon de Saint-Georges.

2. Dix-huit, d'après Salvago.

toutesfoys jurerent et promirent ladite composition, touchant la vye et bagues sauves desdits souldartz, ce que ne tindrent les traistes ; car, tantost que la place fut rendue et mise entre leurs mains, la commune forcennée ne voulut tenir ladite composition, mais, malgré aucuns des principaulx de leur armée, qui avoyent entre les mains lesdits souldartz françoys, leur osterent et occirent cruellement. Car aux ungs encroiserent les bras et estacherent, et leur fendirent le ventre et l'estomac, en leur errachant le cueur et les entrailles du corps ; puys picquerent les cueurs d'iceulx contre esteppes et pousteaulx et se soilherent les mains dedans le sang des mors inhumainement ; les autres taillerent en pieces sans pityé, avecques les femmes qui la estoyent, lesquelles firent mourir de tant cruelle et estrange mort que l'orreur du faict me deffent la maniere de dire[1]. Somme, de tous ceulx n'en eschappa que ung tout seul, nommé Nycholas de Noyers, lannoys, lequel, apres la prise de la place, et ainsi que on tuhoit ses compaignons, fut pris par aucuns marchans de Gennes estans la, qui le cognoissoyent et avoyent eu avecques luy quelquesfoys parolles familieres, dont celeement firent tant qu'ilz le musserent et deguiserent, puys luy baillerent de l'argent, et tel-

---

1. « Vingt et cinq mille estoient de Genevoys
Contre troys femmes et dix huyt Francoys.
. . . .
Mettant a mort tous ceulx qu'ilz y trouverent,
Non seulement les hommes, mais les femmes,
Dont a jamais sont reputez infames ;
Car saulver fault quatre choses en guerre :
Prestre, herault, paige et feminin genre. »
(Jean Marot, *le Voiage de Genes*.)

lement firent qu'il se sauva et se retira au chasteau de Gennes, ou depuys me trouvay et parlay a luy, par lequel je sceu lesdites choses et les noms d'aucuns de ses compaignons mors, nommez Regnault de Nouailhe, leur capitaine, Nycholas Dangu, le bastart du Chillou, Guillaume Ducro et ung sien filz Phelippes Ducro, Pied d'argent, Jehan de Sainct Ouyn, Gonnon et ung sien filz, Artus Morterre, Glaude du Pin, Grant Jehan, Dozillat, Jannot le cannonnyer, ung nommé Robert et troys autres, avecques troys femmes, qui furent tous mys a sac[1].

XIV.

Commant les Gennevoys assiegerent le colliege de Sainct Francisque de Gennes et le chasteau dudit lieu.

Apres que iceulx Gennevoys eurent pris le Castellas de Gennes et occis les Françoys qui la estoyent, disrent qu'il failloit faire ancores plus et conclurent d'assieger le chasteau qui estoit fort a merveilles, bien avitaillé et garny de bons souldartz, avecques grant nombre de grosse et bonne artillerye, estant assix entre le sommet de la montaigne et la ville de Gennes, comme a my chemin desdits lieux. Entre lequel chasteau et ladite ville, avoit deux fors, c'est assavoir : la citadelle, dont l'issue regardoit devant la grant porte de l'eglize

[1]. Guichardin lui-même, quoique très favorable aux Génois, raconte avec indignation que les auteurs de cet acte abominable s'en vantèrent, qu'ils rentrèrent à Gênes avec de grands cris de joie et en agitant leurs mains dégouttantes de sang.

de Sainct Francisque devers la ville, tout en pendant et de mailaisée advenue ; laquelle cytadelle estoit fortiffyée de bastilles et rampars, force gens, bonne artillerye ; l'autre fort estoit le colliege de Sainct Francisque, par lequel on descendoit en la ville par diverses rues, tirant au domme et au palais de Gennes ; lequel colliege estoit enceint et fermé, du costé de la ville, de bonnes et grosses murailles, bien tournellées, et garnye de bonne artillerye, avecques bons souldartz[1] prestz d'actendre le siege et les assaulx desdits Gennevoys, qui estoyent tous en armes par les rues de Gennes et tant esmeuz que tous d'une voix disrent qu'ilz prendroyent le chasteau de Gennes d'assault ou que tous y demeureroient. Mais premier s'en entrerent au palais, d'ou s'estoyent retirez les Françoys, comme sages ; et la dedans ne trouverent a qui meffaire, si n'est que iceulx villains, voyans les armes du Roy la partout semées, avecques lances et picques les esgratinerent et effacerent de tous pointz. Et, ce faict, fermerent et barrerent toutes les rues, ruetes, chemins, passées et advenues, pour aller du chasteau a la ville ; et adviserent de tous costez l'assiecte du chasteau, pour y mectre le siege, qui leur sembla mal a main de tous costez, fors devers Sainct Francisque, pour ce que de celle part ilz pourroyent faire, dedans aucunes maisons qui pres de la estoyent, leur taudys et rampars, et estre toujours au couvert, et avoir a tout besoing gens et relays. Et, pour mieulx a seurté approcher, ilz percerent les rues et maisons de lieu a lieu, pour aller a couvert hors le danger de l'artillerye du chasteau,

---

1. Deux cents hommes, d'après Salvago.

jucques encontre les murailles dudit colliege de Sainct Francisque; et assirent leur artillerye en divers lieulx, entre autres, firent ung rampar devers Besaigne[1], touchant a ung lieu nommé Pavye[2], pres d'ung colliege de nonnains; et la atiltrerent ung groux canon nommé le Lizard, que iceulx Gennevoys avoyent emprunté de la seigneurie de Pize; pres ung autre lieu, ou autresfoys avoit eu ung chasteau, du costé devers Sainct Roch[3], atitrerent une autre grosse piece d'artillerye, nommée le Beuffle, laquelle ausi avoyent eu des Pizans. En plusieurs autres lieux de la ville, et du costé de Besaigne, avoyent faict boulouvars et fors, pour mectre leur artillerye grosse et menue, pour tirer contre le chasteau et Sainct Francisque, au lieux plus a main pour leur siege. Et ordonnerent entre eulx gens pour tenir ledit siege nuyt et jour, et y obeyr a relays, sans jamais cesser de tirer artillerye et donner assaulx, jucques la place fust prise, et les souldartz mors ou affamez.

Messire Gallaz de Salluzart[4], capitaine du chasteau, voyant le siege d'iceulx Gennevoys assix devant luy, fist emboucher plus de cent pieces de artillerye grosse et menue droict a la venue du siege; et en fist mectre hors le chasteau, a l'entrée de la cytadelle, au sommet d'ung hault terrier, une grosse serpentine, la bouche dessus la ville, et au droict du moule de Gennes, pour deffendre le passage aux ennemys et ruer sur les maisons et au travers des rues de Gennes. La cytadelle

1. Le Bisagno.
2. Il piano (?).
3. San Rocchino (?).
4. Seigneur de Las (voy. p. 110).

et le colliege Sainct Francisque furent pareillement garnys de souldartz, de vivres et d'artillerye, et chascun prest d'exploicter la guerre, laquelle fut comancée par les Gennevoys, qui, de premiere advenue, chargerent sur ledit colliege Sainct Francisque, et la ruerent coups d'artillerye, a toutes mains. Ceulx du chasteau, qui estoyent au dessus, comaincerent a rendre leur meute d'artillerye aux Gennevoys, et tirer droict a leurs rampars, et au travers des rues et maisons de la ville, tellement qu'il sembloit que tout tramblast. Les femmes et petitz enfens habandonnerent les haultz estages de leurs maisons, pour l'orrible bruyt et dangereulx coups que l'artillerye des Françoys donnoit autour d'eulx, et se misrent soubz les chambres basses voultées de leursdits logys. Pareilement les Gennevoys ruoyent coups, sans cesser, contre les tours et murailles du chasteau, et le plus souvant contre les deffences de Sainct Francisque et au travers de l'eglize, pour ce que les souldartz et les freres dudit colliege tyroient aux ennemys par grans troulx et larges pertuys, qu'ilz avoyent faictz au travers de la muraille de ladite eglize, dont endomaigeoyent fort les Gennevoys. Par quoy, n'espargnoyent icelle eglize, mais tiroyent au travers, de tous costez ; et tant que, tantost apres ce, je estant dedans ladite eglize, viz partye du cueur et pilliers d'icelle par terre, et les voultes percées en plusieurs lieux, et, entre autres coups estranges, vys ung ymage de crucifix, estant sur la porte du cueur dudit colliege, ayant le bras dextre percé pres du coulde d'ung coup d'une piece d'artillerye, et plusieurs autres ymages brisez et rompus. Somme, la baterye estoit merveilleuse de tous costez ; car nuyt et jour duroit le bruit.

Lorsque les Gennevoys eurent batu longuement ledit colliege, disrent qu'il y failloit donner ung assault pour voir la resistance des Françoys et leur maniere de deffendre ; et eulx a tout grosse brigade, ung lundi apres la my caresme, garnys de crampons et eschelles, avecques grant bruyt de peuple et son de groux tabours de Suyces, approcherent la muraille dudit colliege, du costé d'ung fort jardin qui la estoit a main senestre, au dessoubz dudit colliege, pres d'ung lieu nommé Fontaine Amoureuse, et la comaincerent a dresser leurs eschelles et donner le combat main a main aux Françoys, lesquelz a tour de bras receurent les Gennevoys, tellement que du hault en bas plusieurs furent renversés, a grans coups de picques et hallebardes furent renvoyez, et deux de leurs eschelles sur eulx gaignées, et XX hommes d'iceulx mors au pié de la muraille avecques grant nombre de blecez. Des Françoys y moururent deux hommes seullement et VIII y furent blecez.

Ce faict, voyant lesdits Gennevoys que a ce lieu ne pouvoyent riens faire de leur advantage dirent que par ung autre costé assauldroyent le fort ; dont furent querir, par les maisons de la pres, groux monceaulx de fagotz secz et autres fustes gressées d'uysle et de souffre, et a grousse foulle approcherent la premiere porte de l'entrée dudit colliege, laquelle fut deffendue des Françoys et la herce abatue, qui fut incontinent avironnée de fagotz, plains de souffre parmy, tellement que ladite herce fut tout a coup bruslée et en flamme. Ce faict, la eut combat a l'oustrance, car les Gennevoys misrent tous leur effort de gaigner celle entrée et les Françoys tout leur pouvoir pour la deffendre, comme ceulx qui a ce hazart voyoyent leur honneur branler et adventurer leur vye ; ce qui tant les hardya que a coups immoderez respousserent les Gennevoys et malgré eulx resfortifierent leur entrée. Jucques a temps feray sillence de ce siege pour toucher d'aucunes choses que le Roy lors exploictoit en son Royaume de France.

XV.

Commant le Roy, sachant la rebellion de sa cyté de Gennes et les exploictz par cy devant faictz, se mist a chemin pour tirer celle part [1].

De la rebellion de Gennes et de tous les effors qu'elle avoit ja faictz fut incontinant le Roy par ses postes adverty ; de quoy ne se meust que bien a point, mais bien pença de y pourvoir a l'ayde de Dieu et en faire telle raison que ce sera au chasty d'icelle pour jamais et a la craincte des mutins [2], disant que luy mesmes ira en personne pour veoir a l'ueil le deffault des meschans et deuement le reprouver, et cognoistre le bienfaict des vertueulx pour a temps le remunerer. Mais, premier que desemparer, mist ordonnée pollice es affaire de son royaume, tant a l'estat de justice que

1. Une miniature du ms. (fol. xliv v°) représente la marche du roi à travers la campagne : le roi sur un cheval blanc, suivi d'un cardinal et de seigneurs, précédé d'archers, suivi d'hommes d'armes.
2. D'après Giustiniani (*Annales*), le cardinal de Finale s'interposa à deux reprises pour engager les Génois à une soumission amiable.

a la seureté des pays, voulant que, a la garde de son pays et duché de Bourgoigne, messire Loys de la Trimoulle, en qui avoit singuliere fience, avecques huyt cens hommes d'armes et grant nombre de gens de pied, son lieutenant general demeurast.

Ce faict, entour la fin du moys de janvyer, en l'an susdit mil V^c et six, se mist a chemin[1] tirant droict a Bourges. Tous les gentishommes de sa maison, archiers de la garde, allemans, et generallement tous ses pencionnaires, le suyvirent[2]. Maistre Georges, cardinal d'Amboise, qui plus d'octorité avoit envers luy que nul autre, estoit tousjours avecques luy ; lequel avoit le maniment de toutes ses affaires, pour icelles voir, cognoistre et despescher. La Royne, pareillement, voyant l'entreprise du Roy touchant le voyage de dela les mons, pour le vouloir, s'elle peust destourner, le suyvit ; et, lorsqu'elle ne luy ozoit dire par doulces remonstrances ou amyables parolles son intencion sur l'empeschement dudit voyage, par contenance de face triste et chere marye luy faisoit entendre souvant le segret de sa pencée. Mais tout ce dissimuloit il tres sagement, en tant que tousjours fut ferme en son propos ; combien que plusieurs ne louoyent ledit voyage, disant qu'il n'estoit mestier que la personne du Roy, pour une seulle rebellion de villains, se deust partir du Royaume ne prandre si lontain voyage. Mais tout

1. Louis XII quitta Blois le 29 janvier. Du moins, il passa à Montrichard les journées des 30, 31 janvier, 1er, 2 et 3 février et arriva à Bourges le 20 février. On trouve dans cette lenteur trace de l'influence de la reine (Arch. nat., KK. 88, fol. 83 et suiv.).

2. Une miniature du *Voyage de Gênes*, de Jean Marot, fol. 2, représente les préparatifs de départ : on démonte les canons, on plie les étendards, on essaie les cuirasses. Au fond, la mer.

ce fut pour neant, car a toute diligence fera, ce dit, son entreprise. Et, luy estant a Bourges[1], transmist devant a Lyon ledit cardinal d'Amboise, legat en France[2], pour faire despescher ses postes sur son affaire et ouyr les ambaxades, si aucunes en venoit, et icelles despecher sur le champ, affin que pour elles ne retardast son voyage.

Le pape, qui lors estoit a Boulongne la Grasse, ou avoit mandé et promys au Roy de l'actendre et parler a luy, sachant son partement pour aller dela les mons, faignit d'estre mal disposé et malade. Par quoy, au moyen de ce que le Roy des Romains faisoit publier et dire que le Roy alloit dela les mons pour occuper les Ytalles et faire du siege apostolicque a son vouloir a ceste occasion (comme se disoit), le pape n'actendit le Roy a Boulongne, comme luy avoit mandé mais, s'en alla a Romme[3].

1. Il ne quitta Bourges que le 5 mars (Arch. nat., KK. 88, fol. 109 v°).

2. Par des patentes de janvier 1507, Louis XII fonda dans la cathédrale de Rouen un obit annuel, moyennant deux muids de sel par an (Arch. de la Seine-Inférieure, G. 1112).

3. Il quitta Bologne le 22 février (Paris de Grassis, p. 152). Ce brusque départ étonna tout le monde et donna lieu à toute sorte d'interprétations. En réalité, Jules II était très ému des événements de Gênes et de l'arrivée du roi et hanté de cette idée (qu'on ne put jamais lui arracher) que le cardinal d'Amboise allait chercher à se faire proclamer pape (*Ibid.*, p. 138 et suiv.). De plus, il était favorable au parti populaire de Gênes : en conflit avec le gouvernement génois, il n'avait pas hésité à décerner contre lui, le 22 décembre 1505, un monitoire et des lettres de citation en Chambre apostolique. Gênes n'en avait tenu nul compte, et, le 3 avril 1506, le prieur de Saint-Mathieu, le prévôt de Saint-Luc à Gênes, conservateurs des privilèges apostoliques, avaient solennellement déclaré nuls ces documents (Bibl. de l'Université de Gênes, ms. V°, fol. 188).

Alors, ainsi que le Roy des Rommains sceut que le Roy se deliberoit de s'en aller a son voyage de Gennes, voulant celuy empescher a son pouvoir, pença la maniere commant il le pourroit faire au plus couvert. Or, avoit il ung gentilhomme des siens, bailly de Charroloys, lequel avoit son hostel en Bourgongne, pres de la maison d'ung nommé Françoys Deschesnoy, seigneur dudit lieu, estant des gentishommes de la maison du Roy, duquel le bailly de Charrolloys avoit quelquefoys parlé au Roy de Rommains. Et, a ce propos, luy en souvint, disant a celuy bailly : « Il est besoing que vous ayez a parler a celuy Deschesnoy, qui est de la maison du Roy de France, et que entre autres choses luy deissiez que de ma part je vouldroys bien avoir au Roy de France bonne amytié et seure confederation, et que a moy ne tiendra que amour et paix ne soit tous temps entre luy et moy parfaictement unye. » En quoy s'aquicta celuy bailly, en maniere que au moyen de ce que leursdites maisons estoyent assez pres l'une de l'autre et confines, trouva celuy bailly façon d'aller veoir ledit seigneur Deschesnay ; et eulx ensemble se firent tres bonne chere, et de parolle a autre entrerent en propos de leurs maistres, disant ledit bailly que, au regard de son maistre, le Roy des Romains de sa part auroit voluntiers amytié au Roy de France et que a luy ne tiendroit. Sur quoy fist responce ledit s^r Deschesnay : « Si le Roy des Romains, vostre maistre, veust avoir paix et amytié avecques le Roy mon maistre, de son costé ne tiendra que bons amys ne soyent, car c'est une chose qu'il desirent bien fort. » Tant allerent parolles en avant que ledit bailly, apres ce, s'en alla devers le Roy des Rommains, son maistre, et l'advertist desdites parolles; lesquelles, ouyes par le Roy des Rommains, voullant, soubz ombre d'une paix fourrée, retarder ou arrester le voyage du Roy, renvoya de rechief a toute dilligence ledit bailly devers le s^r Deschenoy pour luy dire, de la part du Roy des Rommains, que la chose que plus au monde desiroit c'estoit que avecques le Roy de France eust fraternelle amytié et unyon paisible; ce que ledit bailly dist audit seigneur Deschenoy. « C'est tres bien dit, dist il, mais avez vous charge expresse de vostre maistre, le Roy des Romains, de dire ce que vous dictes? — Ouy, dist le bailly, et suys cy envoyé de par le Roy mon maistre pour le vous dire et de ce vous advertir, affin que en faciez le rapport ou vous devez. » Ce dit, celuy seigneur Deschenoy a toute dilligence ce transmist devers le Roy pour l'avertir desdites choses et y adviser a son plaisir; puys s'en alla apres en court et mena quant et luy ledit bailly de Charrolloys, lesquelz furent a Bourges devers le Roy, le xe jour de feuvrier. Et, eulx la arrivez, celuy bailly alla faire son message au Roy, disant : « Sire, le Roy des Romains, mon maistre, se recommande bien fort a vous et m'a donné charge de vous dire qu'il desire sur toutes choses avoir bonne amytié avecques vous et faire a vous une paix si asseurée et telle confederation que jamais entre vous deux de sa part ne fauldra, disant que, au regard de toutes vielles questions, il les veust mectre en oubly et demeurer vostre bon frere et perpetuel amy. Et, affin que de ce soyez myeulx asseuré, plaise vous, sire, me bailler quelqun de voz gentishommes pour s'en venir devers mon maistre et savoir de luy s'il advoura lesdites choses. »

A quoy fist le Roy responce que ausi de son costé ne demandoit au Roy des Romains que avoir paix et unyon ; dont, pour savoir la verité desdites choses, delibera y envoyer quelqun et transmist querir ung sien varlet de chambre, nommé Mascé de Villebreme[1], lequel estoit lors a Bloys, et, sachant ses nouvelles, s'en vint en poste devers le Roy, qui le despescha sans luy donner autre charge que de aller, avecques ledit bailly, devers le Roy des Romains, savoir si les choses dictes par celuy bailly estoyent vroyes et s'il les advouoit. Si s'en allerent iceulx droict en Bourgoigne et par la conté de Ferrete, puys entrerent en Allemaigne, ou trouverent le Roy des Romains dedans une ville nommée Estrabourg, et la receut le messager du Roy, en la presence dudit bailly de Charroloys. Apres ce, demanda le Roy des Romains a celuy de Villebreme quelle charge il avoit du Roy pour luy dire, lequel dist : « Sire, je n'ay autre charge, si n'est que, a la requeste du bailly de Charrolays, que voycy, le Roy mon maistre m'a cy envoyé pour savoir si les choses que icelluy bailly a dictes de par vous a mondit maistre sont vrayes et si vous les advouez. » Lequel les advoua. Et, apres plusieurs autres parolles, le Roy des Rommains dist que le Roy entreprenoit de s'en aller dela les mons pour faire la guerre a Gennes, qui estoit terre d'Empire, ce qu'il ne devoit, et qu'elle n'estoit sugecte ne tenue a luy ne a la couronne de France ; par quoy, s'il y alloit a main armée, qu'il

1. Valet de chambre du roi et poëte, ami de G. Crétin, qui lui adressa une épitre où il exalte fort Jean d'Auton (ms. fr. 1711, fol. 13). Nous avons parlé, dans notre *Histoire de Louis XII*, de la famille de Villebresme, héréditairement attachée au service de Louis XII et de ses pères, au château de Blois.

donneroit tout le secours au[x] Gennevoys qu'il pourroit. Et, en oultre, dist : « Vostre maistre le Roy de France s'en va sur les Italles pour icelles occupper et veust mectre le papat entre ses mains pour en faire a son vouloir ; ce qui est de nostre magesté imperiale, ne a autre prince appartient soy entremectre du siege romain, que a nous seullement, car c'est de nostre affaire imperial. » Ainsi se mist au champs sans parler plus de la paix, mais a toutes fins concluoit d'empescher le voyage et entreprise du Roy ; et, pour ce, despescha ledit bailly et luy bailla instructions scelon l'oppinion de son conseil ; et, ce faict, les susdits s'en retournerent vers le Roy. Advint que ledit bailly, en venant en France avecques ledit Villebreme, aprocha de sa maison, disant qu'il luy failloit par la passer. « Or bien, » dist le messager françoys, « je m'en voys doncques devant, pour assavanter le Roy de vostre retour. » Ce que fist, et le plus hastivement qu'il peust, et tant que a la my mars fut a Lyon sur le Rosne, ou illecques trouva maistre Georges, cardinal d'Amboise, legat en France, auquel dist et racompta tout ce qu'il avoit ouy et sceu du Roy des Romains et comment il envoyoit de rechief le bailly de Charroloys. Dont ledit legat envoya celuy messager a toute dilligence devers le Roy, qu'il trouva entre la Bresle et Lyon, et la advertist de toutes les choses susdites et commant a son advys le Roy des Romains faisoit toutes ses choses pour vouloir retarder son voyage de Gennes ; par quoy, scelon son advys, le meilleur estoit de haster sondit voyage, ce que fist le Roy, car il ne coucha que une seulle nuyt a Lyon[1], et le lende-

---

1. Le 23 mars (Arch. nat., KK. 88, fol. 112 v°).

main tira droict a Grenoble[1]. Tandys, ledit bailly arriva a Lyon, ou fut receu par ledit cardinal d'Amboise, lequel ouyt son dire ; et, entre autres propos, comment le Roy des Romains disoit qu'il estoit deliberé, si le Roy alloit faire la guerre aux Gennevoys, de leur donner tout le secours et ayde qu'il pourroit; et que si le Roy entreprenoit sur le Sainct Siege apostolicque, qui estoit de sa magesté imperial, que il luy contraryeroit a son pouvoir. Et, sur ce point, reprist le cardinal d'Amboise celuy bailly, disant ainsi : « Commant l'entend le Roy des Romains, vostre maistre? Il sembleroit, a ouyr vostre dire, que nostre Sainct Pere le pape et les cardinaulx ne fussent que pour luy seul ! » A quoy celuy bailly fist responce que ausi n'estoyent ilz. Mais son propos luy fut, sur ce, par ledit cardinal d'Amboise rabatu, en maniere qu'il se trouva pour l'eure mal pourveu de soustenables responces ; et eurent entre eulx parolles picquantes, tant que a la parfin ledit bailly se trouva estonné. Toutesfoys s'en alla a Grenoble devers le Roy, ou dist sa charge, et fut du Roy doulcement accueilly. Auquel bailly fist responce, que de sa part, combien que le Roy des Romains luy vouloit empescher son voyage, ja pourtant ne s'aresteroit, mais iroit en armes le plus tost qu'il pourroit ; et, s'il y avoit au monde homme qui se trouvast au devant pour le vouloir empescher, qu'il luy donneroit la bataille et se mectroit par armes en tel effort de passer qu'il esperoit, avecques l'aide de Dieu, qui est l'escu des justes querelles, que se seroit par sur le ventre de ses ennemys. Ce dit, celuy bailly

1. Il y arriva le 29 (*Ibid.*, fol. 113).

s'en retourna vers le Roy des Romains ; et le Roy, faict ses pasques a Grenoble, le lendemain, comaincement de l'an mill V° et sept[1], se mist a la voye et lessa la Royne tout adoullée pour son departement.

Le temps durant que lesdites ambaxades venoyent de devers le Roy des Romains, le Roy fist despescher ung nommé Gabriel Fourestier, Roy d'armes de Normendye, lequel envoya devers le Roy d'Angleterre qu'il trouva a Londres, et la ouyt ledit Roy d'armes sur sa charge, telle que le Roy, comme confederé et amy dudit Roy d'Angleterre, luy faisoit assavoir son voyage de dela les mons, en le priant que tousjours ensemble fussent bons freres et loyaulx amys, comme tousjours de leurs temps avoyent esté. A quoy respondit le Roy d'Angleterre : « James, dist il, ne luy fauldray, et, avecques ce, si le Roy de France, mon frere, a mestier de mon ayde, moy mesmes en personne me trouveray a son besoing et affaire. » Ce dit, le Roy d'armes, apres avoir ouy sa bonne responce, s'en alla devers le Roy, auquel dist ce que, de par le Roy d'Angleterre, avoit en charge de dire, dont le Roy fut bien joyeulx[2].

1. Légère inexactitude. Pâques fut le 4 avril, et le roi ne quitta Grenoble que le 6 ; mais il marcha à grandes journées (Arch. nat., KK. 88, fol. 136 et suiv.). Saint-Gelais dit à tort que le roi quitta Grenoble le 3 avril.
2. Nous avons le texte de cette réponse, affectueuse, mais moins affirmative que ne le dit Jean d'Auton. Un héraut ne pouvait recevoir de mission diplomatique proprement dite. *Normandie* avait pour charge de demander simplement une extradition et de rappeler en même temps les communications antérieures de l'ambassadeur Marrafin. Il remit sans aucun doute une note écrite, car il reçut une réponse écrite, également en forme de note, signée d'un secrétaire. Dans cette note, en français, en réponse à la *remonstrance* de *Normandie,* officier d'armes de

Ausi, quelque temps devant ce, avoit le Roy envoyé ung s[i]en segretaire, nommé maistre Jehan Bouchier, vers le pays des Ligues, pour savoir le vouloir des seigneurs des ligues et quantons des pays sur le consentement de tirer et avoir dudit pays ung nombre de gens; a quoy lesdits seigneurs des ligues et quantons donnerent leur consentement. Dont le Roy, de ce adverty, transmist devers messire Jehan de Durefort, seigneur de Duras[1], estant lors dela les mons en la duché de Millan, auquel manda que a toute dilligence s'en allast devers aucuns des seigneurs desdites ligues et quantons, et que la choisist, prist et levast jucques au nombre de dix mille poyes, ce qu'il fist. Et, iceulx levez et prestz de marcher, eurent le premier de leur payement, ains que desemparer leur pays, disant que ainsi l'ont de costume ; et, de vray, ja ne marcheront ung pas qu'ilz ne voyent la croix devant. Le lieutenant du Roy, qui lors estoit a Millan, sachant lesdits Suyces marcher, leur envoya au devant messire Jehan de Bessey, gruyez de Bourgoigne, pour iceulx recepvoir. Lequel s'en alla a une ville nommée Varaiz, de la

France, le roi d'Angleterre proteste d'une vive et intime amitié avec la France ; il approuve le désir de Louis XII de châtier les Génois rebelles. Quant à la communication couverte que Louis XII lui a faite des projets de ligue contre les Vénitiens, il se réserve et attend des explications ultérieures. Louis XII a fait réclamer par *Normandie* l'extradition d'un génois rebelle, *Iheronimo Sauly*, qui s'est enfui en Angleterre de Lyon, où il était interné. Le roi proteste qu'aucun Génois ne se trouve en Angleterre; néanmoins, les recherches continuent (datée de Richemont, 30 avril 1507; fr. 2930, fol. 11).

1. Lieutenant de la compagnie d'Albret, puis capitaine de 50 lances (Quittance de 1512; fr. 26112, 1067), il prit pour lieutenant le dauphinois François de la Font de Savines (A. Rivalii, *De Allobrogibus*, p. 541).

duché de Millan, et la receut iceulx Suyces, lesquelz n'estoyent ancores tous assemblez ; mais partie d'eulx avoit marché devant et les autres venoyent apres. Audit lieu de Varaiz fut faict au premiers venus second payement. Ce faict, partirent dudit lieu de Varaiz et marcherent jucques en Allexandrye, ou sejournerent quelque temps, en actendant le surplus de leur suyte, qui ancores estoit derriere.

Messire Charles d'Amboise, lieutenant du Roy, fut adverty lors que les autres du demeurant desdits Suyces marchoient vers Varaiz ; par quoy leur envoya messire Jehan de Bessey pour iceulx recevoir, comme avoit faict les autres, lequel y alla et les trouva ja arrivez, ou pouvoyent estre en nombre troys mille cinq cens, lesquelz furent la pareillement payez. Et, apres leur payement faict, firent aucune difficulté de marcher en avant, disant qu'ilz ne savoient si leurs gens estoyent devant ou non, et que sans eulx n'yroyent oultre, et tout plain d'autres propos signifiant quelque don par les capitaines, ce que entendit bien ledit messire Jehan de Bessey ; dont mist la main a ses coffres, sans espairgner pourpoins et soyes de veloux et autres bagues qu'il leur donna, et fist tant qu'il les fist marcher droict a leurs compaignons, qui d'Alixandrye ne voulurent partir que premier ne fussent asseurez que ceulx qui apres eulx venoyent ne fussent hors le lieu de Varaiz pour tirer vers eulx, disant que, s'il n'estoyent tous ensemble, ja ne se trouveroyent en camp pour combatre. Toutesfoys, par dons et promesses que leur firent les capitaines de l'armée de France et autres gentishommes françoys, ilz se misrent tous en avant.

XVI.

Commant le Roy transmist maistre Georges, cardinal d'Amboise, devant, en Ast, pour avancer son affaire et faire haster son armée; et du nombre de ses gens d'armes et autres choses sur le faict de la guerre.

A toute dilligence passoit le Roy son pays du Daulphiné, et prist son chemin; de Grenoble a Gap, a Ambrun, a Brianson, au mont Genevre, a Ourse[1], ou la luy vint au devant le duc de Savoye[2], bien accompaigné de seigneurie de son pays, lequel conduist le Roy jucques a Moncalier, une de ses villes de Piemont.

Le Roy, ainsi estant a sondit voyage, transmist devant le cardinal d'Amboise, en Ast, pour faire haster son armée de marcher en avant. Car ja estoyent passez long temps devant quatorze mille hommes de pié, que conduisoient Mollart Suffray[3], Allemant, gouverneur de Grenoble; Jacques d'Allegre, seigneur de Milho; messire Yves de Mallerbe, et autres capitaines

---

1. Le roi partit de Grenoble le 5 avril; il coucha le 5 à la Mure, le 6 à Corps, le 7 à Gap, le 8 à Embrun, le 9 à Briançon, le 10 à Oulx, le 11 à Suze, le 12 à Avigliana, le 13 à Villanuova en Astesan, où il séjourna le 14. Le 16 il était à Asti (Arch. nat., KK. 88, fol. 137-138). D'Avigliana à Villanuova, le roi traversa Moncalieri, mais sans s'y arrêter.

2. Par ordre du 8 avril, le duc avait prescrit de préparer des logis pour le roi à Suze et lieux voisins (Atti della Società Ligure, p. 659).

3. Seigneur d'Uriage.

françoys qui estoyent dela les mons. Ausi estoit passée l'artillerie et charroy d'icelle, dont l'une partie estoit venue de France et l'autre de Millan, et le tout estoit a Tourtonne.

Messire Charles d'Amboise, lieutenant du Roy dela les mons, avoit ausi mandé tous les gens d'armes des garnisons de la duché de Millan[1] qu'ilz s'assemblassent tous pour faire camp et marcher devers le bourg de Buzalle, auquel lieu se devoit trouver toute l'armée de France ; et ja estoient assemblez avecques les gens de pié et l'artillerye a Tourtonne, pres de marcher en avant, estant en nombre, scelon ce que j'ay veu et sceu audit lieu et au logys de ladicte armée.

Premierement, les cent hommes d'armes de messire Charles d'Amboise, lieutenant du Roy, ayant lieu, pour leur garnison, au Castellatz et a Tourtonne[2] ; les cinquante hommes d'armes de messire Phelippes de Cleves, dont estoit lieutenant le bastard de la Clayette, tenant leur garnison a Solieres[3] pres Felissent[4] ; cinquante hommes d'armes d'ung nommé Jehan Guillerme, marquis de Monferrat, tenant garnison dedans les villes dudit marquisat[5] ; cinquante hommes d'armes

---

1. Dès le 4 mars, on apprenait à Venise que Chaumont avait défendu à Milan tout envoi d'argent à Gênes et qu'il avait fait arrêter un cavalier porteur de 4,000 ducats, qui avaient été confisqués (Sanuto, VII, 25).

2. Chaumont avait hérité de la compagnie du sire de Lanque (30 lances) à la mort de celui-ci (fr. 25784, fol. 76, 76 bis).

3. Solero.

4. La monstre en fut faite le 16 octobre 1506 (Ms. Clairambault 241).

5. Presque entièrement dans la capitale, à Casale (Monstre du 9 octobre 1504 ; ms. Clairambault 241).

de Francisque de Gonsago, marquis de Mantoue, duquel est lieutenant ung nommé Guillaume Gouffier de Boisi[1], estant en garnison en l'Astizané ; cinquante hommes d'armes de Alain d'Albret, sire dudit lieu, soubz la charge de messire Jehan de Dureffort, lieutenant dudit sire d'Albret[2], et cinquante de messire Jacques de Chabanes, seigneur de la Palixe, a Parme ; cinquante hommes d'armes de Gaston, conte de Foix, conduytz par messire Rogier, baron de Beart, son lieutenant, a Salles pres Pavye[3] ; cent hommes d'armes du seigneur Jehan Jacques, tenant garnison a Pavye ; cent hommes d'armes de messire Robert Stuart, escossoys, desquelz la garnison estoit a Novarre[4] ; cinquante hommes d'armes de messire Jehan de Bessey, gruyer de Bourgoigne[5], tenant garnison a Comme ; cinquante hommes du seigneur de Montoison, en garnison a Lodes[6] ; cinquante hommes d'armes de messire Anthoyne Marye de Sainct Severin[7] ; cinquante de messire Anthoyny

---

1. Guillaume Gouffier, seigneur de Bonnivet.

2. Lors de la monstre du 27 juillet 1505, cette compagnie était réduite à 42 hommes et 98 archers (Parme ; à la date, fr. 25784, fol. 82).

3. Chargée de la garde du Tésin, au fort de « Salles, » à Pavie (Monstre du 23 juillet 1505 ; ms. Clairambault 241), cette compagnie avait été, à l'automne de 1505, transférée à Valenza, sur le Pô (Monstre du 3 octobre 1505 ; *ibid.*).

4. Ils y revinrent après la campagne (Monstre du 13 avril 1507 ; ms. Clairambault 241).

5. Le 17 janvier 1504 (1505), cette compagnie ne comprenait que 45 lances et, en réalité, 44 hommes, 88 archers (Monstre ; fr. 25784, fol. 79).

6. Ils y avaient remplacé la compagnie Dunois (Monstre du 8 juillet 1504 ; ms. Clairambault 241).

7. Galeazzo di S. Severino avait une autre compagnie différente, également de 50 hommes d'armes (Monstre du 26 mai 1509, à Brescia ; ms. Clairambault 241).

Marye Palvesin, tous a Plaisance ; cinquante hommes d'armes de messire Yves d'Allegre, tenant garnison a l'Estizane; quarante hommes d'armes de Adryen de Brymeu, seigneur de Humbercourt, en l'Astizane ; quarante hommes d'armes du seigneur de Chastellart, en l'Astizane[1]; trente hommes d'armes du seigneur de Fontrailles, en l'Astizane ; xxv hommes d'armes de messire Theodore Trevolce, a Mairignen ; les cent Albanoys de messire Mercure, en l'Astizane : lesquelz, comme j'ay dit, avecques les gens de pié françoys et l'artillerye, estoyent lors audit lieu de Tourtonne.

Maistre Georges, cardinal d'Amboise, estoit en Ast, auquel lieu manda venir aucuns capitaines et gens de conseil[2] pour trecter des affaires du Roy. Par lequel conseil fut conclut que les gens d'armes desdites garnisons, avecques les pietons et artillerye, a toute dilligence marcheroyent droict a Bourg de Busalle, xIIII mille pres de Gennes, et de la, scelon la menée et conduyte de messire Charles d'Amboise, lieutenant du Roy, besoigneroyent ; et que la ausi se rendroyent les dix mille Allemans qui estoyent venus du pays des Ligues.

Et fut dit ausi que devers messire Yves d'Allegre, qui lors a toute grossé puissance estoit a Savonne, seroit envoyé, pour le faire rendre audit lieu de Bourg, devers le lieutenant du Roy. Dont fut la transmys audit lieu de Savonne ung des gentishommes du Roy, nommé

---

1. A « Sérizolles, » au comté d'Asti (Monstre du 29 juillet 1505; ms. Clairambault 241).

2. C'est sans doute à ce titre que Claude de Seyssel accompagna le roi dans cette campagne, qu'il décrit (*les Louanges du bon Roy de France...*, édit. Godefroy, p. 44, 45).

celuy gentilhomme messire Jehan Picart, bailly d'Estellan, lequel s'en alla a Savonne, et la advertist ledit seigneur d'Allegre qu'il estoit appoincté que avecques ses gens se rendroict au Bourg de Busalle, pour la se joindre a l'armée du Roy et de la marcher en avant, et qu'il failloit gaigner la montaigne pour tirer vers Besaigne avecques partie de l'armée pour assaillir Gennes de deux costez, dont estoit requis que toute l'armée se trouvast a Bourg pour illecques estre departie, si mestier estoit, ou mise a chemin droict a Gennes.

Messire Yves d'Allegre, oyant les parolles de celuy bailly d'Estellan, dist : « Je pensoye qu'il fust besoing de garder la marine d'entre cy et Gennes pour l'effroy que pourroyent par la les villains de Gennes faire sur nostre armée ; en quoy les eusse tousjours empeschez et tenu en seurté le chemin, et, avecques mes gens d'armes, ladite marine et les environs de la ville de Gennes tenu en craincte ; mais puysqu'il est dit qu'il fault, toutes choses mises a part, se rendre a Bourg, je transmetray la partye de mes gens et de moy seray tousjours prest de me trouver ou mestier sera. » Et, ce dit, envoya deux mille hommes audit lieu de Bourg et demeura a Savonne jucques mestier fust d'aller oultre. Ce faict, ledit gentilhomme s'en alla devers le lieutenant du Roy pour l'assavanter de ce qu'il avoit faict.

Entre Gavy, terre des nobles de Gennes, et ladite ville de Gennes, avoit plusieurs grous bourgs et fors villages, comme Bourg Busalle, Pontadesme, Riveru[1],

---

1. Rivarolo.

Sainct Pierre d'Araine et autres lieux de la seigneurie de Gennes, lesquelz estoyent demeurez inhabitez pour doubte de la guerre, dont les habitans avoyent retirez leurs biens a Gennes, et eulx gardoyent les montaignes avecques la commune du pays, qui se nommoit la comune de Poulcevre, de laquelle estoit capitaine ung nommé Guilhon, par qui estoit venu l'occasion de tout le mutin; lesquelz villains estoient en nombre de dix mille, ou plus, et gardoyent iceulx les montaignes et passages du pays, si que nul n'y passoit qui ne fust destroussé.

Et ausi du royaume de France venoit tant de gens d'armes que toute la Savoye et le Daulphiné en estoyent plains ; car tous les princes et grans seigneurs de ce royaume (reservé Françoys d'Orleans, conte d'Angoulesme, seconde personne de France) y estoyent, et grant nombre de jeunes gentishommes qui, sans gaiges, pencent qu'il y eust la mortelle bataille et honneur a aquerir, et, voyant la personne du Roy prendre le voyage, se trouverent les ungs en poste, doubtant n'y estre a temps, les autres des premiers pour y estre sans faillir.

Le Roy Ferrand d'Arragon, qui estoit lors a Naples avecques dame Germaine de Foix, sa femme, laquelle estoit nyepce du Roy, et sachant, ledit Roy d'Arragon, l'entreprise du Roy sur la ville de Gennes, et comme elle s'estoit rebellée, luy envoya par mer quatre galleres et deux fustes armées, desquelles estoit capitaine ung nommé Miquel Pastour, lesquelles se rendirent par la mer du Levant devant Gennes, ou estoit ung nommé Pregent le Bidoulx, capitaine de quatre galleres et de VIII gallyons qu'il avoit pour le

Roy, et ainsi tous deux assemblez tindrent Gennes en telle sugection que homme sans leur mercy n'y avoit entrée ou issue, et ne pouvoyent, pour leur destour, Gennevoys avoir vivres ni autres choses a eulx necessaires par mer, ce qui moult les grevoit.

XVII.

Du siege du chasteau de Gennes et d'ung assault tres dur que la donnerent les Gennevoys.

Tousjours continuoit le siege du chasteau de Gennes, qui sans cesser estoit par les Gennevoys batu et assailly, mais si bien deffendu par les Françoys que sur eulx ne gaignerent les ennemys ung seul fort, dont leur ennuyoit moult. Et eulx, sachant la venue de l'armée de France, qui ja estoit pres plus fort qu'onques, mais ruerent coups et abbatirent murailles de tous costez, et avecques ce firent mines soubz terre pour tirer vers une tour de la place et icelle ruer par terre.

Assez pres du chasteau demeuroit une femme gennevoise, de laquelle estoyent les Françoys bien voulus, comme elle leur monstra; car, ainsi que les Gennevoys faisoient leurs mynes soubz terre pour les vouloir surprendre, icelle monta au plus hault estage de sa maison, qui en la veue du chasteau estoit, et se mist en lieu ou ceulx du chasteau et de Sainct Francisque la pouvoyent bien adviser; et la, par plusieurs foys et divers signes, leur monstroit commant on faisoit mynes soubz terre pour les prandre. Et apres chevauchoit ung baston et mectoit en sa main une

gaule longue, faisant maniere de courir la lance, puys
faisoit ung estandart et monstroit comme leur secours
venoit de France. A l'autre foys leur monstroit ung
chat, qui estoit le cry du seigneur Jehan Louys, pour
bailler a cognoistre qu'il venoit, et a toute eure leur
faisoit divers signes, lesquelz ne peurent clerement
entendre les Françoys, si n'est qu'ilz se doubterent
des mynes qu'on faisoit soubz terre pour les signes
que ceste femme leur faisoit. Dont s'assemblerent
messire Gallas de Salluzart, capitaine du chasteau,
Louys de Sainct Aulbin, capitaine de la cytadelle, et
Allabre de Saule, capitaine de Sainct Francisque, et
parlerent ensemble de cest affaire, disant que celle
femme ne leur faisoit lesdits signes pour nyent. Par
quoy se doubterent et tindrent sur leurs gardes; mesmement la nuyt se mirent contre terre, l'oreille aux
escoutes, ayant tabourins et des poix dessus, bassins
a barbier et aiguilles dedans qu'ilz posoyent aux lieux
ou pencoyent estre faictes les mynes, mais ilz n'y
cognoissoyent rien, car les Gennevoys, affin qu'on
n'entendist le bruyt de leursdites myne[s], illecques
au plus pres, et de nuyt, charpentoyent leurs eschelles,
manteaux et chevretes, et faisoyent le plus de bruyt
qu'ilz pouvoyent, mesmement es lieulx ou ilz faisoyent
leursdites mynes.

Or advint que, le mercredy de la sepmaine saincte,
Allabre de Saule, capitaine de Sainct Francisque, sur
le point de dix heures de nuyt, estant aux escoutes
avecques ses gens dedans le jardrin d'en bas, ouyt
myner soubz terre et le bruyt de leurs coups entendit,
dont tout en l'eure, sans bruit, envoya querir aucuns
de ses gens, qui guectoyent d'autre costé, esquelz se

fioit; si leur dist ce qu'il avoit ouy, et les fist escouter et ouyr pour savoir ce c'estoit myne, lesquelz dirent que si estoit; dont adviserent pour ce que a leur semblant la myne tiroit vers une tour de leur fort et ja en estoit a XIIII pas pres ou environ, que la feroyent une tranchée et contremyne, et a la traverse, pour copper le chemin a leurs ennemys, ce qu'ilz firent, en maniere que le lendemain, a mydy, jour de jeudy absoulu, trouverent ladite myne et les Gennevoys dedans; laquelle fut assaillye par les Françoys qui la estoyent et deffendue des Gennevoys, ou furent blecez deux d'iceulx Françoys; mais, a grans patacz, furent iceulx Gennevoys oultrez, tellement qu'ilz habandonnerent lesdites mynes que les Françoys gaignerent et fortiffierent de leur part, en maniere que par la n'eurent plus doubte de leurs ennemys.

Le vendredi sainct[1] et la vigille de Pasques, d'ung costé et d'autre tirerent quelques coups de menue artillerye sans faire grant effort. Mais le lendemain[2], apres que chascun eut faict ses Pasques, sur le point de XI heures du matin, recomancerent les Gennevoys a tirer de leurs grosses pieces d'artillerye, c'est assavoir de groux canons serpentins et grans coullevrines, tirans tous boulletz de fer, lesquelz tiroyent de plusieurs lieux, et mesmement d'ung lieu nommé Pavye devers Besaigne, pres d'ung colliege de nonnains, ou la avoient ung fort rampar, et, des le commaincement du siege, mys la ung gros canon, nommé le Lizard; ausi tiroyent d'ung autre lieu du costé devers Sainct Roch et de plusieurs autres lieux, ou avoyent faictz

1. Le 2 avril mourut près de Tours saint François de Paule.
2. 4 avril.

fors et rampars, dont tirerent contre le chasteau et Sainct Francisque. Ainsi que celle baterye duroit, le capitaine Allabre et partie de ses gens se misrent a leur deffence, et la commaincerent a tirer coups contre le rempar de leurs ennemys. Mais la grousse artillerye d'iceulx Gennevoys tiroit si menu qu'ilz ne se ousoyent descouvrir, et tellement fut que l'ung des cannonyers gennevoys estant audit rampar, nommé Pavye, adressa vers une tour du jardin ou estoit ledit Allabre et aucuns de ses gens, en sorte que le boullet entra tout au travers de la tour et rua si roidement que, des esclatz de la muraille, ledit Allabre fut fort blecé au visage et dessoubz la tetine au costé senestre, si qu'on pensoit qu'il fust mort. Troys autres des siens furent ausi blecez et couvers d'ung pan de ladicte tour, qui tumba sur eulx, en maniere qu'ilz cuyderent la estoffer; car homme n'ozoit la approcher, pour les secourir, pour l'orrible baterie qui la se faisoit. Mais, puys peu apres la force de ladite baterye cessée, ledit Allabre et ses gens blecez avecques luy, par aucuns des autres des siens, furent tirez et emportez et mys en la litiere.

XVIII.

Commant les Gennevoys assaillirent a toute force le chasteau de Gennes, et de la merveilleuse deffence que la firent les Françoys [1].

Merveilleuse fut celle baterie tout celuy jour de

---

1. Fol. LIII du ms., miniature, représentant l'assaut : une troupe, avec des échelles, sort d'une porte (« *Gennes* »), gravit une

Pasques; le lundi, le mardi et le mercredi[1], sans cesser, ruerent coups les Gennevoys, sans ce que ceulx de la place eussent repoulx de leur part; car, si ceulx de la ville envoyoyent souvant de leur relief au chasteau, de mesmes maiz estoyent servys, et tant que au travers de la ville et sur le siege y parut jucques a l'extimation de plus de cent mors et de deux cens blecez. Plusieurs de ceulx du chasteau furent ausi blecez et mors. Quoy plus ? Si n'est que les Gennevoys, voyant approcher l'armée de France pour secourir le chasteau et assi[e]ger Gennes, disrent : « Il nous est mestier, a ceste foys, de prendre noz ennemys d'assault ou lever nostre siege pour aller au devant de l'armée de France et luy donner la bataille. Mais, pour le meilleur, devons nous efforcer a prendre ceste place; car, si une foys elle est entre noz mains, prince du monde jamais ne nous assauldra; et ausi, en faillant a ce, nous summes frustrez de nostre intencion et decheuz de nostre entreprise. Pour ce, mectons les mains a l'œuvre, et que chascun de nous y face tel devoir que soit jucques a l'augmentation de nostre honneur et au proffict de nostre seigneurye. » Telles parolles dirent aucuns des seigneurs gennevoys pour donner cueur au peuple et bon vouloir a leurs souldartz. Dont advint que, le mercredi de Pasques, entre une et deux heures apres mydi, lesdits Gennevoys commaincerent a sonner leur assault de trom-

---

montagne au bord de la mer, escalade une enceinte fortifiée, dont fait partie une église, sur le toit de laquelle on lit : *S. Franciscus*. Au fond de cette enceinte, au sommet de la montagne, un fort, portant l'inscription : *Castelet*.

1. 4, 5, 6 et 7 avril.

petes et groux tabourins, a grant bruyt de criz et tumulte de peuple, et, avecques grant nombre d'eschelles, pavoys, manteaulx, chevretes et autres choses necessaires pour donner assaulx, aprocherent Sainct Francisque du costé du jardrin et en plusieurs autres lieux brechez. Et la, de premiere advenue, droisserent en divers lieux plus de quatre cens eschelles et commaincerent vigoureusement a monter.

Messire Gallas, capitaine du chasteau, Loys de Sainct Aulbin et leurs gens, avecques ceulx de Sainct Francisque, furent tous arrengez aux breches et lieux qu'il failloit deffendre, garnys d'artillerye, de trect, de grosses pierres, de lances a feu, de huysles boullans, de potz plains de souffre et de chaulx vive pour ruer sur les premiers qui se hasteroyent de monter. Que fut ce? les Gennevoys, en nombre de plus de xxx mille, environnerent tout le colliege Sainct Francisque et se misrent a grosses escoadres pour assaillir a relays, disant que, lorsque les ungs seront mors, lassez ou affollez, des autres prendront leur place. Et, ainsi amoncellez comme pourceaulx, a la foulle se mirent a monter leurs eschelles. Qui eust lors veu grans coups de main donner sur ses eschelleurs, emporter testes et bras et renverser Gennevoys du hault des eschelles en bas, et l'ung sur l'autre acravanter a groulx monceaulx eust heu horreur de l'affaire. Mais, quant les ungs estoyent abbatus, les autres remontoyent tres hardyment. Aucuns des nostres, estans au dedans des tours et sur les deffences, tiroyent trect et artillerye a la mouhée, tellement que grant occision en faisoyent. Mais pourtant homme ne desemparoit. Tousjours duroit le combat main a main sur les eschelles, qui estoyent cramponnées pour actacher a la muraille et toutes plaines de Gennevoys, qui a toute puissance s'efforçoyent d'entrer; mais les Françoys du dedans leur deffendoyent de telle force que, des ce qu'ilz mectoyent le pié hors l'eschelle pour voulloir entrer, ilz estoyent sans faillir renvercez du hault en bas. Tant fut sanglant ledit assault que toutes les eschelles et la muraille ou le combat se faisoit estoyent enrougyes de sang. Durant ce dur assault, comme les Gennevoys s'efforçoyent de tous costez voulloir entrer, les Françoys adviserent ung lieu nommé la Carace[1], contre l'eglise Sainct Francisque, qui est une voulte ou l'on mect les mors, ou avoit ung bout de muraille rompu a passer troys hommes de front; et, pencent que par la s'efforceroyent aucuns Gennevoys d'entrer, pour leur donner une amorce, firent la une traynée de pouldre a canon; puys aucuns des Françoys, avecques son feu tout prest, se mist a touchant de sa traynée, et la, en actendant, vit venir ses gens et entrer par ladicte breche, jucques au nombre de trente; lesquelz entrez, le boutefeu fut pres et emflamée la traynée, en maniere que des trente en brulla XXII. Les autres, qui estoyent les plus pres de la breche, se gecterent a bas, tous affollez, et les autres ardirent sur le lieu. Sans cesser duroit ce mortel assault, et tant que les Françoys estoyent moult foullez et combatus; car ja en y avoit bien XX mors et quarante de blecez; et, pour ce, ne perdoyent coup a donner, car, a les voir besoigner, tant plus combatoyent, tant plus efforçoyent leurs coups. Somme, ses pauvres soul-

---

1. Probablement *carnajo* (charnier).

dartz firent merveilles d'armes ; ausi estoit la messire Gallaas de Salluzart, qui frappoit au desesperé. Depuys deux heures apres mydi jucques a la nuyt dura celuy assault, que les Gennevoys ne voulurent, pour mourir tous, habbandonner, jucques a grans lances de feu et cercles plains de souffre ardant, huisles boulant et chaulx vive, ilz fussent par les Françoys chassez de leurs eschelles, lesquelles a la parfin habbandonnerent, dont lesdits Françoys en gaignerent bien troys cens, lesquelles depuys je viz audit chasteau de Gennes. Ainsi se retirerent les Gennevoys, mais non pas tous ; car, par avoir ouy dire a plusieurs de ceulx qui audit assault furent, plus de quatre cens hommes mors demeurerent au pié de la muraille, et y furent plus de six cens blecez. Mais pourtant ne leverent leur siege ; ains, le lendemain, qui fut ung jeudi apres Pasques, recommaincerent la baterye de plus belle, laquelle continuerent VIII jours sans cesser. Durant lequel temps, ung françoys, capitaine de mer, nommé Pregent le Bidoulx, avecques quatre galleres qu'il avoit, et IIII de celles d'Espaigne, qui la estoyent venues pour servir le Roy, suyvit et chassa une fuste gennevoyse jucques dedans le tercenal[1] de Gennes, qui est ung lieu au bout du moule et contre la ville[2], ou les barches et fustes qui apportent vivres a Gennes viennent aborder pour faire leur descharge. Dont voyant, les Gennevoys, ainsi approcher les galleres de France, prindrent leur

1. Jean d'Auton traduit ainsi, à ce qu'il nous semble, le mot *Darsena*.
2. Pregent, avec une bravoure extraordinaire, fit trois fois le tour du port, enseignes déployées, sous le feu de la ville, puis alla jeter l'ancre à trois milles de là (Salvago).

grosse artillerye et la porterent sur le moulle pour celuy deffendre, et sur les passaiges ou pençoyent venir les François. Ainsi cessa la baterye du chasteau. Et eulx, voyant que la ne feroyent rien de leur proffit, firent ung fort bastyon sur le sommet de la montaigne de Gennes, au droict de la venue des Françoys, et la misrent grosse garnison de gens d'armes et bonne artillerye. Ausi misrent gens au Castellat pour secourir ledit bastion et faire saillyes et allarmes sur les Françoys s'ilz approchoyent Gennes. Pareillement firent fors et barrieres tout le long de la montaigne, au pié et sur la cruppe d'icelle, et empescherent tous les passaiges, et a tous costez misrent artillerye pour tirer a la venue des Françoys, et misrent XIIII ou XV mille hommes en armes sur lesdites montaignes, et partye d'iceulx envoyerent jucques a la venue du boûrg de Busalle, pour la commaincer a empescher le passaige aux Françoys.

Le Roy a toute dilligence avançoyt lors son voyage, lequel arriva en Piemond ung mardi de apres Quasimodo[1], et, sans aucun sejour, s'en alla droict en Ast[2]. Au devant de luy vint Charles, duc de Savoye, comme dit est, accompaigné des seigneurs de son pays, avecques grant nombre de gentishommes et prelatz d'Eglize ; et, la, luy offrict de sa part service de sa personne, secours de ses gens et les clefz de ses villes, en le voulant accompaigner a son voyage de Gennes, s'il luy plaisoit. Desquelles choses le remercya le Roy bien

---

1. Nous avons dit plus haut qu'il arriva à Suze le samedi soir 11 avril, samedi de Pâques. Il alla le 12 au matin à l'abbaye de Suze, le 13 à l'église Notre-Dame d'Avigliana, le 14 et le 15 à l'église Saint-Paul de Villanuova d'Asti.

2. Il arriva à Asti le 15 avril au matin (Desjardins, II, 233).

fort; et puys s'en alla en sa ville et conté d'Ast, ou illecques fut receu des seigneurs du pays et peuple de la ville a grant joye; et prist son logis cheulx ung nommé messire Allixandre Malbelle, ung de ses maistres d'oustelz, lequel estoit moult bien logé a certes. La se trouverent des princes et seigneurs des Italles, Alphons d'Ast, duc de Ferrare[1]; Francisque de Gonsago, marquis de Mantoue, lequel avoit rencontré le Roy a Veillaine[2] en Piemond; Jehan Guillerme, marquis de Monferrat; le seigneur Jehan Jourdan des Ursins, lequel pareillement estoit allé au devant du Roy jucques a Grenoble; messire Allixandre de Bientivoille, filz de messire Jehan de Bientivoille, gouverneur feu de Bouloigne la Grasse, estant lors prisonnier entre les mains du Roy; le conte Ludovic Bourronmé, et grant nombre d'autres Italliens et Lombars, estans la venus montez et armez, avecques grousse suyte de gens d'armes pour servir le Roy a son voyage et guerre de Gennes.

La sejourna le Roy par l'espace de quatre jours[3], pour ung peu se refreschir[4], et ce pandant fist mectre son armée a chemin, laquelle messire Charles d'Amboise, son lieutenant, conduysoit, et ordonna icelle marcher droict a bourg de Busalle : ce qui fut faict. Et voulut ausi que messire Jehan Jacques demourast en la duché de Millan, pour faire la provision des

---

1. Successeur d'Hercule d'Este, son père, depuis 1505.
2. Avigliana.
3. Cinq jours. Il en repartit le 20 pour Felizzano. Il alla le matin du 17 à l'église des Jacobins, le 18 à l'église Saint-Segond, le 29 au prieuré de la Madeleine, le 16 et le 20 au Dôme.
4. D'Asti, il fit écrire par l'ambassadeur d'Espagne une lettre qui proposait aux Génois un arrangement amiable et paternel (Salvago).

vivres et se donner garde du pays : ausi y avoit ja po[u]rveu messire Charles d'Amboise, en maniere qu'il avoit donné charge a quelques marchans du pays d'en faire le plus grant prochas que possible seroit; et avecques iceulx avoit ma[r]chandé et baillé cinq mille escus d'avance, lesquelz s'en aquitterent tres a poinct.

Les Venissians estoint lors a grosse armée en la conté de Cremone, terre de Millan; lesquelz ne faisoyent maniere de saillir de leurs garnisons, mais disoient qu'ilz estoyent la pour garder leur pays et secourir le Roy, si besoing avoit de leur ayde. Toutesfoys on ne s'i fioit pas trop, car ilz ont souvant garde derriere et tiennent le party des plus fors.

En Ast se reposoit le Roy lors, et luy ung jour, se sentant deliberé, dist qu'il se vouloit essayer en son harnoys et chevaucher ung des coursiers de son escuyerye pour s'en ayder a la bataille, laquelle chascun esperoit. Et, comme ce jour je fusse entré en sa chambre pour luy vouloir bailler quelque peu d'escript joyeulx que j'avoye en la main, je le trouvay en pourpoint, avecques peu de gens et messire Galleas de Sainct Severin, son grant escuyer, ausi en pourpoint, lequel luy chaussoit ses solleretz et harnoys de jambes, avecques les cuissotz. Ce fait, demanda la cuyrasse, et, premier que la vouloir prandre, dist audit messire Galleas : « Je la veulx voir premierement sur vous, car mon harnoys vous est presque tout faict. » Apres que ledit escuyer fut armé de ladicte cuyrace, le Roy la regarda de tous coustez et la trouva bien faicte, disant : « Je cuyde qu'elle me sera bonne et bien aysée. » Et fist desarmer celuy escuyer, puys se fist armer de sadite cuyrace et de toutes les autres pieces, et essaya dessus son harnoys ung soye d'orfeverrye moult riche, et tout autour semé d'escripteaux, où estoit escript en lectre romaine : « Nescis quid vesper vehat; » qui est a·dire : « Tu ne scay quelle chouse la fin porte, » ou : « Tu ne say la fin a quoy je tendz. » Tandys qu'il se faisoit armer, je despliay mon papier en m'approchant de luy et luy distz : « Sire, j'ay faict une petite balade touchant les Gennevoys; s'il est vostre plaisir de l'ouyr, je l'ay icy. » Lors me commanda que je la leusse[1], ce que je fys comme s'ensuyt :

> Les Gennevoys, de leur propre nature,
> N'ont foy ne loy, si se n'est d'avanture
> Par fainctise, qu'on ne doibt soustenir.
> Ja tant de foys ont mys a la roupture
> Leurs promesses qu'il n'y a creature
> Raisonnable qui se y vueille tenir;
> Voire et cuydent par force entretenir
> Leur bon credit, et mener leur affaire,
> Sans le devoir et tribut vouloir faire
> A vous, Sire, ne a droict vous supplier;
> Mais, s'ilz sont fors, pour leur effort deffaire,
> Leur force fault par force humilier.
>
> L'istorial et prouvée escripture
> Nous monstre assez et faict clere lecture
> De leur faulx tours, dont nous deust souvenir :
> Sur noz gens lors firent desconfiture

---

1. Le 18 avril, Louis XII écrivait d'Asti à Guillaume de Montmorency une lettre très gaillarde : il demandait qu'on lui envoyât une « chanson » faite au même moment par Fénin, avec des illustrations du peintre Jean de Paris, pour « monstrer aux dames de par deça, car il n'en y a point de pareils » (publiée par nous, *Revue de l'Art français*, 1886, p. 9).

En leurs destroictz, soubz ombre et couverture
De leur vouloir ayder et subvenir ;
Le Roy Louys les sceut bien prevenir,
Quant en enfer ordonna leur repaire ;
Au Roy Charles tindrent party contraire ;
Puys les voyez contre vous rallyer.
Que reste plus ? pour venir au parfaire,
Leur force fault par force humylier.

Faictes sur eulx et dessus leur clousture
Ung tel eschec et si ample ouverture
Qu'on y puisse seur aller et venir,
Sans leur lesser ne vivre ne pasture,
Place, ne fort, or, argent, ne voicture,
Tant qu'il en soit memoire a l'advenir,
Et que tous ceulx qui les voirront pugnir
Ayent tous temps craincte de vous meffaire ;
Mais au surplus qui vouldroit satisfaire
A son deffault, il fault tout oublyer ;
Aux rebelles qui ne se vouldront taire,
Leur force fault par force humilier.

Prince, a la fin qu'on n'y soit a reffaire,
Prenez tous ceulx qui ont voulu forfaire,
Et les faictes bien baguer et lyer,
Pour les trecter comme il vous pourra plaire
Et en faire des autres l'exemplaire.
Leur force fault par force humylier.

Une autre foys adviendroit de leger,
Que par deffault de bien les corriger
De leurs delictz, dont ils en ont faict tant,
Que leur vouloir seroit prest et contant
De faire ung tour pour vous endomager.

Si a ce coup ne les faictes renger
A la raison, il est bien a songer
Qu'il en feront ancores bien autant
    Une autre foys.

Puysqu'a[u]trement on ne s'en peut venger,
Chastyez les ores, pour abreger,
Ung coup pour tous, en vous y esbatant.
Et, cella faict, soyez asseur de tant
Que eulx et autres doubteront le danger
Une autre foys.

Apres la lecture de ceste ballade, le Roy transmist querir ung coursier bay, nommé Boy gracieulx, lequel fist amener dedans ung preau fermé, derriere son logys; et luy, armé de toutes pieces, monta legierement dessus, sans ayde; et la commainça a faire faire carriere, courses et grans saulx a sondit cheval, qui estoit si tres a main, a la bouche et a l'esperon qu'il en faisoit tout a son plaisir : a la foys luy donnoit une viste course, et a l'arrest le tour, et les quatre piedz a mont; et a la foys le grant sault et a la ruade, avecques le tropt court soubz bride et tous les tours que cheval povoit faire. Ausi estoit le Roy qui le manioit si tres adroict et tant bien a cheval que, pour sault ou ruade que fist son cheval, on n'eust ouy sur luy piece de harnoys bransler. Somme, tant tourmenta sondit cheval qu'il le mist tout en eau, puys mist pié a terre et s'en alla boyre et desarmer.

La, n'eust officier de la maison du Roy, des les plus grans jucques aux soilhons de cuisine, qui n'eussent leurs harnoys. Aucuns des vielz maistres d'ostelz du Roy, et autres qui pour la goute n'estoyent aisez de leurs personnes, voyant que c'estoit a tout, essayerent ausi leurs harnoys, que, long temps devant ce, n'avoyent mys sur le doulx. Somme, il n'y eut celuy qui ne mist la main aux armes, voire aucuns prelatz et seigneurs d'Eglise, qui la estoient, disant que deffendre par armes la personne du prince, seigneur de leur pays, estoit millité et bataillé pour la deffence mesme du pays, ce qui leur est permys et loisible en temps de necessité.

Apres que le Roy eut pris en Ast quatre jours de repoux, et mise son armée a chemin pour tirer a Gennes, partit de sadite ville d'Ast, en armes, avecques plusieurs des seigneurs de son sang et autres grans seigneurs de France. La avoit avecques luy cent de ses gentishommes et toutes ses gardes. Et ainsi le XXIme jour du moys d'apvril[1], en l'an mil cinq cens et VII, tira son chemin droict a Felissant, terre de marquisat, ou dormit pour la nuytée ensuyvant.

Messire Charles d'Amboise, qui conduisoit son armée, estoit ja au bourg de Buzalle, et six mille de Allemans, qui premiers estoyent venus des Ligues, joinctz a ladite armée de France[2]. L'autre bende d'iceulx Allemans estoit ausi arrivée a une petite ville nommée Nove, pres de Sarraval[3], a l'entrée des montaignes de Gennes. En laquelle bande estoyent troys mille cinq cens Allemans, lesquelz ne vouloyent pour riens passer oultre, disant que leur charge ne le portoit point, et qu'ilz ne ma[r]cheroient plus avant ; et, sur ce propos, sejournerent audit lieu de Nove VI jours.

---

1. Le 20 ; le 21 au matin, Louis XII entendait la messe à Felizzano (Arch. nat., KK. 88, fol. 139). Felizzano faisait partie du Montferrat.

2. Dans sa lettre du 18 avril citée ci-dessus, le roi dit que « tous les Suysses » sont déjà arrivés à Busalla avec l'artillerie, que la plupart des villes et forteresses du pays de Gênes ont déjà envoyé leur soumission : « Et espere en brief avoir le reste, avec la ville, en mon obeissance. »

3. Novi, Serravalle.

Messire Charles d'Amboise, lieutenant du Roy, et plusieurs des autres capitaines françoys misrent toute la peine qu'ilz peurent pour les faire marcher; et, pour ce, donnerent a leurs capitaines or et argent, et force habillemens de soye, en leur disant : « Messieurs, n'estes vous pas venuz icy pour servir le Roy, et a ses gaiges, que ja avez receues, et par le vouloir et consentement des seigneurs de voz ligues et quantons? Ne voyez vous ja l'armée de France, et l'autre bende de voz compaignons, prestz de partir pour aller a Gennes, et le Roy mesmes qui nous marche en queuhe, pour se joindre avecques sadite armée? » Plusieurs autres raisons leur furent dictes et mises sus; mais, pour ce, ne voulurent desloger. De quoy le Roy fut merveilleusement contre eulx courroucé, deliberant, si autre chose ne vouloyent faire, de les faire tous tuher. Les seigneurs des Ligues et quantons furent par postes de ceste chose advertys; par quoy a toute dilligence leur manderent que, sur leur vye, ilz marchassent en avant, et qu'ilz servissent le Roy envers tous et contre tous : ce qu'ilz firent, et se mirent a la route, droict au Bourg de Buzalle, ou trouverent l'armée de France.

Le XXIIe jour dudit moys d'apvril, le Roy partit de Felissant[1] et adressa vers Allexandrye, avecques luy estant Charles, duc de Bourbon[2], Anthoyne de Lorrenne, duc de Callabre, Françoys d'Orleans, duc de Longueville et seigneur de Dunoys, Alphons d'Ast,

---

1. Il y avait passé la journée entière du 21 (Arch. nat., KK. 88, fol. 139).

2. Le jeune Charles de Bourbon-Montpensier (le futur connétable), qui venait d'épouser Suzanne de Bourbon.

duc de Ferrare, Charles de Cleuves, conte de Nevers, Françoys, monseigneur de Luxambourg, Francisque de Gonsago, marquys de Mantoue, Jehan Guillerme, marquis de Mo[n]ferrat, et tous les autres dessus nommez, reservé le duc d'Allençon, lequel estoit demeuré en Ast mallade de la rougeolle[1], et ainsi accompaigné s'en alla a Allixandrye. Au devant de luy[2] sortirent les seigneurs de la ville a grousse trouppe pour le recepvoir et faire la harangue pour le peuple de ladite ville. Ausi luy sortirent au devant troys cens petilz enfans, tous vestus de robes blanches, portans chascun en la main une banerolle des armes de France; lesquelz petis enfans couroyent au devant de luy, cryant a haulte voix *France! France! France! France!* Et ainsi s'en entra par le bourgue, tirant vers la cyté, ou toutes les rues estoyent tendues et parées de verdure, et au dessus toutes semées des armes de France et de Bretaigne. Et, des l'issue d'une rue nommée la Ferrerye, entrant en la place de ladite ville, avoit une haye de verdure couverte d'ung drap rouge, pers et jaune, lequel alloit jucques devant la grant porte du domme Sainct Petre, ou, contre le hault de ladite grant porte, estoyent troys escus, assavoir : au millieu, celuy de France aux armes plaines, et aux deux costez France et Bretaigne, my parties. Ainsi accompaigné, et soubz ung poisle de damas blanc a franges d'or, porté par six des plus grans de ladicte ville, s'en alla jucques a la porte du domme, ou mist pié a terre ; la trouva tout le clergé de la ville avecques les

1. Cf. Saint-Gelais. D'après la lettre de Louis XII du 18 avril, le duc d'Alençon avait la variole.
2. Cf. Jean Marot, *le Voiage de Genes*.

relicques, qui la le receurent et conduyrent jucques devant le grant autel du domme, ou la devotement fist ses oraisons et offrandes[1]. Puys oüyt la messe dedans une devote chappelle de Nostre Dame, estant sur main senestre dudit grant autel. Et, la messe ouye, s'en alla loger a l'ostel d'ung des seigneurs de ladite ville, nommé messire Francisque Trot[2], ou sejourna celuy jour seullement, et sceut la que toute son armée estoit assemblée a Bourg.

XIX.

Commant les villains de Poulcevre[3] voulurent empescher le paissaige aux Françoys a Bourg de Buzalle, et d'aucunes escarmouches la faictes.

L'armée de France, assemblée a Bourg de Buzalle, et tous les Allemans la venus, pour ce que ancores ne savoyent soubz quel capitaine le Roy les vouldroict faire mener, en demanderent ung a messire Charles d'Amboise, lieutenant du Roy, lequel leur dist : « Advisez entre vous lequel, de tous ceulx que cognoissez, vous sera plus a main, et soubz la charge duquel aymerez mieulx estre conduytz, et sans point de faulte autre n'en aurez. » Ce dit, les capitaines d'iceulx Allemans, et aucuns autres de leurs bandolliers, s'assemblerent et tindrent leur conseil sur l'election de leur capitaine general ; tant que, a la conclusion, ilz demanderent tous messire Jehan de Bessy, gruyer de Bour-

---

1. Mention de cette offrande, Arch. nat., KK. 88, fol. 139 v°.
2. Trotti.
3. Polcevera.

goigne, lequel leur fut baillé, et depuys a toutes affaires les conduyt et gouverna. Ung autre gentilhomme, nommé le Lorrain, de ceulx du Roy, en avoit ausi soubz sa charge cinq cens d'autres, appellez les Francz Compaignons, parce qu'il les avoit amenez desdits pays des Ligues comme avanturiers.

Les Gennevoys sceurent incontinent commant l'armée de France estoit a Bourg; et ja iceulx avant l'arivée de ladite armée avoyent mys gens a grant nombre sur les montaignes et avoyent faict ung fort viz a viz dudit bourg, au pendant de la montaigne, et la faict embuscher grant nombre de gens armez, lesquelz furent des Françoys advisez et descouvers. De quoy fut adverty le lieutenant du Roy; et, pour ce, appella ung jeune gentilhomme nommé Jacques du Mas, seigneur de l'Isle, et luy bailla six hommes d'armes, nommez Martin Villetepyon, Ymbault, Charles de Villennes, Sallenelles, et deux autres, avecques dix archiers, lesquelz envoya a ladite montaigne pour voir la maniere et le fort d'iceulx villains. Jacques de Bourbon, conte de Roussillon, et quelques autres gentishommes et gens de pié avecques eulx, tirerent ausi celle part; et n'eurent gueres monté que villains de toutes pars ne leur fussent en barbe, et comaincerent bien a point a escarmoucher, et tant que finablement les Françoys repposserent les Gennevoys[1]. Durant ceste escarmouche, deux Françoys, archiers de la

---

[1]. D'après Guichardin, ils les repoussèrent sans peine. L'attitude martiale des Français dans ces défilés très difficiles suffit à épouvanter la « vile populace; » 600 fantassins qui gardaient les premiers passages prirent lâchement la fuite, et tout le reste les imita.

compaignie du seigneur de Montoison, s'escarterent des autres Françoys en chassant aucuns d'iceulx villains ; lesquelz archiers furent encloux par quelques embuches, et, premier que on les peust secourir, sur le champ furent assommez et mors. L'escarmouche dura longuement, car les villains estoyent a grant nombre, et si avoyent ung fort ou se retiroyent, et de la tiroyent traict a tous coustez. La fut blecé ung homme d'armes nommé Mondragon, de ceulx du seigneur de La Pallixe, et eut ung coup de trect au visaige. A toutes mains furent chargez ses villains, et tenus de si pres que plus de xx y demeurerent mors en la place ; et tant fut que a la parfin habbandonnerent leur fort et fuyrent par les montaignes, en maniere que plus ne voulurent empescher celuy passage.

Messire Mercure, capitaine des Albanoys, fut envoyé courir le long de la vallée de Poulcevre, avecques ung nombre de ses Albanoys ; lequel s'en alla jucques pres de Sainct Pierre d'Areine, qui est des faulxbourgs de Gennes, et la trouva ung capitaine de pietons gennevoys, lequel fist bonne maniere de guerre et mist bien deux cens homes qu'il avoit en ordre, pour actendre lesdits Albanoys. La comaincerent l'escarmouche, telle que les Gennevoys furent a deux ou troys charges espartys et rompus : si prindrent la fuyte vers Gennes, et Albanoys apres, et tant que plus de xx d'iceulx meschans Gennevoys y demeurerent, et mesmement leur capitaine, duquel emporterent les Albanoys la teste, piquée au bout d'une de leurs lances ; et, en eulx retournant, trouverent, aux deux coustez et au bas des montaignes, terre couverte de gens armez pour leur couper le chemin. Mais iceulx Albanoys tenoyent tousjours le milieu du gravyer, loings desdites montaignes de demy gect d'arc, et, si tost que aucuns d'iceulx Gennevoys cuydoyent prendre la plaine, les Albanoys a cource de cheval les repoussoyent arriere au montaignes, et en demeuroit tousjours quelqun. Et ainsi se retirerent iceulx Albanoys jucques au Bourg, ou estoit l'armée du Roy, et la advertirent messire Charles d'Amboise, lieutenant du Roy, commant les montaignes de Poulcevre estoyent toutes couvertes de gens armez; et tout autour de Gennes, sur les montaignes, et au pendent d'icelles du costé de la passée de l'armée de France avoit plusieurs fors, barrieres et bastyons garnys de gens et d'artillerye; et que grant route de villains estoyent embuschez par les montaignes pour destrousser les vivendiers et ceulx qui s'escarteroyent de l'armée, ou autres mal accompaignez; a quoy estoit besoing de y pourvoir pour lasseurté des vivres et passans. Pour mectre provision a la garde des passages, le lieutenant du Roy ordonna estre mys gens d'armes de six mille en six mille, qui garderoyent lesdits passages, et de lieu a autre feroyent acompaigner les vivandiers. Et, ce faict, fut mys le feu partout et bruslez villages et maisons.

XX.

Commant l'armée du Roy partit du bourg de Buzalle pour aller assieger la ville de Gennes[1].

Le vendredi XXIIIme jour du moys d'apvril, en l'an

1. Miniature, au fol. LXI du ms., représentant la marche de l'armée : dans le fond, une escarmouche sur la montagne.

mil cincq cens et vii[1], messire Charles d'Amboise, lieutenant de l'armée du Roy, fist au matin desloger ladicte armée de bourg de Buzalle et mectre l'avan garde assez loing devant, que luy mesmes conduysoit. Entre l'avan garde et la bataille fist mectre en avant le charroy de l'artillerye et le sommage; la bataille et l'arriere garde apres, estant loings l'une de l'autre de deux gectz d'arc, ou environ; les Allemans et gens de pié avecques l'artillerye. Et ainsi marcherent gens d'armes le petit pas, jucques a ung lieu nommé Pontedesme, a six mille pres de Gennes; et la furent ce jour et tout le lendemain pour tenir conseil et ordonner des approches de Gennes, et de la maniere comment au plus seur le siege se pourroit assoir et mectre, et de toutes leurs autres affaires. Lesquelles choses furent la mises en conseil, où furent appellez messire Jacques de Chabannes, seigneur de La Palixe, messire Yves d'Allegre, messire Jehan de Bessey, capitaine des Allemans, messire Phillebert de Clermont, seigneur

1. La relation officielle des événements après le 25 avril fut imprimée à Gênes même le 29 avril 1507, in-4° goth. Elle a été réimprimée dans les *Archives curieuses* de Cimber, p. 15 et suiv., sous son titre *la Conqueste de Gennes*, et en partie dans le *Cérémonial françois* de Godefroy. Elle est, en outre, contenue dans des opuscules de circonstance : *la Bataille et assault de Gennes, donné par le tres crestien roy de France Loys XII de ce nom, avec la trayson que les Genevois ont cuydé faire; et aussi la complainte desditz Genevois,* petit in-4° goth. de 4 feuillets, avec un bois sous le titre, s. l. n. d.; *la Prinse du bastillon et la reduction de Gennes au tres chrestien roy de France Loys douziesme de ce nom,* petit in-4° goth. de 2 feuillets (soit 3 p. de texte, un bois sur la 1re), « imprimé pour Guill. Vineaulx, » qui se compose d'une lettre de nouvelles, datée du 27 avril au soir; *l'Entrée du tres chrestien roy de France Louys douziesme de ce nom, en la ville de Gennes,* petit in-4° goth. de 2 feuillets, « imprimé à Paris. » Un exemplaire de ces trois opuscules est relié dans le portefeuille Fontanieu 156.

de Montoison, et plusieurs autres capitaines et gentishommes pencionnaires du Roy. Ausquelz dist messire Charles d'Amboise, lieutenant du Roy : « Messeigneurs, vous savez assez le vouloir du Roy et la cause de nostre affaire, qui est entierement fondée sur la prise et reduction de la cyté de Gennes, rebelle et desobeissante audit seigneur. Or, summes nous a tant venus qu'il ne reste, sur ce, que de mectre les mains a l'œuvre, ce qui nous est mestier de faire, en maniere que se soit a nostre louenge, a l'onneur du Roy et au proffict de la chose publicque. A ceste fin vous ay je voulu icy appeler, affin que chascun de vous, scelon ce que en pourrez savoir et entendre au plus pres, de loyal conseil m'en vueillez descouvrir vostre advys, comme ceulx qui a plusieurs haultes entreprises et louables faictz avez esté. Vous savez, a suffire, de la force et situation du lieu, et comme tout autour de plus en plus fort elle est fortiffyée. Toutesfoys, il n'est si forte chose, si cueur vertueux par vouloir la desire, que de pouvoir ne l'obtienne ; et sachez que seigneurie gouvernée et soustenue par democracye, qui est puissance popullaire, ne peut nullement durer et longuement estre en pouvoir, car peuple effrenné, comme est cestuy de Gennes, par envye de domyner ou orgueil de seigneurye, se divisent facillement. Or, ont ja eslu et faict ung duc d'ung taincturier et mechanique, que longuement n'aprouveront les marchans et ceulx du peuple gras. Par quoy nous fault vertueusement les assaillir et donner dedans, au plus tost que faire ce pourra, pour les prevenir, et ne leur donner temps d'avitailler leur ville et pencer a leur besongnes. Et me semble, sauf meilleur advys, que, demain au matin, soit transmys aucun bon capitaine avecques bonne puissance de gens d'armes, descouvrir la móntaigne et adviser leurs fors; car sur tout est requys, avant que assaillir la ville, gaigner les montaignes et les fors qui sont dessus et autour : autrement, si nostre armée passe oultre, et les montaignes soyent occuppées par les Gennevoys, noz vivendiers, sans grosse garde de gens d'armes mise en divers lieux (ce qui amandriroit fort nostre armée), ne pourront passer, et nuyt et jour seroit nostre armée de tous costez ennuyée et assaillye et sans repoux. Par quoy me semble qu'il y fault envoyer quelque bon chief, et bien accompaigné, pour aller voir que c'est; et en queuhe faire marcher toute l'armée pour rainforcer a besoing ceulx qui monteront la montaigne; et ausi, pour donner sur leurs fors et barrieres, ferons la pres et en lieux propices charryer et atiltrer quelques pieces de bonne artillerye pour donner au travers. Et, en ce faisant, m'est advys, si nous y allons de bonne voilhe, que nous aurons part au logis. »

L'advys et oppinion du lieutenant du Roy fut, de tous les capitaines qui furent la et autres gentishommes, louhé et recommandé : auquel furent, par aucuns desdits capitaines, plusieurs autres moyens adjoutez et faictes diverses ouvertures ; mais, a la conclusion, fut dit que ladite montaigne seroit assaillye et gaignée, qui pourroit, premier que passer oultre. Et dist la messire Jacques de Chabanes, seigneur de La Pallixe :
« Il me semble, dist il, que, quelque nombre que soient ses villains, et quelques fors qu'ilz ayent aux montaignes, si avecques eulx nous nous assemblons, que peu de resistance feront, veu que ce n'est que

commune, qui n'a acoustumé la guerre ne n'est usitée du mestier, et ausi qu'ilz ont leur ville au dos pour retrecte, ou tousjours auront l'ueil, qui les chergera roydement. Et, en oultre, si quelque paoureulx, dont entre eulx y peut avoir quelqun, par craincte des orions qui la se donneront a tour de bras, par avanture prend la fuyte, Dieu scet quelle suyte des autres il aura. Car la maniere de commune tient tel desarroy en bataille que le premier qui desloge actraict tous les autres et a fuyr les convye; ayant tel desordre au surplus que, apres esbranler, james ne se ralyent. Dont mon oppinion est qu'ilz soyent tost assaillys et chargez roidement. » Laquelle oppinion fut tenue de tous, et ordonné par ledit messire Charles d'Amboise, lieutenant du Roy, que celuy messire Jacques de Chabannes, seigneur de La Palixe, auroit ceste charge; et que avecques luy auroit troys mille hommes de pié françoys et quelque nombre d'autres gens d'armes qu'il vouldroit choisir par les compaignyes. L[a]quelle charge print voluntiers ledit seigneur de La Palixe. Et, saichant celle entreprise, plusieurs seigneurs et autres gentishommes qui la estoyent disrent que sans eulx ne se feroit la menée, et que messire Jacques de Chabannes, que chascun suyvoit voluluntiers (*sic*), n'yroit a ladite montaigne qu'ilz ne fussent avecques luy, et tant que chascun se convyoit a ce banquet; dont se delibererent plus de cent des pencionnayres et autres gentishommes du Roy de ce trouver a cest affaire.

XXI.

Commant le Roy partit d'Allixandrie pour s'en aller joindre a son armée, qui marchoit droict a Gennes.

Le Roy, qui d'Allixandrie savoit a toute heure nouvelles de son armée, se voullant joindre a elle, partit de ladite ville d'Allixandrye, le XXIIIme du moys d'apvril, sur les VII heures du matin[1], apres la messe ouye[2], ayant disné legerement et estant armé de toutes pieces, monté sur ung coursier blanc bardé de blanc avecques ung soye de mesme coulleur et broché d'or.

1. Une miniature du *Voyage de Gênes* (fol. 15 v°) représente la sortie d'Alexandrie. Le roi est vêtu, comme le dit Jean d'Auton, d'un sayon blanc (probablement de soie) brodé de ruches d'or et d'abeilles d'or. Sur les bordures du vêtement royal et de la housse pareille du coursier est brodée la devise : *Non utitur aculeo rex noster*. Le roi porte sur la tête sept grandes plumes blanches. Le blanc (hermine de Bretagne) était la couleur de la reine Anne. Louis XII portait toujours, en campagne, un très haut panache blanc et son cheval de même était empanaché. Ses comptes de 1509 nous montrent qu'avec son économie habituelle il portait ordinairement un vieux plumet soigneusement réparé (KK. 86, LII v°). Mais, le jour de la bataille d'Agnadel, il arbora un grand panache tout neuf, composé de douze énormes plumes, sortant de trente-deux plumes basses, fixées sur un bourrelet avec une garniture de neuf petites plumes, le tout « chargé de paillettes, branslans (d'orfèvrerie) et frangé de franges d'or » (*ibid.*, LII). Dans la mêlée, à laquelle Louis XII prit une part active, toute l'armée pouvait voir ce grand panache blanc.
2. Cf. Desjardins, II, 238. Le registre de ses offrandes est resté en blanc pour ce jour-là.

Et ainsi, avecques ses princes, seigneurs et gentishommes de sa maison et archiers de la garde, tous armez avecques luy, chevaucha de son logis par la grand rue et le long de la place, ou avoit la grant nombre de dames et autres des seigneurs et du peuple de la ville; dont les dames disoyent a la passée : « Ha! que grant dommage est de tant de grans princes et seigneurs et beaulx gentishommes de France, qui s'en vont prendre leur fin et mourir a Gennes! Ja n'en reschappera ung tout seul! » disoient ses pauvres dames; et de vray pensoyent que Gennes, coustumiere d'obtenir victoires, deust tout mectre a sac; ce que eussent bien voulu aucuns d'Allixandrie, qui par avanture y avoient de leurs freres ou voysins, comme fut dit par apres.

Or, s'en va le Roy, chevauchant tout armé, d'Allixandrie a ung lieu nommé le Boscq, mauvays françoys; du Boscq[1] a Gavy[2] et a Bourg de Buzalle, qui estoit tout en feu. Audit lieu de Bourg arriva le Roy, le sapmady, que le lieutenant et les capitaines de son armée avoyent tenu le conseil d'aller donner sur les villains de la montaigne de Gennes; ce qui fut faict.

1. Il couche le 23 à Gavi, le 24 à « Bosq » ou « Vosque, » que les Florentins appellent « Borgo di Fenari, » le 25 à Boschetto, où il s'arrêta jusqu'à son entrée à Gênes (KK. 88; Desjardins, II, 238).

2. Gavi était un château très fort appartenant à Bernardino Guasco (Desimoni, *Cronaca di Genova,* da Aless. Salvago, p. 125).

XXII.

COMMANT MESSIRE JACQUES DE CHABBANNES, SEIGNEUR DE LA PALIXE, AVECQUES PLUSIEURS GENTISHOMMES FRANÇOYS ET GENS DE PIÉ, FUT ASSAILLIR LA MONTAIGNE DE GENNES ; ET DE LA PRISE D'UNG BASTION ET AUTRES FORS, ET D'UNE BATAILLE FAICTE SUR LADITE MONTAIGNE[1].

Ung dimenche, XXIIIIme[2] jour du moys d'apvril, en l'an mil cincq cens et VII, messire Jacques de Chabbannes, seigneur de La Palixe, sur le point de v heures du matin, apres la messe ouye, partit du Pontedesme, avecques III mille hommes de pié et aucuns gentishommes armez et montez legierement, et se mict en marche droict a Gennes. Lequel ne fut si tost party que grant nombre de gentishommes de la maison et des penccionnaires du Roy ne s'armassent pour aller apres, lesquelz disrent a messire Charles d'Amboise, lieutenant du Roy, qu'ilz yroient voluntiers apres, en luy pryant qu'il luy pleust que, sans eulx, ledit seigneur de La Palixe ne montast ladicte montaigne ou commainçast le hutin. A quoy differa le lieutenant du Roy, disant : « Je n'ay pas transmys le seigneur de La Palixe pour donner la bataille a nóz ennemys, mais seullement pour adviser la montée plus aisée et assaillir quelque maison au bas de ladicte montaigne, ou

1. Une miniature du *Voyage de Gênes* (fol. 17 v°) représente la prise du bastion.
2. 25 avril (*la Conqueste de Gennes*) ; cette date résulte aussi de ce qu'a dit Jean d'Auton lui-même au chapitre XX.

est quelque nombre de villains qui gardent ce passage ; et ausi n'est heure ne lieu de leur donner ancores la bataille, s'ilz ne descendent en plaine ; ce que ne feront, car ilz ont sur nous l'avantage des montaignes. Par quoy n'est mestier, pour ceste premiere foys, faire grant effort, mais seullement veoir leur maniere et espier les lieux. » Sur ce, firent responce lesdits gentishommes[1] : « Nous savons bien que les lieux des montaignes sont difficilles pour nous et adventageulx pour les ennemys ; mais tant y a que, si le seigneur de La Palixe, que avez la envoyé, les rancontre, quelque puissance ou lieu avantageulx qu'ilz ayent, nous summes tous asseurez qu'il donnera au travers, quelque chose qu'il en doye advenir. Dont est requis que, avecques ses gens de pié, aye quelque nombre de gens bien armez pour soustenir ung faix, s'il en est besoing. » Et, pour ce, le prierent de rechief qu'ilz y allassent : « Or, allez doncques, dist il, et gardez sur tout, a ceste premiere charge, de ne hazarder par trop vostre affaire ; car le lieu ou sont noz ennemys est moult avantageulx pour eulx. » A chief de ses parolles, grant nombre de gentishommes, bien armez et montez sur bas chevaulx, se mectent apres a course de cheval, et tant que, avecques le seigneur de La Palixe et ses pietons, se trouverent au droict d'ung petit bourg nommé Rivereu[2], a ung mille pres de Gennes.

---

1. D'après Symphorien Champier, ce serait Bayard qui, avisant le fort, aurait entraîné les gentilshommes à l'attaquer directement à l'assaut. *Le Loyal Serviteur* en fait honneur entièrement à Bayard, dont le roi aurait suivi les conseils.
2. Rivarolo, près S.-Pier d'Arena. Cf. Desjardins, II, 239.

Et de la commainça le seigneur de La Palixe a regarder la montaigne et les fors qui dedans estoyent, et tout le sommet et pendant de ladite montaigne, plains de gens armez, qui de tous costez faisoyent criz et tiroyent artillerye sur noz gens. Or, avoient iceulx Gennevoys faict sur la cyme de leur montaigne ung fort bastion, de terre percé a tous costez, et mys dedans grant puissance de souldartz et force artillerye. Et est assavoir que la dedans ceste montaigne sont deux chemyns, qui, du bas de la grave et du pié de ladite montaigne, montent droict audit bastyon et de la descendent a Gennes vers le chasteau et a Besaigne; desquelz chemins, l'ung est pres de l'issue du bourg de Rivereu comme de demy gect d'arc ou environ, regardant vers le chemin de Gennes, sur main senestre; l'autre, outre ledit Rivereu, loing de deux gectz d'arc, tirant ausi vers Gennes, du costé de la grave; entre lesqueulx deux chemins estoit assis ledit bastyon, sur le sommet du mont. Or y avoit, sur le bort et au travers d'iceulx chemins, barrieres et maisons fortiffyées et force gens d'armes pour les garder. De l'autre costé, sur main destre, estoit une autre montaigne, de la haulteur et pareille de ceste, qui pareillement estoit toute plaine de gens armez.

Ainsi que messire Jacques de Chabbannes, avecques ses gens, advisoit le lieu pour monter, messire Charles d'Amboise fist a coup marcher toute l'armée et tira celle part. Et, premier qu'elle fust la arrivée, ja commainçoit le seigneur de La Palixe a monter avecques ses gentishommes, les pietons ung peu a cartier, tirant ledit seigneur de La Palixe, par le chemin plus prochain de Rivereu, droict a une maison fortiffyé sur le bort dudit chemin, hault en ladicte montaigne environ deux gectz de pierre.

Au point que le seigneur de La Palixe comainçoit a monter, toute l'armée de France arriva sur le lieu. La furent tous les gens d'armes a cheval et les Allemans et pietons françoys viz a viz dudit bastion[1], dont tirerent les Gennevoys coups d'artillerye a pierre perdue au travers de l'armée et du camp sans faire que peu de mal ; car la pluspart de leurs coups passoyent par dessus, pour ce qu'ilz venoyent d'amont.

Messire Charles d'Amboise, lieutenant du Roy, voyant monter le seigneur de La Palixe avecques ses gens et adresser vers la maison fortiffyée sur le bort du chemin et les montaignes couvertes d'ennemys, comanda a messire Pol de Beusserailhe, maistre de l'artillerye, que tout soubdainement il fist monter sur la montaigne quatre faulcons et qu'ilz fussent mys en lieu propice pour tirer contre la maison que le seigneur de la Palixe alloit assaillir et au travers des villains qui estoyent sur ladite montaigne a grosses trouppes. Et, tout en l'eure, celuy maistre de l'artillerye, avecques les commissaires d'icelle, qui estoient Estienne de Champellays, Guerin Maugué, Perot d'Oignoiz et Loys Benoist, firent monter quatre faulcons, dont le premier fut monté par les pyonnyers, les autres troys a force de chevaulx et de casbles, et furent mys au pendant de ladite montaigne, entre le bourg de Rivereu et le chemin ou estoit ladite maison, et la tauldis-

---

[1]. Ce fort renfermait quatre faucons, deux canons de fonte et une forte artillerie de fer : huit à dix pièces d'artillerie, d'après *la Bataille et assault*. Il avait pour objet d'isoler l'armée assiégeante du Castelletto (*la Conqueste de Gennes*).

sez et assix ; et, pour iceulx tirer, ung nommé Ferry Utel et quatre autres cannoniers furent la mys et ordonnez. Deux autres groux canons furent mys au pié de la montaigne pour tirer contre le bastyon d'amont ; et furent la ordonnez troys cannoniers, nommez Jacques Daussel, Thibault Darchet et Pierre de Sallenove.

A ceste mesme heure, messire Charles d'Amboise, lieutenant general de l'armée du Roy, fist chevallier ung nommé maistre Thomas Bouyer, general de Normandie[1], lequel fut la au camp, armé de toutes pieces, vestu d'ung soye de drap d'or et monté sur ung bon courcier.

Le seigneur de La Palixe, avecques grant nombre de gentishommes armez, s'efforçoit a toute puissance de gaigner la montaigne, laquelle estoit droicte a merveilles et haulte d'une lieue de chemin ou de pres. Et, pour ce que j'estoye lors sur le lieu et viz iceulx gentishommes monter et partie de leur exploict, aucuns d'iceulx ay voulu nommer icy : premierement, messire Jacques de Chabbannes, seigneur de La Palixe et chief de la bende ; Jehan Stuart, duc d'Albanye ; Jacques[2] de Bourbon, comte de Roussillon ; Jacques de Rohan, seigneur de Leon ; René d'Anjou, seigneur de Maizieres ; Jehan de la Chambre, vicomte de Moryenne ;

---

1. *La Prinse du bastillon* note aussi ce fait, pourtant assez bizarre, étant donnée surtout l'animosité qui régnait contre les gens de finance. Thomas Bohier, général des finances de Normandie, plus tard lieutenant général du roi en Italie, était un homme de cour (*Titres orig.*, Bohier), de la grande famille financière Bohier. De plus, il épousa Catherine Briçonnet (Bretonneau, *Histoire généalogique des Briçonnet*).

2. Charles.

René de Bretaigne, comte de Pointhievre; le vicomte de Rodez; Audet de Foix, seigneur de Barbazant; Andrieu de Foix[1]; messire Roger, baron de Beart; messire Mery de Rochechouart, seigneur de Mortemar; messire Germain de Bonneval, gouverneur de Limousin; Loys de Janlys, seigneur de Monmor; Françoys de Cresol, seigneur de Beaudisner; messire Jehan Picart, bailliy (sic) d'Estellan; Pierre de Bayart; le seigneur d'Arpajon[2]; Marc du Fresne; Ymbault de Romanieu; le Basque nommé Pierre de Tardes; Adryen Tiercellin, seigneur de Brosses; Jehan de Sainct Amadour; ung nommé Cytain, et grant nombre d'autres, dont la pluspart estoit a pié et les aultres sur petiz courtaulx, pour les mener jucques au lieu ou seroit besoing de combatre; et, ce pendant qu'ilz marchoyent, les villains d'amont ruoyent grosses pierres le long de la montaigne, tiroyent trect et artillerye et faisoyent du sanglant pys qu'ilz pouvoyent et se monstroyent sur ladite montaigne en nombre de plus de xxx mille hommes[3]; dont messire Charles d'Amboise, ayant la charge de toute l'armée, voyant si grosse puissance d'ennemys, doubtant que le seigneur de La Palixe et ses gens ne fussent assez pour soustenir le faix de tant d'ennemys, volut la faire monter troys mille Allemans. Lesquelz refuserent la haye, disant qu'ilz ne se departyroyent point, s'ilz ne montoyent tous ensemble, et plusieurs foys refuserent a monter[4]. Toutesfoys, par

1. Seigneur d'Asparrotz, frère du précédent.
2. Jean d'Arpajon, baron d'Arpajon.
3. 8,000, d'après *la Conqueste*, étaient renfermés dans le fort, dont 6,000 sortirent; 6 à 8,000 étaient sur l'autre montagne. Salvago dit 40,000, *la Prinse du bastillon* 24 à 25,000.
4. Ce refus est confirmé par le rapport des ambassadeurs flo-

belles remonstranses qu'il leur fist, et voyant tant de drap d'or monter, heurent honte du reffus et commaincerent a sortir de leur rym ; mais, premier que vouloir monter, demanderent des gens de cheval a leur queuhe, pour arrester les ennemys, quant ce viendroit a l'excution ; dont leur fut baillé le capitaine Fontrailles, avecques cincquante hommes a cheval, lesquelz se misrent a la queuhe d'iceulx Allemans. Et, ce faict, regarderent amont, et, voyant grosse bataille d'ennemys en ordre, en montant baiserent la terre et croiserent les bras deux ou troys foys et firent longues cerymonies, tant que, pour les achemyner, ledit lieutenant du Roy fist marcher devant eulx, tout au droict du bastion, Jacques d'Allegre, seigneur de Milho ; missire Yves de Malherbe ; Peralte, espaignol ; Pommeroul[1], et quelques aultres capitaines de gens de pié, avecques troys mille pietons[2] ; aussi monterent messire Robert Stuart, avecques quatre vingtz de ses archiers, tous a pié ; Mollart, allemant, capitaine de gens de

---

rentins, mais non par *la Conqueste,* d'après laquelle les Suisses (récit officiel) n'auraient baissé leurs piques que pour baiser la terre. Saint-Gelais place le refus des Suisses au commencement de l'action : les Suisses auraient répondu qu'ils ne voulaient pas « gravir de montaignes, » prétention singulière pour des gens de leur pays. Devant ce refus, qui exaspéra l'armée française, les gentilshommes du roi s'élancèrent seuls à l'assaut, comme on l'a vu plus haut. C'est alors que Chaumont parvint enfin à fléchir les Suisses à force de promesses. *La Prinse du bastillon* dit simplement que les Suisses firent « les serimonies acoustumées, posteries en terre, les traictz en croix et les picques baissées. »

1. Jean Pommereuil, seigneur du Plessis-Brion.

2. L'assaut, d'après *la Conqueste,* comprenait 1,800 Suisses, 2,000 hommes de pied, les Albanais et grand nombre de gentilshommes de la maison. Il y avait en tout 3,500 Suisses.

pié. Et a la queuhe de leurs gens estoient messire Anthoine Marye de Sainct Severin, avecques quarante arbalestiers. Ausi y estoit messire Phillebert de Clermont, seigneur de Montoison, lequel menoit xv hommes d'armes et xxx archiers a cheval, montez legierement et armez a la bastarde.

Messire Jacques de Chabbanes, seigneur de La Palixe, et les gens de sa bende approcherent la maison, ou grant nombre de Gennevoys s'estoyent fortiffiez; et, pour savoir qu'ilz vouldroyent dire, leur transmist xl arbalestiers a cheval pour escarmoucher, lesquelz chargerent bien a point, a grans coups de trect. Mais, pour ce que le lieu estoit mal a main pour gens de cheval, pour l'empeschement de la montaigne, qui estoit droicte, ne leur sceurent gueres nuyre, et, a la fin, a coups de trect et de main, furent repoussez bientost. Ausi estoient aucuns de noz gens de pié montez si hault qu'ilz avoyent trouvé leurs ennemys en barbe, qui pareillement les avoyent renvoyez bien lourdement et se retiroyent; dont le seigneur de La Palixe, voyant aucuns d'iceulx reculler, leur escrya : « Tournez, dist il, ribaulx, tournez! car, s'il y en a ung a qui je voye desmarcher ung seul pas, je le feray tailler en pieces. » Et la fut ung gentilhomme nommé Pierre de Bayart, lequel s'adressa a aucuns de ceulx qui s'estoyent reculez, et a tour de bras commainça a charger, et tant que ilz tournerent en avant. Tantost fut la maison ou les Gennevoys s'etoyent fortiffyez, par le seigneur de La Palixe et ses gens, a grans coups, assaillye et approchée jucques a combatre main a main. La misrent pié a terre ceulx qui avoyent chevaulx, et se joignirent tous ensemble. Ceulx du dedans ne se deffendirent longuement; car, ainsi qu'on les assailloit, ung canonnier nommé Ferry Utel, provost de l'artillerye, estant a ung rampar entre Rivereu et ladite maison, adressa la ung coup d'ung gros canon, tellement qu'il persa ladite maison tout au travers et tua deux hommes gennevoys; ce faict, qui peut fuyr dé la ne fist autre demeure; ainsi habbandonnerent le fort, et a mont. A ceste premiere rancontre, les villains qui estoient en la montaigne tirerent artillerye a toutes mains, et tant de trect qu'il tumboyent menu comme goutes de pluye.

Grant challeur faisoit lors, dont a grant peine montoyent les gentishommes et autres, qui estoient armez de toutes pieces et a pié. Advint que, pour la force du chault, le seigneur de La Palixe mist bas et avala sa gorgerecte, laquelle estoit double et toute eschauffée pour la challeur du souleil; et, comme chascun s'efforçoit de monter, ung trect vint d'amont donner droict au deffault de la gorgerecte dudit seigneur de La Palixe et luy entra en devallant bas dedans la gorge bien quatre doiz; de quoy ne tint compte, mais marcha encores en avant, disant : « Ce n'est rien, ce n'est rien ! » et arracha le trect, dont incontinent grant force de sang commainça a saillir de la gorge, et tant qu'il ne peut plus tirer avant, car ja avoit perdu moult de sang. Toutesfoys ne s'esbahist de rien, mais, tout en riant, dist : « Je n'ay nul mal, si n'est que ma douleur est seullement pour ce que je ne puys, a mon voulloir et a ce besoing, servir le Roy et me trouver a la bataille contre ses villains, lesquelz, sans faillir, a l'aide de Dieu et des grans coups que vous, messcigneurs, donnerez aujourd'uy, seront deffaictz. Or, allez soubz la main de Dieu, qui vous soit aujourd'uy secourable. Monseigneur le duc d'Albanye, s'il vous plaist, dist il, vous prendrez la charge de conduyre le demeurant de ceste entreprise; et vous, messeigneurs et amys, je vous supplye que aujourd'uy vous ayez vostre honneur et les affaires du Roy sur toutes choses pour recommandées. » Ce dit, se fist enmener par ung gentilhomme nommé Anthoyne du Cartier, maistre d'ostel de messire Charles d'Amboise, et se fist pencer en une maison pres de la.

Le duc d'Albanye, qui avoit la charge de ceste menée, marcha hardyment avecques tous les autres gentishommes et pietons qui chemynoient a cartier d'eulx; et tant marcherent que, dedans une petite plaine pres d'une montaignette, et a ung gect de pierre du sommet de la montaigne, trouverent bien cincq cens Gennevoys la raliez ensemble. Le lieu estoit assez aisé et propice pour combatre, mais avantaigeulx pour les Gennevoys, car il failloit monter hault pour gaigner ladicte place. La se rangerent les Gennevoys, et, a coups de haquebutes, de trect et de pierres, chargerent noz gens bien rudement et en blecerent plusieurs; desquelz furent Audet de Foix, lequel eut ung coup de trect en la cuisse, mais pour ce ne s'arresta. Ausi y fut blecé ung gentilhomme de Gascoigne, nommé Estienne de Carnac; et, ainsi que messire Germain de Bonneval descendoit de dessus une petite haquenée, pour vouloir combatre a pié, fut failly d'ung cop de trect, lequel saditc hacquenée receupt. Longuement fut a ce lieu combatu, et par force la place gaignée et les Gennevoys chacez et suyvis jucques au sommet de ladicte montaigne; et est assavoir que pietons françoys et allemans se misrent a la chace par les montaignes en divers lieux, apres les Gennevoys, dont les Allemans en encloussirent, pres du sommet de ladite montaigne, bien deux cens, lesquelz furent tous degoillez et despoillez en l'eure. La ausi estoient a cheval Françoys de Maugyron, lieutenant de Mollart, allemant; Jacques du Mas, seigneur de l'Isle; Huguet d'Asnieres; Pierre de la Boucherye; ung nommé Tartarin et VIII hommes d'armes de ceulx de Fontrailles; messire Mercure avecques ses Albanoys; lesquelz firent une sanglante excution de Gennevoys, qui tousjours se deffendoyent, en eulx retirant a la cyme de la montaigne, et tant de trect tiroyent que bien IIII^{xx} de ceulx des gens de pié, que françoys que allemans, y moururent, et y eut de blecez bien quatre cens ou plus, car ausi estoyent ilz mal armez. Le seigneur de Milho, Malherbe, Peralte et Pomeroul[1], avecques quelques aultres capitaines de leurs bendes, marcherent tout au droict de ladite montaigne au bastion. Les Allemans et les autres gens de pié, avecques les chevaucheurs qu'ilz avoyent en queuhe, marcherent ausi rondement droict amont. Et, voyant iceulx Gennevoys que de toutes pars leur montaigne estoit assaillye et que les Françoys approchoyent leur bastion, habandonnerent leur fort et misrent le feu dedans leurs pouldres. La monta des premiers Jacques d'Allegre et prist l'estandart de sa bende, puys tout le premier entra dedans ledit bastyon, tout plain de feu et de fumée de la pouldre qui ja estoit bruslée, et mist son estandart dessus celuy bastion[2]. Les Allemens et autres gens de

---

1. « Mallarbe, Millaut et Pommereux » (la Bataille et assault).
2. La relation officielle s'accorde avec d'Auton sur ce point

pié françoys tuerent la tous les Gennevoys qu'il y trouverent[1] et donnerent la chace aux fuyans jucques contre les portes de Gennes.

Ainsi que ce chaplys duroit et que les Françoys gaignoyent la montaigne, au bas, a l'entrée du chemin par lequel on monte droict au bastyon, avoit une forte barriere sur le gravier, ou estoyent la pour la garde d'icelle mille ou XII cens hommes de guerre gennevoys, pensant que la venue des Françoys se feroit par la. Et, ce pendant que ceulx qui alloyent en la bataille montoyent a mont, ceulx de ladite barriere ennuyoient moult les gens d'armes, tant de trect que d'artillerye et des saillyes qu'ilz faisoyent sur le camp; dont le lieutenant du Roy y fist mener troys grosses coullevrines et ung canon serpentin pour batre ladite barriere et une maison qui estoit au dessus; et aussi fist marcher une bende de Suyces, lesquelz, voyant ladite barriere, dont venoit le trect et artillerye sans cesser, ne la voulurent assaillir, mais disrent qu'il yroyent voluntiers a la bataille ou estoyent allez leurs compaignons. Et lors ung nommé messire Rigault Doreille, du pays d'Auvergne, maistre d'ostel du Roy, s'en alla vers ladite barrierre, faignant escarmoucher, pour icelle adviser et la maniere des Gennevoys qui la gardoyent; et, cela veu, en s'en retournant, trouva ung nommé Guyon Le Roy, seigneur de Chillou, auquel

qu'on occupa le fort presque sans coup férir. D'après Symphorien Champier, Bayard occupa le fort après avoir solidement combattu avec Maugiron. D'après *la Bataille et assault,* on tua 100 ou 120 hommes, on en perdit 30.

1. La perte des Génois fut en tout de 1,500 à 1,600 hommes dans la journée, celle des Français minime (*la Conqueste*):

dist : « Venez voir une barrierre que les Gennevoys tiennent, laquelle me semble assez facile a gaigner, et m'est advys, si quelque bonne bende de gens de pié marchoit celle part, que bientost seroit gaignée ; et, qui me vouldra bailler ranfort, je prendray sur mon bonneur de l'emporter. » Celuy Guyon le Roy dist : « Pour moy, ne tiendra qu'elle ne soit assaillye, et de ma part m'y trouveray voluntiers avecques vous. » Et, sur ce point, ledit messire Rigault s'en va hastivement devers messire Charles d'Amboise, lieutenant de l'armée, lequel avoit l'ueil et la main a toute heure au besoing de l'affaire ; auquel dist messire Rigault : « Monseigneur, il y a icy pres sur le gravier, a l'entrée d'ung chemin qui va droict au bastyon d'amont, une forte barriere et grant nombre de Gennevoys qui la gardent, et de la ennuyent fort l'armée du Roy a coups de trect et d'artillerye ; par quoy me semble qu'il est mestier de gaigner ladicte barriere, laquelle n'abandonneront iceulx Gennevoys pour nostre artillerye, car il ont des taudys ou se garantissent. Et aussi les Allemans que avez la envoyez pour l'assaillir ne veullent coup donner, combien qu'elle soit de prise et facile a emporter ; car j'ay veu et advisé l'entrée, qui est gaignable pour gens de pié ; pour ce, s'il vous plaist m'en bailler quelque bonne bende, il m'est advis, et me semble sans faillir, que je chaceray les villains et gaigneray ladite barriere. » Messire Charles d'Amboise, oyant ce propos, luy bailla les cinquante hommes d'armes et cent archiers de messire Yves d'Allegre, lesquelz fist tous la marcher a pié. Droict a ladite barriere adressa messire Rigault Doreille, avecques luy ledit Guyon Le Roy et ung autre, nommé Phillebert de Beaujeu, et les hommes d'armes et archiers dudit seigneur d'Allegre. La fut ung nommé Anthoyne de Sainct Nectaire[1], capitaine des archiers, lequel marcha droict avecques ses archiers; et a la queuhe d'iceulx estoit ung nommé James de Saincte Columbe, lieutenant de ladite compaignye, avecques ses hommes d'armes, tous a pié, lesquelz marcherent droict a la barriere, dont grans coups de trect et haquebutes venoyent. Et, a l'approcher, messire Rigault Doreille dist aux gens d'armes qui le suyvoient : « Marchez hardyment et seurement, car j'ay veu l'entrée des barrieres, laquelle est aisée, et ja sont les villains esbranllez. » Ce dit, se met devant l'espée au poing, et la, a grans patacz, chargerent Françoys sur ceulx de la barriere. Les archiers commaincerent a descocher fleches au travers de la route des Gennevoys; les hommes d'armes pareillement se meslerent en la presse et chargerent tous ensemble, en maniere que la barriere fut habandonnée desdits Gennevoys et gaignée par les Françoys, lesquelz leur donnerent la chace jusques a une maison estant sur le bort du chemin et fortiffyée de gens et d'artillerye. James de Saincte Columbe, avecques ses gens d'armes, assaillit celle maison si tres vivement que les Gennevoys l'abandonnerent et se misrent a monter la montaigne par divers lieulx.

Alors que ses exploictz se faisoyent, les gentishommes et autres, qui estoyent montez des premiers, combatoyent en plusieurs lieux par ladite montaigne, dont lesdits Gennevoys, qui s'enfuyoient de ladite

---

1. En Auvergne.

barriere a mont, furent la pluspart rancontrez des Allemans et gens de pié françoys ; et Dieu scet quelle composicion ilz eurent! Jusques au sommet de ladite montaigne monterent les Françoys qui avoyent gaigné la barriere d'embas, et la trouverent grant excution de mors, dont il y en eut, scelon l'extime de plusieurs, environ deux mille cinq cens Gennevoys, et des Françoys et Allemans bien cent, et de quatre a cinq cens blecez.

Tandis que les Françoys donnoyent la chace et tuoyent les Gennevoys par les montaignes, a l'autre costé de la montaigne, sur main dextre, au dessus d'une abbaye de sainct Benoist, avoit grant nombre de Gennevoys armez. Et, ce voyant, le lieutenant du Roy, qui avoit l'ueil par tout, appella ung nommé Cossains, capitaine de cinq cens laquays, lequel fist monter, avecques ses pietons, droict ou estoyent les Gennevoys. La, sur le gravyer, estoit toute l'armée de France en ordre sans se mouvoir nullement, dont aucuns regardoyent monter ledit Cossains et ses pietons, disant que sur la montaigne avoit moult grant nombre de gens armez, et que c'estoit bien peu de envoyer cinq cens hommes seullement, et que bon seroit de marcher apres quelque nombre de gens a cheval sur la queuhe pour les secourir si besoing en estoit. Et, sur ce, ung nommé Guillaume Gouffyer, de la maison de Boisi, lieutenant des cent hommes d'armes du marquys de Mantoue, et aucuns autres gens d'armes de diverses compaignyes, estant jusques au nombre de xx hommes d'armes et archiers, sortirent de leur ordre et lesserent leur enseigne, tirant apres ledit Cossains et ses pietons, qui s'estoit ja assemblé avecques les Gennevoys, et donné dessus si rudement que la place luy estoit demeurée. Les Gennevoys, qui estoyent des villains de Poulcevre, se misrent en fuyte par le bas de ladite montaigne, lesquelz furent arrestez par les gens de cheval et rechacez amont. Les laquays de Cossains parreillement les rambarrerent, en maniere que grant partie d'iceulx furent encloulx. Et eulx, cuydans gaigner ung chemin au dessus d'une abbaye qui est au bas de ladite montaigne pour tirer a Sainct Pierre d'Areine et a Gennes, furent la arrestez, chapplez et assommez bien cinq cens[1], comme fut dit par aucuns de ceulx qui avoyent esté a l'exploict.

Ainsi fut gaigné la montaigne nommée la *montaigne des Deux Freres*[2], pour une desconfiture que firent la autres foys deux freres gennevoys sur leurs ennemys; et ausi fut gaigné leur bastyon par Jacques d'Allegre, seigneur de Milho. Chascun de ceulx qui furent a ce faict honnourable s'i aquicterent tellement que pour eulx y aquirent louange inmortelle et renom florissant. Et entre autres fut donné le bruyt a messire Jacques de Chabbannes, conduyseur de la premiere charge, et aux gentishommes de sa bende, lesquelz eurent le premier hurt, soustindrent le plus grant faix et en porterent plus de peine; car eulx, armez de toutes pieces et a pié la pluspart, monsterent ladite montaigne haulte a merveilles et tant droicte qu'en plusieurs endroictz d'icelle failloit gripper les buissons et monter a quatre piedz. Somme, ce fut ung œuvre

1. Trois cents, d'après Guichardin.
2. Montagne au-dessus de Gênes, au revers de laquelle se trouve l'aqueduc *Due Fratelli*.

de merveilles a tous ceulx qui en ouyrent parler et espouventable a tout le monde.

Jusques a celle heure ne sceurent ceulx du chasteau le vray de leur secours, car, voyant paravant les villains sur les montaignes, pencoyent que de la veinssent assieger et assaillir le chasteau. Mais, voyant la croix blanche et l'estandart des Françoys sur le bastyon et la chace qu'on donnoit aux Gennevoys, lesquelz on tuhoit a la veue du chasteau, cognurent qu'ilz avoyent secours et que l'armée de France estoit au pié des montaignes et dedans. Par lesquelles choses firent ung cry de joie, comme s'ilz fussent ressuscitez de mort a vye; et ausi estoyent ilz en grant hazart, car leur vin estoit failly et leurs autres vivres diminuez, et des souldartz grant partye de mors et les autres affollez. Toutesfoys, ceulx qui furent sains monterent sur les murailles et la firent sonner trompettes et tabourins en tyrant artillerye au travers de la ville, comme si tout deust basir, et s'esbaudirent joyeusement. Messire Gallaaz, voyant du chasteau sur le hault des murailles du palais deux estandartz de sainct George, fist adresser une grosse serpentine celle part et tirer si a droict que d'ung coup rua par terre ung d'iceulx estandartz; de quoy les Gennevoys furent moult esbahys et tant plus ne s'essayerent de dresser leur estandart.

Le Roy, qui estoit lors a Bourg de Buzalle, sceut par postes, que couroyent aucuns de ses varletz de chambre, les nouvelles de la prise des montaignes et du bastyon et comme ses gens avoyent gaigné la bataille; de quoy fut moult joyeulx et manda a messire Charles d'Amboise, son lieutenant general, que le lendemain il seroit a son armée.

Apres toutes ses choses, gens d'armes furent mys a garder le bastyon que le seigneur de Milho, avecques quelques autres capitaines de gens de pié et troys mille laquoys françoys, eut en garde. Ausi furent ordonnez troys mille Allemans a garder la montaigne. Car ancores tenoyent les Gennevoys le Castellatz qu'ilz avoyent, au commancement du mutin, gaigné sur noz gens. Lequel Castellatz est assis au pendant de la montaigne, du costé de Gennes, contre le bastyon et le chasteau a main senestre, en descendant du bastyon a la ville, bien garny de gens et d'artillerye, pour ancores tenir longuement et amuser l'armée. Mais pour ce que ja estoit sur la vesprée et pres de nuyt, fut dit que pour ce jour ne seroit faict autre chose, si n'est que gens d'armes furent mys autour de celuy castellatz pour garder que celle nuyt ne fust ranforcé de gens ou de vivres, pour celuy assaillir le lendemain et approcher Gennes.

Ce faict, gens d'armes furent logez et mys chascun a son cartier; l'avan garde fut myse pres de Sainct Pierre d'Areine, a la venue de Gennes; la bataille, viz a viz et tout autour d'ung gros bourg, nommé Rivereu; l'artillerye et toutes les gens de pié, entre la bataille et l'avan garde, tout au droict du bastyon; l'arriere garde, au dessoubz du bourg de Rivereu, a ung grand gect d'arc loings en arriere de la bataille. La, sur les coustez, et au pendans des montaignes, avoit grant nombre de palais et beaulx logys a merveilles, qui estoyent des seigneurs et marchantz de Gennes, ou la dedans estoyent logez les capitaines et seigneurs qui la estoyent. Dedans le bourg de Rivereu estoit logé messire Charles d'Amboise, lieutenant du Roy, et grant compaignye de gentishommes du Roy, qui repaissoyent tous a son logis. Ausi tenoit il maison ouverte a tous venans, ou ce jour me trouvay a l'eure du soupper pour en avoir ma part comme les autres. Tout le logys, hault et bas, estoit plain de mordans. La viz arriver plusieurs des gentishommes qui avoyent esté a la bataille, dont aucuns n'estoyent ancores desarmez de leur griefve et garde braz, tous lassez, et barboillez le visage de pouldre et de sueur. Chascun parloit la de l'affaire de la guerre, ou je ouys et apris beaucoup de choses que j'ay cy mises par escript.

Sur le point du soupper, devant le logis du lieutenant du Roy, arriva grant flote d'Allemans, dont les ungs portoient les autres a leurs coulz et sur des picques, tous blecez et sanglantz; lesquelz fist monter a mont, et iceulx fist repaistre et pencer a ses despens et tenir audit logis jusques ilz fussent guerys.

A toute heure luy survenoit nouvelles de la guerre et des affaires du Roy; et, entre autres, au comaincement du souper, survint ung des capitaines des Allemans qui avoit monté la montaigne, disant que iceulx Allemans ne demeureroyent en ladite montaigne, si leurs compaignons d'embas n'y alloyent, ou que on leur envoyast quelque autre ramfort pour leur ayder a garder ladite montaigne. Et, tout en l'eure, le lieutenant du Roy laissa le soupper et a toute dilligence s'en va au camp, ou prist gens d'armes et pietons jusques au nombre de deux mille, et iceulx fist monter pour aller la ou estoient les Allemans et garder la montaigne avecques eulx; puys s'en alla tout au long du camp veoir l'ordre de ses gens. Et, comme celuy qui avoit la charge du tout, estoit tousjours en piedz, en maniere qu'il ne dormoit ne nuyt ne jour, mais estoit tous temps par chemin de lieu en lieu pour luy mesmes veoir asseoir le guect du soir, et de la mynuyt et du matin. Et, avecques ce, avoit mys telle pollice et provision a l'affaire des vivres que toute la vallée de Poulcevre, qui contenoit plus de xii mille de pays, estoit tousjours plaine de vivendiers, et si bien estoit l'ost garny de vivres que la aussi grant marché en estoit que en la meilleur ville de France. Toute celle nuyt fut mys gros guet et escoutes a force autour de Gennes et sur les montaignes.

Ausi ne dormoyent pas les Gennevoys, de leur part, combien que ilz eussent mal faict leurs besongnes le jour de devant. La estoit leur duc, nommé Paule de Nove, et ung autre pizan, nommé Jacobus Corsus, lesquelz avoyent la charge de l'armée de Gennes, et avoyent conduyt ce jour l'armée a la montaigne et perdu la bataille, comme j'ay dit. Lesquelz voyant le commaincement de leur male fortune, pour donner confort et esperance au peuple, disrent devant tous : « Messrs, sy nous avons aujourd'uy faicte quelque peu de perte, demain recouvrerons le tout; car fortune, qui oncques ne tourna le doulx a Gennes que a ceste foys, nous sera a une autre secourable. Si noz ennemys, les Françoys, occupent partye de nostre montaigne, ancores avons nous le castellatz et la montaigne de nostre costé a delivre, par ou pouvons monter sans leur danger jusques a mont, et la leur tenir bastille et pied ferme. Reprenons doncques nouveau couraige de vertueulx vouloir, et nous efforçons de leur donner ung eschec. Autant de gens, et plus qu'ilz ne sont, sommes ycy ; ne reste plus que avoir bon vouloir de bien faire, et au besoing l'executer; pour ce, est mestier que, demain au plus matin, tout homme de Gennes qui pourra armes porter se treuve a la montaigne, deliberé par armes deffendre nostre liberté que nul homme de cueur vertueulx doit lesser perdre, si n'est quant et la vye. Pour tant, nobles cueurs de Gennevoys, trouvez vous a la montaigne des Deux Freres, pour la vivre et mourir a la deffence de vostre franchise et garder vostre cyté. Outre, est advisé que, pour noz ennemys admuser et surprendre, envoyrons ambaxades devers le lieutenant du Roy de France, faignant de vouloir parlamenter et rendre la ville; lesquelles ambaxades exploreront et adviseront l'armée des Françoys, les lieulx ou est assix leur camp et la maniere de leurs gens d'armes pour nous en advertir, affin de donner dedans par le plus aisé; et ce pendant nous monterons tous par le derriere de nostre montaigne, affin qu'ilz ne voyent nostre puissance; et nous, ainsi montez, ferons faire une saillye de troys ou quatre mille hommes vers le costé de la Lanterne, comme pour leur vouloir donner de ce costé la bataille, ou souldainement acourra toute l'armée; et, elle ainsi passée, devallerons de la montaigne, et a tour de bras leur donnerons la charge sur la bataille ou arriere garde, dont seront effrayez du bruyt et se desordonneront en maniere que, sans faillir, si nous avons cueur, nous gaignerons la bataille et mectrons tout a sac. » La furent presens Paule Baptiste Justinian, Demetrius Justinian, Manuel de Canalle, Anthonjus de Ciuully, des premiers mutins de Gennes, et deux capitaines, nommez Ternatin et Gambecourte, lesquelz, devant tout le peuple de Gennes, louerent et recommanderent l'oppinion susdite, disant que de meilleur ni plus seur moyen ne sauroyent trouver pour deffaire les Françoys; a quoy s'accorda tout le peuple, tant que, toute la nuyt, ne firent autre œuvre par la ville que armer gens, voire de tant, comme depuys je sceu par mon hoste de Gennes, que en nombre se trouverent quarante mille hommes armez ou plus, lesquelz, de l'aube du jour, se mirent a monter la pluspart, et, eulx montez, se mirent entre les montaignes hors la veue de noz gens; toutesfoys bien furent advertys par ceulx de nostre guect que grant nombre de Gennevoys estoyent montez.

Au plus matin, envoyerent devers le lieutenant du Roy leurs ambaxades, lesquelz passerent par le cartier de l'avan garde, regardant sa et la comme avoyent charge de faire, disant a ceulx qui les enqueroyent ou ilz alloyent : « Nous allons en ambaxade devers le lieutenant du Roy pour parlamenter et faire composicion, pour rendre la ville au Roy; » et, ainsi tousjours, en regardant l'ordre de l'armée, passerent oultre jusques au logis du lieutenant du Roy, auquel disrent la charge qu'ilz avoyent de la ville. « Je ne puys riens, dist il, conclure avecques vous, ne ne povez avoir responce jusques a la venue du Roy, qui sera icy dedans deux heures, comme il m'a mandé; je m'en voys au devant de luy pour l'advertir de tout. » Oyant lesdits Gennevoys que le Roy estoit si pres, furent tous esbahys, pencant qu'il ne viendroit point, quelque chose qu'on en dist, ce que pareillement ne croyeient ceulx de Gennes. En bonne garde furent mys lesdits ambaxadeurs.

Ce faict, messire Charles d'Amboise prist grant

nombre de gens d'armes et s'en alla au devant du Roy, qui estoit party bien matin de son logys et avoit chevauché, armé, et matin pour la frescheur.

XXIII.

COMMANT LE ROY SE RENDIT A SON ARMÉE DEVANT GENNES, ET D'UNE BATAILLE GAIGNÉE PAR LES FRANÇOYS, ET COMMENT LA VILLE DE GENNES SE RENDIT AU ROY[1].

Le Roy, sur les IX heures du matin[2], arriva au camp avecques grosse route de gens d'armes, et fut le XXV[me][3] jour du moys d'apvril, en l'an susdit mil CCCCC et sept. Autour de luy, devant et derriere, estoient ses deux cens gentishommes, tous en armes, et leurs chevaulx bardez et acoustrez richement. Avecques luy estoyent le duc de Bourbon, le duc de Callabre, le duc de Longueville, le duc de Ferrare, le conte de Nevers, le marquys de Mantoue, le marquis de Monferrat, le seigneur Jehan Jourdan et plusieurs autres grans seigneurs[4], tous armez et vestus de soyes de drap d'or et d'orfev[re]rie, montez sur grans courciers bardez moult richement. Le Roy, armé de pié en cap, estoit au millieu des quatre cens archiers de sa garde, les XXIIII du corps tout au joignant de luy; les-

1. Miniature au fol. LXXIII r° du texte, représentant une bataille : la cavalerie exécute un mouvement tournant; dans un coin, les piquiers, genou en terre. Le roi marche au milieu, l'épée à la main, couronne en tête, suivi de ses archers.
2. Vers onze heures, d'après *la Conqueste.*
3. 26 avril.
4. Notamment Louis de la Trémoille, d'après Jean Bouchet.

quelz archiers estoient armez de leurs brigandines et sallades, vestus de leurs hoquetons, les arcz tendus, et faisoyent entre autres belle monstre en marchant moult fierement. Au derriere de luy avoit une escoardre de gens d'armes semblant estre assez pour devoir soustenir ung faix de grosse bataille. Somme, sa route duroit une lieue de pais, ce que pouvoyent clerement veoir les ennemys qui estoyent en la montaigne, dont furent esbahys, ne se doubtant de sa venue. Les Allemans de sa garde, tous enpennachez, armez de hallecretz et la picque au poing, marchoyent en poincte et devant les archiers de la garde. De sa venue fut tout l'ost rejouy. Les Allemans comaincerent a batre leurs groux tabourins et marcher en ordre au devant de luy, en luy faisant la reverence le genoil en terre. Ce faict, apres qu'il eut veu et advisé l'ordre de toute son armée, qui la estoit toute en bataille, s'en alla loger a ung monastere de sainct Benoist, au pié de la montaigne, sur main destre, ou la avoit beau logis, et devote eglize et grans jardrins cloux de bonnes murailles; dedans lequel furent logez les quatre cens archiers de la garde, les cent Allemens. Le cardinal d'Amboise fut logé la dedans ledit monastere, avecques partye de son train. Maistre René, cardinal de Prie, estoit pareillement logé la pres. Tristan de Salluzart, arcevesque de Sens, suyvit ausi le Roy, et si avoit avecques luy xx hommes a cheval, tous la brigandine sur le doux, et luy son harnoys complet dedans ses coffres et ung bon coursier pour le servir a besoing.

Tantost que le Roy fut arrivé, messire Charles d'Amboise, son lieutenant, luy mena les ambaxadeurs de Gennes, qu'il ne voulut veoir ne ouyr; mais les envoya au cardinal d'Amboise, pour les ouyr et savoir qu'ilz vouldroyent dire, et, ce faict, adviser sur leur despesche. Apres disner, les ambaxades furent ouyes touchant leur charge, telle que le peuple et toute la ville [de] Gennes disoient que voluntiers se rendroyent au Roy et luy mectroyent ladite ville entre les mains, leurs libertez, biens et vyes saulves; priant ledit cardinal d'Amboise tres humblement de vouloir interceder pour la desollée cyté de Gennes, et qu'il fust le bon plaisir du Roy, leur seigneur souverain, comme disoient, de ne vouloir destruyre son mesme pays, et que ilz amenderoyent partye au vouloir du seigneur : auquel propos ne voulut entendre le Roy ne rendre autre responce [1].

Advint, ce pendant et durant ce parlement, sur les troys heures apres mydy, que ung allarme se fist sur le camp, tellement que le bruyt fut incontinent par tout l'ost, dont chascun courut aux armes. Les deux cens gentishommes, les IIII cens archiers de la garde et les cent Allemans du Roy furent armez, les gentishommes a cheval et les archiers a pié, tous joygnant le logys du Roy, avecques plusieurs de ses princes et pencyonnaires. Le Roy, oyant le bruyt de son logys, demanda que c'estoit. L'ung de ses chamberlans, nommé messire Françoys de Rochechouart, senechal de Touloze, luy dist : « Sire, c'est quelque allarme qui est survenu au camp. » — « Commant? dist le Roy; ce n'est pas ce que les ambaxadeurs disoyent, qui sont venus cy pour parlamenter et trecter de la

1. D'après la Conqueste et assault, c'est Charles d'Amboise qui les reçut; il les invita à livrer, avant tout, au roi leur doge et douze notables.

paix[1]. Or allez, dist il, voir ce que c'est. » Et, sur ce, ledit messire François de Rochechouart sortit hors et vit aucunes des trompettes courant parmy l'ost et cryant l'alarme a toute force. Si s'en retourna devers le Roy le plus tost qu'il peut, disant : « Sire, sans point de faulte il y a bruyt, et me doubte que ce soit vers la Lanterne et que par la les Gennevoys ont faict quelque saillye. » Et tout a coup le Roy se fist armer[2] et monter ses archiers de la garde tous a cheval, et transmist messire Mercure, avecques ses cent Albanoys, devers la Lanterne hastivement, pour aller savoir que c'estoit, et retourner incontinent. Lequel, a course de cheval, fut tantost pres les portes de Gennes, dont estoit sorty grant nombre de Gennevoys, et estoyent entre leurs barrieres et la tour de la Lanterne. Messire Charles d'Amboise avoit faict mectre l'avan garde ja en ordre, a l'issue du bourg de Sainct Pierre d'Areine, pour les actendre : lesquelz ne marchoyent, mais estoint arrestez pour admuser l'armée, comme avoyent entrepris. Du costé des montaignes devers Gennes commaincerent Gennevoys a monter a la foulle de tous costez, et tant que lesdites montaignes estoyent couvertes de Gennevoys armez. Les autres de ceulx qui estoyent les premiers montez, lorsqu'ilz virent leurs gens approcher, sortirent d'entre les montaignes, et tous ensemble planterent amont leurs enseignes, lesquelles se pouvoyent voir de abas ; et y en avoit deux blanches et une rouge, et une my partye de rougé et de blanc, et plusieurs autres, qui ne se pouvoyent d'ambas clerement adviser, sur le hault de troys

1. Tout le camp français cria à la trahison (*la Bataille et assault*).
2. Cf. Saint-Gelais, p. 193.

montaignes, comme a un gect d'arc pres l'une de l'autre. Sur ladite montaigne se misrent Gennevoys en troys grosses routes, et tout le long du sommet de ladite montaigne, venant de Pontedesme pres du bastion que les Françoys tenoyent, et en ung autre lieu, a cartier du Castellas, a main senestre entre les montaignes, estoit la grande escoadre de leurs gens, ou pouvoyent estre en tout quarante mille hommes ou plus[1]; et la se misrent tous en bataille. Le seigneur de Milho et autres capitaines qui gardoyent[2] le bastyon, et les capitaines des Allemans qui tenoyent la montaigne de nostre costé, mirent toutes leurs gens en deux batailles, ou estoyent de six a sept mille hommes françoys et allemans, pres les ungs des autres de six vingtz pas ou envyron. Le maistre de l'artillerye avoit faict monter a force de gens et de cables, des le soir de devant, six grosses pieces d'artillerye et xxx coullevrines a croc sur chevalletz, portées par les pionniers; desquelles pieces, aucunes furent mises et assises aux lieux ou estoyent les gens d'armes françoys et allemans, estans sur la montaigne ; et la icelles pieces embouchées droictement contre les Gennevoys, et, pour icelles tirer, monterent la viii des canonnyers du Roy.

En ce point, avoyent les ungs et les autres ordonnées leurs batailles et mys ordre en leur affaire. Les Gennevoys doncques avoyent donné l'alarme sur le cartier de la Lanterne pour faire tirer la l'armée du Roy, et mises sur les montaignes leur grosse puis-

---

1. 12 à 15,000 d'après *la Conqueste*. Le roi envoya contre eux 4,000 hommes.

2. Le texte porte *grardoyent*.

sance pour donner par le bas de ce costé sur les Françoys, qui tantost cognurent leur stragenye : a quoy pourveust le Roy, qui ja estoit armé et monté sur ung coursier, nommé Bay gracieulx, qui estoit moult adroict pour les armes; et, hors de son logis, accompaigné de plus de trente mille hommes armez, sans plus actendre, marcha tout droict ou pensoit estre le bruyt; mais, voyant la montaigne de tous costez plaine de Gennevoys, et en troys ou quatre lieux avoit grosses bat[a]illes, fist arrester toute son armée et mectre en bataille bas tout au droict du batyon. Devers la Lanterne estoit l'avangarde en bataille, pour la actendre les Gennevoys, lesquelz ne sortirent de leurs barrieres, mais se retirerent : de quoy, messire Mercure advertist le Roy, qui lors arrengeoit ses batailles et luy mesmes mectoit ses gens en ordre, disant que luy mesmes monteroit a mont, pour se trouver a la meslée; ce qui luy fut desconceillé par tous ses capitaines. La fut tenu conseil qu'il estoit de faire, et s'il estoit bon de leur donner la bataille. La furent messire Charles d'Amboise, lieutenant du Roy, messire Robinet de Framezelles, et plusieurs autres capitaines de l'armée et sages chevaliers; dont aucuns furent d'avys que le lieu estoit moult advantageulx pour leurs ennemys, disant : « Sire, vous voyez vos ennemys a grosse puissance a merveilles, lesquelz ont pris lieux avantageulx et choisi le plus a main de la place; et ausi que, pour les combatre, sont amont peu de nombre de voz gens, au regard de eulx; et en oultre, sire, vous voyez que l'eure est ja tarde; » ausi estoit il sur le point de cinq heures du soir. Par quoy dirent aucuns capitaines : « Premier que ranfort peust estre monté a mont, la nuyt seroit venue, et les villains, qui savent et cognoissent les segretz et destroictz des montaignes, pourront la nuyt avoir avantage sur voz gens et leur donner quelque amorce. — Rien, dist le Roy, il est ancores plus de deux bonnes eures de souleil. Avecques ce, je voy mon armée joyeuse et deliberée de combatre, et mes gens d'amont pres de comaincer le combat, et les villains serrez et en craincte : et suys seur que tout soubdain tourneront le doulx qui vivement les chargera. Ce say je, car autres foys les ay je veuz en meslée, dont grosse route d'iceulx, a peu de Françoys, furent deffaictz. » Ce dit, appella messire Mercure, capitaine de cent Albanoys, auquel dist : « Montez la sus avecques tous voz Albanoys, et sur la bataille des Gennovoys, que voyez plus prochaine du bastyon que tiennent mes gens, et faictes une legiere escarmouche. Et ce pendant, au derriere de la montaigne, faictes mectre quelque embuche de voz gens et autres a cheval pour vous secourir, s'il en est mestier. Et, apres vostre escarmouche, faignez de vous retirer, pour les actraire jusques a l'embusche, et la leur donner quelque venue. Et ce pendant, je feray monter grosse puissance de gens de pié et a cheval, pour se joindre a ceulx d'amont et donner la bataille. »

Ce dit, messire Mercure avecques ses cent Albanoys, tous bien montez, a tout leurs bannerolles, se mectent a mont le long du chemin, tirant droict au bastion. Plusieurs françoys a cheval, et autres, se misrent apres ; et entre autres, le marquys Francisque de Gonsago, marquis de Mantoue, monté et armé a l'albanoise avecques grant nombre d'autres. Pareillement fist monter des Allemans, au nombre de troys mille, desquelz troys de leurs capitaines fist la chevaliers; puys fist ceulx monter, et autres de ses gens de pié, jusques a nombre de six mille : lesqueulx ne prindrent le chemin des Albanoys et autres gens de cheval, pour ce que c'estoit le plus long; mais des le pié de la montaigne, tout au droict du bastyon se mirent a gri[m]pper, et monter comme escureulx. Le Roy regardant ses gens aller ainsi allegrement, et toute son armée deliberée, estoit moult joyeulx; et si alloit de lieu en lieu, regardant son armée, avecques face joyeuse et maniere asseurée, l'espée en la main, pour faire tenir chascun en son ordre. La sonnoyent trompettes et groux tabourins de Suyces, a toutes mains. Autour de luy estoyent Charles, duc de Bourbon; Anthoyne de Lorreine, duc de Callabre; Françoys d'Orléans, duc de Longueville; Jehan Stuart, duc d'Albanye; Alphons d'Ast, duc de Ferrare; Charles de Cleuves, conte de Nevers; Jehan Guillerme, marquys de Montferrat; le conte de Vandosme[1]; Guy de Laval; le conte de Poitievre; le prince de Talmont; Jacques de Bourbon, conte de Roussillon; le seigneur Jehan Jourdan; messire Germain de Bonneval; messire Mery de Rochechouart, et plusieurs autres seigneurs de France et de Bretaigne, et tous ses autres gentishommes et pencionnaires, avecques tous ses hommes d'armes, la lance sur la cuisse. Ausi se trouva a ceste bataille Tristan de Salluzart, arcevesque de Sens, armé de toutes pieces, et monté sur ung bon coursier, une

1. Charles de Bourbon, comte de Vendôme.

grosse javeline ou poing, disant, puysque le Roy y estoit en personne, que tous ceulx des siens qui avoyent pouvoir de le deffendre, ce devoyent la trouver en armes. Et si avoit ledit arcevesque xx hommes des siens, tous le harnoys sur le dos.

Les Gennevoys tenant bataille amont sur la montaigne, voyant de tous costez monter Françoys et Allemans, et marcher droict a eulx, furent tous asseurez d'avoir la bataille, s'il actendoyent : ce que furent tous deliberez de faire, et en bransle de charger sur ceulx des Françoys et Allemans qui la estoyent des premiers amont, premier que les autres qui montoyent se fussent joingtz a eulx. Et ainsi qu'ilz vouloyent esbransler, pour marcher droict a eulx, messire Mercure ayant ja faict son embusche, avecques partye de ses gens, sort par derriere d'une montaigne, a la veue du Roy et de l'armée d'ambas, et luy mesmes comainça l'escarmouche. Mais, a coup de trect et de hacquebutes le receurent les Gennevoys, dont aucuns d'iceulx sortirent en place, et a grans coups de picques chargerent les Albanoys, qui pareillement, a course de cheval, qui estoient faictz et duytz aux escarmouches des montaignes, a poincte de lance les retournoyent batant jusques a leur bataille. A ceste escarmouche estoit le marquis de Mantoue, Françoys de Maugyron, et d'autres Italiens et Françoys tout plain. Longuement dura l'escarmouche, ou six des Gennevoys furent tuhez, et deux Albanoys blecez et ung mort. Les Allemans, demeurez a bas avecques le Roy, voyant amont comaincer l'escarmouche, se misrent tous a genoulz et baiserent la terre, les bras emcroisez; et tant que dura ladite bataille, tousjours furent agenoilez. Tandys que celle escarmouche duroit, les Françoys et Allemans montoyent la montaigne, et les Gennevoys approchoyent leurs batailles. Et, lorsque messire Mercure sceut que tous les Françoys et Allemans que le Roy avoit commandé a monter furent essemblez, apres avoir donné une charge sur les Gennevoys de la plus prochaine bataille, fist maniere de se retirer avecques ses gens : et tout en l'eure, toute ceste brigade de Gennevoys lesserent leur montaigne et se mirent apres; ceulx de leurs autres batailles, pareillement le plain pas; et les aucuns a course suyvirent les Albanoys, en faisans grans huées et criz orribles, disant : *Acarne! acarne! amace! amace!* La demye lieue pres n'eussez ouy tonner, pour le bruyt des Gennevoys, qui pençoyent que les Françoys s'enfuissent. Mais tout soubdainement, lorsque iceulx Gennevoys furent assez pres, deux grosses pieces d'artillerye furent a travers d'eulx deschargées; et ceulx qui estoient en embusche sortirent avecques toutes les deux batailles des Françoys et des Allemans, les Albanoys et autres gens de cheval, ensemble, et donnerent sur ceste premiere bataille de Gennevoys si rudement, que, sans resistance de gens vertueulx, tournerent le dos. Les autres qui estoyent au derriere d'eulx, et venoyent a leur secours, voyant la premiere de leurs batailles fuyr vers eulx, et les Françoys a leur dos, qui les tuhoyent a grans monceaulx, furent effrayez, mesmement Paule de Nove, leur duc, et Jacobus Corsus, chiefz de leur armée, lesquelz ne sceurent plus tenir en ordre leurs gens, ne rallier ensemble; car chascun se mist a la fuyte : dont les aucuns se lessoyent cheoir et rouller du hault en bas. Grant occision en fut faicte, car les gens de cheval les arrestoyent par les montaignes, et les pietons mectoyent tout a sac. La chace leur fut donnée plus de deux mille par les montaignes : dont aucuns se deffendoyent, les autres se laissoyent copper les gorges comme moutons. Et me fut la conté que, a ceste deffaicte, ung des Albanoys de messire Mercure, a la rancontre de la premiere bataille, coucha sa lance pour assenner ung gennevoys, jeune, fort et legier; lequel gennevoys actendit l'albanoys, a tout une rondelle en la main, et une espée en l'autre, et de sadite rondelle destourna le coup de celuy albanoys; puys soubdainement s'aprocha de luy, et d'ung sault le saisit au travers du corps, tellement qu'il le mist hors la selle de son cheval, et le porta par terre : lesquelz l'ung sur l'autre se tournoyerent et voiltrillerent troys ou quatre tours. Le gennevoys ne se pouvoit bien aider de son espée, qui estoit longue; l'albanoys ne pouvoit rancontrer son poignault, qu'il avoit derriere le doulx, couvert du panneau de sa longue robbe. Mais a la parfin ledit albanoys, qui estoit en grant danger de sa vye, fut secouru, en maniere qu'il eut loisir de trouver son poignault, de quoy trencha la gorge audit gennevoys.

Toute la montaigne fut jonchée de mors et ensanglantée du sang de ses pouvres Gennevoys, qui furent menez tuhant jusques dedans les portes de Gennes, et plus de deux mille par les montaignes, tant que le nombre des mors fut extimé a' XIIII cens hommes[1],

---

1. 200, d'après *la Conqueste* et *la Bataille et assault*.

et de Françoys environ XXXVI, mais grant nombre de blecez.

Voyant le Roy que, a l'aide de Dieu, il avoit gaigné la bataille et deffaict ses ennemys, fist assoir son camp et mectre ses gens d'armes autour de Gennes pour y aller le lendemain mectre le siege et destruyre tout, si elle[1] ne se rendoit a sa mercy; et, premier que faire autre œuvre, tout armé s'en alla en l'esglize de l'abbaye ou il estoit logé, rendre graces a nostre Seigneur de sa victoire, puys se fist desarmer et se mist a repos.

Le duc de Gennes, Paule de Nove, voyant de tous poinctz les Gennevoys abatus et deffaictz, et son regne prendre fin, ne sceut plus que faire ne a quel moyen avoir recours, si n'est a la fuyte; dont prist de ses bagues ce qu'il peut, et, avecques grant nombre d'autres Gennevoys, sachant la estre le Roy en personne, tous espouventez s'enfuyrent. Ledit Paule de Nove s'en alla avecques sa suyte embarcher au gouffre[2] de Rappalle, de nuyt, pour la doubte des galleres du Roy qui estoyent autour du moule de Gennes, et tira droict en l'isle de Corse : aucuns des autres s'en allerent en Barbarie; les autres, a Romme; les autres, dedans aucunes de leurs places estans autour de Gennes. Jacobus Corsus, pizan, Tervatin, Gambecourte et les autres capitaines estrangers, avecques le demeurant de leurs soubdartz, s'enfuyrent par les montaignes droict a leur cartier.

Dedans la ville de Gennes, lors n'avoit que pleurs, criz et lamentacions de pauvres femmes desolées, qui

---

1. Le texte porte : *sil elle.*
2. *Golfo.*

avoyent perdus aux batailles leurs maris, freres ou enfans ; pencent au surplus que le Roy les destruyroit du tout et feroit mectre la ville a feu et a sang : dont ne savoyent autre chose que faire, fors douloir leur perte passée et actendre l'avenir ; et, pour ne perdre tout, au fons de leurs caves, citernes et roches, musserent partye de leurs bagues et tresors, et porterent leur draps d'or et de soye, et partye de leur chevance, par les eglizes et collieges de la ville, et delibererent envoyer de rechief ambaxades devers le Roy et parlamenter pour rendre la ville a la meilleur composicion que faire se pourroit.

Le mardy au matin, ambaxades furent transmises devers le Roy[1] ; qu'il fist ouyr par maistre Georges, cardinal d'Amboise, lesquelles ambaxades disrent : « Nous summes icy venus et envoyées devers le Roy, nostre souverain seigneur, de par les cytadins et tout le peuple de la desollée cyté de Gennes, pour au premier nous recommander tous tres humblement a sa benigne grace ; et, au surplus, pour la composicion de l'amende et satisfation du meffaict que sadite pouvre cyté de Gennes, gouvernée soubz la main du peuple deslyé et conseil de mutins desordonnez, a par cy devant commys et perpetré contre sa tres haulte seigneurie et sacrée magesté ; le supplyant tres humblement qu'il luy plaise prendre sadicte ville entre ses mains et en sa sauvegarde, et son pouvre peuple a mercy avecques la vie et biens sauves. » A quoy ne voulut entendre le Roy, mais dist qu'il auroit la ville

---

1. D'après *la Conqueste*, les Génois avaient envoyé, la veille au matin, une ambassade pour masquer leur attaque. Ils en envoyèrent une seconde le soir.

et le peuple a sa volunté, ou qu'il mectroit tout au feu et a l'espée ; sur quoy lesdites ambaxades firent autres ouvertures, disant que, pour les fraiz et mises de l'armée du Roy et pour l'amende proffitable et honnourable, ilz satisferont la pluspart au vouloir dudit seigneur et ordonnance de son conseil : ce que ne voulut le Roy, disant tousjours qu'il auroit le tout a sa volunté. De laquelle responce lesdits ambaxadeurs advertirent le peuple de ladite ville de Gennes : sur quoy tindrent le conseil, ou plusieurs propos furent alleguez, et finablement conclut, veu l'extremité ou ilz estoyent ; cognoissant ausi le Roy, entre les autres dons de vertueuses graces, estre tant humain que onques ne fist mourir homme a qui il peust pardonner, et que leur offence ne touchoit que a luy seul ; ayant sur ce confience de sa grace, dirent le mot en se rendant la corde au coul, c'est assavoir a sa volunté ; luy mandant que, a toute heure que luy plairoit, il pouroit entrer en sadite ville de Gennes et faire du peuple a son plaisir.

Et, voyant le Roy que tout alloit a son vouloir, receut lesdits Gennevoys a sa volunté[1] ; de quoy sur le champ en voulut advertir Françoys de Clermont, cardinal de Nerbonne, lequel estoit devers le pape, a Romme, orateur pour ledit seigneur, et luy escrivit lectres contenant ladite composition : lesquelles montra ledit

---

1. Une miniature du *Voyage de Gênes* représente cette scène. Le roi, à cheval, équipé comme à sa sortie d'Alexandrie, l'épée à la main, devant une très brillante armée, reçoit les six ambassadeurs vêtus de noir et à genoux. Sur le second plan, le bastion qui tire. En haut, dans le fond, des Génois en déroute. Arrière-plan de montagnes.

cardinal de Nerbonne a nostre Sainct Pere le Pape, qui pallist tout le visage en lisant lesdites lectres et dist : « Je ne le croy pas! » Plusieurs Romains et autres avoient faict gaigeures et misailles a plusieurs, disant que le Roy ne prendroit point Gennes, ou que de six moys n'y entreroit. Pareillement ledit cardinal de Nerbonne transmist lesdites lectres du Roy a Naples, au seigneur de la Guiche[1], qui la estoit pour le Roy, devers le Roy d'Arragon ; qui ausi les monstra audit Roy d'Arragon, lequel ausi ne le cuydoit point croire ; et dist Gonsalles en branlant la teste : « Il n'est possible, a mon advys, que, en si peu de temps, une si forte ville, comme est Gennes, fust si tost rendue? » et est a croire que plusieurs eussent bien voulu qu'elle n'eust esté prise par les Françoys[2].

Mais tant en fut que, le mesme jour de ladite composicion, le Roy transmist la a Gennes le seigneur du Bouchage, messire Françoys de Rochechouart[3] et messire Raoul de Lannay, et avecques eulx Anthoyne de Pierrepont[4] et Pierre de Montalembert, mareschaulx des logys avecques ses fourriers, pour prendre les logys et departir les cartiers. Le lendemain tous lesdits logys furent merchez, et la dedans entrerent six

1. Jean de la Guiche.
2. D'après *la Conqueste*, les Génois avaient perdu en tout (à Monaco et devant Gênes) 3,500 hommes, les Français 200. « Il y a plus de deux cens ans que le Roy de France ne aultres princes ne fist si grande conqueste,... a peu de despense et bien peu de sang repandu. » Fleurange estime la perte des Génois, pour le siège seul, à 18,000 hommes !
3. Salvago indique Du Bouchage, le bailli d'Amiens (de Lannoy) et le sire de Piennes.
4. Dit d'Arisoles.

cens hommes d'armes, qui furent logés vers le cartier de Besaigne; et, ce pendant, le Roy se repousoit a son logys.

XXIV.

Du nombre de l'artillerie, de la municion d'icelle et des noms d'aucuns des cannonnyers et autres officiers qui estoint a cedit voyage.

Apres sesdites choses, que le Roy et chascun se reposoit, en actendant l'entrée dudit seigneur a Gennes, comme je fisse lors inquisicion, sur le lieu, des exploictz de la guerre, pour iceulx rediger en ma cronique, je me trouvay une apres disnée sur le gravier, au lieu ou estoit l'artillerye, laquelle estoit entre le logys du Roy et ung bourg nommé Rivereu, sur le millieu du chemin dudit gravyer; et la m'enquys et demanday [a] aucuns de ceulx qui gardoyent icelle artillerye ou estoit le capitaine de ladite artillerye[1], lesquelz le me monstrerent; dont a luy m'adressay, disant : « Capitaine, j'ay charge du Roy de m'enquerir icy de toutes les choses qui se feront pour icelles mectre et rediger par escript. Et, pour ce que j'ay sceu que estes le maistre de son artillerye, je me suys adressé a vous pour vous prier qu'il vous plaise me faire advertir du nombre et de la municion et de l'exploict de ladite artillerye et des noms de ceulx qui en ont la charge. » Lequel capitaine me fist mener au logis du contrerolleur, ou la trouvay ledit contrerolleur, le tresorier, le prevost et les commissaires

1. Paul de Benserade, seigneur de Lespy (Relation contemporaine, dans la *Cérémonial françois*, I, 712). Cf. plus loin.

de ladite artillerye, ausquelz dys ma charge et commant ledit capitaine m'avoit la faict adresser pour m'enquerir desdites choses; desquelles iceulx m'avertirent voluntiers et me baillerent par escript ce que j'en ay cy enregistré.

Pour commaincer doncques diray au premier du nombre des pieces d'icelle artillerye. Premierement, y avoit six gros canons serpentins, merchez quatre aux armes de France et de Millan et deux aux armes de Luxembourg, que feu Loys, Monsr comte de Ligny, fist fondre en Ast; quatre coullevrines bastardes, neuf moyennes, huyt faulcons, cinquante hacquebutes a crochet sur chevaletz, bien aisées a manyer[1], lesquelles se portoyent sur le col des pyonniers, voire jusques au sommet des plus haultes montaignes.

Apres, dirons des municions : ou avoit LX charrectes, chargées les XXVI a boulletz serpentins, quatre de boulletz a coullevrines bastardes, quatre pour les moyennes et faulcons, six charretes de pouldres amenées de France, a chascune charrecte VIII barilz de fil de bote et de trect, deux charretes ou estoyent les forges, troys chargées de pelles, picques et tranches, deux chargées d'aisseaulx pour servir audites pieces, une chargée de charbon pour les forges, une pour les ostilz des charrons, deux pour porter les haquebutes, une pour les charpentiers, une pour les cables et poulyes, une pour les chargeurs et troys pour les tentes. Et, oultre ce qui avoit esté apporté de France, fut pris a Tourtonne XIIII charrectes a beufz, chargées de boulletz, et XI de pouldre.

---

1. Les *Mémoires de Fleurange,* assez médiocrement véridiques, parlent de 60 grosses pièces et de 500 hacquebuttes.

Et, pour tirer et mener tout le charroy susdit, avoit quatre cens VI chevaulx, pris a Bourges, a Orleans et a Troys en Champaigne. De laquelle artillerye estoit capitaine ung nommé Paul de Beusseraille, seigneur d'Espic; le prevost estoit Ferry Utel, Bernardin Bochetel, contrerolleur; le tresorier, maistre Florimond Frotier; les commissaires estoyent Garin Maugué, Perot d'Oignoiz, Estienne de Champellays et Loys Benoist. Audit lieu avoit L canonniers, desquelz estoyent Jacques d'Aussel, Pierre de Salleneufve, Thibault d'Archet, Lubin Foucault, Jehan Champion, Guillaume de la Fontaine, capitaine des pyonniers, Jehan de Layve, Robinet Lescot, Robin Carneu, Jehan Garnier, Jehan Guerin, Glaude Liger, Pierre de la Rochelle et autres, jusques au nombre de L. Les conduyseurs du charroy estoyent Odille de Doyac, capitaine, Glaude de Salins et Jehan Bence.

Avecques le train de ladite artillerye, avoit deux cens myneurs françoys et daulphynoys, soubz la charge d'ung nommé Glaude du Port, leur capitaine, lesquelz estoyent tous expertz au mestier de quoy ilz servoyent.

XXV.

Commant le Roy entra en armes en sa ville de Gennes et commant il fist apporter toutes les armes de ladite ville dedans le palais[1].

Les logis furent merchez et les cartiers departis

1. Miniature, au feuillet IIII^{xx} v° du manuscrit, représentant le roi en armes, à cheval et l'épée au poing, précédé de hallebar-

par les mareschaulx et fourriers desdits logis du Roy, et six cens hommes d'armes mys en ladite ville de Gennes. Et, ce faict, le jeudy, xxviiie jour du moys d'apvril, en l'an susdit mille ccccc et sept[1], le Roy, sur les viii heures du matin, partit de son logis du camp[2], armé de toutes pieces, vestu d'ung riche soye d'orfeverrye, l'armet sur la teste, tout enpennaché de plumes blanches, monté sur ung coursier tout noir, bardé de mesme acoustrement qu'estoit son soye; et ainsi, avecques tous ses gens d'armes a cheval, se mist a chemin, tirant droict a Gennes, ou ja avoit faict mener son artillerye[3].

diers aux couleurs jaune et rouge, entrant dans une porte fortifiée, sur le toit de laquelle on lit, en lettres d'or, l'inscription *Gennes*. Derrière le roi, des gens d'armes à cheval, avec des fanions jaune et rouge à croix d'or; dans le fond, des arbalétriers. Paysage de montagnes, couronnées de forts.

1. Deux *gride,* du 28 avril 1507, au nom du roi, proclamèrent la loi martiale. La première défendait de sortir de la ville sous peine de la vie, de mettre le feu, de voler, de laisser voler. Cette proclamation, destinée aux troupes conquérantes, fut publiée en italien et en français. La seconde, publiée en italien, ordonnait d'ouvrir les boutiques, de circuler librement. Elle interdisait le port des armes, sauf aux soldats, français ou autres, de se livrer à aucune violence et de rien prendre sans paiement. Elle déclarait l'entrée de Gênes libre et garantissait le libre apport des denrées alimentaires (Bibl. de l'Université de Gênes, ms. V[c], fol. 206, 208).

2. A un monastère de Saint-Augustin, à une lieue de Gênes, appelé Boschetto, « le Bousquet, » par Salvago (Busquete, dans les Comptes). Il y entendit la messe le 26, le 27 et le 28.

3. D'après l'édition des Godefroy, le roi était précédé de 5,000 Suisses, musique en tête, 2,500 aventuriers, 1,000 Gascons, 500 laquais, 600 lances, qui s'arrêtèrent à la porte; plus 300 lances, 1,500 arbalétriers, 22 chariots d'artillerie, qui entrèrent. D'après Cimber, 4,500 aventuriers, 4,000 Gascons; les autres chiffres pareils. Cf. *l'Entrée du tres chrestien.*

Au devant de luy, jusques au bourg de Sainct Pierre d'Araine, faulxbourgs de Gennes, luy vindrent trente cytadins gennevoys, des plus sollempnelz de la ville, lesquelz conduisoit ung nommé messire Galeas Visconte, millannoys, estant a pié avecques eulx, vestu d'ung soye de drap d'or. Lesquelz Gennevoys avoyent leurs chiefz descouvers, et tous robes noires, habillez en dueil, les testes raises et bien pesneuz. Lorsqu'ilz arriverent en la presence du Roy, ilz misrent les deux genoilz en terre, cryant misericorde. Et, ce faict, apres avoir esté longue piece a genoilz, se leverent, et la disrent plusieurs choses, en excusant le peuple de la ville de Gennes.

A quoy le Roy n'entendit, mais se mist a chemin. Au devant de luy et les premiers[1] marcherent les cent Suyces de sa garde, tous armez de leurs allecretz et empennachez, la hallebarde au poing, lesquelz marchoyent en bon ordre : devant eulx estoit leur capitaine a cheval. Apres marchoyent Anthoyne de Lorrenne, duc de Callabre, en armes et richement accoustré, et Jehan Stuart, duc d'Albanye; apres, René

---

1. Une miniature du *Voyage de Gênes* (fol. 22 v°) représente l'entrée du roi dans Gênes. Le roi suit une rue, que borde, au fond, un riche palais, dont les fenêtres sont garnies de personnages tristes ou résignés, sans enthousiasme : point de tapis aux fenêtres. La rue est garnie de gens d'armes. Le roi, la tête couverte de plumes blanches, est vêtu de rouge (probablement d'un *saye* de satin cramoisi, passé sur son armure; voy. KK. 86, LV), brodé d'A couronnés, en or, par compartiments d'or. Le cheval noir porte une housse pareille. Sur sa tête, un vaste dais, jaune et rouge, que portent quatre notables. Au premier plan, face au roi, une file de jeunes filles en blanc, à genoux, les cheveux blonds tombant dans le dos. A la suite du roi, les cardinaux, les seigneurs, les gens d'armes.

de Bretaigne[1], comte de Poinctievre; messire Berault Stuart, Audet de Foix. Puys, assez loingnet, marchoit Charles, duc de Bourbon, sur ung gros coursier bien bardé, et luy armé et richement accoustré, lequel estoit chief de tous les archiers de la garde du Roy. Apres, estoit le seigneur de Laval, armé et monté a l'avantage. Puys marchoyent les quatre cens archiers de la garde, tous a pié, armez de leurs brigandines et sallades, vestus de leurs hoquetons. Au derriere d'eulx estoyent ausi a pié messire Jacques de Cressol et messire Gabriel de la Chastre, capitaines desdits archiers. En apres estoyent grant nombre de seigneurs françoys et itallyens, comme Françoys d'Orleans, duc de Longueville; Alphons d'Ast, duc de Ferrare; Francisque de Gonsagou, marquys de Mantoue; Jehan Guillerme, marquis de Monferrat; le conte de Vandosme, jeune enfent; Jacques de Bourbon, conte de Roussillon, et messire Robinet de Framezelles. Apres ceulx la chemynoyent les xxx Gennevoys que messire Galeas Visconte[2] conduysoit[3]. En ensuyvant, marchoit le grant escuyer[4]; puys les trompettes, qui sans cesser sonnoyent a relays. Le Roy marchoit apres, armé et monté en la maniere que j'ay dit. Apres luy, avoit quatre cardinaulx, c'est assavoir : maistre Georges, cardinal d'Amboise; maistre René, cardinal de Prye[5];

1. René de Brosse.
2. Galeazzo Visconti, de Milan, pensionnaire, puis chambellan (fr. 22276).
3. Puis les chantres du roi, maîtres d'hôtel, panetiers, les gens de finance, les pensionnaires, etc. (*Cérémonial françois*, I, 713). Les princes venaient ensuite (*l'Entrée du tres chrestien*).
4. Galeazzo di S. Severino, nommé grand écuyer en 1505.
5. Les nouvelles données par Sanuto (VII, 69) mentionnent le

le cardinal d'Alby[1] et le cardinal de Final. Messire Charles d'Amboise marchoit apres, monté sur ung coursier bay, vestu, sur son harnoys, d'ung soye blanc, couvert d'orfeverie moult riche, ayant l'espé toute nue au poing, comme capitaine, dompteur et vaincueur desdits Gennevoys, soubz la main du Roy[2]. Apres, suyvoyent messire Loys de Brezé, grant seneschal de Normendye, et messire Guyon d'Amboise, seigneur de Ravel[3]; et apres eulx marchoyent les deux cens gentishommes de la maison du Roy, desquelz ilz estoyent capitaines. Et puys grant suyte de hommes d'armes[4], la lance sur la cuisse, avecques leurs archiers, et ung million de peuple. Ainsi s'en alla le Roy passer par devant la Lanterne nommée la tour de Codefa, et tirant droict a la ville, passant devant le moulle[5], ou avoit VIII galleres armées, dont les quatre estoyent fransoises, soubz ung capitaine françoys, nommé Pregent le Bidoulx, et les autres quatres estoyent du Roy d'Arragon, desquelles estoit

cardinal d'Auch au lieu du cardinal de Prie; *l'Entrée du tres chrestien* ajoute le cardinal de S. Severino.

1. Louis d'Amboise, évêque d'Albi, cardinal en 1509.
2. D'après la description publiée par les Godefroy, c'est le roi lui-même qui tenait l'épée nue et droite. Guichardin, mal renseigné à cet égard, prétend qu'il marchait à pied, l'épée à la main.
3. Précédés des ambassadeurs d'Espagne (*l'Entrée du tres chrestien*).
4. Notamment Mercure et ses 200 Albanais (*l'Entrée*).
5. Jean d'Auton fait sans doute une légère confusion. En quittant San Pier d'Arena, le roi dut passer devant la *lanterne* élevée sur la grève, puis le long du palais actuel Doria, entrer par la porte San Tommaso, suivre les quais du port jusqu'au môle où s'élevait la tour de Godefa et de là monter au palais (d'après le plan de Gênes, dans Giulio Ballino, *De' disegni delle piu illustri città et fortezze del mondo.* Venise, 1569, in-4').

capitaine ung espaignol nommé Miquel Pastour; lesquelles galleres, a la passée du Roy, tirerent si tres orriblement qu'il sembloit que tout deust abismer. Messire Galaas, capitaine du chasteau, fist pareillement, a l'arrivée du Roy, tirer toute l'artillerye du chasteau; tant que, tout autour des montaignes et sur la ville de Gennes, sembloit que tout tramblast : car l'ung coup n'actendoit l'autre, et si y avoit telle piece qui tout ensemble en tiroit, d'une traynée, XI ou XII; ce qui pectoit groux comme le cu d'enfer[1]. Droict au palais s'en alla descendre[2], et monta tout armé jusques en sa chambre, ou la se fist desarmer, en actendant a couvrir[3].

Tantost qu'il fut entré en la ville, les Allemans qui le suyvoyent en queuhe aprocherent la porte, cuydant illecques entrer en armes : ce que ne voulut le Roy, doubtant qu'ilz missent les mains au pillage : de quoy avoyent moult grant envye et actente, comme ceulx qui pensoyent que ladite ville leur deust estre habandonnée et butinée au gens d'armes, ce que ne fut; car, pour le myeulx, fut advisé que le Roy, a qui elle estoit, la devoit garder pour luy et deffendre contre tout autre, ce qu'il fist; et, pour obvyer au vouloir d'iceulx Allemans, les portes furent fermées sur eulx,

1. Saint-Gelais prétend que, pour mieux effrayer les Génois, on avait élevé des gibets dans tous les carrefours.
2. « Aux fenestres de ladicte ville, avoit des draps d'or, veloux, tapitz de Turquie et autres choses singulières, gectées par les fenestres et garniz de belles dames. Et aucungs coings de rue y avoit aucuns escharffaulx ou y avoit de belles dames et belles filles, autant belles qu'il est possible de veoir, bien parées et acoustrées, crians audit seigneur *Misericorde* » (*l'Entrée*. Cf. *Cérémonial françois*, I, 714. Cf. Sanuto, VII, 69).
3. En attendant le couvre-feu.

et mys gens d'armes a grant nombre pour les garder, et artillerye dedans le portal embouchée, droict a la venue d'iceulx, lesquelz furent tout le long du jour en armes, encontre lesdites portes; et la se cuyderent mutyner, et charger sur les coffres des seigneurs, qui avoient tout leur sommage la dehors. Plusieurs gentishommes, et moy avecques eulx, arresté dedans une maison, pres la porte, pour la regarder et enregistrer a la passée l'ordre de l'entrée du Roy et de ses gens d'armes, comme d'aventure demeurez hors la ville avecques ceste ennuyeuse compaignye, passames ce jour. La nuyt venue, iceulx Allemans et grant nombre d'aventuriers françoys s'en retournerent au lieu ou il avoyent tenu leur derrenier camp; lesquelz, apres bien dringuer, s'entreprindrent de parolles par les chemins et se batirent bien estroict, tant que d'ung costé et d'autre en eut plusieurs de mors et de blecez; et, n'eust esté que leurs capitaines a grans coups de hallebardes les departirent, entre eulx eust esté sanglante besoigne exploictée. Tousjours estoyent en picque: et, la ou les Françoys les trouvoyent mal apparentez, tres mauvaise compaignye leur faisoyent, et eulx de mesmes aux Françoys; en somme, les plus fors estoyent tousjours les maistres des logis, et avantageulx; au surplus, et tant estoyent iceulx Allemans outrecuydez que au regard de eulx estymoyent les pietons françoys a si peu de chose que ung d'iceulx en cuydoit valloir deux. Et a ce propos diray que, ce mesme jour, comme iceulx Allemans et aucuns Françoys fussent devant la porte de Gennes, comme j'ay dit, je vis la, entre iceulx Allemans, ung de eulx, n'ayant sur son doz vaillant la valleur de troys soubz, lequel,

au prandre et departir du vin qui la se vendoit, eut
question avecques ung gros jenne varlet (*sic*) françoys,
ayant ung pot au poing pour avoir du vin : lequel
allemant, combien qu'il vint apres, voulut estre servy
le premier, pencent estre le plus homme de bien ; le
varlet, qui avoit soif, dist : « Dea, je suys icy premier
que vous, et premier seray servy, car les premiers
vont devant. » Et, ce dit, se voulut avancer de faire
emplir son pot. Mais l'allemant, qui avoit le sien au
poing et la hallebarde en l'autre, mist son baston
contre une muraille pres de la, et tout soubdain, en
mauvais françoys, commainça a dire : « Ha! velain,
velain, apartient il vous servy premier que moy? » Et,
ce disant, prinst le varlet par le collet et le voulut
faire reculer. Mais le varlet fut vert et se tint ferme;
et, voyant que l'allemant le vouloit gouspiller, lasche
son pot et happe ausi son homme au collet, et du
collet a la perrucque, ou bien a point se comaincerent
a pellauder et donner l'ung a l'autre groux coups de
poing sur la teste et par le visage. La s'assemblerent
grant nombre d'autres Allemans et laquays françoys,
lesquelz, voyans ce combat, qui n'estoit que a coups
de poing, et a cause de debat de vin, se commaincerent
tous a rire et les lesserent batre longuement, jusques
a ce que l'allemant, qui avoit eu ung coup de poing
sur le nez jusques au sang, voulut mectre la main a
la hallebarde, et le varlet a l'espée : dont furent departis par leurs compaignons, lesquelz, enquys du tort,
blasmerent l'allemant, combien que voluntiers eussent
eu ensemble, et de legier, question de plus; mais,
d'ung costé et d'autre, avoit grosse bende, par
quoy cesserent, et firent boire les deux compaignons

ensemble et emplir leurs potz. Ainsi mesprisoyent, iceulx Allemans les pietons françoys, disant que, sans le secours de leurs Ligues, les gens d'armes a cheval de France n'auroyent seur rainfort de leurs pietons, car peu d'ordre tiennent en bataille, facillement sont espartys et a grant peine ralyez. Et, de vray, combien que prou de gens de pié soyent en France bons combatans, hardys et legiers a la guerre, toutesfoys les Allemans tiennent communement meilleur ordre, et plus malaisez sont a rompre, et myeulx duytz au ralyer; mais, tant y a que, au plus des foys, sont difficilles au payement, souvant retifz a la besoigne et tousjours promptz au pillage.

Pour rentrer en compte, le Roy estoit lors en son palais de Gennes, ou la fist loger les seigneurs de son sang, maistre Georges, cardinal d'Amboise, et grant nombre des autres seigneurs de France, autour de luy; et voulut que tous les quatre cens archiers et les cent Allemans de sa garde, avecques leurs capitaines, fussent tous logez dedans le palais, qui estoit moult grant et spacieulx, garny de grandes salles, belles galleryes et bonnes chambres et a grant nombre : et ausi fist, au dedans de la place dudit pallais, monter sept grosses pieces d'artillerye, charger et atiltrer droict a la passée et entrées d'iceluy, et la dedans faire toutes les nuytz le guet a ses gardes.

Le mesme jour de son entrée[1], fist despescher la poste pour aller a Romme, ou escrivit a Françoys de

1. Aussitôt après l'entrée du roi, on imprima en France le récit de son exploit, avec une ballade : *les Regrez des Genevois*. Pendant trois jours, il y eut à Paris des processions et des réjouissances (*la Bataille et assault*).

Clermont, cardinal de Nerbonne[1], pour l'advertir de la prise de Gennes et de son entrée, affin que le pape et les Rommains, qui de ce ne croyoient riens, en fussent clerement asseurez, et du tout advertys : ce qui ne fut bien au plaisir du pape[2]; car, sitost qu'il eust veues les lectres du Roy, escriptes dedans le palays de Gennes, et sceu la maniere de la prise d'icelle, ledit Pere Sainct (scelon le rapport d'aucuns qui lors estoyent a Romme) fut troys jours en sa chambre, sans vouloir parler que a peu de gens; disant aucuns que sa chere le pouvoit lors monstrer estre bon Gennevoys : ausi estoit il né de Savonne, terre de Gennes. Le double des lectres du Roy fut transmys, par ledit cardinal de Nerbonne, a Naples, au seigneur de la Guiche[3], qui la estoit ambaxadeur pour le Roy envers le Roy d'Arragon, auquel presenta le double desdictes lectres au Roy, et dist au capitaine Gonssalles Ferrande : « Signor capitaine, ne faictes plus de doubte que le Roy mon maistre ne soit dedans Gennes; car voyez cy le double des lectres escriptes dedans son palays a Gennes, lesquelles il a envoyées a Romme, a monsʳ le cardinal de Nerbonne, signées lesdites lectres de sa propre main. » Lesquelles nouvelles semblerent estranges audit Roy d'Arragon et a Gonssalles, tant que, apres ce, furent long temps sans dire mot. Je ne scay si le plaisir qu'ilz eurent des bonnes

---

1. Neveu du cardinal d'Amboise, ambassadeur près de Jules II depuis l'année précédente (Sanuto, VI, 410).

2. « Come il papa mandò a dir a l'oratori yspani et al nostro questa nova di l'entrar il Roy in Zenoa, laqual cossa li è amara per essor zenoese » (Sanuto, VII, 73); le cardinal de Narbonne vint peu après voir le roi.

3. Pierre de la Guiche, seigneur de Chaumont.

nouvelles, ou l'avancement de la gloire des Françoys, leur imposa sillence; mais tant fut que, apres quelque temps, ledit Roy d'Arragon dist qu'il estoit bien joyeulx de la victoire du Roy, qui, en si peu de temps, avoit faict œuvre si grande et chose tant louable.

Les nouvelles furent tantost publyées par toutes les Ytalles et les Allemaignes et autres contrées de la cristienté, voyre jusques en Turquye, ce qui sembla chose non ouye a chascun et cas de merveilles a tous; veu la soubdaineté de la prise et la force du lieu, qui sembloit estre inexpugnable a tout le monde et sans famyne, imprenable a jamais; dont plusieurs demeurerent en erreur de la verité et en doubte du faict, longtemps apres.

Le Roy, qui lors estoit dedans son palais de Gennes[1], sceut que hors la ville avoit ancores grant nombre de ses gens, avecques tout le sommage; commanda, le lendemain de son entrée, que les portes fussent ouvertes et la mises grosses gardes, ce qui fut faict; et ainsi sommiers et charroy entrerent, et quelque nombre d'Allemans et autres gens de pié pour aller querir vivres et autre provision pour les autres qui estoyent hors la ville.

Ce mesme jour, qui fut ung vendredy, XXIX⁰ du moys d'apvril, le Roy fist cryer a son de trompe, dedans la place du palais, par troys crys de trompette,

1. A Gênes, le roi, comme toujours, assista chaque matin à la messe, mais, contrairement à ses habitudes, il varia peu ses visites. Il se rendit le 29 avril, les 1, 2, 3, 4 et 5 mai aux Jacobins, le 30 avril à San Stefano, les 6, 7, 8, 9, 10, 11, 12 et 13 mai au Dôme.

en françoys et italyen, que tous ceulx de Gennes, de quelque estat qu'ilz fussent, eussent, dedans le lendemain au soir, a apporter toutes les armes qu'ilz tenoyent en leurs logys et maisons de Gennes, comme curasses, brigandines, sallades, hallebardes, picques, partizanes, rondelles et pavoys, voulges, haches et espées et, en somme, tous autres bastons de guerre; et que tous ceulx qui, apres le jour dict, aucunes armes retiendroyent ou celleroyent, des ores estoyent declarez rebelles et desobeissans au Roy, leurs personnes et biens confisquez. Ce faict, commissaires furent ordonnez pour faire enregistrer les noms de ceulx qui rendroyent les armes et icelles recepvoir. Ce qui fut moult ennuyeulx aux Gennevoys, qui, par les places de la ville, a grousses turbes se pourmenoyent, baissant le chief et haulssant les espaulles, comme tristes et esbays, doubtant ancores avoir pis; par quoy ne se firent plus presser a bailler leurs armes, mais les firent porter toutes audit palais[1] et mectre la dedans une chappelle ou estoyent les commissaires pour recepvoir icelles armes et avoir les noms de ceulx qui les rendoyent; car plusieurs riches gennevoys, honteulx de rendre ainsi leurs armes, prierent leurs ostes françoys de les prendre pour nyent; dont aucuns en voulurent avoir quelques pieces qui leur semblerent belles et riches; mais cela fut deffendu de par le Roy, a la peine de la hart, de non en prendre aucune chose; par quoy chascun des Gennevoys fut contrainct aller au palays et la faire porter toutes ses armes, tant que, ce jour et le lendemain, ne firent autre mestier, si que

---

[1]. D'après l'ambassadeur vénitien, la valeur des armes rendues s'élevait à 50,000 ducats (Sanuto, VII, 72).

ladite chappelle, qui estoit grande et spacieuse, en fut toute plaine et empeschée. Ce faict, le Roy commanda que lesdites armes fussent habbandonnées aux gens de pié françoys et allemans, desquelz avoit grant nombre en la ville, qui departirent le butin, tout ainsi que sans noise chascun en peut avoir, et puys misrent leur paquet au coul. Tant d'armeures y avoit que la ne se trouva page, ne varlet, ne autre, qui voulust mectre la main au pillage, qui n'en fust tout chargé. Et, voyant les Gennevoys ainsi emporter leurs armes, Dieu scet quelle pacience ilz eurent; mais autre chose n'en peurent faire, fors que pencer ce qu'ilz voulurent[1].

Le Roy, voyant que de la force et traison des Gennevoys n'avoit plus garde, envoya ses Allemans en leur pays, lesquelz fist payer par messire Thomas Bouyer, chevalier, general de Normendye, en la presence de messire Charles d'Amboise, son lieutenant; lesquelz Allemans furent tres malaisez a contanter, demandant paye pour leurs varletz et porteurs de bagues et pour leurs ribauldes, dont avoyent grant nombre; leur paiement faict, se misrent a chemin droict a Bourg de Busalle. Aucuns de eulx demeurerent derriere, pencent que seurement pourroyent passer; mais, entre Pontedesme et Busalle, leur sortirent en queuhe, des mon-

1. Le 30 avril, le roi écrivit au chancelier son entrée triomphale. En même temps, dans une lettre personnelle et pleine d'ardeur adressée à Guillaume de Montmorency, il rendait grâces à Dieu et il déclarait que cette victoire lui assurait gloire et grand honneur dans toute l'Italie. Il se rendait parfaitement compte qu'il pouvait maintenant aller bien plus avant, mais il n'en ferait rien et voulait revenir « le plus tost possible » (Portef. Fontanieu, 155).

taignes de Poulcevre, grant nombre de paisans qui les chargerent au derriere, bien estroit, en maniere que cinc d'iceulx Allemans furent, par lesdits villains de Poulcevre, tuhez; les autres se ralyerent et, a coups de picque, rechacerent iceulx villains jusques dedans leurs montaignes, ou illecques se sauverent; et, voyant iceulx Allemans que autre mal ne leur povoyent faire, misrent de rechief le feu par les maisons et villages de la autour, qui ancores n'estoyent tous bruslez.

Au Roy fut dit lors et acertainé que, durant le temps qu'il estoit devant Gennes, ceulx d'Allexandrye semerent nouvelles que son armée estoit deffaicte et les Françoys tous mors; par quoy voulurent courir sus a ceulx de France, qui la estoyent demourez, mesmement a ceulx de sa chappelle, qu'il avoit la lessez au partir dudit lieu d'Alixandrie; lesquelz, apres la prise de Gennes, s'en allerent la devers le Roy et lui disrent que lesdits villains d'Allixandrie, au moyen desdites nouvelles, s'estoyent voulus revoulter et mectre en armes pour aller garder les chemins d'entre Gennes et Allexandrye, affin que les Françoys ne peussent passer pour eulx retirer ni avoir par la secours, et tant en firent que les lyecoulz de leurs chevaulx copperent et misrent leurs malles en la rue, pres a les vouloir destrousser et tuher; et si grant peur leur firent, entre autres a ung nommé Prioris, maistre de la chappelle, qu'il cuydoit estre mort. Quoy plus? si n'est qu'ilz eurent tous si belles affres qu'ilz deslogerent sans trompette et s'enfuyrent en Ast, ou sceurent tantost apres que le Roy estoit avecques son armée dedans Gennes; auquel lieu s'en allerent et luy conterent lesdites choses, de quoy le Roy fut tres mal contant, tant qu'il fut presque deliberé de la faire destruyre et mectre le feu dedans; mais dist que autrement les pugnyroit, jusques du tout fust deuement assavanté. Ce qu'il fist, car il manda aux Allemans, qui s'en alloyent en leur pays, que troys mille de eulx sejournassent dedans jusques ilz eussent de ses nouvelles; ausi y envoya troys mille cinq cens laquoys, lesquelz tous ensemble y sejournerent plus de six sepmaines, et Dieu scet commant ilz payerent la leur escot; somme, ilz y firent tout le sanglant pys qu'ilz peurent, tellement que a la parfin la ville leur demeura, que les villains habandonnerent, jusques le Roy eust faict desloger leurs hostes, qui leur fut bien a tart.

XXVI.

Comment le Roy envoya a Romme, devers le pape, deux de ses gentishommes.

Le Roy, qui lors avoit et savoit nouvelles de tous pays, sceut par vray que le Roy des Rommains, mal contant de la prise de Gennes, disoit et faisoit dire publiquement par les Allemaignes que le pape luy avoit mandé que le Roy n'entreprenoit le voyage de dela les mons si n'est pour vouloir usurper le papat[1]

---

1. Cette « ymaginacion » persistante du pape, au sujet de laquelle on peut consulter la curieuse correspondance d'Albert Pio da Carpi, que nous avons analysée en appendice du tome III de la *Diplomatie au temps de Machiavel*, était, il faut en convenir, alimentée par les imprudents témoignages de pensées analogues en France. C'est ainsi qu'en 1507 Symphorien Champier dédie son opuscule *De gallis summis pontificibus,* non point, il est vrai, au cardinal d'Amboise, qui ne s'y serait sans doute pas prêté, mais à l'évêque de Rodez, François d'Estaing, lieutenant général du cardinal dans sa légation du Comtat-Venaissin et gouverneur d'Avignon.

et faire du Sainct Siege de Romme a sa volunté, et ausi pour ce faire la couronner empereur et occupper toutes les Italles, comme fist jadys Charlemaigne ; et que, a ceste fin, voulant ledit Pere Sainct obvier a ce, s'en estoit allé de Boulongne a Romme. Dont pour savoir la verité de ses nouvelles, le Roy fist a Gennes despescher deux de ses gentishommes, nommez, l'ung messire Jehan de Sainctz, de ses eschansons, et l'autre fut le seigneur de Gymel[1], lesquelz envoya a Romme devers le pape avecques lectres, leur creance et instructions : desquelz gentishommes ledit seigneur de Gymel alloit pour demeurer a Romme ambaxadeur et ledit eschanson pour raporter au Roy ce qui seroit faict envers le pape et la responce de son dire.

Leur despesche faicte, partirent de Gennes le ve jour du moys de may. Et, pour avancer leur voyage, le Roy les fist mener par mer, a deux des galleres de Pregent et a ung capitaine espaignol nommé Miquel Pastor, capitaine de quatre galleres que le Roy d'Arragon luy avoit envoyées pour le servir a sa guerre de Gennes ; lequel Pastor, avecques les autres Espaignolz desdites galleres, contanta a leur plaisir et leur fist riches presans et grans dons ; puys avecques eulx fist embarcher sesdits gentishommes pour mener avecques leurs galleres et celles dudit Pregent jusques a Romme. Quatre jours furent sur mer, puys ariverent a Civitaveiche, port de mer, a une journée pres de Romme par terre, ou ne voulut arrester ledit Miquel

---

1. Le 16 mars 1505, a. st. (1506), Antoine Gymel, destiné à la résidence de Rome, avait souscrit à Blois un curieux engagement, que nous avons publié, de n'accepter aucun don du pape (*la Diplomatie au temps de Machiavel*, t. III, p. 394).

Pastor ne prendre port, mais avecques ses galleres passa la route, tirant droict a Naples vers son maistre le Roy d'Arragon. Les autres deux galleres de Pregent demeurerent la pour actendre se messire Jehan de Sainctz s'en vouldroit retourner par mer.

Devers le pape s'en allerent lesdits gentishommes françoys, auquel presenterent les lectres du Roy et dirent leur creance, contenant, en somme, que le Roy vouloit savoir commant la Saincteté du pape vouloit vivre et demeurer avecques luy, comme estant doubteux et mal asseuré de l'intencion de son vouloir, et ce pour ce qu'il pensoit a sa venue le trouver a Bouloigne, dont s'en estoit party et retiré a Romme sans l'avoir actendu, comme luy avoit mandé; et comme par les Allemaignes estoit bruyt que le Roy des Rommains disoit et faisoit publicquement dire que le pape luy avoit mandé que le Roy ne prenoit ledit voyage, si n'est pour s'efforcer de usurper le Sainct Siege apostolique et en faire a son vouloir, et ausi pour se faire par force couronner empereur et occuper toutes les Italles. Lesquelles choses monstrerent par lectres et disrent de bouche au pape, et en oultre luy dirent : « Quant au regard de l'usurpacion du papat, a ce point ne respondoit le Roy, disant que la chose d'elle mesme se doit pencer impossible a faire par raison et increable a entreprendre, veu que luy et ses predecesseurs ont tousjours esté protecteurs de l'Esglise et deffenseurs de son droict; ausi, quant a ce que ledit seigneur se vouloit faire couronner empereur et occupper les Italles, que a ce n'avoit oncques pencé, mais disoit estre ses choses controuvées et mises par l'invencion du Roy des Romains ; mais, pour respondre du tout a la principalle cause qui le mouvoit, de passer les mons ; c'estoit mesmement pour vouloir veoir la Saincteté du pape a Boulongne, comme ledit Pere Sainct luy avoit mandé, et pour conferer et trecter avecques luy du bien de l'Eglize et prouffict de la chrestienté, et ausi pour la cause de la rebellion de sa ville de Gennes, qu'il vouloit remectre entre ses mains et reduyre a la raison, comme il avoit ja par armes faict, et estoit dedans, ayant le peuple et toute la ville a sa mercy, pour en faire a son plaisir, et du tout a son vouloir ; dont, toutes sesdites choses considerées, s'esmerveilloit grandement de ce que ledit Sainct Pere luy avoit mandé qu'il l'actendroit a Bouloigne (que par armes luy avoit peu de jours devant soubmise et rendue a sa Saincteté et obeissance et faict tout le secours et service que bon filz doit faire au pere), ledit Pere Sainct s'en estoit allé a Romme sans le vouloir actendre, comme luy avoit promys ; et ausi s'esmerveilloit de ce que le Roy des Rommains s'estoit jacté touchant les parolles susdites ; mais, tout ce nonobstant, le Roy, comme Roy Tres Cristien et obbeissant filz de l'Eglize, estoit deliberé de tousjours se monstrer par effect protecteur de la Saincteté apostolique et vray deffenseur de l'Eglize ; et au surplus prioit le Pere Sainct, pour adverer la chose, que son plaisir fust envoyer devers le Roy des Rommains message expres pour savoir dont lesdites parolles sont venues et faire en maniere qu'il puisse clerement cognoistre le bon vouloir dudit Pere Sainct. » A quoy fist ledit Sainct Pere responce en disant : « Au regard des paroles que Maximilien, Roy des Rommains, a faict publier et semmer par les Allemaignes, je respons que oncques ne les diz ne n'en sceu jamais riens. Et quant a ce que le Tres Crestien Roy de France s'esmerveille de ce que ne l'ay actendu a Boulongne, comme je luy avoye mandé, ne fault qu'il pence que pour sa venue me soye retiré a Romme, mais fut pour ce que audit lieu de Bouloigne me trouvay si mal de ma personne que les medecins me deffendirent la demeure, disant, si j'avoye ma senté pour recommandée, que besoing m'estoit de changer l'air et me retirer icy, ce que je fis. Et en oultre, de ma part, je veulx estre et demeurer tous temps envers ledit tres cristianissime Roy de France tout ainsi que le bon pere doit faire envers l'obeissant filz, prest a toute heure a luy faire tout le plaisir, secours et amytié que entierement se pourra estandre ma puissance. Et au surplus, tout en present, despescheray messages pour mander au Roy des Rommains qu'il me face assavoir dont sont procedées et issues lesdites parolles, pour en advertir tout au vray vostredit maistre cristianissime Roy de France. » Et, ce dit, ledit messire Jehan de Sainctz prist congé du pape et s'en revint en poste devers le Roy, lequel advertist de toutes lesdites choses. Le seigneur de Gymel demeura a Romme devers le pape pour le Roy, et les deux galleres de Pregent s'en revindrent droict a Gennes.

Le Roy, dedans sa ville de Gennes, estoit lors a sejour, ou de jour en autre deliberoit de ses affaires, en se enquerant de ceulx qui avoyent esté cause principalle de la division et revoltement de Gennes et mys le peuple en vouloir de prendre les armes et faire rebellyon contre luy : de quoy fut tantost adverty, et tant qu'il eut les noms de tous les mutinyers, desquelz l'une part estoit en la ville et les autres estoyent fuytifz ; dont delibera faire grace et pardonner a ceulx qui s'estoyent mys entre ses mains et rendus a sa volunté et pugnir les absens comme criminelz de leze magesté, rebelles a justice et deffyans de misericorde ; par quoy mist gens de toutes pars a chercher et prendre iceulx qui, a sa venue, s'estoyent absentez ; et, entre autres, sceut que ung nommé Demetryus Justynian, des plus gros de la ville et l'ung de ceulx qui le plus avoit mys le peuple et celuy entretenu en obstination de rebellion, estoit hors de Gennes dedans une sienne place, sur la coste de la mer. Par quoy transmist la ung nommé Pregent le Bidoulx, capitaine de quatre galleres, et avecques luy ung autre nommé Mollart Suffray, allemant, seigneur du Ryage, bien accompaigné par mer, pour prendre ledit Demetry Justinian, lesquelz s'en allerent sans bruyt avecques quelque guyde de Gennes, qui les mena droictement par mer viz a viz du lieu ou estoit celuy Demetry : lesquelz, le plus cellement qu'ilz peurent, gaignerent terre et, deguysez, s'en allerent segretement droict audit logys, ou entrerent soubdainement, leurs espées au poing ; et, ce voyant, ledit Demetry voulut vuyder, mais fut suyvy si tost qu'il n'eut loisir de trouver issue seure pour s'en fuyr ne lieu segret pour se cacher ; si fut pris et ramené a Gennes et mys en bonne garde et seure main jusques le conseil eust veu en son affaire et ordonné de son proces. Plusieurs autres fuytiz furent priz et menez a Gennes, ou, apres leur proces faict, furent les ungs, par les places de la ville, trenchez les testes et escartellés, et les autres pendus a potences par les cantons des rucs, et les autres atachez pres de portes de ladite ville; en maniere que, par toutes les rues, paroissoit a ses enseignes que justice avoit manyé les rebelles si aigrement que tous ceulx de leur secte, voyant le spectacle de severité, estoyent trancys de peur et effrayez de craincte, comme actendans d'eure en autre la venue des bourreaulx et la corde au col. Mais le Roy, sur tous autres le plus humain, ne voulut la mort de tous ceulx qui, contre sa Majesté, l'avoyent justement deservye, mais seulement d'aucuns de ceulx qui, a la prise du Castellas, avoyent a ses gens usé de cruelle tyrannye, comme est dit dessus, ou d'autres commisseurs de crimes tant dampnables que de toute grace fussent frustrez ou forclux de misericorde, dont l'excution de justice fut, par le pouvoir de clemence, adoulcye. Toutesfoys toute la ville de Gennes, n'ayant ancores planiere grace, estoit espouventée du chastyment des malfaicteurs et soubcieuse de sa doubteuse adventure; et, pour y vouloir au mieulx pourvoir, furent aucuns gennevoys envoyez devers le Roy, de par la ville, le prier que son plaisir fust de avoir pitié de son pouvre peuple et prendre de chascun d'eulx le serment de fidelité et l'amende honorable et proffitable, scelon sa bonne ordonnance et l'advys de son conseil; a quoy voulut bien entendre, comme prince tres humain, et, pour ce, ordonna tantost apres tenir siege royal et mettre fin en ses affaires.

XXVII.

Comment le Roy tint en son palays de Gennes siege royal, ou les Gennevoys luy firent le serment de fidelité, et d'une harangue faitte en italien avecques la responce de mesmes.

Dedans la grant court du palays de Gennes fut dressé ung grant eschaffault[1], touchant au degrez de l'entrée de la porte, par ou l'on monte en la salle dudit palays, et sur celluy eschaffault ung autre petit eschaffault sur lequel estoit une haulte chaere, preparée pour le Roy et couverte de drap d'or, et le dessus couvert d'ung poisle, semmé de fleurs de lys, et le bas couvert d'ung drap pers, semé aussi de fleurs de lys. Et la, aux deux costez, estoient bancz et chaires mises pour asseoir les seigneurs du sang et les cardinaulx qui la estoient. Aux deux costez estoient les gentishommes et les archiers de la garde, a deux rancz, prenant dudit eschaffault, en tirant jusques a la porte de l'entré du palays, pour faire la entrer le peuple et garder la presse. Lorsque tout fut prest, le Roy se myst en chaire, et autour de luy tous les princes et cardinaulx qui la estoyent, et tous ses chamberllans avecques ses archiers du corps. Et, ce fait, ung Roy d'armes, nommé Daulphin, fist la son criz, *de par le Roy*, que chascun eust a faire sillence, a la peine d'estre desobeissant audit seigneur.

Apres toutes ces cerimonyes, grant nombre de

---

1. « Tout tendu de belle et riche tapisserie » (Saint-Gelais).

peuple de Gennes entra dedans le palays[1], et entre eulx fut ung docteur gennevoys, nommé messire Johan de Illice[2], lequel s'approcha de l'eschaffault du Roy, et la dessus se mist les deux genoilz a bas[3] et les yeulx tenduz vers le ciel, portant piteuse et esbahie chiere; lequel, a voix basse et tramblant, dist en langue italienne l'oraison qui s'ensuyt[4] :

Sequita la propositione facta per misere Joanne de Ilice, doctore de Genua, al Christianissimo Re Luyse duodecimo, Re di Franza, duca de Milano et signor di Genua, in nome del populo Genoese[5].

Christianissimo e invictissimo Re, unico e supremo Signor nostro in terra. Questa vostra devotissima cita di Genoa et universalmenti li habitanti in quella veramenti ricognoscano li infiniti meriti e beneficij de la Maiesta vostra, per il passato per noi recevuti, esser tali, e tanti, che rendano tutti noi, e li posteri nostri in perpetuum, obligatissimi a dover alla M^{ta} vostra rendere e referire non quelle gracie e laude che se converebono, ma qual possiamo per le debile nostre faculta. Ma veramente, Clementissimo re, li preteriti beneficij e gracie, al tutto, supera et avanza questo ultimo singularissimo et preclarissimo dono

---

1. On avait convoqué le peuple en sonnant les cloches (Jean Marot).

2. En italien *de Lerici*.

3. Il baisa trois fois la terre (Jean Marot).

4. Le texte qui suit a été transcrit après coup sur le manuscrit par une main italienne. Des feuillets blancs avaient été réservés à cet effet. Par suite d'un mauvais calcul, un feuillet et demi de parchemin s'est trouvé en excédent et est resté en blanc à la suite du texte italien.

5. Miniature (fol. iiii^{xx}ix r° du ms.) représentant le roi sous un dais, entouré de sa cour, avec cinq cardinaux à sa droite. Devant lui, les envoyés de Gênes, tête nue, en noir, entre deux troupes d'archers. Un des envoyés (Lerici), la barrette à la main, à genoux sur le degré du trône.

di Clementia, che dignata sia venir personalmente a liberarne di tanta Servitù e captivita in quanta per colpa non percio di grande numero di homini di male afare eravano reduti. Quali essendi seguiti da la vulgar e ceca gente, cum le arme e a forza la Cita hano induta a errore. Ma la Clementia vostra infinita, imitando il nostro Redemptori Iesu, et non percio seguendo na la infructuosa di Iuda, ma di Pietro, salutifera penitentia, e considerato cum gli occhi al ciel levati che tarde non fur mai gracie divine, e stata tanto superhabundantissima che, non rispectato il dicto errore, ne venuto a Liberar et Redimere, in modo tali, Christianissimo Re, che, cosi como per tuto il mondo la M. V. a sua grande gloria e laude, e insignita e decorata Chri^{ma} meritissimamente se li po e deble adiungere il triumphal titulo di Clementissima, se non superior, *saltem* non inferior, ma coequale a li altri decorati tituli. E per che poi vostra summa Clementia ne ha ricevuti a sua bona gracia e sotto il tutissimo Clipeo di sua protectione, cessato e ogni male, seguito ogni bene, e Christo in croce sta, cum le bracie aperte, a dover pardonare ad ogni uno che a luy si torna e il suo errato ricognosce. Per cio tutti universalmente in virtu di questo novo e triumphal titulo di Clementia, in terra prostrati, supplicamo la M. V. si degni concedere le infrascritte gracie e Riqueste. Prima, che vogli universalmente perdonare, secundo para e iudicara essa summa Clementia. Secundo, remettre e canzellare la pena e multa pecuniaria a la vostra cita inflita, per lo error predicto. Tercio, a noi concedere e condonare li privilegij, gracie, exemptione, immunita, e altri a questa cita consueti. Quarto, cosi como descendendo la anima del glorioso Christo al limbo per Redimere e Liberar le anime gia longo tempo captivate, cosi, in memoria di Sua sanctissima passione e liberatione predicta, si supplica, e humilmenti requere che degnar Si vogli la M. V., per questo suo advento liberare li soi Citadini fin al presente giorno nel Castelleto retenuti e quelli graciosamente condonare a le isconsolate madre, a le afflicte mogliere, a li tribulati parenti, a perpetua laude e gloria dela M. V., et acio si po patisca il iusto per lo iniusto.

Non obmettero, Clementissimo Re, laltro preclaro dono a noi etiam condonato in constituire un regio gubernatore sotto il gouverno del quale, per sua virtu, summa prudentia, et ingenio, speramo questa Cita, cum tuto il suo distretto, dover esser talmenti rezuta e gubernata, che grande gloria ne resulte a la M. V. e da noi utile pacifico, e stabilita perpetua. La qual Cita, cum ogni sua pertinentia, non cum qual si de, ma cum qual si po humilita, et genibus flexis, prostergato in terra, devotissimamente se aricommanda, inducendo et allegando il dicto dal Psalmista : « Cor contritum et humiliatum Rex ne despicies. » Amen.

Sequita la risposta facta per missere Michele Rizo, doctore, consigliere, e maestro de requeste ordinario de la maison del prefato Christianissimo Re, per commandamento de Soa Maiestade.

E sentencia di philosophi, che perfidia noce tanto a la generacione humana quanto giona (*sic*) la observantia de la bonna fede : « Perfidia tantum incommodi humano generi affert quantum salutis bona fides prestat. » Questa perfidia non solamente ha submerso le citade, terre, e provincie, como si lege ne le historie di Capoa, Numantia e Carthagine e molte altre cita e provincie : ma una parte dela natura angelica casco in ruyna per quella irreparabilmente. El nostro padre Adam per la rebellione e inobediencia verso el suo Signore fo condennato, luy e la sua posterita, in perpetuo. E quantum che nostro signore e redemptore Iesus ne habia redempto col precioso sangue, non dimeno nostra natura resta imbecile e inferma per la ditta colpa. O popole Genoese, me se concedesse tanto ingenio, memoria e facundia, chio potesse condignamente considerare commemorare, e explicare la gravita de vostre execrable perfidia! Ma la grandeza et enormita di quello offuscano l'intellecto, perturbano la memoria, e impediscono la lingua. Pero che quando considero la perfidia de Cartaginesi verso Xantipo Lacedemonio che e existimata gravissima; Quelle de Hannibal verso li Nocerini et Acerani, Digneo Domicio contra Bituito, Re di Avernia, de Servio Galba contra le tre Cita di Portugalo, tutte insieme non sono a comparare a questa vostra usata e commissa verso el Chris^{mo} e pientissimo re nostro. E me dole che non la posse bene explicare a fine che se intendesse meglio la summa Clementia e bonta de Soa Maesta Chri^ma.

Me ricordo e credo molti di noi presente ne habiano memoria che, in lanno de la nativita del nostro Signore mille quatrocento nonante nove, del mese de Octobrio, ricognoscendo che nostro vero e natural signore era lo Chri^mo re di Franza e che longo tempo la Cita vostra havea prosperato sotto lor dominio e obediencia, e maximamente nel tempo del re Carlo magno, e poi de recente e fresca memoria sotto el dominio del re Carlo VI°, del re Carlo Septimo; e se alcuno altro dapoi havea gouvernato e dominato la cita vostra, era infaudato dal re Chri^mo de Franza, recognoscendo in dirrecto e supremo signore : elegistivo, de vostra spontanea volunta e proprio moto, Sedeci notabili citadini, a li quali per commune decreto de vostro gran Consiglio, *nemine discrepante*, donastivo commissione e auctorita de mettere la Cita vostra e distritto de quella a la obediencia de soa Chri^ma M^ta, como a vero naturale e supremo Signore, li fare et prestare lo debito sacramento de fidelita. Li quali vostri ambassiatori se transferino a la Cita de Milano, dove sua Maiesta era in quello tempo, e li fero solennemente la ditta fidelita. E nel mese di Novembrio sequente, in la gran Sala de questo palazo, *me proponente*, tutti li capi di casa et homini capaci de Rason ratifficando la ditta fidelita e tuto quanto per li ditti Ambassiatori era stato facto, de novo se obligarono e iurarono la fidelita in mano de monsignor di Ravastein, per soa M^ta, Affirmando che la redutione de la Cita vostra a la sua obediencia era reformare el Stato di esse Cita che per alcun tempo era stato detorpato e deformato per la tyrannia de alcuni, et vostre particulari odij et inimicicie intestine.

« Sed quis furor, o populi, que tanta dementia, cives ? »

Che e quello che ve ha induto a rebellione contra el re Chri^mo nostro signore, el qual a fatto verso voi tutto quello che era conveniente a iusto, pio e amorevol signore, incontinenti che Seti venuto ala obediencia soa ? Ha fatto cessare tute vostre parcialita, che erano causa spesso de ogni nostro male. Ha ordinato farve administrare iusticia cosi al richo como al povero senza accepter personne. E se alcuno manchamento e stato in la iusticia, la colpa se po dare a voi, che non havete advertito a Soa M^ta. Ve ha diffesso de tute oppressione e violentie, favorite tuti vostri commercij e mercantie e, per tuto, vostra navigatione; cum le baynere e ensegne de la Soa M^ta, seti stati honorati e carezati. E quantum che tuta Italia habbia sentito li danni e incommodi de la guerra, sola la vostra cita et lo Genoese hano goduto de la pace. Che e quello che ve mosso, o popul Genoese, a dismenticarve de tanti beneficij, etiam per voi commemorati, et el tranquillo e dolce stato nel qual voi eravo, e venir contra el sacramento de la fidelita et metter la Cita vostra, le personne, lo honore, e li beni in cosi evidente ruyna che, se la summa Clemencia e pieta del Re Chri^mo non havesse obviato, per voi non e rimasto di ruynare e sovertere perpetuamente el tutto? Che e quello che a possuto fare el re Chri^mo in vostro beneficio che habbia lassato de farlo? E po dire, como dice il nostro Signore : « Popule meus, quid feci tibi? »

Longo tempo e che li predecessori vostri hano cognosciuto non poder esser senza iusto signore. Et e sentencia di philosophi quod « Sub iusto principe vivere summa est libertas. » Se voi non havessivo Signore e volessivo elegere uno, a pena trovaressivo simile al re Chri^mo. Si consideramo la origine e genealogia, e la piu antiqua e continuata de Christiani, pero che il re Chri^mo e lo Cinquanta uno descendente del primo Re. Se consideramo la vertù sue, tuto e pieno de Religione, de Iusticia, pieta, prudente, forte e temperato. E se la presencia de So[a] M^ta non me revocasse dal proposito, dubitando incorrere vicio de adulatione, io ve mostraria che, con tuti quelli che Sono laudati, ne le antiche e moderne historie, de religione, de iusticia, de pieta, de forteza e temperança, sua Chri^ma M^ta se po comparare. Lo sano e soi subditi. Lo sano e soi servitori, quale sono continuamente presso di Soa M^ta. Lo posseti per experiencia cognoscere, Voi, popul Genoese, che havete novamente experto sua magnanimita in havervi vinto con tanta celerita, e so[a] gran bonta in volerve perdonare si gran colpa. E nientedimeno, obcecato populo, havete procurato meterve fore de la obediencia de Sua M^ta. Voi pigliastivi le arme nel principio, facendo tumulto e sedicione, e poco commettendo crimen leze maiestatis. E perpetrasti piu homicidij e robarie, e per violencia caçastivo li Nobili, che sono luna de li pri[n]cipale de vostra Cita.

Donastivi ad intendere venir a venia e domandar gracia e perdon, promettendo posar le arme e remettere el tuto al pristino stato. El bono e clementissimo Re liberalmente vi pardono, sperando che dovessivo recognoscere sua bonta e clemencia e disponerve del tutto al Suo servicio, como fe el bon Cynna Romano verso Octaviano Imperadore, poi che lui donna la vita che li posseva giustamente togliere. Ma voi, cechi de furore e ingrati, andando de mal in pegio, havete occupato le castelle e terre se tenervano per soi capitanij, assegiate al[cune] altre, quale soi gente darme con soi bandere deffendevano, impediti et depredati le victualie e homini se mandavano a le sue forteze e Castelle, preso el Castellazo, e, sotto fede, crudelmente trocidate li homini, assegiate e combatuto el suo Castelletto. E, quel che e pegio, ve havete monito e fortifficato per resistere a sua Maiesta, la qual veniva in persona. Non considerando che la força vostra verso quella de So[a] M^{ta} e simile a quella dun pulice ad uno Elephante.

O damnata e detestabile perfidia! o summa Dementia! E sio volesse pesare la qualita e gravita di vostri delicti e excessi, e commensurarli con digna pena, non solo li homini, ma le mura e la terra meritariano perpetua eversione. E tuti gli tormenti exquisiti per Fallace (*sic*), e Dyonisio, e altri tyranni, non sarebeno sufficiente. Io so bene che vi despiace intendere exprobrare et detestare lo errore vostre. Ma vi cognosco de tanto ingenio, che cognosceti che e ditto, errore e piu grandi e meritar piu grave reprehesione. Io cognosco nel vulto e nelo habito che seti Genoesi, ma li fatti e le opere sono contrarie, e piu presto da inimici, havendo exposta la patria a cosi gran pericolo. E son certo, che quando voi considerati, li capilli se rivoltano insuso et le viscere se commovano.

« Sed respexit vos oculo pietatis Clementissimus rex, et misertus est populi sui. » Non e minor la gloria di Soa M^{ta} Christianissima in haver temperato la giusta indignatione sua verso voi, che havervi vinto e reduta a soa obediencia. E quando considero li casi, per li quali Valerius Publicola, Furius Camillus, li doi Scipioni Affricani, Marco Marcello, Marco Cathone, Archita Tarentino et li altri sono laudati de la vertu de temperança, senza dubio, in questo caso, el Re Christianissimo e digno di magior laude, e qual me a commandato rispondere a la supplicatione vostra :

Che sua Maiesta perdona e remette a tuti li Genoesi li delicti, tanto de leza maiesta, nel primo o secundo capo, quanto altri qual se voglia, e de qual se vole gravita et importantia, in fino al presente giorno, reservata la rasone del terzo, quale porra prosequire civilmente e criminalmente como li piacera. E intende sua Maiesta Christianissima che siano inclusi in la presente gratia cosi li absenti como li presenti, dummodo ipsi absenti infra uno mese dal presente di comparano davanti el Governatore e suo locotenente e iurano in soi mano la fidelita a sua Maiesta Christianissima; laqual excettua, et exclude da la ditta gracia solamente quelli che a facto particularmente nominare.

Et ultra, ex plenitudine gracie, remette e dona la multa e pena di cento milia scudi, inclinando a essa vostra supplicatione. Et ve restituisse et reintegra a li honori, dignita e beni vostri.

E circa lo articulo di privilegij, quale sono qui in prompto, sua M^{ta}, per conservare la auctorita regia, ha ordinato che siano rotti actualmente, cancellati e brusati. E nientedimeno, usando de sua pieta e Clemencia, poi che gli harete fato et prestato lo debito sacramento de fidelita, ve fara legere le concessione, privilegij e ordinatione, di li quali intendi che habiati.

E a lultima parte de vostra Supplicatione, sua M^{ta} ha depputato alcun per intendere se sono presoni de bona guerra, ou non. E in ogni caso, li fara cosi bene tractare, che voi e loro havereti causa di contentarve.

O summa bonta! o inextimabile pietà! o immensa magnanimita! Doveti duncha, populo Genoese, recognoscere perpetualmente uno tanto beneficio e dono che sua Christianissima Maiesta vi ha fatto in questo di, restituendovi La patria, Lo honore, La vita, donne, figlioli e beni. E lo doveti cum perpetua memoria celebrare, afin che ne voi ne vostri successori habiati a incorrere mai piu in simile errore. Per o che como sua Maiesta ha usato al presente de summa pieta e Clementia, recascando, bisognaria usare de immenso rigore e summa severita. La qual dovesse cedere in exemplo perpetuo a tutti subditti.

Pour ce que tous n'entendent entierement le langage italien, et que dedans les susdites harangue et responce sont mainctes choses recommandables, dignes de record, alleguées, affin que chascun en puisse avoir cognoissance et entendre la substance, je diray cy apres de mot a mot le contenu en icelles, dont l'introite de la proposicion dudit messire Jehan de Illice, refferendaire du peuple de Gennes, fut telle :

« Tres cristien et invictissime Roy, nostre souverain et unique seigneur en terre, ceste vostre tres devote cyté de Gennes, et universallement les habitans en icelle, vrayement nous recognoissons les benefices et merites infinys de la Magesté vostre par vous faictz et par nous receuz, estre telz et si grans que tous nous et noz posteres rendent perpetuellement obligez a devoir rendre et refferer a vostre Magesté, non telle graces et louanges comme nous devons, mais telles que par nostre debile faculté pouvons. Mais vrayement, Roy tres benign, les preteritz biensfaictz et graces a tous surmontez et passez ce derrenier tres singulier et tres noble don de clemence que soyez daigné venir personnallement nous delivrer de si grande servitute et captivité, et tant que, par la coulpe, non pour ce de grande nombre, d'ommes de mal affaire, estyons reduytz, lesquelz, estans ensuyvys de la vulgaire et aveillée gent, par armes et a force la cyté avons esmeue a erreur. Mais vostre clemence infynie, prenant doctrine en nostre redempteur Jesu Crist, et nous, pour tant, non ensuyvant l'obstination infructueuse de Judas, mais de Pierre la salutiffere penitence, et les yeulx au ciel levez, consideré que tarde ne fut jamais grace divine, a esté tant supperabundantissime que, non regardé ledit erreur, nous estes venu delivrer et rachapter en telle maniere, Cristianissime Roy, que, ainsi comme par tout le monde la Magesté vostre, a sa grande gloire et louange, est enseignée, nommée et decorée Cristianissime a bonne et juste cause, si le triumphal tiltre Clementissime se peut et doit a luy adjoxter, s'il n'est superieur, au moings non plus bas, mais coegal a l'autre honorable tiltre. Et, pour ce que vostre souveraine clemence nous a receuz a sa bonne grace et soubz le tres seur escu de sa protection, tout mal cesse et tout bien ensuyt, comme Jhesu Crist estant en la croix, les bras estandus et ouvers, a devoir pardonner a tout homme qui a luy se tourne et recognoist son erreur; pour ce, tous universellement, en vertu de ce nouveau tiltre de clemence, en terre prosternez, supplions vostre Magesté que nous daignez bailler et octroyer la grace et requeste qui s'ensuyt : Premierement, que vueillez universallement pardonner et juger scelon vostre souveraine clemence. Secondement, remectre et canceller la peine de grande pecune a vostre cyté afflicte par l'erreur susdite. Tiercement, a nous octroyer et donner les privilleges, graces, exemptions, immunitez et autres libertez a ceste cyté accostumées. Quartement, ainsi, comme l'ame du glorieulx Jhesus Crist descendit aux limbes pour rachapter et delivrer les ames ja long temps la captives, ainsi, en memoire de sa tres saincte passion et delivrance susdite, chascun vous supplie et humblement requiert, si vostre Magesté veust, que daignez par cestuy vostre advenement delivrer voz citadins jusques a ce present jour dedans le Castellet retenus, et gracieusement les donner a leurs meres inconsollées, a leurs femmes afflictes et a leurs troublez parens, a la perpetuelle louange et gloire de la vostre Magesté et affin que les justes ne seuffrent pour les injustes.

« Je ne obmectray pas, Roy clementissime, l'autre honnorable don a nous ausi a octroyer, pour constituer ung royal gouverneur, soubz le gouvernement duquel, par sa vertu souveraine, prudence et advys, esperons ceste cyté, avecques toutes ses affaires, devoir estre tellement regye et gouvernée que grande gloire en resultera a la Magesté vostre, et de nous utillité pacif-fique et stabilité perpetuelle. Laquelle cyté, avecques toutes ses appartenences, non pas comme se doit, mais comme se peut humilyer, et, genolz plyez, prosternée en terre, tres devotement se recomande, en ramenant et allegant celuy dit du psalmiste : « Cueur contrict « et humilyé, Roy, ne desdaigne pas. »

Et, ce disant, tout le peuple de Gennes se prosterna et coucha du ventre en terre, les testes descouvertes.

Ce faict, le cardinal d'Amboise et messire Michel Rys aprocherent la chaire du Roy, et la parlerent assez long temps ensemble, comme par espace de demy cart d'eure ; et puys ledit messire Michel Rys, commys de par le Roy pour respondre a ce que les Gennevoys avoyent faict devant proposer, fist sadite responce en itallyen, scelon le contenu, comme est cy dessoubz redigé en françoys :

« Sentence est du philozophe que la rebellyon et desobeissance autant nuyst au genrre humain que l'observance de bonne foy luy donne d'ayde : *Perfidia tantum incommodi humano generi affert, quantum salutis bona fides prestat*. Ceste desobeissance non seullement a submergé et destruyt les cytés, les terres et provinces, comme se list en l'ystoire de Cappe, Numance et Cartage, et mainctes autres cytés et provinces, mais une partye de la nature angelicque a mys et chacé en ruyne, par elle, irreparablement. Nostre pere Adam, par la rebellyon et inobedience faicte vers son Seigneur, fut, luy et sa posterité, a perpetuité condempné; et, combien que nostre Seigneur et Redempteur Jesus nous aye, par son precieulx sang, rachaptez, neautmains (*sic*) nostre nature en demeure imbecille et enferme par ladite coulpe. O peuple gennevois, je me vouldroye bien de si grant memoire, savoir et faconde, que je peusse condignement considerer, commemorer et expliquer la gravité de vostre excecrable desloyauté; mais la grandeur et enormité d'icelle me offusque l'entendement, me perturbe la memoire et m'empesche la langue; pour ce que, quant je considere la desloyauté des Cartagynoys vers Xamtipus lacedemonien, qui est tres griefve extimée, celle de Hanibal vers les Nocerins et Acerains, Digneo Domicius contre Bituite, Roy de Avernya, et de Servius Galba contre les troys cytez de Portugal, toutes ensemble ne sont a comparer a ceste vostre, perpetrée et commise vers le Tres Cristien et tres piteulx nostre Roy; et me dueil que je ne la puys bien declairer, affin que myeulx s'entendist la souveraine bonté et clemence de sa cristianissime Magesté.

« Je me recorde, et croy bien que mainctes de vous presens avez bien memoire, que, en l'an de la nativité nostre Seigneur, mil quatre cens IIII^{xx} et XIX, ou moys d'octobre, recogneustes que vostre vray et naturel seigneur estoit le Cristianissime Roy de France; et que long temps vostre cyté avoit prosperé soubz leur seigneurye et obeissance, et mesmement du temps du Roy Charlemaigne; et puys, de nouveau et fresche memoire, soubz la dominacion du Roy Charles sixiesme et du Roy Charles VIIe, et si aucun autre depuys avoit dominé vostre cyté, ce seroit au prejudice et fraude du Cristianissime Roy de France; et, en le recognoissant en vostre direct et souverain seigneur, vous esleustes, de vostre franche et liberalle volunté et propre mouvement, seze notables cytadins, ausquelz, par commune ordonnance de vostre grant conseil, nuly contraryant, donastes commission et auctorité de mectre vostre cyté et despendences d'icelle a l'obeissance de sa Cristianissime Magesté, comme a vostre vray, naturel et souverain seigneur, luy faire et bailler le deu serment de fidelité. Lesquelz vosdits ambaxadeurs vers luy se transporterent en la cyté de Millan, ou sa magesté estoit lors, et la luy firent sollempnellement ladite fidelité; et, ou moys de novembre ensuyvant, en la grande salle de ce palays, moy present, tous les chiefz de maison et hommes capables de raison, en ratiffyant ladite fidelité et tout ce que par lesdits ambaxadeurs avoit esté faict, de nouveau se obligerent, et jurerent la fidelité, en la main de monsr de Ravestain, a la Magesté du Roy, affirmant que la reduction de vostre cyté a son obeissance estoit refformer les statutz et la cyté qui par aucun temps avoit esté enlaydie et defformée par la tirannye d'aucuns, et voz pa[r]ticulieres haynes et intestines inimitiez.

Sed quis furor, o populi, et que tanta demencia, cives?

« Mais, o peuple et cytadins gennevoys, qui est celle et la si tres grande foulye et quelle chose vous a induytz a rebellion contre le Cristianissime Roy nostre seigneur, lequel a faict envers vous tout ce qui estoit convenient et requis a juste, piteulx et amyable seigneur, incontinent que estes venus a son obeissance? Il a faict cesser toutes voz partialitez, qui estoyent souvant cause de tout vostre mal; ha ordonné vous faire administrer justice, autant au riche comme au pauvre, sans accepter personne, et, si aucun deffaillement a esté en la justice, la coulpe s'en peut donner a vous mesmes, qui n'en avez sa Magesté advertye; vous a deffendus de toute oppression et vyollence, favorizé toutes voz merceryes, changes et marchandyes; et, par toute vostre navigacion, avecques la baniere et enseigne de sa Magesté, avez estés honnourez et cheriz; et, combien que toute Itallye aye sentu le dommage et perte de la guerre, vostre seulle cyté et les Gennevoys avez jouy du bien de la paix. Quoy! et quelle chose est ce qui vous a meuz, o peuple gennevoys, a oublier tant de bienffaictz par vous mesmes commemorez, et le transquille et doulx estat enquel vous estyez, et venir contre le serment de la fidelité, et mectre la cyté, les personnes, l'onneur et les biens en si evidente ruyne que, si la souveraine clemence et pitié du Roy Cristianissime n'y eust obvyé, par vous n'est demeuré de ruyner et subvertir perpetuellement le tout? De ce et cela que le Roy Cristianissime, pour vostre proffict et bien, a peu faire, qu'a il laissé de le faire? Il vous peut dire, comme nostre Seigneur dist aux Juyfz : *Popule meus, quid feci tibi?* « Mon peuple, qu'ay je faict a toy? »

« Long temps y a que voz predecesseurs ont cogneu ne pouvoir riens sans juste seigneur. Il est sentence du phillozaphe que : *Sub justo principe vivere summa est libertas*, qui est a dire que : « Vivre soubz juste « prince est souveraine liberté. » Si vous, Gennevoys, n'avyez seigneur, et vous en volussiez ung eslire, a peine le trouveriez vous semblable au Roy Cristianissime : si nous considerons l'origine et genealogie de celuy, elle est la plus autentique et continuée des crestiens, pour ce que le Cristianissime Roy est le cinquante uniesme descendant du premier Roy de France; si nous considerons sa vertu, toute est plaine de religion, de justice, de pytié, prudence, force et temperence; et, si la presence de sa magesté ne me revocast de propos, doubtant encourir vice de adullation, je vous monstreroye que, a tous ceulx qui sont louez en l'antique et moderne hystoire, de religion, de justice, de pitié, de prudence, de force et de temperence, sa Cristianissime magesté se peut comparer : cela scavent ses sugectz, cela scavent ses serviteurs, lesquelz sont continuellement pres de sa Magesté; cela povez par experience cognoistre, vous, peuple gennevoys, qui avez nouvellement sa magnanimité experimentée, en vous ayant si tost vaincus, et sa grande bonté, en vous voulant si griefve coulpe pardonner; et neantmoings, peuple aveigle, avez procuré vous mectre hors de sa Cristianissime Magesté : vous avez au commaincement prises les armes, en faisant tumulte et sedicion, et commectant cryme de leze magesté; et puys avez perpetré homicide et roberye, et par violence chacez les nobles, qui sont les ungs de principaulx de vostre cyté. Vous avez donné a entendre venir a raison et demander grace et pardon, promectant lesser les armes et remectre le tout au premier estat; et le bon et tre[s] humain Roy liberallement vous pardonna, esperant que vous deussiez recoignoistre sa bonté et clemence, et vous disposer du tout a son service, comme fist le bon Cynna romain vers Octavyen empereur, pour ce qu'il luy donna la vye que justement luy pouvoit tollir; mais vous, aveiglez de fureur et ingratz, en allant de mal en pys, avez occuppé le castellas et les terres qui se tenoyent par ses capitaines, assiegées aulcunes autres que ses gens d'armes avecques leurs bendes deffendoyent, empeschez et destrossez les victualles et hommes qu'il envoyoit a ses forteresses et chasteaulx, prins le castellas et, sur la foy, cruellement occys les souldars qui dedans estoyent, assiegé et combatu son chastellet; et, qui pys est, vous estez munis tous et fortiffyez pour vouloir resister a sa magesté, laquelle est venue en personne, non en considerant que vostre force envers celle de sa magesté est semblable a celle d'ung vermet a ung elephant.

« O dampnée et detestable perfidye! o souveraine foulye! si je vouloye peser la qualité et gravité de vostre delict et exces et commesurer condigne peine, non seullement les hommes, mes les murailles et la terre merit[eroient¹] par perpetuelle eversion; et tous les tormens exquys par Phalaris, Denys et Perilus et autres tirans, n'y seroyent bien suffizans. Je say bien qu'il vous desplaist entendre blasmer et detester vostre erreur; mais je vous cognoys de tel

---

1. Le texte porte : *Meritariane*.

entendement que cognoissez bien que tant plus est l'erreur grande et plus griefve reprehension merite. Je cognoys en vostre visage et habit qu'estes gennevoys ; mais les faictz sont contraires, et plustost œuvres d'ennemys, en ayant exposé le pays a si grant perilh ; je suys certain, quant vous le considererez, que les ch[e]veulx se revolteront en sus et les entrailles se meuveront.

« Mais le Roy tres humain vous a regardez de l'ueil de sa pitié et a eu mercy de son peuple. Maindre n'est la gloire de sa Cristianissime Magesté, en ayant temperé sa juste indignation vers vous, que de vous avoir unys et reduys a son obbeissance ; et, quant je considere les cas par lesquelz Valerius Publicola, Furius Camillus, les deux Scipions affricans, Marcus Marcellus, Marchus Catho, Archita Tarentinus et les autres, sout louez de la vertu de temperence, sans doubte, en cestuy cas, le Roy cristianissime est digne de plus grande louange, lequel m'a commandé respondre a vostre supplication :

« Que sa Magesté pardonne et remect a tous les Gennevoys les delictz tant de leze magesté, au premier et second chief, comme autres delictz quoi qu'il soyent et de quelque importance, jusques au jour present, reservé le droict d'autruy, qu'il pourra, criminellement, civillement ou comme il luy plaira, poursuyvre ; et entend sa Magesté Cristianissime que, en la presente grace, soyent inclus et comprins ainsi les absentz comme les presens, pourveu que dedans ung moys, de le jour d'uy, compareront devant le gouverneur ou son lieutenant, et jureront la fidelité entre ses mains a sa Magesté Cristianissime, lequel excepte et forclost de la grace seullement ceulx qu'il fera particullairement nommer[1].

« Et en oultre, par grace planiere, remect et donne la tauxe et peine de cent mille escus, en obtemperant

1. La rémission fut promulguée le 11 mai (Bibl. de l'Université de Gênes, ms. V°, fol. 216). L'ordonnance de Louis XII, rendue au palais de Gênes en mai 1507, contresignée, — par le roi seigneur de Gênes, — des cardinaux d'Amboise, San Severino, de Final, de Prie, d'Albi, des ducs de Bourbon, de Calabre, de Longueville, des archevêques de Sens, d'Arles, des évêques de Paris, de Vabres, de Tournai, de Sisteron, etc., de Michel Riz et autres, comprend un préambule et trente-trois articles. Le préambule expose l'ingratitude des Génois, les peines qu'ils ont encourues (notamment la destruction de leurs privilèges), la clémence du roi. — *Article 1er*. Amnistie pleine et entière, sauf pour les personnes réservées et pour celles qui refusent le serment. — *Art. 2*. Le gouverneur sera un personnage prudent et vertueux, d'outremonts, habitué autant que possible aux idées des Génois. Il gouvernera selon les statuts, mais les Anciens ne pourront délibérer hors de sa présence. Il prêtera serment d'obéir aux statuts et règles ci-après. — *Art. 3*. Les potestats et officiers seront étrangers à Gênes et rendront la justice sans acception de personnes, selon les lois et l'usage. Ils seront nommés annuellement. — *Art. 4*. Tous citoyens et fonctionnaires prêteront serment de fidélité au roi, à ses enfants des deux sexes et ses successeurs, quand ils en seront requis. — *Art. 5*. Les vassaux, feudataires et *conventionati* rendront hommage aux Anciens dans la forme accoutumée. — *Art. 6*. Toute obéissance sera due par les citoyens au gouverneur, sauf l'autorité du roi. — *Art. 7*. Le roi, en son nom et au nom de ses successeurs, prend l'engagement de défendre le territoire contre toute agression. Mais les châtelains préposés par l'Office de Saint-Georges prêteront au roi un serment de fidélité, dont le texte est inclus. — *Art. 8*. Le roi déclare, pour lui et ses successeurs, ne rien vouloir aliéner de Gênes, en tout ni en partie. — *Art. 9*. Le roi n'établira aucun impôt nouveau, sauf en cas d'urgence et sur l'avis des Anciens, pour la défense de la ville et la réparation des forts. — *Art. 10*. Les amendes appartiendront à qui de droit, sauf dans les cas réservés au roi (hérésie, lèse-majesté, sédition, fausse monnaie, homicide). On ne changera pas

a vostre supplication, et vous restitue a voz honneurs, biens et dignitez.

« Et, touchant l'article des privilleges, telz sont que promptement sa Magesté, pour conserver l'octo-

les peines corporelles en peines pécuniaires. — *Art. 11.* Les territoires génois qu'on recouvrerait seront réunis à Gênes. — *Art. 12.* Les offices seront décernés au mérite et jamais vendus. — *Art. 13.* La monnaie sera frappée à un coin nouveau, avec les armoiries du roi jointes à celles de Gênes et le nom du roi, suivi de la simple mention : « Dominus Janue. » — *Art. 14.* Les Génois ne pourront être cités hors de la ville ou de leur district; ils seront jugés selon leurs lois. Dans le cas d'affaires d'État, le roi appréciera. — *Art. 15.* Les Génois pourront commercer et circuler partout, comme des sujets français. Toutefois, ils seront obligés de se conformer aux règles générales de paix ou de guerre ordonnées par le roi et ne pourront faire la paix ou la guerre pour leur propre compte. — *Art. 16.* Leurs vaisseaux porteront le pavillon de France à la place d'honneur et le pavillon génois au second rang. — *Art. 17.* Le sceau de la ville restera comme par le passé. — *Art. 18.* Le roi n'entend faire aucune concession lésive des droits de Gênes, des compères de Saint-Georges ou autres compères. — *Art. 19.* Tout sauf-conduit pour dettes décerné par le gouverneur sera nul s'il n'est approuvé par les Anciens. — *Art. 20.* Les Génois seront, comme sujets du roi, compris dans tous ses traités de paix ou de trêve. — *Art. 21.* Les Génois n'auront aucun droit d'ambassade, sauf près du roi pour des réclamations administratives. — *Art. 22.* Les dépenses extraordinaires ne dépasseront pas le chiffre habituel, sauf les exceptions ci-dessus (*art. 9*). — *Art. 23.* Le roi ne délivrera aucun sauf-conduit aux débiteurs de Gênes ou de Saint-Georges. — *Art. 24.* Par mesure de contrôle et de sûreté publique, le roi présentera les candidats aux bénéfices ecclésiastiques. Aucun titulaire de bénéfice de cent ducats ou au-dessus ne pourra en prendre possession sans le placet du gouverneur. — *Art. 25.* Le roi pourvoira ultérieurement aux différends de Gênes et de Savone dans un esprit de concorde et de justice. — *Art. 26.* Le gouverneur et les Anciens pourront affecter des maisons à la réception du roi, de ses successeurs ou de ses amis ou confédérés. — *Art. 27.* Tout cri est interdit sous peine de confiscation et de mort, notamment les cris : *Adorno, Fregoso, Populo;* sauf les cris rité royal, ha ordonnez qu'ilz soyent rompus reallement, cancellez et brullez; et, mesmement en usant de sa pityé et clemence, pour ce que luy avez faict et baillé le deu serment de fidelité, vous fera lire les concessions, privilleges et ordonnances, lesquelles entend que vous ayez.

« Et, a la derreniere part de vostre supplication, sa magesté a depputé aucun pour savoir si les prisonniers du chastellet sont de bonne guerre ou non, et, en tout cas, les fera si bien trecter que vous et les leurs aurez cause de vous contanter.

« O souveraine bonté! o inextimable pytié! o immense magnanimité! Doncques devez, peuple gennevoys, recognoistre perpetuellement ung si grant benefice et don que sa Cristianissime Magesté vous a faict en ceste cy, de vous restituer le pays, l'onneur, la vye, donner les filz et les biens, dont le faict devez

de « Roi » ou « France. » — *Art. 28.* Les syndicats de métier sont abolis. Toute réunion publique ou privée devra être autorisée par le gouverneur; le tout sous peine de mort et de confiscation. — *Art. 29.* Tous les privilèges quelconques de Saint-Georges, pour l'île de Corse ou autres, sont confirmés. — *Art. 30.* Les domaines actuels de Saint-Georges (nommément la Corse, Sarzana, Sarzanella, la Melia, Illice et autres) sont reconnus; les règlements intérieurs sont approuvés. — *Art. 31.* Tout ce qui aurait pu être fait contrairement aux deux articles qui précèdent est nul. — *Art. 32.* Les officiers royaux seront tenus de prêter main-forte aux réquisitions de Saint-Georges pour ce qui précède. — *Art. 33.* Les privilèges et grâces ci-dessus seront nuls, en cas d'infidélité des Génois. — Suit la formule d'approbation, de perpétuité et de scellement. (Ordonnance en latin, sauf les articles 29 et suivants, rédigés en italien. Transcription italienne du temps, ms. lat. 5902. La minute de cette ordonnance, avec les corrections, avec les signatures autographes, se trouve au ms. Dupuy 159, fol. 232-239.) — Jean Marot dit que le roi changea en croix blanche (croix de France) la croix rouge de Gênes.

avecques perpetuelle memoire cellebrer, affin que vous ne voz successeurs ayez a encourir jamais plus en semblable erreur; pource que sa Cristianissime magesté a usé a present de souveraine pitié et humaine clemence, en recheant, besoing auroit user de immense rigueur et souveraine severité, laquelle devroit ceder en exemple perpetuel a tous sugectz. »

La mesmes, en la presence du Roy, furent nommez particulierement tous ceulx qu'il ne vouloit estre compris en la grace dessu[s]dite, lesquelz furent en audience, par ledit messire Michel Ris, declairez commisseurs de crymé de leze magesté, rebelles et desobeissans au Roy, et leurs biens confisquez. En oultre, furent apportez, sur les eschauffaulx, les livres ou estoyent escriptz et emregistrez leurs privilleges, tant des doze ancyens, gouverneurs du faict pollitique, des XII de l'office de la baillie, des VIII de l'office de la monnoye, que des VIII de l'office Sainct George ordonnez sur la recepte des isles, chasteaux, terres et seigneuries de Gennes; et est assavoir que, de chascun office, estoyent moytié des nobles et moytié du peuple; et la, voulant le Roy user de puissance royal et auctorité seigneurieuse, volut et ordonna lesdits privilleges estre en sa presence cancellez, rompus et bruslez, ce qu'ilz furent sur lesdits eschauffaulx, et mys en cendre, en retenant a luy et de son domaine toute la souveraineté et seigneurye de ladite cyté de Gennes[1]. De laquelle seigneurye, sont les isles et

---

1. Néanmoins, quelques jours après, les Génois demandèrent (Instructions du 2 juin à leurs deux ambassadeurs. *Atti della Società Ligure,* t. XXIII, p. 667) et obtinrent quelques concessions (20 juin 1507. Bibl. de l'Université de Gênes, ms. cité, fol. 212 et

terres qui s'ensuyvent : premierement, y est l'isle de Corse, située en Levant, entre Gennes et Barbarye, a cent milliaires de Gennes pres Sardaigne, terre d'Espaigne; dedans laquelle sont villes et cytés, comme Boniface, bonne cyté et grande, Calvy, Bastya; laquelle isle a de tour cincq cens milliaires ou environ ; autres fortes places y a sur la rive de la mer du Levant, comme Sarzane, Spedya, Levanto et Cranaro[1], assises sur rochiers et fortes advenues, distant de Gennes : l'une desdites places, de xxx mille; l'autre de quarante, l'autre de cinquante et l'autre de soixante; chascune a dix mille l'une pres de l'autre, pour au besoing donner secours d'eure en autre ou mestier en seroit; ausi est, de ladite seigneurye de Gennes,

---

suiv.). Un mémoire fut rédigé aussi sur les améliorations à apporter à la justice (*Ibid.*, fol. 204-205). — Le 27 novembre, ils députèrent encore près du roi J. de Illice et Oberto Spinola (Arch. de Gênes, *Istruzioni e relazioni politiche*, filza 3, 2707 c). — Cf. la réponse du roi aux ambassadeurs de Gênes, Valenza, le 11 août 1511 (Gênes, Archives de Saint-Georges, *Lettere*). Les envoyés de Saint-Georges ne cessèrent aussi de presser le roi de leur prêter main-forte contre les habitants de Chiavari, auxquels ils réclamaient une gabelle; ils s'attachèrent aux pas de Louis XII pendant son retour (Dépêche du 11 juin 1507. *Ibid.*). Louis XII, ne voulant pas s'occuper de cette affaire toute locale et judiciaire, poursuivi d'ailleurs par les réclamations inverses de Chiavari, avait renvoyé l'affaire aux Anciens de Gênes, avec ordre de laisser les gens de Chiavari provisoirement tranquilles (6 juin. *Ibid.*). Le 12 août, sur la production d'un ordre du roi par les gens de Chiavari, R. de Lannoy confirma une ordonnance de son prédécesseur Ravenstein, rendue le 12 juin 1505, et défendit aux collecteurs de gabelles de rien percevoir à Chiavari jusqu'au jugement du procès pendant (*Ibid.*). De là, une vive et nouvelle réclamation de la banque de Saint-Georges et l'envoi d'une nouvelle ambassade en France, au commencement de 1508 (*Ibid.*).

1. Sarzana, Spezia, Levanto, Chiavari.

une autre isle en Grece, nommée Syo, de laquelle isle possedent grand partie les Justiniains de Gennes; autres places et chasteaulx sont es parties d'Occidant de ladite seigneurye, c'est assavoir : Savonne, Naule, Albingue et Vintemille[1], toutes cytez, le gouffre de Rappalle et le port de Lespece, Sainct Petre d'Araine, Rivereu, Bosseneau, Pontedesme[2], Jugum, Vultabium, Gavy, Nove, bourg Busalle, Monjardin, Cabella, Sainct Cristofle, Arcora, Sarravalle[3] et Monigue, avecques plusieurs autres bonnes places et fors chasteaulx, desquelz je n'ay sceu les noms. Mais j'ay sceu par le raport d'ung myen oste de Gennes, homme octorizé et ancyen, que la bource de Sainct George est extimée par chascun an a cent mille ducatz, lesquelz se lievent seullement sur la vendition du pain, du vin, des draps et des autres marchandises qui viennent hors de Gennes en la cyté et qui sortent de la cyté pour aller ailleurs. Lesquelles isles, villes, cytez, chasteaux et domaines, le Roy mist entre ses mains, et retint a sa seigneurie, ou mist et ordonna capitaines, lieutenans et gouverneurs soubz luy, pour icelles regir et entretenir, et du tout a la maniere et coustume de France gouverner.

Apres, fut dit par celuy Michel Rys ausdits Gennevoys que le Roy les avoit pourveuz d'ung gouverneur, lequel estoit en presence, nommé messire Raoul de Lannay, bailly d'Amyens, homme d'aage, ver-

---

1. Savona, Noli, Albenga, Vintimiglia.
2. La Spezia, San Pier d'Arena, Rivarolo, Bolzaneto, Pontedecimo.
3. Ovada (?), Voltaggio, Gavi, Novi, borgo Busalla, Mongiardino, Cabella, San Cristoforo, Arcola, Serravalle.

tueulx, scient, noble et bon justicier[1], lequel fist la le serment, en mectant les mains sur les Evangilles, jurant et promectant de bien et leallement servir le Roy oudit office, de faire justice au grant et au petit, sans acception avoir a personne, et de s'aquicter en maniere que a son pouvoir l'onneur du Roy y sera gardé, le bien de la chose publicque entretenu et sa conscience deschargée.

En ensuyvant, monterent sur l'eschaufault les quarante officiers susdits, et la, en la presence du Roy, firent le serment de fidelité, en baisant la paterne et mectant les mains sur les Evangilles. Et, apres que ceulx eurent faict leur serment, tout le peuple de Gennes universallement leva les mains, en cryant a haulte voix : *France! France! France! France*[2]*!*

[1]. Raoul de Lannoy, seigneur de Morvilliers, ex-gouverneur du royaume de Naples, où il avait fait ses preuves.

[2]. Le procès-verbal du serment des Génois, le 11 mai 1507, après avoir rappelé leur crime et la bonté du roi, constate qu'en présence du roi sur son trône, entouré de cinq cardinaux et d'une nombreuse cour, au milieu de la place du palais débordante de foule, les magistrats suivants ont prêté serment, la main levée, en leur nom et au nom du peuple : les *Anciens*, « Nicolaus Spinula quond. Franci, Lucas Justinianus, Stephanus de Monelia, Pantaleo Italianus, Georgius de Zoalio, Petrus Franciscus Cataneus, Franciscus de Arquata, Dominicus de Marinis, Francus de Flisco, Lazarus Pichenotus, Augustinus de Ferrariis et Baptista Lomellinus; » les officiers de la *Balia*, « D. Lucas Spinola, miles, D. Johannes de Auria, miles, Johannes Baptista de Grimaldis, Franciscus Lomellinus, Baptista de Rapallo, Franciscus de Camulio, Melchion (*sic*) de Nigrono, Johannes Ambrosius de Flisco, Raffael de Furnariis, Stephanus Justinianus, Antonius Sauli et Baptista Bottus; » les officiers de la Monnaie, au nombre de huit (parmi lesquels Simone Bigna, Giov.-Giac. Doria, Giov.-B. Sauli); les huit officiers de Saint-Georges (parmi lesquels Giov.-B. Spinola, Giorg. de' Grimaldi, Pietro Gentile Ricio). 1° Ces officiers recon-

Et, tout ce faict, le Roy se mist hors de chaire et s'en alla en sa chambre ; et chascun s'en va a son logis[1].

Les Gennevoys ainsi mys a la raison, en oultre, pour paciffier de l'amende proffitable de leur forfaict, baillerent au Roy cent mille escus[2], et cent mille pour le deffray de son armée[3], et quarante mille

naissent le roi pour leur maître et seigneur naturel et se déclarent ses sujets; 2° ils s'engagent à ne participer à aucunes machinations contre lui, spécialement contre son autorité à Gênes, et à les dénoncer; 3° à l'aider, s'il a à se défendre, contre toute personne vivante et mourante sans exception ; 4° à donner leurs loyaux avis, si on les leur demande ; 5° à ne communiquer à qui que ce soit les secrets qu'on pourra leur confier; 6° à agir en tout comme bons et loyaux sujets (Ms. lat. 5902 ; copie du temps, d'une main italienne. Texte original en latin).

1. Le 12 mai, Louis XII ordonna de faire prêter serment aux capitaines et châtelains des places fortes ou châteaux de l'État de Gênes, et notamment aux capitaines de Sarzana et Sarzanella. Galeazzo Pallavicini fut chargé de recevoir ces serments, dont le texte fut arrêté par le roi lui-même (Minute originale de la formule de ce serment, signée *Loys*, datée de Gênes le 12 mai 1507, sur un simple feuillet de papier. Ms. Dupuy 45, fol. 76).

2. « Ils en eschapperent a bon marché d'estre quittes pour une petite amende civile qui n'estoit pas suffisante pour deffrayer les menus fraiz que avoit cousté l'armée » (Saint-Gelais). Un décret du conseil des Anciens, réuni le 10 mai sous la présidence du nouveau gouverneur, Raoul de Lannoy, remercia le roi de sa clémence et souscrivit un engagement de 200,000 écus d'or, plus l'engagement d'entretenir les troupes (Bibl. de l'Université de Gênes, ms. V°, fol. 210-211). Cf. Seyssel, *les Louanges...*, éd. Godefroy, p. 48.

3. Le 23 octobre 1507, Gênes se plaint de n'avoir pas encore l'autorisation, qui lui avait été promise, de frapper 240,000 écus, et elle accrédite Guirard Bonconte près du roi (Portefeuille Fontanieu 156). Le 25 novembre 1507, la commune écrit au roi pour le remercier de ses gracieuses lettres, datées de Blois le 15 novembre, et l'aviser que les 50,000 écus qui vont échoir seront payés selon ses ordres, non à Lyon, comme il était convenu, mais à Milan, à Ét. Grolier, délégué par lui (Ms. Dupuy 159, fol. 140).

pour faire ung chasteau neuf au lieu ou est la tour de Codeffa, nommée la Lanterne[1] ; lequel devoit estre foussoyé, en Roch enciz, de LX pas de large, et tant de parfond que la mer, qui frape la, peust passer par tout au tour. Pour lequel faire et fortiffier, le Roy ordonna ung nommé Paule de Beusseraille, maistre de son artillerye, et seigneur d'Espy. Oultre plus, promisrent lesdits Gennevoys et furent tenus doresenavant de souldoyer quatre cens hommes de guerre au chastellet, et cent au chasteau neuf, pour le Roy, et, dedans leur port, entretenir pour ledit seigneur troys galleres armées et equippées[2].

1. On la surnomma, dit Guichardin, *la Briglia,* parce qu'elle était bien placée pour *brider* la ville.
2. Le roi refusa d'emporter le *Sacro Catino*, comme on le lui conseillait. Informé que les aventuriers de son armée avaient causé des dégâts à S. Pier d'Arena, il fit faire à ce sujet une enquête secrète et en paya plus que la valeur (Saint-Gelais). Cf. Giustiniani, *Annales*. Malheureusement, tout le monde n'imita pas sa modération et sa justice ; vers la fin de cette année, un incident fâcheux mit en rumeur toute la ville. Le suaire et le pied de saint Barthélemy, conservés dans le sanctuaire de Saint-Barthélemy des Arméniens, furent subrepticement enlevés le 10 décembre 1507 par un voleur sacrilège, et l'on sut ensuite que Tristan de Salazart, archevêque de Sens, s'était approprié ces insignes reliques pour sa chapelle de Paris. Les Génois réclamèrent vivement contre un si « atroce crime ; » Giov. da Lerici et Eberto Spinola, ambassadeurs de la banque de Saint-Georges près de Louis XII, en référèrent au cardinal d'Amboise, qui n'opposa aucune difficulté (Dépêche des ambassadeurs, Blois, 30 janvier 1508. Gênes, Archives de Saint-Georges) et les fit rendre. Le conseil de Gênes, pour plus de sûreté, les fit placer dans la chapelle Sainte-Croix, à la cathédrale. A la demande du peuple, il finit par autoriser leur retour dans la chapelle primitive avec des précautions multiples ; il fallut désormais, pour ouvrir le sanctuaire, sept clefs, qu'on répartit entre des mains sûres. La réintégration

XXVIII.

COMMANT UNG GENNEVOYS, NOMMÉ DEMETRY JUSTINIAN, EUT LA TESTE TRENCHÉE A GENNES.

Dedans les prisons du Roy, estoit lors ung nommé Demetry Justiniain, des plus gros du peuple gras de la ville de Gennes; lequel, comme j'ay dit, avoit meu le peuple a sedicion et entretenu en sa rebellion contre le Roy, tant que ledit peuple, apres la reducion de Gennes, crioit contre luy a haulte voix, disant : « C'est le traistre qui nous a seduytz par erreur, commeuz a guerres civiles, diverty d'obeissance, et obstinez a rebellion! » Quoy plus? Son proces fut faict, sur lequel fut, par le conseil, conclut et determiné que, veu sa desobeissance et rebellion, et l'erreur dampnable en laquelle avoit mys et tenu le peuple de Gennes, qu'il estoit digne d'encourir peine capitalle : a laquelle fut jugé. Dont furent faictz les eschauffaulx, et les choses aprestées pour luy trancher la teste, dedans une belle place pres du moulle de Gennes, et dit que, le XIIe jour dudit moys de may[1], vigille de l'Ascencion Nostre Seigneur, seroit executé. Chascun courut celle part, tant que, depuys VIII heures du matin, ladite place et les maisons d'entour furent, jusques au soir, toutes plaines de gens du Roy et du peuple de la ville, actendans

---

eut lieu en grande pompe le 2 avril 1509 (Bibl. de l'Université de Gênes, ms. V^c, fol. 218; procès-verbal du 2 avril).

1. Le 10 mai, le roi donna une gratification de dix sous à un peintre génois, nommé dans les comptes « Tortenonon » (KK. 48, fol. 168 v°).

illecques la venue de l'eure de ladite despesche. Mais, quant ce fut sur l'eure de vespres basses, fut dit sur le lieu que ledit Demetry ne seroit pour l'eure executé ; dont aucuns des villains de Gennes leverent les espaules, disant en leur langaige : « Je savoye bien qu'il n'en mourroit point, car il est garny de denare. » Ausi estoit il, car, lorsqu'il sceut que son proces estoit faict et luy condempné a mourir, voulut donner au Roy quarante mille ducatz pour estre respité de mort. A quoy ne voulut entendre le Roy, disant : « Autre chose n'en sera faict, si n'est ce que justice en a ordonné! » Ce qui fut faict a l'onneur du seigneur et a la craincte de tous malfaicteurs. Et, si pour argent en eust esté quicte, comme plusieurs disoyent et ce que le Roy advisoit bien, quelque autre garny de ducatz, pencent pour autant en estre absoult, en cas pareil se fust peu mectre a l'avanture. Mais en advint que le le[n]demain, qui fut le propre jour de l'Ascencion Nostre Seigneur, sur le point de ix heures du matin, fut par ung prevost des mareschaulx conduyt jusques a ladite place et faict monter sur l'eschaufault, ou la voulut parler et dire quelque chose au peuple de Gennes, et comaincer quelque propos. Mais le provost ne luy voulut donner temps de finir son dire, disant : « Parle cum de, parle cum de[1]. » Et, voyant, celuy Demetry, qu'il ne seroit ouy, gecta ung grant souppir a merveilles, en levant les yeulx amont, la face toute palye et blesme, les bras encroisez, se tint coy assez long temps. Et, ce faict, le boureau luy benda les yeulx ; puys, de luy mesmes se mist a genoilz et

1. Probablement « Parla con te. »

estandit le coul sur le chappus. Le boureau prinst une corde, a laquelle tenoit actaché ung groux bloc, a tout une doulouere tranchant, hantée dedans, venant d'amont entre deux pousteaulx, et tire ladite corde, en maniere que le bloc tranchant a celuy gennevoys tumba entre la teste et les espaules, si que la teste s'en va d'ung cousté et le corps tumbe de l'autre[1]. La teste fut mise au bout du fer d'une lance et portée sur le sommet de la tour de la Lanterne, qui est a touchant et au dedans du moule de Gennes, regardant celle teste droictement sur la ville. Le corps demeura mort sur ledit eschaufault tout le long de ce jour; puys fut le soir, avecques le congé de la justice, de la osté et porté enterrer.

Apres que lesdites choses furent mises a fin[2], la ville de Gennes fut de tous pointz accoisée, les pays circunvoisins espouventez[3], les Françoys tous rejouys et le Roy tout a souhet. Dont je, qui lors estoye audit lieu, voyant la grace de Dieu si largement estandue sur l'affaire des Françoys, la gloire du Roy prosperer et son honneur accroistre, pour commaincer a luy vouloir donner louange de son bienffaict et luy diver-

---

1. On remarquera que c'est exactement le système de la *guillotine*.

2. Louis XII nomma Guillaume de Houdetot capitaine de Godefa (Salvago).

3. A ce moment, dit Guichardin, Louis XII pouvait aller où il voulait; il était maitre de l'Italie. Il ne tenait qu'à lui, notamment, de détrôner Jules II. Au contraire, il licencia partie de son armée avec autant de bonne foi que de modération. Il donna ainsi un démenti aux efforts faits en Allemagne par Maximilien et Jules II pour envenimer la situation et accuser le cardinal d'Amboise d'aspirer à la tiare.

cifier passe temps, luy presentay ce peu d'escript comme s'ensuyt[1] :

> Or est Gennes la Supperbe soumise,
> Qui oncquesmais ne fut au dessoubz mise
> D'omme vivant, ne par force occuppée;
> Ains a dompté le pouvoir de Venise,
> Terre en la Grece et oultre mer acquise,
> Prins Sarrazins, et Turcz mys a l'espée,
> Espaigne en mer vaincue et assouppée,
> De Barbares exclavez grosse somme,
> De victoires eue[2] plus d'une somme,
> Et emporté par tout loz a grant erre :
> Decheue puys par ung seul[3], qui se nomme
> Roy de la mer et seigneur de la terre.
>
> Ayant ainsi[4] usé de sa maistrise
> Longue saison, sans trouver qui luy nuyse,
> Cuydant tous temps estre si hault huppée :
> Le Roy, voyant qu'elle a faulte commise,
> A[5] contre elle tant usé de main mise
> Que par armes[6] l'a conquise et happée,
> Sa puissance rompue et dissippée
> En batailles, ou les siens prye et somme
> De ruer coups[7], dont l'ung fiert, l'autre assomme;
> Chascun françoys son gennevoys acterre :
> La est present, pour en ordonner comme
> Roy de la mer et seigneur de la terre.
>
> Apres ung chief de si haulte entreprise,
> Ja n'est besoing que plus on loue ou[8] prise
> Cesar, Cilla[9], Scipion et Pompée ;
> De Daire ausi, et Cyrus[10], vous suffize,

1. Cette pièce fut imprimée en 1509.
2. Variante dans le texte imprimé : *Diverses.* — 3. *Par ung Roy.*
— 4. *A tant aussi.* — 5. *En.* — 6. *Force.* — 7. *De bien faire.* —
8. *Et.* — 9. *Les faictz Cesar.* — 10. *De Dire, aussi de Cyon.*

D'Alixender et Nynus, qui[1] ont prise
Par long sejour la terre et usurpée :
Cestuy a faict conqueste anticipée,
La plus noble qu'onques fist jamais[2] homme,
Digne de tous les triumphes de Romme,
D'immortel[3] loz, qui par mort[4] ne s'enterre,
Mais en memoyre eterne le renomme[5]
Roy de la mer et seigneur de la terre.

Prince, gardés bien Gennes et son domme;
Puys reposez seurement vostre somme,
Et ne doubtez picque ne symeterre,
Ne que nuly vous defface ou consomme[6],
Car vous serez et demourrez en somme
Roy de la mer et seigneur de la terre[7].

1. *Et Nymes, qu'ilz.* — 2. *Humain.* — 3. *D'un mortel los.* — 4. *Jamais.* — 5. *Par quoy, raison veult bien qu'on le renomme.* — 6. *Consumme.*

7. A la suite de ce poème sont imprimées des pièces composées par Jean d'Auton avant la prise de Gênes, qu'il n'a pas toutes insérées dans sa *Chronique* : 1° La ballade « Les Genevoys, de leur propre nature... » (Ci-dessus, p. 176.) 2° Rondeau complémentaire. 3° Une ballade dont voici le début :

« Tant va le pot a l'eaue qu'il est cassé;
Faulx Gennevoys, je dictz cecy pour vous.
. . . .
Si vous voulez que tout soit effacé,
Venez au roy gros licoz a vos colz... »
. . . .

4° Rondeau complémentaire. — On y a ajouté une *Épitaphe* de Guy de Rochefort, traduite par Jean d'Auton en vers français.

XXIX.

Comme le Roy partit de Gennes pour s'en aller a Millan et a ses autres villes de Lombardye ; et de son entrée de Pavye et de Millan, avecques plusieurs autres nouvelletez.

Lorsque toutes ses choses furent, comme avez ouy, ordonnées et mises a chief[1], le Roy eut vouloir de visiter sa duché de Millan et ses autres pays; mais, premier que desemparer Gennes, fist mectre manneuvres et maistres d'architecture a commaincer son chasteau neuf, ou tantost furent embesoignez plus de cinq cens ouvriers, sans les serviteurs, en sorte que le commissaire se fist bien fort de rendre ledit chasteau dedans six moys apres ce, prest a mectre dedans les garnisons au couvert ; et ausi, pendant ce que ledit chasteau se feroit, affin que lé gennevoys, coustumiers de mutynerye, n'empeschassent l'euvre, ordonna le Roy demeurer a Gennes grant nombre de ses gens d'armes et pietons, pour tousjours leur tenir la bride raide et les garder de ruer[2].

1. Avant de partir, le roi chargea, par ordre du 13 mai 1507, son conseiller François Herpin, qui devait prendre possession des places de la Rivière, de remettre au comte Giov.-L. Fieschi et à son fils Geronimo tous leurs biens (Arch. de Gênes, *Materie Politiche*, mazzo 15). Il rendit aussi des biens à Gabriel de la Chastre.

2. L'ambassadeur florentin Pandolfini écrivait le 28 avril : « Gli nomini di questa terra restano con quella disposizione che possono pensare le Signorie Vostre; è credo saranno molti si leveranno di qui. Dovrà questa loro mala disposizione multiplicare,

Et, ce faict, transmist les mareschaulx des logys avecques les fourriers a bourg, a Busalle et a Gavy mercher les logys; et, le lendemain de l'Ascencion[1], sur les troys heures du matin, deslogea de Gennes, dont chascun se mist apres[2]. Toute celle nuyt, fist ung temps de pluye si tres merveilleux que tous les chemins estoyent plains d'eau, et tous les fleuves desrivez, mesmement une petite riviere qui descent des montaignes sur le gravier de Poulcevre, cheant en la mer de Gennes; laquelle riviere estoit, par la force de la pluye, qui tousjours continuoit, tant royde et si tres impetueuse que c'estoit chose espouventable a regarder, mais plus dangereuse a passer, mesmement a gens de pié et a ceulx qui au desloger avoyent pris basse monture : ce que le Roy n'avoit faict, ne les

vedendo si tagliaggiare de' danari per le spese dell' impresa fatta, levare il governo di San Giorgio, è fare nuove fortezze; che tutte queste cose dovranno seguire. Il perchè io mi persuado che, quando le occasioni nasceranno e lo comporteranno e tempi, questa Maestà sarà manco sicura di Genova che prima » (Desjardins, II, 245). *La Conqueste de Gennes* conclut ainsi : « Et pour ce souloit on dire Gennes la Superbe, pour ce qu'elle ne fust jamais prinse par force, sinon a ceste venue des Françoys; et l'appellent on maintenant Gennes l'Humiliade et non Gennes la Superbe. » François 1er alla plus loin : « Et, au lieu de leur donner le tiltre que le feu Roy Louys XIIe dernier décedé, que Dieu absoille, après qu'il les eut subjuguez et mys à son obéissance, qui est : *Superbe fuz et maintenant suys serve*, fauldra mectre : *Hic fuit Janua*, car aussy bien ne servent ils, sinon de piller Dieu et le monde » (*Prinse et délivrance de François Ier*, dans les *Archives* de Cimber, II, 304).

1. 14 mai. Il entendit la messe à Busalla.

2. Il emmena avec lui quatorze jeunes génois, dont Pierre Sauli et Gabriel Adorno, sur la foi d'une sauvegarde qui leur fut donnée le 14 mai (Sanuto, VII, 79. Bibl. de l'Université de Gênes, ms. Vc, fol. 216).

autres, qui avoyent de quoy le faire et leur seurté pour recommandée. Que fut ce? plusieurs mal montez et sommiers trop chargez s'en allerent a vau l'eau. Et tant advint que, combien que au desloger, et jusques pres de Pontedesme, qui est environ my voye de Gennes et de Busalle, ladite riviere ne fust ancores trop impetueuse, tant s'efforsa de plouvoir que, avecques l'impetuosité de l'eau, elle devint si tres enflée que elle couvroit toute la grave, si qu'on ne pouvoit tenir voye ne aller droict. La, fallut a plusieurs mal montez et autres demeurer contre les rochiers, pour actendre a vuyder l'eau ou se mectre en peril de boire d'autant. Je n'en diray plus, si n'est que je n'eu oncques si grant peur; car j'en viz plusieurs, par ou me failloit passer, estant a la mercy des vagues, et entre autres ung nommé maistre Pierre Charron, des segretaires du Roy, lequel fut noyé entre Busalle et bourg, sans ce que jamais homme le peust sauver; combien que plusieurs des allemans du Roy, qui la estoyent passez a grant danger, et autres a cheval, se missent en leur devoir de le secourir, mais ne sceurent qu'il ne fust mort.

Le Roy, qui s'estoit mys des premiers a chemin et avoit chevauché roydement, avoit gaigné le bourg de Busalle, cuydant aller jusques a Gavy, six mille pres de la ; mais la riviere fut tant perilleuse a passer qu'il demeura pour ce jour audit lieu de bourg. Les autres qui peurent passer allerent oultre. Sur le soir commainça le beau temps, et dura toute nuyt, tant que les fleuves furent du tout assechez et escoullez. Par quoy, le Roy deslogea lendemain, et prist son chemin a Gavy, a Nove, a Tourtonne et a Voguere, tirant a Pavye, dedans laquelle arriva le xviiime jour dudit moys de may[1].

Au devant de luy furent les seigneurs de la ville et les docteurs de l'université, jusques a l'entrée du pont du Tisin. Et la fut entre autres ung docteur, nommé Jazon Maynus, docteur en tout droict[2], estimé l'ung des plus excellens de toute crestienté, lequel fist une harangue au Roy en latin, tant retoric que tous ceulx qui l'entendirent peurent bien cognoistre qu'elle procedoit du plus profond ruisseau de la fons caballine[3]; auquel fut respondu par ung nommé maistre Jehan Ponchier, evesque de Paris, qui pareillement en tres hault et retoric latin luy fist sa responce[4].

Ausi sortirent de Pavye cent jeunes gentishommes a pié, tous habillez de blanc et en pourpoint, lesquelz se misrent le plus pres du Roy qu'ilz peurent; disant que la costume estoit, quant leur prince venoit la pour faire son entrée ou de quelque victoire, que les gentishommes de Pavye devoyent estre tout autour de luy, en tel habit qu'ilz estoyent, et ainsi le conduyre jusques

---

1. Il entendit la messe le 15 à « Luthaize » (Voltaggio?), le 16 à Tortona, le 17 à « l'église Saint-Laurent » (Pontecurone?), le 18 à Voghera.

2. Jurisconsulte célèbre, plusieurs fois ambassadeur sous les Sforza.

3. La *Fons Castalie,* qui défraie les poètes du temps (consacrée aux muses, *Castalides*).

4. Dans sa vie de *Jason Maino,* Paul Jove, qui était présent à la réception, raconte que Louis XII était entouré de cinq cardinaux et de cent grands personnages. Il demanda à Jason Maino, devant Paul Jove, pourquoi il ne s'était pas marié : « Ut te, commendante, Julius pontifex ad purpureum galerum gestandum me habilem sciat, » répondit Maino avec beaucoup de sang-froid. Maino mourut fort âgé et fort riche; il était fils d'une concubine; il parlait et écrivait très bien.

a son logis; a ceste fin se presentoyent a faire le devoir qu'ilz estoyent tenus; a quoy le Roy les receupt.

La, devant l'entrée du pont du Tisin[1], avoit ung tabernacle de verdure, a l'entrée duquel estoyent amont eslevées les armes du Roy; et, au plus bas, a costé destre, les armes du cardinal d'Amboise, et a senestre les armes de messire Charles d'Amboise, lieutenant du Roy dela les mons. Au dedans de celuy tabernacle, estoit ataché ung rollet, ou avoit en escript les deux mectres qui s'ensuyvent :

Non maris Ionii sont lictora nostra Ticini,
Rex, tibi sed letos porrigit unda sinus.

Ce qui est a entendre et a dire :

O Roy, noz ryves et entrées ne sont pas tant impetueuses que celles de la mer Ionye, mais sont les undes doulces du Tisin, qui te baillent son joyeulx port.

Des l'entrée de celuy fluve, tout au travers, jusques a la porte de la ville, avoit ung pont couvert, long de deux cens pas ou environ, au millieu duquel estoyent actachez les mectres dessoubz escriptz :

Victor ad Eoum sic, Rex, tranabis Araxem,
Tigris et Euffrates sub tua castra fluent.

Roy trespuissant, ainsi vaincueur, navigueras le fluve Araxe, oriental, jusques aux parties du Levant; Tigris, avecques Euffrates, ainsi soubz tes fors ruycelleront.

A l'entrée de la porte de la ville, estoyent en escript ses metres :

Conspice, Rex, proprias arces, qui celsa Capharei
Jam perfracta tuo cacumina (sic) marte tenes.

---

1. Pont du xiv⁰ siècle.

Regarde, Roy, tes propres forteresses, qui, apres avoir le hault sommet du mons Capharée brisé et dis[t]ruyt, par tes armes paisiblement obtiens.

A l'entrée de la grant rue, nommé Rue nove[1], avoit ung autre tabernacle, couvert d'ung drap pers, a la cyme duquel estoyent les armes du Roy, et au dessoubz estoyent escriptz ses mectres :

Ingredere, o Lacii splendor, spes, gloria, norma :
Gens tua victorem cernat ubique ducem.

O lumiere, esperance, gloire, et la reigle d'Itallye, entres icy; toute la gent d'ung costé et d'autre te regarde comme duc victorieulx.

Tout le long de ladite grande Rue couverte, est[o]yent amont atachez les escus de France, de Bretaigne, du cardinal d'Amboise et de messire Charles d'Amboise, lieutenant du Roy ; et tout le dessus de la Rue couvert, faict tout le bas, et au long, a pilliers de verdure : et, des l'entrée d'icelle Rue jusques pres l'entrée du chasteau, estoyent atachez amont ses mectres, loings l'ung de l'autre de quarante pas ou environ :

Rex Regum dominator adest, et rector, habenas
Cum Jove divisas qui tenet imperii.

Le Roy dominateur et recteur des Roys est present, qui les inclinations du monde et puissances divisées tient avecques Jupiter.

Accipe populi (sic) plausus et corda frementis,
Qui patrem patrie presidiumque vocat.

Prens les cueurs, l'accueil et l'admiracion de ton peuple, de joye tressaillant, qui le vray secours et bon pere du pays t'appelle.

---

1. *Via Nuova*, actuellement *Corso Vittorio Emanuele*.

Alta triumphantem prospexit Roma Metellum,
Clara Ludovici gesta Papia colit.

Rome excelse regarda lors Metellus le triumphant, mais Pavye honoure les clers ges[t]es de Louys.

Non Appennini salebrosa cacumina montis
Es veritus, vallum, frigora, tella, mare.

Le sommet tres aspre et chemin malaisé du mont Appeninée, la froideur des glaces, l'empeschement des foussez, les coups des dartz et les ondes de la mer ne t'ont donné craincte.

Hanibal ardenti montem dirrupit aceto,
Agmina tu infracto vertice tuta locas.

Avecques ardent vinaigre Hanibal froissa la montaigne, et toy, sans fracture, au plus hault des mons, tout a seur loge tes gens d'armes.

Sola Ludovici Ligurem frenare superbum
Dextra valet, Ligurum sunt freta, terra, lacus.

La seulle destre de Louys peut dompter Gennes la Superbe, soubz qui sont mers, terres et fluves.

Plusieurs autres mectres estoyent la mys et faictz a la louenge du Roy par ung escolier de Pavye, nommé maistr[e] George de Candye; lesquelz je lesse pour eschever prolixité de compte, mais diray que le Roy ainsi s'en alla droict au domme faire son oraison, et puys au chasteau prendre repos, ou sejourna IIII jours. Durant lequel temps, plusieurs banquetz et dances en masques furent la faictes, ou estoyent grant nombre de dames, belles a merveilles et habillées moult richement. Les princes et autres gentishommes françoys qui la estoyent passerent ses jours joyeusement[1].

1. Le roi entendit la messe à Pavie, le 19 au couvent Saint-Thomas, les 20 et 22 à Santa Maria Impartica, le 21 aux Carmes, le 23 aux Augustins, le 24 à la Chartreuse.

Et puys, le Roy adressa vers sa popullouse cyté de Millan : au devant de luy, a ung grant mille loings de la ville, furent les seigneurs et cytadins tous a cheval, et a grant nombre, avecques les medecins et docteurs, et les enfans[1] et armuriers de ladicte ville.

A l'entrée de la porte de la ville, appellée la porte Tisenys[2], estoit ung spectacle de verdure, faict a beaulx arceaulx verdoyans, ou estoyent pendues les armes du Roy au plus hault; et, au deux costez du bas, celles du cardinal d'Amboise, et de messire Charles d'Amboise lieutenant du Roy, et a touchant de ladicte porte estoyent actachez les mectres qui cy dessoubz sont escriptz :

In patriam succede tuam, dignissime Regum,
Que pridem est meritis facta beata tuis.
Hoc deerat, quod te incolumen spectaret, et hostis
Victorem : tribuunt hec quoque dona Dei.

O le plus digne des Roys, succede a ton pais, lequel jadys, par tes merites et bienffaictz, est faict sur tous autres plus eureulx, auquel ne deffailloit autre chose, si n'est que, sain et en bon point, te peust veoir, et vainqueur de tes ennemys, ce que la grace de Dieu t'a donné.

Des l'entrée de la ville jusques au grant domme, et des le domme en retournant jusques au chasteau, estoyent les Rues tendues de hayes de verdure, et au dessus couvertes de draps jaunes et rouges; le devant des murailles des maisons tout couvert de riche tappisserye[3]; et, tant que duroient lesdites Rues, toutes

1. Il y avait des compagnies de jeunes gens habillés de soie bleu céleste fleurdelisée (Sanuto, VII, 83).
2. Porta Ticinese.
3. Un *banno* du 8 mai avait ordonné d'orner les rues. Cf. Muralto, Da Paullo, etc.

les fenestres, portes et ouvrouers, et autres passées
et veues desdites maisons, estoyent plaines et empes-
chées de dames, toutes, ou presque, vestues et accoustrées de draps d'or et veloux cramoisi, ou autres riches
soyes ; au surplus, tant belles qu'on sauroit a souhect
pencer, et le plus richement aournées de quoy se pouvoyent adviser.

Sur le point de troys heures apres mydi, le Roy
entra dedans sa ville de Millan, le xxiiiime jour du moys
de may. Pour parler de l'ordre de son entrée de degré
en autre, diray ce que j'en ay peu voir. Premierement,
trois cens des armuriers de ladite ville, tous armez a
blanc et tous emplumez, portans, les ungs demyes
picques, les autres hacquebutes, les autres parti-
zannes, rançons et grans espées a deux mains, marcherent les premiers, a deux rangz ; lesquelz avoyent
troys capitaines a cheval, deux devant et ung derriere.
A la queuhe d'iceulx estoyent grant nombre de Lombars, tous gorrierement montez et acoustrez. Puys
suyvoit le prevost de l'ostel et tous ses archiers. En
apres, messire Berault Stuart, capitaine des escossoys
de la garde, messire Jacques de Cressol et messire
Gabriel de la Chastre, capitaines des archiers de la
garde fransoise, lesquelz menoyent les quatre cens
archiers de la garde, tous a cheval et en armes. Au
derriere d'eulx estoyent grant nombre de gentishommes a cheval, françoys et lombars. Puys marchoyent a pié quatre cens enfans de la ville, tous en
pourpoint de velous, satin et taffetas pers, semez tous
de fleurs de lys ; desquelz les aucuns portoyent deux a
deux, quatre a quatre, sur leurs espaules, avecques
perches propices a ce, grosses tours en faincte, villes

et chasteaux, glayves et armeures de diverses sortes, pour demonstrer a ses enseignes l'effect de la victoire du Roy et la despoille de ses ennemys vaincus. Apres estoit ung grant curre triumphal a chevaulx, dedans lequel estoyent assizes en chaire les quatre vertus cardinalles; c'est assavoir : Justice et Prudence, au devant de celuy curre; et Fortitude et Temperence au derriere; et au millieu, sur une haulte chaire, estoit assix le dieu Mars, dieu des batailles, tenant en la main destre ung dart agu, et en la senestre main tenoit une palme, en signe de victoire. Apres marcherent les medecins et docteurs de la ville; puys le capitaine des cent allemans de la garde, lesquelz armez de hallecretz, la picque au poing, et tous empennachez, cinq a cinq marcherent par ordre. Apres furent les trompettes, qui sonnerent sans cesser. Le Roy fut apres, lequel estoit soubz ung poisle que six des plus grans seigneurs de Millan portoyent; et, tout au tour de luy, estoyent les XXIIII archiers escossoys du corps, tous a pié; et luy, ainsi accompaigné, estoit monté sur ung coursier blanc, vestu d'une robe de drap d'or trect frizé d'or, le chief couvert d'une toque de velloux cramoisi, et dedans avoit une cornecte de taffetas rouge. Apres luy, estoient les cardina[u]lx d'Amboise, de Ferrare, de Sainct Severin, de la Trimolle, d'Alby et de Final. Et apres marchoit le duc de Bourbon, le duc de Longueville, messire Charles d'Amboise, le seigneur Jehan Jacques; messire Galeas de Sainct Severin, grant escuyer; messire Loys de Brayzé, grant senechal de Normendye, et messire Guyon d'Amboise, capitaine des deux cens gentishommes de la maison du Roy, lesquelz gentishommes estoyent apres leursdits capitaines, bien montez, leurs haches au poing, et tous vestus de robes de vellours. Apres marcherent grant flote de gentishommes lombars, et tant de peuple de la ville qu'on ne pouvoit passer par les Rues. Et ainsi s'en alla le Roy descendre au grant dome, ou fist ses devotes oraisons et offrit larges presens[1]; et, ce faict, s'en ala droict a son chasteau, ou artillerye tiroit si menu que l'ung n'entendoit parler l'autre : la dedans trouva les mortes payes et gardes dudit chasteau en bel ordre, tous en armes et arrangez a double, depuis l'entrée du pont jusques a la porte de la salle de son logis, lesquelz estoient en nombre de cent hommes d'armes et deux cens archiers. La estoyent deux capitaines, l'ung nommé messire Gilles[2] de Louvain, françoys, capitaine du chasteau, et l'autre Guillaume Creston, escossoys, capitaine de la rocquecte.

Pour descripre a plain toutes les choses qui la furent faictes, grant prolixité s'en ensuyvroit, et par avanture plustost enn[u]y que fin. Mais toutes les rues estoyent plaines d'arcz triumphans et tabernacles de verdure. Et, entre autres, entre le domme et le chas-

---

1. Il n'en est pas fait mention dans le registre de ses offrandes. Disons de suite que, pendant son séjour à Milan, où il ne put attirer Léonard de Vinci, Louis XII entendit la messe le 6 juin à Sainte-Marie-des-Grâces; les 9, 10 et 11 au couvent des Anges; le 3 à S.-Ambrogio; les 1er, 2, 4, 5, 7, 8 à S.-Agostino; le 31 mai au dôme; les 27 et 29 à la chapelle du château; les 26 et 30 chez les Franciscains; le 25 à Notre-Dame-de-la-Consolation; le 28 à une Santa-Maria non spécifiée. — D'après Paul Jove, témoin oculaire (cité par Tiraboschi, VII, 249), Louis XII était tellement épris de la *Cène* de Léonard de Vinci qu'il aurait désiré la transporter en France.

2. Nicolas.

teau, dedans une rue nommée la Rue du mons de pitié[1], en laquelle sont les ostelz dieu et les hospitaulx de la ville, avoit ung portal de verdure, tenant tout le travers de la rue, faict a pilliers et arceaulx de feuilles, et tout couvert de mesmes, le dedans semmé de armes de France et de Bretaigne ; et dessus avoit ung mont artificiel, de la haulteur d'ung homme ou environ, lequel estoit tout au tour environné a six rangz et semmé d'escus au souleil, ou pouvoit avoir mille escus ou plus ; et, dessus ledit portal, au plus hault, estoit l'ymage de Nostre Seigneur, tout nu et flagellé ; au deux boutz et dedans ung eschaffault qui la estoit, avoit deux chaires, parées de drap d'or, dedans l'une desquelles estoit l'ymage sainct Ambroise, patron et protecteur de Millan, tenant ung fouhect en la main ; et, en l'autre chayre, estoit l'image du Roy, ayant le ceptre au poing. Tout autour de celuy mons d'or, avoit quatre petilz enfans habillez en angelotz, tenant chascun une trompette en la main, garnye de bannerolles semées de croix rouges ; et, au dessoubz de ses angelotz, quatre autres petiz enfans, portant chascun une faille ardant, en signe de feu de joye. Et au pié de celuy mons estoyent escrips ses vers :

> Exiguus qui collis erat, nunc aureus est mons,
> Hoc tua Rex mirum dextera larga facit.

> *Ce lieu, qui lors petit val soloit estre,*
> *Est mainctenant ung grant mons d'or couvert.*
> *Ce grant merveille a faict ta large destre,*
> *Qui aux pouvres a son tresor ouvert.*

---

[1]. Via Monte di Pietà, au nord du Dôme ; le magnifique « Ospedale Maggiore, » élevé par Filarete pour les Sforza, se trouvait à l'opposé.

Tantost que le Roy fut en sa cyté de Millan, de toutes pars y vindrent ambaxades[1]. Lé Venissiains, voyant la me[r]veilleuse puissance du Roy et les excessiz effors d'armes des Fransoys, eurent doubte sur leur affaire; mais, pour vouloir faire des bons varletz, transmirent deux ambaxades en court, nommées messire Jheronime Treviran et messire Paule de Pire, lesquelz arriverent a Millan le XXVI[e] jour du moys de may, et s'en allerent au chasteau[2], pour vouloir la faire et dire leur charge. Le Roy, qui tantost sceut leur venue, entra en salle, ou illecques lesdis Venissiains actendoyent pour parler a luy, ausquelz dist qu'ilz dissent leur affaire et ce qui les amenoit. Tantost se mist en chaire, pour ouyr le dire d'iceulx Venissiains, qui s'approcherent et commaincerent leur harangue en latin, disant : « Sire, toute la seigneurie de Venize, sachant

---

1. Le 21 avril, à l'hôtel de la Croix-Blanche, à Felizzano, Cornelio Galanti, au nom de Pandolfo Petrucci, suivant pouvoirs du 13 avril, certifiés le 14, et de la commune de Sienne, avait souscrit, en présence d'Étienne Poncher, Geffroy Carles et autres, une reconnaissance de 20,000 écus d'or soleil, payables par annuités de 5,000 écus, le 1er mai, à partir de 1508. En cas de retard, l'annuité précédente était abandonnée. Galanti subdéléguait Louis Robertet, secrétaire du roi, et quatre magistrats français ou milanais. L'acte fut reçu par les notaires Jean Mayno, secrétaire du roi, Jean Huart, prêtre de Péronne (Archives de Sienne, *Archivi dei particolari, Carte di Ser Antonio Vitelli*; communication de M. le Directeur général du R. Archivio di Stato, in Siena). La ratification expresse et le serment de P. Petrucci devaient être envoyés, dans le mois, au cardinal d'Amboise ou à Florimond Robertet. Ils furent libellés par cédule du 26 avril (mêmes Archives, même fonds).

2. Une nouvelle ambassade spéciale de félicitations. Les ambassadeurs qu'ils avaient envoyés à Gênes avaient déjà pris part à l'entrée du roi à Milan.

la bonne prosperité de vostre Cristianissime Magesté et la triumphale victoire que sur voz ennemys avez gloriseusement (*sic*) obtenue, comme voz bons amys, loyaulx serviteurs et entierement confederez, se rejoissent avecques vous, en vous donnant souveraine louange des victoriosissimes effectz de vostre invictissime puissance, par laquelle avez la redoubtée en mer et craincte en la terre Gennes la Superbe domptée et submise. Mais, Cristianissime Roy, si le hault guerdon meritoire de glorieuse renommée avez par la victoire deservy, maindres tiltres d'honneur par la vertu de clemence n'avez aquys : dont toute la seigneurie de Venize, en actribuant loz immortel a vostre Cristianissime Magesté, vous offre cueurs, corps et biens, et vivres de leurs pays, si mestier en avez; en recommandant tres humblement l'estat de ladite seigneurie de Venize a la bonne grace de vostre Magesté Cristianissime. » Et, ce dit, voyant le Roy que, sur sesdites recommandacions, jamais telles n'avoyent faictes, finissoyent leur propos, leur fist faire responce par maistre Estienne de[1] Ponchier, evesque de Paris, lequel leur dist, ausi en latin, que le Roy se rejoissoit de leur bonne visitation, laquelle il avoit tres agreable, disant que tousjours auroit leur seigneurie en singuliere recommandacion comme de ses bons amys, alyez et confederez; et que, si le Turc ou autre de ses ennemys leur faisoit guerre, que sans faillir les secouriroit et aideroit de sa puissance; et, quant au regard de la haulte louange et honnourables tiltres que pour

---

1. Ces deux mots sont ajoutés; le texte primitif portait : *Jehan Ponchier*.

sa victoire ilz luy actribuoyent, la lessoit a Dieu seullement, de qui viennent toutes victoires et d'ou procedent toutes vertus.

Pareillement furent la les ambaxades de Flourence, demandant au Roy secours pour soubmectre les Pizains, disant : « Sire, vous savez que autresfoys nous avez dit que nous donneriez rainfort et main armée pour ce faire, et comme avons estez tousjours bons françoys et loyaulx a vostre Cristianissime Magesté ; et en oultre de vous avez querelle contre eulx, veu que voz ennemys ont contre vous par armes favorizez et soustenuz, et donné a eulx toute l'ayde qu'ilz ont peu ; par quoy, si ne les chastyez a ceste foys, doresennavant ne doubteront prendre alyence contre vous et secourir voz autres ennemys : dont devez par raison estre du tout enclin a leur faire cognoistre leur deffault et reparer leur meffaict. » Le Roy, nonobstant toutes les remonstrances des Florentins, ne se meut ; mais, comme sage, penca que le deffault des Pizans n'estoit qu'il ne fussent a luy soubmys et que de leur franche volunté et liberal vouloir s'estoyent plusieurs foys donnez a luy, lesquelz, au moyen de quelque biemvollence qu'il avoit eue a iceulx Florentins, ne les avoit voulus accepter ne recevoir soubz sa main et sauvegarde ; et, tout ce consideré, dist : « Si les Pizains ont priz party ou alyence contre moy, de riens ne m'ont offencé, veu le reffuz que j'ay faict d'eulx et de leur seigneurie, et que foy, hommage ne promesse ne m'ont faict, voyant ausi que necessité les compelle et contrainct, et que, premier que les Gennevoys meussent guerre contre moy, iceulx Pizans estoyent leurs alyez et confederez : dont aucun deffault n'ont contre moy commys, par quoy leur deusse faire la guerre ne secourir autruy contre eulx. » Lesquelles raisons par le Roy calculées et debatues, delibera les lesser en leur entier, ce qu'il fist. Et me fut dit que les Florentins, devant le temps de la guerre de Gennes, avoyent promys au Roy, s'il passoit les mons, de luy bailler gent et argent et luy faire tout le secours qu'ilz pourroyent, de quoy ne firent riens : ce qui peut estre, entre autres choses, moyen de la paix des Pizans et du reffuz de la demande d'iceulx Florentins ; car le droict veust que a celuy qui fault promesse que promesse luy soit faillye.

De Gennes venoyent en court nouvelles ; disant les aucuns que longuement ne tiendroyent leur foy et serment les Gennevoys, si n'est autant qu'il se sentiroyent les plus feibles : ce qui estoit bien a croire, car plusieurs foys en avoyent autant faict ; mais, pour obvyer a ce, le Roy avoit lessé dedans leur ville si forte main armée qu'ilz n'eussent osé toussir. Les autres disoyent que, si le Roy desemparoit Lombardye, que lesdits Gennevoys ne demeureroyent gueres de temps apres sans faire quelque bruyt. Tout plain d'autres nouvelles couroyent en court ; et, entre autres, quelqun des gentishommes du Roy, venant de Gennes, dist que, depuys la prise et reduction d'icelle, s'estoit trouvé la dedans, ou avoit ouy plusieurs des Gennevoys parler, entre autres ung des principaulx : et, comme ledit gentilhomme et celuy gennevoys fussent quelquefoys ensemble, parlans de plusieurs choses touchant la guerre et prise de Gennes, entrant de propos en autre, ledit gentilhomme dist audit gennevoys : « Or sa, dist il, seignor gennevoys, si fortune vous eust esté si doulce qu'elle vous eust donné tel avantage sur les Françoys comme elle a aux Françoys sur vous, par vostre foy, quel party leur eussiez vous faict? — Par ma foy! dist celuy gennevoys, puys que de ce me voulez enquerir par serment, nous autres Gennevoys estyons tous deliberez de mectre a l'espée et a saquement toute vostre gent, avecques tous les princes et cardinaulx et autres sans en excepter ung seul, reservé la personne du Roy, que nous eussions gardé entre noz mains pour en faire a la parfin scelon l'ordonnance de nostre conseil. — Et pour quoy, dist celuy gentilhomme, heussiez vous tant mys a mort de grans princes, cardinaulx et autres personnages d'octorité, qui premier que mourir eussent peu paier de ranson sept ou huyt cent mille escus ou plus, comme le duc de Bourbon, le duc de Callabre, le conte de Foix et autres, qui pour ung milion d'or ne fussent demeurez; et le legat de France et autres seigneurs d'eglize, qui eussent peu payer moult grosse somme d'argent? — Tel exploict, dist le gennevoys, voulyons ores faire, comme pour cloure le pas de noz combatz des plus haultz faictz d'armes qui furent onques faictz, et en ensuyvant les grandes victoires et triumphalles œuvres que par cy devant ont faict noz predecesseurs; et ausi pour arrondir noz croniques, et noz gestes magnifier d'une gloire tant louable et si honnorable victoire que eust esté ceste, disant que, apres une telle victoire, nul prince du monde eust osé nous assaillir ou presumé faire guerre a nous, comme vaincueurs des vaincueurs et dompteurs de la plus forte main du monde. »

XXX.

Commant Paule de Nove, duc de Gennes, fut escapité dedans le palais dudit lieu de Gennes.

Plusieurs des Gennevoys qui, a la venue du Roy, s'estoyent absentez et fuyz de Gennes, sachant comme, au jour que les autres Gennevoys avoyent faict le serment, leur grace avoit esté declairée, s'en retournerent et firent le serment, comme avoit esté ordonné. Les autres qui n'estoyent compriz en ladite remission demeurerent ou ilz peurent : dont les aucuns furent priz, et, entre autres, le duc de Gennes, nommé Paule de Nove, lequel s'en estoit fuy en l'isle de Corse, cuydant estre la bien asseur. Mais le Roy, saichant qu'il estoit la, avoit donné charge a ung nommé Pregent le Bidoulx, capitaine de quatre de ses galleres, de s'en aller vers ladite isle de Corse et prendre ledit Paule de Nove, s'il le pouvoit trouver en lieu pour ce faire. Lequel Pregent, avecques deux de ses galleres armées, s'en alla vers ladite isle, le plus couvertement qu'il peut. Or, avoit celuy Pregent cognoissance a ung dé patrons d'aucunes barches de Gennes, son bien familyer et amy, qui souvant alloit de Gennes en Corse et de Corse a Gennes mener vivres et marchandise; auquel parla ledit Pregent et luy descouvrit son entreprise, en luy disant : « Seignor, le Roy m'a donné charge d'une chose, laquelle je vous diroye voluntiers, pourveu que me promissiez ayder en mon affaire et que tenissiez la chose segrecte; et, en ce faysant, feriez ung bon service au Roy, et a moy ung singulier plaisir, et a vous mesmes ung grant proffict; car, si vous m'aydez a parachever mon entreprise, j'en feray tel rapport au Roy que tousjours serez envers luy pour recomandé. Et, en oultre, j'ay deux cens escus, tous prestz a vous bailler, si a ce me voullez secourir. » Lorsque ledit Gennevoys ouyt parler de deux cens escus, aprocha l'oreille en disant : « Seignor Pregent, vous savez que je suys tout au Roy et a vous. Et, touchant ce que m'avez dit, s'il y a chose en quoy je puisse servir le Roy, et a vous faire plaisir, soyez tout seur, en me tenant promesse, que, a mon pouvoir, tant seurement et a segret que faire se poura, a ce m'emploiray. » Ce dit, ledit Pregent luy dist son intencion, et commant il estoit la, par le commandement du Roy, pour vouloir prandre Paule de Nove, qui estoit dedans l'isle de Corse; ce qu'il ne pouvoit bonnement faire sans l'ayde de quelqun, disant : « S'il scet aucunement l'entreprise, il se absentera ou mectra en lieu qu'on ne le pourra trouver. — Taisez vous, dist le patron; si vous me voulez bailler les deux cens escuz, je vous le mectray entre les mains et, pour le moings, en lieu ou le pourrez prendre sans faillir. » Ce dit, ledit Pregent promist par sa foy bailler les deux cens escus, tout incontinent qu'il auroit priz son homme. Tant fut que ledit patron s'en ala en Corse, ou trouva ledit Paule de Nove bien esbahy; et a tant demanda audit patron, qui venoit de Gennes, commant alloit du tout. « Non gueres bien, dist le patron, car le Roy de France est demeuré maistre, et a faict banyr plusieurs des nostres et trencher la teste a Demetry Justiniain; et croy que, s'il vous tenoit, que tres mauvaise compaignye vous feroit. Mais, vous estes icy bien seurement, et croy qu'il cuyde que soyez fui en Grece. » Apres plusieurs autres parolles, ledit patron trouva maniere de mener ledit Paule de Nove, par maniere de passe temps, sur la rive de la marine, ou avoit plusieurs barches, naulx et galleres de Gennes et d'ailleurs, et, entre autres, estoynt celles de Pregent deguysées, ou ledit Pregent estoit, lequel, si tost qu'il le vist, ses gens en si beau gibier, mist hors quelque nombre de ses gens, armez soubz leur mantes, et leur monstra ledit Paule de Nove, disant que soubdainement le preinssent et menassent a bort, ou seroit prest de le croquer et mectre en sa gallere. Ce qui fut faict, car, tout en l'eure, les gens dudit Pregent sortirent, comme pour vouloir aller querir eaues doulces ou autres provisions, pour mectre en leurs vaisseaulx ; et peu a peu approcherent tellement qu'il luy misrent la main sur le collet, et a coup le guyderent devers Pregent, qui le fist mectre en sa gallere et fist bailler l'argent audit patron qui l'avoit faict prendre.

Le duc de Gennes, pauvre viellart, tout esbahy, commainça a plourer et dire : « Helas! or voy je bien que je suys mort et que, pour la prise de mon corps, ma teste payera la ranson, combien que je ne l'aye deservy ; car ce que j'ay faict n'a esté de mon mouvement, mais pour complaire au vouloir du peuple et obvyer a sa fureur, car, si je l'eusse reffuzé, ausi bien m'eussent ilz occys. Or bien face le Roy de moy ce qu'il luy plaira ! » En faisant ses plainctz et regrectz, fut mené a Gennes, et la faict son proces ; tellement qu'il fut dit et sentencyé qu'il devoit encourir peine capitalle, comme commisseur de crime de leze magesté, combien qu'il ne se trouvoit point qu'il eust prouchassé le tiltre et honneur ducal, mais que, par le motif du peuple, il eust esté esleu duc de Gennes, affin que, avecques l'autre forfaict qu'il avoit perpetré, d'avoir entretenu le peuple en sedicion et rebellion contre le Roy, il fust exemple a tous autres futurs. Apres la sentence par la justice donnée, le vme jour du moys de jung, dedans la place du palais de Gennes, fut escapité, et partie de ses biens confisquez et partie lessez a sa femme : laquelle ne fut jamais consentant ne contente qu'il acceptast ledit office, mais luy avoit tousjours desloué et deffendu a son pouvoir ; par quoy, le Roy voulut que sa maison et la pluspart de ses biens luy demeurassent. Laquelle execution donna craincte a tous les Gennevoys et merveilles a plusieurs autres[1].

XXXI.

Des articles contenans la maniere d'ung tournay faict a Millan ; faictz lesdits articles par ung Roy d'armes françoys, nommé Daulphin.

« A l'onneur et louange de Dieu le createur, de la glorieuse vierge Marie, de monseigneur sainct Michel l'ange, de sainct George et de toute la court celestielle ! Pour donner plaisir au Roy, et excecuter le noble faict des armes, et pour eschever oisiveté, huyt chevaliers ou gentishommes de non et d'armes,

---

[1]. Le roi fit aussi raser à Gênes la maison de Paolo Batista Giustiniano, un des chefs de l'insurrection (Sanuto, VII, 134).

serviteurs dudit seigneur, sont deliberez de tenir ung pas dedans la cyté de Millan, contre tous gentishommes de nom et d'armes, a cheval et a pié, en la maniere qui s'en suit :

« Et, premierement. Lesdits chevaliers ou gentishommes tiendront a cheval en harnoys de guerre, a quatre cources de lance a fer esmoulu, en lice. Et fourniront lesdits tenans de lances, de quoy les assaillans en auront le choix.

« *Item*. Apres avoir parfaict lesdites quatre cources de lance, tiendront a une course de lance sans lice, a fer esmoulu, et combatront a l'espée d'estoc et de taille, sans nombre, tant que sera le bon plaisir du Roy.

« *Item*. Tiendront lesdits tenans en harnoys de joxte a vi cources de lance, a tous venans, a lancés, a rochet, et porteront, tant assaillans que deffandans, telles lances que bon leur semblera, lesquelles seront presentées a ung officier d'armes, pour estre merchées et estre mises d'une longueur.

« Et, pour le combat de pié, se trouveront xii tenans, c'est assavoir : viii tenans et iiii aydes, pour la premiere foys seullement, a une barriere, a ung gect de lance, et combatront a la picque d'allement, et a l'espée, tant que sera le bon plaisir du Roy. Et, le combat desdits xii parachevé, tiendront lesdits viii tenans, a ladite barriere, contre tous assaillans.

« *Item*. En ensuyvant lesdites armes de pié, tiendront sans barriere, a la picque et a l'espée de tail, au bon plaisir du Roy.

« *Item*. En apres, combatront a la hache sans barriere, comme dessus.

« Puys, combatront a l'espée a deux mains, sans barriere, au plaisir du Roy; et fourniront lesdits tenans tous bastons necessaires pour lesdites armes accomplir, fors seullement de lances a rochet.

« *Item*. Pour tenir ordre desdits combatz, tant de cheval que de pié, il y aura deux escus pendus a ung perron, gardez par ung officier d'armes : desquelz escuz l'ung sera d'argent, auquel ceulx qui vouldront accepter le combat de cheval viendront toucher ; et l'autre escu sera d'or, auquel ceulx qui vouldront accepter le combat de pié toucheront ; et seront enrollez par ledit officier d'armes, affin de garder a chascun son ordre et la maniere du combat qu'ilz accepteront.

« Et, s'il en y a aucuns qui veullent toucher les deux escus, pour parfaire les deux emprises, c'est assavoir a cheval et a pié, en tout ou en partie, il leur sera respondu, et seront[1] receuz par lesdits tenans. Ausi seront tenus lesdits assaillans de porter leurs escus, armoyez de leurs armes, audit officier d'armes, pour les mectre audit perron ; autrement, ne seront plus receuz.

« *Item*. A esté ordonné par le Roy, nostre sire, depuys ses articles publiez, que le jour que commaincera le combat de cheval a IIII courses de lance, a fer esmoulu, sera le premier jour de jung prochainement venant, et la chascun sera receu selon ordre, comme dessus est dit. »

Cesdits articles baillez et publiez, les lices furent faites de deux cens pas de long, dedans la grant place de devant le chasteau. En entrant dedans ladite place

---

1. Le texte porte : *soront*.

pour aller au chasteau, sur main senestre, furent faictz
de la longueur des lices grans chaffaulx, pour la, au
bout d'iceulx, du costé dudit chasteau, estre le Roy
et les princes et seigneurs qui avecques luy estoyent.
Dedans iceulx eschaffaulx, tout du long, furent faictz
lieulx et places propices, regardans dedans les lices,
pour mectre et asseoir les dames qui la viendroyent.
De l'autre costé, fut faict ung eschaffault, pour
mectre les juges desdits combatz. Au bout desdites
lices, du costé du chasteau, avoit ung peron, hault de
dix toises, au bas duquel avoit ung petit eschaffault,
pour la estre le Roy d'armes ordonné pour recepvoir
les noms et escus de ceulx qui vouldroyent accepter
le combat. Encontre ledit peron, avoit actachez deux
escus, dont l'ung estoit d'or, auquel touchoyent ceulx
qui acceptoyent le combat a pié; l'autre estoit d'argent,
ou ceulx qui vouloyent accepter le combat a cheval
touchoyent. Entre les lices et les eschaffaulx, avoit
une place de quarente pas de large et de la grandeur
des lices, toute garnye et semée de sabblon, pour
tenir a ferme les chevaulx et ceulx qui la combatroyent.
De ce tournoy et combat fut partout nouvelles; si que,
de toutes les Italles, y vindrent dames a si grant
nombre que, scelon le rapport de plusieurs, y en
avoit plus de troys mille, toutes vestues de robes de
drap d'or.

XXXII.

D'AUCUNS GRANS BANQUETZ ET CHOSES JOYEUSES
QUI FURENT LORS FAICTES A MILLAN.

Tandis que les lices et eschaffaulx se faisoyent, et

qu'on s'apprestoit pour combatre, dances et banquetz et autres joyeulx passe temps se mectoyent en avant par la ville de Millan; tant que, pour commaincer, ung nommé messire Galeas Visconte, grant seigneur a Millan, fist ung banquet au Roy, ou princes et cardinaulx, avecques grant nombre de gentishommes et dames, en triumphal estat se trouverent et toutes les gardes du Roy. Celuy Galeas avoit ung sien filz, jeune enfent, lequel fist la confirmer au cardinal de Ferrare, arcevesque de Millan, et pria le Roy que son plaisir fust que a son filz vousist donner en sa confirmation son nom, ce qu'il fist voluntiers, et fut la nommé Louys, et confirmé par ledit cardinal, qui, pour ce faire, prist les habitz pontificaulx.

XXXIII.

D'UNG BANQUET SUMPTUEULX QUE LE SEIGNEUR JEHAN JACQUES FIST AU ROY A MILLAN[1].

Apres celuy banquet, qui fut moult grant, le seigneur Jehan Jacques prya le Roy que, a ung autre banquet qu'il luy vouloit faire, fust son plaisir de ce trouver; ce que le Roy luy promist. Dont ledit seigneur Jehan Jacques, mareschal de France, fist pre-

---

1. 30 mai 1507. Sur cette fête, très fameuse, pour laquelle Jean d'Auton donne de précieux détails, nous ne pouvons que renvoyer au récit curieux et circonstancié de M. Emilio Motta, dans ses *Nozze principesche del quattrocento, Corredi, inventari et descrizioni, con una canzone di Claudio Trivulzio* (publiées pour les noces de M. le marquis Luigi Alberico Trivulzio avec Mlle la comtesse Maddalena Cavazzi della Somaglia, célébrées à la villa del Gernetto, le 4 juin 1894), pages 11 et suiv.

parer ledit banquet dedans sa maison de Millan, ouquel lieu estoyent grandes salles tapissées et galleries et chambres parées, jardrins et lieux propices pour la feste, tables garnyes et buffetz d'argent a tous costez.

Et, pour en savoir mieulx au vray reciter, le jour dudit banquet, des l'eure du matin, m'en allay audit lieu, ou, entre autres choses, je veiz la xi grandes cuysines, plaines de broches, garnyes de toutes viandes de vollaille et de venoison.

Pour ordonner du service et dresser les viandes et asseoir les metz, estoyent deputez a ce viii^{xx} maistres d'ostelz, lesquelz portoyent chascun ung baston bleu, couvert de fleurs de lys d'or. Doze cens serviteurs y avoit, pour porter les vyandes et servir au buffectz, desquelz la pluspart estoyent en pourpoint de vellours noir; les autres estoyent en robe de taffetas et d'autre soye, habillez legierement, pour dilligenter l'affaire.

Pour recevoir les venans et donner lieu au commaincement de ladite feste, le seigneur Jehan Jacques fist faire devant sa maison, le long de la rue, une grande salle de vi^{xx} pas de long, a deux rangz de pilliers de verdure, couverte de draps de bleu, tous semez de fleurs de lys d'or et d'estoilles d'or. Tout le long des deux costez, encontre les tapisseries, commainçant a bas, estoyent sieges a quatre rangz, en montant comme par degrez, pour la asseoir les seigneurs et autres qui se trouveroint audit banquet[1]. Et, au plus hault desdits sieges, en entrant sur main senestre, estoit ung eschaffault pour les menestriers,

---

1. Da Paullo estime la dépense de cette ornementation plus de 50,000 ducats d'or.

qui la furent des le matin, sonnant sans cesser de leurs instrumens, dont y avoit trompettes, haulxboys, tabourins, violles et autres manieres de doulx instrumens.

Au bout de ladite salle, avoit ung eschaffault grant et spacieulx, sur lequel failloit monter par six degrez, ou dessus avoit une chayre parée de drap d'or, laquelle estoit la mise et ordonnée pour le Roy. Dessus celuy eschaffault, duquel la place estoit couverte de tappis vellu, avoit IIII ou V cens carreaulx de drap d'or et de velloux cramoisi, pour asseoir les dames convyées audit banquet.

Sur les x heures du matin, la marquise de Vigeve, femme du seigneur Jehan Jacques, et la femme de son filz, comtesse de Misot[1], avecques grant suyte de leurs dames, furent la assizes au pié de l'eschaffault du Roy, pour recepvoir et recueillir les autres dames qui viendroyent a ce banquet; et, comme aucunes d'icelles venoyent, ladite marquize de Vigeve et la comtesse de Misot se levoyent de leur siege et les alloyent recueillir jusques a l'entrée de la porte de la salle et puys les menoyent asseoir sur l'eschaffault ou estoit la chayre du Roy; et ainsi recueilloyent par ordre lesdites dames, qui la vindrent a plains chariotz[2]; tant que, en moings de deux heures, furent en ladite salle plus de XII cens dames, toutes vestues de draps d'or ou de soye et toutes d'acoustremens neufz et tant riches qu'elles sembloyent estre Roynes ou autres prin-

1. Paola Gonzaga, comtesse de Musocco.
2. « Il y avoit, dit Saint-Gelais, autant de dames avec leurs panaches pour leur esventer le visaige que on pourroit veoir de plumeaulx en une compaignée de mille hommes d'armes. »

cesses. Les unes portoyent robes de drap d'or, my party de velloux cramoisi ou de fin satin de diverses couleurs; et plusieurs y en avoit portans robes toutes de drap d'or frizé, les autres a grans souleilz d'or traict my party de velloux et satin cramoisi. Leur coeffure estoit telle que tout le front et la chevelleure leur paroissoit, dont partye pendoit derriere entortillée et l'autre leur couvroit la moityé de la jouhe, descendant pres des espaules, en retournant joindre a l'entortilleure de derriere. Leurs robes, en plusieurs endroictz, estoyent decoppées et fendues, par ou paissoit la blanche chemise de fine toille de Hollande : somme, en tous endroictz, y avoit adresse de voye lubrique et enseignes de blandisses feminins. Quoy plus? le seigneur Jehan Jacques avoit convyé et envoyé querir lesdites dames, mesmement celles de nom, et les plus belles de Millan, de Pavye, d'Ast, de Plaisance et des autres villes de la duché, ou avoit sceu trouver femmes de feste et de bonne chiere.

Lorsque lesdites dames furent venues et mises en place, instrumens sonnerent a qui myeulx myeulx. Plusieurs seigneurs et autres prindrent siege en actendant le Roy a venir, lequel fut la sur l'eure du mydy. Avecques luy estoynt Charles duc d'Allençon, Charles duc de Bourbon, Charles duc de Savoye, Anthoyne de Lorreine, duc de Callabre, Françoys d'Orleans, duc de Longueville, Gaston conte de Foix, le conte de Vandosme, mons^r Jehan d'Albret, seigneur d'Orval, Guy de Laval, seigneur de Laval, René de Bretaigne, conte de Pointievre, Jacques de Bourbon, conte de Roussillon; lesquelz furent tous du banquet. Ausi furent a cedit banquet maistre George cardinal d'Amboise, le cardinal de Ferrare, le cardinal de Nerbonne, le cardinal de Sainct Severin, le cardinal de Final, les cardinaulx de la Trimoille, d'Albi et de Prie, l'arcevesque de Sens et grant nombre de prelatz, les ambaxadeurs de Venise[1], les chamberlans et maistres d'ostelz du Roy, et en somme toute la court, avecques les seigneurs de Lombardye et autres, qui la estoyent avecques luy.

Tantost que le Roy fut la venu et mys en chaire[2], les dances commaincerent. Mais la y eut si grant presse que, pour donner place aux dames et autres qui vouloyent dancer, faillut que le Roy mesmes, qui estoit amont, descendist pour faire faire place : ce qu'il fist, et print la halbarde d'ung de ses archiers, puys, a tour de bras, commainça a charger sur ceulx qui faysoyent la presse, tellement que soubdainement la place fut vuyde et desempeschée, tant que chascun eut lieu pour dancer. Charles duc d'Alençon, Charles duc de Bourbon, Charles duc de Savoye, Anthoyne duc de Callabre, et les autres princes et seigneurs et gentishommes de la maison du Roy, qui la furent, dancerent : dont les aucuns dancerent en masque, portans habillemens couvers de fleurs de lys, sur leurs chapeaulx grans plumes perses et jaunes faictes en maniere de fleurs de lys, les autres en habitz de cordeliers, et les autres en diverses manieres et estranges habillemens. Quoy plus? les dames dancerent a relays

1. Le duc de Savoie, ayant appris qu'on placerait avant lui les ambassadeurs vénitiens, s'en alla, et les ambassadeurs vénitiens en firent autant, d'après Sanuto (VII, 95). Jean d'Auton cependant contredit ce récit.

2. Le roi, en arrivant, baisa par courtoisie toutes les dames et demoiselles, notamment la très jolie marquise de Scaldasole, qu'il admirait fort (Em. Motta).

les unes apres les autres, toute la journée jucques sur les vespre, que tables furent couvertes et le banquet tout prest.

Puys, le Roy, avecques toute la noblece, s'en alla soupper. La dedans estoyent salles, chambres, gabinetz, garde robes, galleryes ordonnées : les unes pour le Roy, les autres pour les princes et ambaxades, les autres pour les cardinaulx et les autres prelatz de l'Eglize, les autres pour les chamberlans et maistres d'ostelz de cheulx le Roy, les autres pour les generaulx et tresoriers, les autres pour les gentishommes, les autres pour les archiers, les autres pour les allemans de la garde et les autres pour les varletz et serviteurs des seigneurs qui la estoyent : lesquelz furent tous servis de viandes exquises et de divers metz, avecques tres bons vins et de toutes sortes, sans ce qu'il y eust faict service, tant de cuysine que de buffect, que tout en vaisselle d'argent, toutes les pieces merchées aux armes du seigneur Jehan Jacques, ce qui estoit ung grant triumphe et merveilleuse richesse. Les dames conviées au banquet furent toutes mises ensemble, le marquys de Mantoue seul avecques elles, si n'est que chascune avoit son escuyer, pour trancher et servir a table [1].

Apres soupper, le Roy et les princes, avecques tout plain de seigneurs et gentishommes, furent voir les dames, ou la deviserent de plusieurs choses

---

[1]. Selon *le Loyal serviteur,* il y eut plus de 500 personnes assises à ce banquet, sans compter la table des dames, lesquelles se trouvaient au nombre de cent ou cent vingt. Le même chroniqueur exalte aussi la beauté du spectacle et la perfection de la chère, qu'il déclare sans pareilles.

joyeuses et plaisantes. Et, ce faict, chascun prist congé ; puys le Roy s'en alla a son logis et la compaignye se departit.

XXXIV.

D'UNG BASTYON QUE MESSIRE CHARLES D'AMBOISE, LIEUTENANT DU ROY, FIST TENIR A MILLAN, OU LE ROY FUT PRESENT AVECQUES TOUS LES PRINCES ET SEIGNEURS QUI LA ESTOYENT ET GRANT NOMBRE DE DAMES.

Pour tousjours donner divers passe temps au Roy et rejouyr les dames, chascun des seigneurs s'efforçoit de faire nouvelles choses : dont, apres que le banquet du seigneur Jehan Jacques fut faict, messire Charles d'Amboise, deux jours ensuyvant, fist ung autre banquet au Roy et a toute sa suyte, auquel, en lieu de dances, fist faire ung bastyon, que luy mesmes avecques autres de sa bende voulut tenir contre tous venans. Lequel bastyon fist faire en ung jardin, pres de son logis de Millan, et celuy fossoyer tout autour, et fermer de gros boys debout mys en terre et au devant tout a l'environ fortiffyé de planchon a groux cloux et chevilles bien actachées ; aux deux coings du front de devant, avoit faict faire deux tours deffensables, ou pouvoyent estre en chascune d'icelles xxv ou xxx hommes armez, pour deffendre lesdites tours ; le devant et les costez, avecques lesdites tours de celuy bastion, estoyent de six piedz de haulteur, et contre le derriere avoit ung hault eschaffault pour assoir les juges du combat.

Le jour du banquet venu[1], apres que ledit messire Charles d'Amboise eut faict publyer ledit combat, de de sa bende furent Francisque de Gonsago, marquys de Mantoue, Jacques de Bourbon, conte de Roussillon, le conte de Poinctievre, le seigneur de Laval, messire Jacques de Chabanes, seigneur de la Palixe, messire Guyon d'Amboise, seigneur de Ravel, messire Germain de Bonneval, messire Mery de Rochechouart, messire Jehan de Bessé, Louys de Janlys, seigneur de Monmor, avecques plusieurs autres, jusques au nombre de cent hommes d'armes, choisis entre les gentishommes de la bende du seigneur de Ravel et par les compaignyes : lesquelz se trouverent dedans le bastyon, tous en armes, au jour ordonné; et, si avoyent, pour deffendre leur fort, grous bastons embourez et l'espée tranchant sans poincte; et, avecques ce, avoyent de grandes perches fourchées, pour reposser ceulx d'embas, qui s'efforceroient pour monter par eschelles ou sur pons. Et avoyent, la dedans, larges tonneaulx, tous plains d'eau, et force eclissoyres et artillerye a papier. Messire Loys de Brezé[2], grant senechal de Normendye, avecques les cent gentishommes de sa bende, estoit des assaillans; ausi estoit messire Robert Stuart, avecques ses cent hommes d'armes escossoys, et messire Mercure, capitaine des Albanoys, et autres, jusques au nombre de

---

1. 1er juin 1507.
2. Louis de Brézé, comte de Maulevrier, baron du Bec-Crespin et de Mauny, seigneur d'Aurricher et de Nogent-le-Roi, maréchal héréditaire de Normandie, grand sénéchal du pays, pensionnaire du roi (K. 78, n° 8; fr. 22276; fr. 26107, 194; fr. 26106, n° 5, etc.). Son tombeau se trouve, comme on sait, dans la cathédrale de Rouen.

quatre cens hommes d'armes : lesquelz, sur le point
de quatre heures apres mydi, aporterent contre ledit
bastion pons et eschelles a tous costez et amenerent
grant nombre de pyonniers pour combler les fossez.

Le Roy estoit au logys de messire Charles d'Amboise, avecques les seigneurs de sa suyte et grant
compaignye de dames, actendant l'eure de l'assault
dudit bastyon; et, pendant ce, le Roy commainda
aporter le sopper. Et, ainsi que le premier service se
faisoit, les trompettes du bastyon et des assaillans
sonnerent a l'estandart et a l'assault. Ce faict, sans
plus actendre, le Roy se leva de table, et toutes les
dames, en lessant le soupper, pour courir voir assaillir
et deffendre ledit bastyon, et le Roy, ainsi levé,
avecques les gentishommes et dames qui la estoyent,
s'en alla ou estoit le bruyt. Ainsi demeurerent tables
couvertes de vyandes, et buffectz garnys de vaisselle
d'argent et de bons vins a foison : la estoyent plusieurs mordans, qui, des le matin jusques a celle heure,
avoyent esté leans, pour seullement vouloir voir le
combat, dont aucuns avoyent bon appetit; et eulx,
voyant que chascun avoit lessé le soupper, prindrent
leurs places et se misrent a despescher viandes, si a
point que en ung moment ne demeura que les nappes
deschargées et vaisselle vuyde; puys se torcherent le
bec et coururent au bastyon, qui fut assailly moult
rudement et deffendu a toute force. Premierement
assaillirent une tour, nommée la tour d'Auvergne;
et la, a grans coups de bastons embourez et a tail
d'espée, d'ung costé et d'autre longuement se batirent,
et tant que les bastons embourez furent tous rompus
et couppez, dont grans fourches, grosses perches et

levyers furent mys en besoigne. Messire Loys de
Brezé, voyant que sans eschelles ne feroyent riens,
les fist dresser et combler les fossez : la se misrent
gens d'armes a monter de toutes pars, et ceulx du
dedans, a tout leurs fourches et levyers, les reposserent contrebas, en leurs gectant grans seaulx d'eau
et cercles attachez l'ung a l'autre, et coups a toutes
mains sur eulx, lesquelz assailloyent a grant effort;
mais a la longue furent moult foulez et batus de ceulx
d'amont, qui grant avantaige avoyent. Touteffoys, lorsqu'i levoyent leur visiere, pour regarder a bas, pour
prendre alaine, ceulx d'en bas leur gectoyent grans
pellées de terre moillée contre le visaige; et a coups
de perches rompues et grous boutz de boys leur donnoyent la ou ilz les pouvoyent trouver au descouvert,
tant que plusieurs en blecerent. Et ainsi se commaincerent a picquer, tant que le bout de leurs espées
s'approcherent contre les gorges : et est a pencer
que, s'il se fussent peu joindre, que mortellement se
fussent batus.

Messire Jacques de Chabanes, seigneur de la Palixe,
qui estoit a l'autre tour, voyant ceulx d'embas fouller
et eulx revencher a l'oustrance, leur manda que, s'ilz
vouloyent aller assaillir la tour qu'il gardoit, que luy
et ses gens ne la deffendroyent que a coups de bastons embourrez : lesquelz ne voulurent, mais n'entendoyent que a charger ceulx qui les avoyent repossez.
La estoyent les capitaines d'embas tous ennoirciz et
barbouillez de fange, pour l'eau que ceulx d'amont
gectoyent dedans les fossez : messire Mercure, qui
estoit a bas, avecques aucuns de ses Albanoys, tous
armez a blanc, s'essoya maintes foys de monter; mais,

par ceulx de dessus, fut tousjours rué bas et tant batu de coups de baston qu'il ne savoit a qui le dire, mais il soustint moult grant faix. Les gentishommes de la bende de messire Loys de Brezé estoyent tousjours a l'assault, qui a coups de perches chergeoyent les dessus, tellement que plusieurs de leurs espées et bastons firent voller des mains a bas. Messire Robert Stuart ne desempara jamais le pié du bastyon, ou la donna et receupt maint pesant coup. Les Escossoys de sa bende s'i porterent tres a point et maintes foys s'essayerent de monter : mais tousjours ceulx de dessus les repossoyent. La soustindrent plus de deux heures l'assault, et tant que d'ung costé et d'autre le Roy leur commanda reprendre alaine. Qui lors eut du vin mist le nes a la bouteille.

Et puys, de rechief, fut sonné ung autre assault, ou fut apporté ung pont sur roes, de la haulteur dudit bastyon, et a force de gens approché contre ledit bastyon pres a combatre main a main, ou dessus monterent xx hommes d'armes, des gentishommes de la bende de messire Loys de Brayzé et des escossoys de messire Robert Stuart, lesquelz marcherent jusques sur le bort du pont et comaincerent a combatre main a main, a coups d'espée. Et la fut ung escossoys, qui mist le pié sur le bort du bastyon, cuydant entrer. Mais ceulx du dedans, a grous leviers et longues perches, les reposserent et chargerent sur eulx et sur leur pont, tellement que, pour le faix de ceulx qui estoyent dessus et les coups que ceulx du dedans donnoyent, la moytié de celuy pont tumba par terre et ceulx qui estoyent sur celle part, lesquelz au cheoir s'affollerent. Sur l'autre partye dudit pont, demeurerent deux escossoys, moult gaillars hommes, lesquelz n'abandonnerent le bort du bastion, mais la, sur ceulx du dedans, a grans coups d'espée frappoyent au desesperé, sans vouloir jamais reculer; et la receurent tant de coups de groux batons, et mesmement par aucuns desarmez qui ruoyent coups au delivre, que iceulx escossoys furent estonnez, lesquelz ne pouvoyent estre secourus, pour ce que ledit pont estoit rompu, ou nul autre ne pouvoit monter; mais, pour ce, ne desmarchoyent ung pas; et si en y avoit ung d'iceulx, apres qu'il estoit estonné et hors d'alayne, se couchoit sur le pont, et, lorsqu'il avoit repris alaine, recomainçoit l'assault et chargeoit de plus en plus fort; et ainsi le fist par tant de foys qu'il eut a la parfin d'ung levier sur la teste, en maniere qu'il fut assommé et emporté a son logis, ou celle nuyt le cerveau luy tumba par le nez, et mourut, dont fut dommage. L'autre, son compaignon, tout estonné, fut mys a bas. Les autres de leurs compaignons, a grans perches, chargeoyent a tour de bras sur ceulx d'amont, et, comme courroucez du mal de leursdits compaignons, advisoyent ceulx du dedans au descouvert; entre autres, en choisirent ung qui avoit le chief desarmé, auquel ung escossoys donna si a droict d'une longue perche qu'il avoit que le sang luy fist couler de la teste sur le visage. Et, ce faict, ceulx d'amont recomaincerent a charger embas et gecter grosses tronces de boys, barres et planchons et ce qu'ilz pouvoyent. Mais ceulx d'embas estoyent tousjours bendez a trouver leurs gens au descouvert, dont en blecerent plusieurs, et tous au visage, entre autres le conte de Poinctievre, messire Jehan de Bessé, gruyer de Bourgoigne, Pierre de Balsac, baron d'Entraigues[1], et tout plain d'autres, dont je n'ay sceu les noms. Mais, voyant le Roy que ses gens se batoyent ainsi a l'oustrance, envoya ses archiers pour les faire departir, ce que ne peurent : dont luy mesmes descendit de son eschaffault et les alla départir a grant peine. Car ja tant s'estoyent picquez et esmeuz que ceulx qui se pouvoyent toucher se mectoyent les espées contre les gorges; et croy que, si entre eulx n'eust eu barriere, que telle chose eust esté entre eulx exploictée, que le Roy y eust eu plus de perte que de plaisir; mais, par son commandement, tout fut cessé.

XXXV.

D'UNG TOURNOY ET COMBAT TENU LORS A MILLAN PAR MESSIRE GALEAS DE SAINCT SEVERIN ET AUTRES LOMBARS AVECQUES LUY.

Messire Galeas de Sainct Severin, grant escuyer de France, avecques VII autres lombars, furent prestz de tenir le pas en la place du chasteau de Millan, ou estoyent faictes les lices, et ordonnée la place du combat et la actendre tous venans en la maniere que par les articles dessusdits est contenu : ou se trouverent des françoys grant nombre, desquelz furent Gaston conte de Foix, nepveu du Roy, Guy seigneur de Laval, le jeune Candalle, Françoys de Maugiron, Jehan de Chandieu, Guillaume de la Hite[2], Loys Ler-

1. Sénéchal d'Agenois.
2. Guillaume Ducos, seigneur de la Hite, nommé ensuite commandant de l'artillerie à Gênes.

mite¹ et tout plain d'autres gentishommes de la maison du Roy et hommes d'armes des compagnies de dela les mons; ausi se trouva sur les rangz Jehan Guillerme, marquis de Monferrat, et d'autres lombars grosse roupte; lesquelz commaincerent a ouvrir le pas, sur le commaincement du moys de jung; et la coururent a quatre courses de lance a fer esmoulu. Des premiers coururent Gaston conte de Foix, lequel rompit, aux quatres cources premieres, troys de ses lances. Le marquys de Monferrat courut ausi, lequel fut servi de quatre grosses lances, painctes de rouge, et courut moult rudement et droict, tellement qu'il rompit son boys; et a la tierce course plya son tenant jusques sur la cruppe de son cheval et a peu qu'il n'allast par terre. Les autres ausi coururent, chascun ses quatre courses, et la ve hors lice, ou furent rompus boys a toutes mains; puys combatirent a l'espée, ou furent donnez plusieurs grans coups.

Le Roy estoit la present en son eschaffault; lequel, apres que les combateurs avoyent faict leur devoir, les faisoit departir. Les dames a plains eschaffaulx y estoyent aussi, tant gorgiases que c'estoit une droicte fayerye.

Dix jours entiers durerent les joxtes et combatz: ou fut l'ung jour combatu en lice, a cource de lance et fer esmoulu; l'autre en harnoys de joxte, a lances a rochet, et l'autre a la barriere, ou les tenans eurent quatre aydes pour la premiere foys et la combatirent a ung gect de lance, et a la picque de Suyce, et a

---

1. Ou Lhermite, fils du fameux Tristan Lhermite, prévôt des maréchaux de Louis XI.

l'espée d'estoc et de taile ; puys combatirent sans barriere, a la picque et espée de tail et a la hache sans barriere, et puis a l'espée a deux mains. La furent faictes armes a merveilles ; chascun s'efforçoit de faire tout ce qu'il pouvoit.

Messire Galeas, des tenans, combatit tres bien a cheval, a l'espée ; le marquys de Monferrat rompit la force de lances. Le conte de Foix, jeune prince, fut moult prisé et loué de ses coups de lance, dont en rompit plusieurs. Ausi fut le sire de Laval. Le cheval du s^r de Candalle eut d'une lance au travers du col, ce qui enuya moult a son maistre, car ledit cheval estoit fort puissant, moult viste et tres a la main et sondit maistre bon chevaucheur. Ung des françoys, assaillant, nommé Loys Lermite, eut, a l'une des courses, d'une lance au travers de l'espaulle, dont en emporta le transon et fut fort blecé.

A la barriere et aux combatz de pié, eut grans armes faictes. Et la, entre autres, firent merveilles deux françoys, nommez Jehan de Chandiou, hommes d'armes de la compaignye du conte de Ravestain, et Guillaume de la Hyte, l'ung des archiers de la garde de la bende de messire Gabriel de La Chastre ; et tant que, a l'ung des combatz de l'espée a deux mains, celuy de Chandiou, jeune, grant et puissant a merveilles, se trouva au combat contre messire Galeas de Sainct Severin, tenant le pas et bien puissant et adroict chevalier : lesquelz, a grans coups d'espée a deux mains se chargerent rudement, et tant que chascun fut loué en ses faictz ; mais, a la parfin, celuy Chandiou haulsa si pesant coup d'espée sur la teste dudit messire Galeas, en tirant le coup a soy, qu'il le mist des mains en

terre, et, comme il voulust recouvrer pour l'aterrer,
le Roy dist : « Ho! ». Dont s'arresta celuy Chandiou.

A la picque combatirent apres, ou ledit Chandieu
fist merveilles; ausi estoit il puissant a l'avantaige.
Au combat de la picque, furent plusieurs Françoys
aux coups departir, entre autres ledit Guillaume de la
Hyte, lequel adressa a ung lombart, des tenans, bien
puissant et homme adroict, lesquelz, a coups de
picque, percerent en plusieurs lieux leurs harnoys a
jour et jucques au sang ; tant en fut que celuy de la
Hite donna tant de coups de picque au lombart, et si
menu, que a la parfin le respossa tout le travers de
la place, en le menant batant jusques au bas de l'eschaffault du Roy : de quoy ses compaignons n'estoyent
bien contens, car il estoit l'ung des myeulx estimez
de leur bende. Mais autre chose n'en fut, si n'est que
le Roy, voyant celuy lombart en tel party, leur imposa
la paix.

Ung autre combat fut faict a la hache par les tenans.
Messire Galeas, qui tenoit le pas, voyant luy et ses
tenans ainsi oultrez, mist en place ung des plus puissans et adroictz hommes de Lombardye, et le meilleur
joueur de la hache, qui plusieurs foys avoit faict armes,
comme se disoit. Le Roy voulut que Guillaume de la
Hyte, bon joueur de hache et tres puissant, luy fust
mys en barbe, lequel fut la amené par son capitaine,
accompaigné d'archiers de la garde, a grosse puissance. Le duc de Bourbon, le conte de Vandosme et
autres princes, avecques les capitaines des gentishommes et gardes, estoyent tous a cheval, au dedans
des lices, pour icelles garder et depa[r]tir les combatans,
lorsqu'il plairoit au Roy. Le Roy estoit a son eschaf-

fault avecques grande noblece. Les dames et tout plain de seigneurs françoys et lombars estoyent la pour veoir le combat de ses deux champions : tenans les aucuns pour le lombart et les autres pour le françoys, qui estoyent deus hommes de belle taille, jeunes et verdz. Que fut ce? lorsque iceulx furent en place, trompettes et gros tabourins comaincerent a sonner ; et, lorsque les deux champions marcherent l'ung contre l'autre, comme deux lyons, leurs haches d'armes au poing et de premiere advenue, ruerent grans coups et pesans, en continuant longuement. Le lombart estoit moult bon jouheur de hache et avoit tousjours l'ueil a la marche de son homme, pour le vouloir prendre a pié levé; de quoy se donnoit tres bien garde le françoys, en ruant tousjours coups sur le lombart, qui bien se couvroit : toutesfoys on n'oioit que coups sur le harnoys de l'ung et de l'autre. Le Roy estoit la qui regardoit ruer les coups, ou prenoit grant plaisir, car ilz se batoyent a toute outrance. Les dames pareillement avoyent la leur passe temps, dont plusieurs, pour l'onneur de la nation, eussent bien voulu que le lombart eust eu du meilleur. Et, lorsque le lombart donnoit quelque bon coup, les autres monstroyent chere joyeuse ; et, quant le françoys, qui frappoit a coups pesans, ruoit sur son homme, iceulx lombars estraignoyent les dens et faisoyent macte chere. Plus d'une heure dura celuy combat, que on ne savoit qui auroit du meilleur; et tant se donnerent de coups que plusieurs pieces de leur harnoys furent percées et desclouées. Que diray je plus? ainsi que chascun des combatans mectoit dilligence de mectre son homme a oultrance, le fransoys advisa son coup et de toute sa force embarre la hache a deux mains et la rua droict sur la teste du lombart, de telle force que tout plat s'en va par terre ; en maniere que, au cheoir, les pieces de son batecu luy renverserent sur le dos, tellement qu'il eut le derriere tout descouvert. Et, voyant le françoys son lombart ainsi tumbé, et qu'il mectoit peine a se reliever, luy voulut donner ung autre coup, pour le macter du tout : ce que le Roy ne voulut, mais les fist departir par les gardes des lices. Et, voyant le Roy et autres seigneurs estans la les armes des deux champions et le grant coup que avoit donné celuy françoys au lombart, extimerent grandement la valleur des deux et plus celle du vaincueur, combien que autres lombars n'en fussent bien contans[1].

Ainsi s'estoyent continuez les combatz et tournoys dedans la ville de Millan, et tant que, aux courses des lances mesmement, plusieurs furent blecés, et le plus au rompre des lances, qui furent froissées a droict la pongnée : dont furent blecez en la main dextre le marquis de Monferrat, Françoys de Maugiron, Jehan de Chandiou et tout plain d'autres. La furent faictes, par les Françoys et Lombars, armes tres louables, sans autre bruyt que de toute joyeuse entreprise et amyables combatz.

Toutes ses belles choses mises a chief, les dames venues la se disposerent en aller ; mais, premier, le Roy leur dist qu'il leur vouloit faire son banquet, ce qui ancores les aresta.

En ce mesmes temps, vint a Millan le cardinal

---

1. « Gueres de gens n'ont veu faire de plus belles armes a plaisance que celles la furent » (Saint-Gelais).

Saincte Praxede[1], que le pape avoit envoyé legat en Lombardye[2]. Au devant de luy envoya le Roy le cardinal d'Amboise, legat en France, les cardinaulx de Ferrare, de Bouloigne, de Saint Severin, de Clermont, de Final, de la Trimoille, de Prye et d'Albi, le duc d'Alençon, le duc de Bourbon, le duc de Savoye, le duc de Longueville, le conte de Vandosme, le conte de Foix, et grande suyte d'autres princes et seigneurs et gentishommes de sa maison et de prelatz, l'arcevesque de Sens, l'arcevesque d'Aiz, l'evesque de Paris, l'evesque de Perigueulx[3], l'evesque de Suessons[4], l'evesque de Lodeve[5], l'evesque de Mar-

1. Antoniotto Pallavicini, patricien génois, évêque de Palestrina depuis 1503, créé cardinal en 1489 par Innocent VIII au titre de Sainte-Anastasie, qu'il échangea ensuite contre celui de Sainte-Praxède, protecteur de Savoie en cour de Rome (ms. lat. 5164, fol. 332, 362), etc., était un génois, ardent ennemi des Vénitiens, comme Jules II. Sanuto cite de lui un mot typique : lorsque la prise de Modon par les Turcs vint ébranler la puissance vénitienne et retentir douloureusement dans toute la chrétienté, Sainte-Praxède s'écria : « Enfin, les Génois vont pouvoir commencer! » Il accompagnait en dernier lieu Jules II à Bologne (Sanuto, VI, 495). Jules II, en l'envoyant comme légat à Savone, espérait se tenir au courant des événements et travailler à la ligue contre Venise. Mais Louis XII, mécontent du pape et de ses sympathies trop avouées pour les Génois, tint strictement le légat à l'écart. Les Vénitiens l'accusèrent d'avoir voulu s'entremettre entre les Génois et les Français et d'y avoir échoué (Sanuto, VII, 133), mais rien ne confirme cette imputation fort invraisemblable.

2. Sur cet envoi, v. Paris de Grassis (v. ms. lat. 5165, fol. 329).

3. Geoffroy de Pompadour, aumônier du roi.

4. Claude de Louvain.

5. Guillaume Briçonnet, évêque de Lodève, puis de Meaux, ambassadeur à Rome, le célèbre ami de Marguerite de Valois. Il était fils aîné de Guillaume Briçonnet, général des finances, puis cardinal et premier ministre de Charles VIII. Il eut pour

seille[1], l'abbé de Fescan[2] et tout plain d'autres. Lesquelz furent au devant dudit legat jusques hors la ville, et ainsi l'amenerent, estant soubz son poisle[3], jusques au grant domme, ou la descendit et fist ses oraisons ; puys tout a pié, s'en alla avecques lesdits seigneurs loger au palais, assez pres de l'issue dudit domme ; et, le lendemain, s'en alla au chasteau devers le Roy, ou la luy fist les recommandacions du pape[4] et luy dist plusieurs nouvelles que chascun ne sceut.

Aussi, durant ce temps, les docteurs en medecine de Millan, tous ensemble dedans le chasteau en la grande salle, ou le Roy se trouva, s'assemblerent ; et, eulx ainsi assemblez, ung d'iceulx, nommé Ambrosius Rosatus, s'aprocha du Roy et la luy fist une oraison en langaige itallien, que le Roy entendoit assez, lequel dist :

---

frères Nicolas, contrôleur général de Bretagne, Denis, évêque de Toulon, puis de Lodève, puis de Saint-Malo, et pour sœur Catherine, qui avait épousé Thomas Bohier, général des finances, que nous avons vu créer chevalier.

1. Antoine du Four.

2. Antoine Bohier, cousin germain d'Antoine Duprat, abbé de Fécamp et de Saint-Ouen de Rouen, de la famille financière des Bohier. Le 11 novembre 1503, à Lyon, le roi lui fait donner 1,000 livres (*Tit. orig.*, Bohier, n° 20).

3. Sous *un* poêle de damas blanc (Sanuto, VII, 98). A chaque entrée, le légat gardait le poêle et le donnait à ses gens (v. le Journal de son voyage, rédigé par le maître des cérémonies Baldassar Nicolai, de Viterbe, aux Archives du Vatican, reg. Pio 61, fol. 117 v° et suiv., analysé dans notre ouvrage *la Diplomatie au temps de Machiavel*, t. II, p. 164 et suiv.). C'est sans doute ce qui fait dire ironiquement par Jean d'Auton : *son* poêle.

4. « Qui feyt toutes les congratulations que ceulx de ceste nation la ont bien accoustumé de faire aux princes qui ont la force entre leurs mains, » dit Saint-Gelais.

« Cristianissime magesté et invictissime Roy, nostre souverain seigneur, en ensuyvant les honnorables faictz et œuvres immortelles de voz feuz predecesseurs, vivans ores en memoire et en gestes reluysans, mesmement des triumphans Roys, qui jadis par plusieurs foys secoururent et remirent sus le Sainct Siege apostolicque, et grandes victoires obtindrent contre les Lombars, que par armes submirent, comme le Roy Desiderius, Roy des Lombars, ennemy de l'Eglize, que le preux Roy Charlemaine vainquit en bataille mortelle et enmena prisonnier en France, et autres faictz tres recomandables; vous, sire, comme imictateur de leurs biensfaictz, en adjoxtant a iceulx titres de glorieuse renomée, avez par armes submys les Lombars et par deux foys a force conquestez, et les orguilleux Gennevoys en bataille vaincus et domptez, qui onques par autres n'avoyent estez abbatus ne soumarchez; et, par la force inmoderée de vostre redoubté excercite, avez toutes les Italles soumises, desquelles choses nous nous rejoissons et louons Dieu, comme tres eureulx d'estre soubz la main et en la seigneurie de tant excellant seigneur et si redoubté prince; en suppliant tres humblement vostre christianissime magesté que vostre bon plaisir soit d'avoir tousjours pour recommandé nostre colliege et congregacion, ou a present sont cinquante docteurs en l'art de medecine. »

Ce dit, le Roy dist a maistre Jehan Ponchier, evesque de Paris, qui la estoit present, l'intencion et substance de sa responce; lequel Ponchier leur dist en latin le vouloir du Roy, qui se rejoissoit de leur bonne visitacion et qui moult agreable avoit le hault et bon excercice de medecine, et que tousjours les auroit pour recomandez, en recognoissant leur grant savoir, seure experience et bonne fidelité.

Mainctes bonnes cheres et joieulx passetemps furent lors faictz a Millan, ou chascun s'efforçoit de faire a qui myeulx myeulx; et, pour cloure le pas, le Roy fist son banquet apres les autres, et ordonna faire la feste dedans la Roquecte du chasteau, ou les princes et les cardinaulx, avecques toutes les dames de feste qui la estoyent, se trouverent. Le Roy s'efforça de festyer les dames, lesquelles pour luy complaire firent si bonne chere qu'elles burent d'autant et a toutes mains.

Apres soupper, les dances vindrent en place, ou le Roy mesmes voulut dancer, qui tres bien s'en savoit ayder; toutesfoys ne dança guere; et, comme fut dit, il dança la marquise de Mantoue, belle dame a merveilles, et puys fist dancer les princes et seigneurs qui la estoyent, voire les cardinaulx de Nerbonne et de Sainct Severin, et aucuns autres, qui s'en aquiterent comme ilz sceurent.

Apres les dances, le Roy, pour donner nouveau plaisir aux dames, envoya querir ses lucteurs, entre autres deux, dont l'ung estoit breton, et des someilliers de sa chappelle, l'autre estoit ung nommé Ollivier, des gentishommes du duc de Callabre, lesquelz estoyent les meilleurs et les plus fors luyteurs qu'on sceust trouver nulle part; et la, devant le Roy et les dames, se donnerent actrapes, trousses et grans saulx. Tant d'autres plaisans deduys et divers esbas furent la faictz que ce fut merveilles, et tout a l'onneur du Roy et au plaisir de dames, lesquelles, les unes bien maries de desemparer si tost, et les autres bien joyeuses de la veue de tant de belles choses, prindrent congé du Roy et s'en allerent a leur hostelz, ou, longs jours apres, tindrent entre elles parolles desdites choses.

Entre ses bonnes chieres et banquetz, le cardinal de Ferrare, arcevesque de Millan[1], fist le sien dedans son logys de Millan, ou furent conviez le cardinal d'Amboise, de Nerbonne, de Saint Severin, de la Trimoille et les autres qui estoyent lors a Millan, et la servys et entretenus honnorablement. Et tantost apres ce, le cardinal de la Trimoille[2] fut griefvement malade, et tant que dedans huyt jours apres il mourut. Dont plusieurs en parlerent comme ilz voulurent, sans dire pourtant que a ce banquet eust trop mengé de saulce ; mais, toutesfoys, s'il eust esté servy par la main de ses bons serviteurs, myeulx a l'aventure s'en fust trouvé. On dit voluntiers qu'il ne fut oncqu[e]s si bonne feste ou il n'y eust quelqun mal digné[3].

XXXVI.

Commant le Roy catholique Ferrand, Roy d'Arragon, estant a Naples, manda au Roy qu'il s'en vouloit aller en sondit pays d'Arragon, et que tres voluntiers le voirroit en passant, s'il estoit son plaisir.

Le catholique Roy Ferrand d'Arragon, estant lors en

1. Beau-frère de Ludovic le More.
2. Jean de la Trémoille, frère de Louis, archevêque d'Auch, évêque de Poitiers, titulaire de 50,000 livres de bénéfices, récemment fait cardinal.
3. Jean Bouchet, à portée d'être bien renseigné, attribue simplement sa mort à une fièvre « continue. » Son cœur fut laissé

son Royaume de Naples avecques sa femme, Anne (*sic*) Germaine de Foix, nyepce du Roy, sachant tout au vray les honnorables victoires obtenues par le Roy et les louables triumphes, dist qu'il s'en vouloit aller en son pays d'Espaigne, et qu'il s'en iroit par mer ou luy failloit passer par le plus court et assez pres des pays du Roy en mer; sur quoy advisa et se delibera de veoir le Roy a la passée, non seullement pour l'envye qu'il avoit de le voir, mais pour craincte qu'il avoit de sa puissance, qui lors occupoit la mer et la terre par ou il luy failloit passer; par quoy luy envoya messages audit lieu de Millan et lectres contenant commant il estoit sur son partement pour s'en aller en ses pays d'Espaigne, et qu'il desiroit surtout a le veoir et parler a luy a Gennes ou a Savonne ou en quelque autre lieu qu'il luy plairoit. De quoy le Roy fut tres joyeulx, disant ausdits messagiers que, s'il venoit, qu'il s'essayeroit de le recueillir honnorablement et le trecter a plaisir, et que le tres bien fust il venu; et, au surplus, penceroit le lieu plus a main et pour l'aise dudit Roy d'Arragon; ce qu'il fist, concluant que a Savonne, ville sur port de mer, de sa seigneurie de Gennes, le recevroit, et que la parleroint ensemble; et, des lors, envoya Gaston, conte de Foix, frere de la Royne d'Arragon, avecques luy James l'infent de Foix, et autres seigneurs de France pour aller au devant dudit Roy d'Arragon et accompaigner le conte de Foix, auquel dist le Roy : « Allez vous embarcher a Savonne et prenez galleres et brigandins

---

à Milan, dans l'église des Frères Mineurs, et son corps rapporté à Thouars.

pour vous mener jusques la, ou sera le Roy d'Arragon, et luy dictes que audit lieu de Savonne me trouvera lorsque je sauray sa venue, et me mandez incontinent par voz cursoires toutes nouvelles, et le plus tost que pourez. » Ce dit, le conte de Foix et ses gens s'en allerent embarcher et se misrent sur mer, tirant vers le chemin ou pençoyent passer le Roy d'Arragon. Apres qu'ilz eurent navigué deux journées, le conte de Foix, qui estoit bien jeune et n'avoit accostumé la marine, se sentit malade de fieuvres; par quoy falut prendre terre et se reposer quelque temps, et ce pendant envoya cursoires en mer pour savoir si ledit d'Arragon estoit prest, lesquelz sceurent que tantost monteroit en mer, et que, vers la feste de sainct Jehan Baptiste, seroit a Savonne, ou le Roy luy avoit ja mandé qu'il se trouveroit.

Le Roy envoya ausi a Savonne ung des mareschaulx des logis, nommé Anthoyne de Pierrepont, dit d'Arizolles[1], avecques partye des fourriers, auquel commanda expressement loger ledit Roy d'Arragon dedans son chasteau de Savonne, ou avoit tres beau logis et fort, assix sur la mer d'ung costé, et d'autre avoit le domme et la ville, ouquel failloit monter par une droicte montée et assez haulte. Ausi voulut que les gens dudit Roy d'Arragon fussent myeulx logez que les siens propres, et, actendu que, sans sauf conduyt, oustaiges ne autre seureté que de sa bonne fyence et vraye fidelité, il se mectoit franchement entre ses mains et en sa seigneurie et dangier, voulut et ordonna

---

[1]. D'Arizolles mourut en 1510 ambassadeur en Angleterre (cf. La Mure, *Histoire des ducs de Bourbon*, III, 226).

qu'il fust honnouré, logé et trecté tout ainsi ou myeulx que sa personne, et, a ceste cause, transmist a Savonne deux de ses maistres d'ostelz, nommez l'ung d'iceulx Jehan Guerin, seigneur de Columbiers, et messire Rigault Doreille, chevalier, seigneur de Villeneuve[1], ausquelz commanda aller audit lieu de Savonne pour la faire le preparatoire et appareil de toutes choses necessaires pour recueillir, trecter et festyer ledit Roy d'Arragon ; ausi envoya avecques lesdits maistres d'ostelz partye de ses officiers pour les servir en cest affaire ; lesquelz firent telle dilligence que, tout a coup, eurent vins de Languedoc, de Corse, de Provence et autres, a plaines caves et celiers, et telle provision de vollaile, comme pouletz, pigeons, cailles, tourtres et autres gibier que, en actendant ledit Roy d'Arragon, plus de mille et cinq cens pieces se perdirent, combien qu'il eussent grandes salles et greniers et autres lieux a ce propices pour nourir ledit gibier. Pareillement les cytadins de Savonne apresterent les choses necessaires et ordonnerent leur affaire pour recevoir le Roy et ledit Roy d'Arragon, disant que plus d'honneur ne si haulte gloire sauroint jamais avoir que d'avoir dedans leur ville l'onneur des Roys terriens et les plus puissans princes du monde.

Le Roy des Romains, ennemy du Roy et envyeulx de sa prosperité, estoit lors aux Allemaignes, bien courrocé de la prise de Gennes et fort dolant de la gloire des Françoys, disant que ancores, s'il peult, leur donnera ung allarme, et, pour ce faire, fist asavoir a tous les electeurs de l'Empire et a tous les

---

1. En Auvergne, et de Colombines. V. plus loin.

tenus et sugectz au courronnement qu'il estoit deliberé et prest de s'en aller a Romme faire la couronner empereur, en les sommant et requerant, comme obligez et tenuz a ce, de le vouloir accompaigner et servir; et, pour deliberer de la maniere de son voyage et tenir sur ce conseil, manda les princes et aucuns prelatz des Allemaignes et seigneurs des cantons et ligues des Suyces, sugectz audit couronnement : lesquelz, assemblez, furent prestz de ouyr le propos et entendre le vouloir dudit Roy des Romains, lequel dist en audience :

« Seigneurs et amys, la cause pour quoy vous ay cy assemblez touche plusieurs choses concernant le proffict du bien public et l'onneur de nostre imperial Magesté. Vous savez, premierement, commant, en toute la chrestienté, n'a que ung seul Empire temporel, que noz predecesseurs, princes alemans, ont longuement obtenu et possidé, lequel Empire ne fut oncques vacant si longuement que de noz temps les voyez, combien que, par la voix des electeurs et vouloir du peuple, j'en aye par la grace de Dieu obtenu la plus-part du tiltre, et ne reste seullement plus que de m'en aller a Romme la prendre par les mains du Saint Pere le pape la couronne imperial, laquelle, a l'ayde de Dieu et par vostre bon secours, j'espere de brief aller prendre et recevoir. Et, apres, assez a cler pouvez estre advertys comme le Roy de France, nostre ennemy, nous a par cy devant oultragé, et de fresche memoire, combien que luy eussions mandé qu'il n'entreprinst surprendre sur les droictz de la seigneurie de nostre empire, toutesfoys par armes et a force s'est emparé de la forte cyté de Gennes, chambre d'Empire, et icelle soumise du tout a son obeissance et reduyte a son domaine, pris la foy et serment de fidelité des seigneurs et du peuple de Gennes, mise entre ses mains toute la seigneurie d'icelle, cancellez et anullez ses status et privilleges, cassez les coings de la monnoye ou nostre ymage estoit inscultée et escripte, faict trancher testes a plusieurs, faict faire forteresses et chasteaulx, et, en somme, ladite cyté, au grant prejudice de nostre Empire, detenue et usurpée. Et ancores foys doubte qu'il ne vueille du tout occupper les Italles et nous contredire le couronnement imperial. Par quoy, a ceste cause, vous ay mandé, affin que chascun de vous, comme estes tenus et obligez, me vousissiez donner sur ce conseil, confort et aide. »

Les princes et seigneurs de l'Empire, oyant le dire et propose du Roy des Rommains, dirent tous qu'ilz estoyent prestz et appareillez de toute leur puissance le servir a ses despens envers tous et contre tous, et que, si son argent estoit prest, que, lorsqu'il vouldroit, auroit cinquante mille Allemans[1], ou plus, si besoing en avoit. Mais, entre autres, les seigneurs des Ligues luy remonstrerent comment le Roy de France et eulx estoyent confederez, et comment ilz avoyent eu souvant et esperoient ancores avoir grant nombre de ses deniers, au moyen des guerres qu'il avoit eues en Lombardye et ailleurs delà les mons; par quoy n'estoyent deliberez de eulx declairer ses ennemys ne de servir homme vivant contre luy, si ce n'estoit que

---

1. 8,000 chevaux et 22,000 hommes de pied, payés pour six mois, selon Guichardin. La diète de Constance se sépara le 20 août.

au couronnement du Roy des Rommains voulust contredire ; mais, sur celle querelle, encontre tous autres, servyroint voluntiers ledit Roy des Rommains. « Or bien, dist il, soyez prestz au nombre de dix mille lorsque je vous manderay, pourveu que me veillez servir envers tous et contre tous. » Les seigneurs des Ligues et cantons, apres se[s]dites choses, envoyerent ambaxades devers le Roy pour luy dire et remonstrer comment ilz estoyent sugetz a l'Empire, mesmement a servir l'empereur au voyage de son couronnement, ce qu'il failloit que ilz fissent, comme sommez et requys de ce faire ; mais, si de sa part en vouloit avoir quelque nombre, que voluntiers luy en bailleroyent. Ausquelz fist le Roy responce que, s'ilz vouloyent servir contre luy le Roy des Rommains, de la en avant se passeroit d'eulx, en maniere que jamais a sa poye ne seroyent ne n'auroyent gages de luy, disant : « J'ay en mes pays de France assez hommes pour me deffendre, o l'ayde de Dieu, du pouvoir du Roy des Rommains et de tous ses alyez ! » Sur laquelle responce tindrent conseil les seigneurs des Ligues et cantons, ou alleguerent, les aucuns, comment ilz estoyent tenuz de servir l'empereur, mesmement au couronnement ; les autres disrent que ilz estoyent tenus ausi de servir le Roy de France, par plusieurs raisons : premierement, car avoyent alience et confederacion avecques luy ; secondement, avoyent aucuns d'eulx gages et pencions de luy ; tiercement, que cent hommes de leurs pays tenoit tousjours a gages et a la garde de son corps, qui estoit a eulx moult grant honneur et proffict ; quartement, que en si bonne extime les avoit tousjours eu, et que, a toutes ses guerres, tant en France comme hors France, les avoit euz a sa soulde et a groux nombre, ce qui de moult avoit enrichiz et entretenus leurs pays ; « et, quant au regart du Roy des Rommains, oncques ne nous fist gaigner denier ; et si, par avanture, a ce besoing nous souldoye deux ou troys moys, ce sera tout ce que de luy pourrons jamais avoir, et perdrons pencions et gages et souldes et la bienveillance du Roy de France. Pour ce, est le meilleur de dire au Roy des Rommains que voluntiers le servirons envers tous et contre tous, reservé contre le Roy de France. » Et ainsi envoyerent devers ledit Roy des Rommains pour luy dire le vouloir dé seigneurs des ligues et cantons des Suyces, de quoy ne fut content ; mais autre chose n'en fut, si n'est que iceulx Suyces furent devers le Roy luy dire que, contre luy, ne serviroyent le Roy des Rommains, mais estoyent tous prestz de le servir, comme avoyent accoustumé.

Voyant, le Roy, comment le Roy des Rommains s'aprestoit pour passer, disant qu'il passeroit par la duché de Millan par force, et que moult grant nombre avoit de gens d'armes, comme se disoit ; car il estoit bruyt qu'il avoit dix mille chevaulx et quarente mille hommes de pié tous pres a marcher, ce qui fist demeurer le Roy ancores long temps dela les mons, deliberant, si ledit Roy des Rommains veust passer par force, de luy donner la bataille et luy garder le passage, en maniere que, premier qu'il le gaigne, coustera la vye de cent mille hommes armez. Et tant ne se fya au dire et secours des Suyces qu'il n'envoyast en France querir dix mille hommes de pié, et y transmyst le capitaine Audet Desye, Guillaume de la Hite et aultres, et manda a ung nommé Georges de Dureffort, cadet de Duras, et autres capitaines en France, que a toute dilligence luy amenassent dix mille Gascons, qui, tantost apres le mandement du Roy, furent pres et mys a chemin.

XXXVII.

Comme le Roy partit de Millan pour s'en aller en Ast et à Savonne, ou se devoit rendre le Roy d'Arragon.

Le xme jour du moys de jung, le Roy partit de Millan[1], ou de la s'en alla disner a Binasque, dix mille loings dudit lieu de Millan; de la s'en alla droict a Lumel, a Valence, a Felissant et en Ast, ou se repousa VIII jours[2] en actendant nouvelles du Roy d'Arragon, qui ancores n'estoit sur mer.

Le Roy, estant en Ast, voulant tousjours pourveoir a ses affaires, manda venir par devers luy tous ses capitaines de dela les mons, ausquelz dist : « Vous scavez que ja long temps a que je suys deça les mons, et les exploictz d'armes que, a l'ayde de Dieu, nous avons faictz sur noz ennemys, lesquelz sont, comme savez, soumys a la raison et domptez en obeissance, et, en oultre, comme il a esté bruyt de la venue du Roy des Romains, ce que ja long temps m'a detenu de par deça, me cuydant trouver au devant de luy;

---

1. Il y était encore le 11 au matin; il alla le 11 coucher à Bereguardo. Arch. nat., KK 88, fol. 162.

2. Il en repartit le septième jour au matin; il n'y passa que six jours. Arch. nat., KK 88, fol. 162 v°.

mais est bon a savoir, veu sa longue demeure, qu'il n'est prest a passer. Or, a toutes fins, j'ay transmys querir dix mille hommes de pié en France et x mille ou plus, qui sont de par deça, avecques xiiii cens hommes d'armes, mes deux cens gentishommes et les deux cens archiers de messire Jacques de Cressol pour luy mectre en barbe, s'il en est besoing. Je m'en voys a Savonne, la ou le Roy d'Aragon se doit trouver, comme il m'a mandé, et la esté quelque temps, je suys deliberé de m'en aller jusques a Lyon. Et, affin que, si le Roy des Rommains marche, a sa venue me puisse trouver, et que on ne face doubte de mon retour, je laisse icy mon escuyrie, mon harnoys, mes gentishommes et archiers et tout mon sommage, esperant que, s'il marche, d'estre icy vi jours apres que j'en auray sceu vrayes nouvelles. Et, au surplus, vous veulx a tous pryer et commander, en tant comme je puys et que vous craignez a m'offencer et desobeyr, que vous ayez a obeyr au commandement de messire Charles d'Amboise, mon lieutenant general, tout ainsi que a ma propre personne, et qu'il n'y ait faulte ; et, en ce faisant, cognoistrez au besoing que vostre service sera par moy guerdonné et voz biensfaictz recogneuz. » Ce propos ainsi fyny, tous les capitaines françoys luy promisrent, tous a une voix, de ainsi le faire.

Apres ce, le Roy sceut par ses coureurs que le Roy Ferrande d'Arragon estoit pres a partir de Naples pour se rendre a Savonne, comme entre eulx avoit ja esté ordonné, et qu'il auroit avecques luy la Royne sa femme et grant nombre de dames et bien xiiii cens gentishommes de ses gens ; sur quoy advisa que dedans

Savonne avoit peu de logis pour recullir tout son train et celuy dudit Roy d'Arragon ; par quoy, fist ung rolle de ses gentishommes et autres, a peu de nombre, lesquelz ordonna aller avecques luy, et lessa le surplus en l'Astizanne et en la duché de Millan. Puys s'en partit d'Ast et se mist a chemin, tirant droit a Savonne, ou ariva le jour de la feste sainct Jehan Baptiste[1], et la trouva, au dehors de ladite ville, les seigneurs et citadins, les processions et le populaire pour le recueillir et honnourer ; lesquelz le convoyerent en bel ordre tout le long d'une grande rue parrée jusques a la porte de son logis, qui estoit ung peu au dessoubz du chasteau, le domme entre deulx, et estoit sondit logis la maison de l'evesque de Savonne, moult belle et bien apropriée. La dedans s'en entra, ou trouva sa chambre toute dressée et les officiers de sa maison pour le servir, chascun en son office. Temps fut de prendre refreschissement, car lors la challeur estoit audit lieu tant extremme que les plus legierement vestus a poine la pouvoyent supporter, et, avecques ce, tant de petites mouches, picantes comme aguillons, y couroyent que chascun en portoit la merche, car la nuyt sortoyent des fentes et trouz des chambres des maisons, et ceulx qui la dormoyent nudz et descouvers en estoyent actainctz et piquez, en maniere que plusieurs en avoyent corps et visaiges tous bossetez et rougeollez ; mais, en ceste pestillence ennuyeuse, chascun passa le temps comme il peut, en chassant les mouches, lesquelles couroyent mesmement, et le plus, a ceulx qui estoyent logez pres la marine. A quoy

---

1. 24 juin.

tenir se sceut bien le Roy mesmes, qui vers ladite marine estoit logé.

XXXVIII.

DE LA VENUE ET ENTRÉE DU ROY D'ARRAGON A SAVONNE, ET DU RECUEIL ET TRECTEMENT QUE LE ROY LUY FIST, ET DE LA FAMILIARITÉ QU'ILZ EURENT ENSEMBLE[1].

Le Roy Ferrand d'Arragon estoit ja party de Gayete et monté en mer pour s'en revenir en Espaigne et passer par Savonne, comme avoit mandé au Roy. De quoy le pape adverty s'en alla a Hostie, ung port de mer, terre d'Eglize, sur la passée dudit Roy d'Arragon, et la fist faire grandes provisions et gros appareil pour le cuyder illecques recueillir et trecter. Mais, saichant lors, celuy Roy d'Arragon, que le pape n'avoit eu a gré le voyage du Roy a l'occasion de la prise de Gennes, dont estoit mal contant, comme se disoit, pour ne donner occasion au Roy de pencer quelque chose, et ausi qu'il luy failloit passer par ses dangiers, ne voulut parler a luy ne descendre a Hostie, mais luy manda qu'il avoit haste de s'en aller, et le vent a

---

[1]. Miniature au fol. cxxiiii r° du ms., représentant l'arrivée du roi d'Aragon. A droite, une porte fortifiée avec l'inscription *Savonne*, encombrée des archers du roi. En avant de cette porte, une petite estacade de bois, sur laquelle Louis XII, suivi de trois ou quatre personnages, reçoit dans ses bras Ferdinand. Ferdinand, sur une passerelle en bois, sort d'une barque aux couleurs de Louis XII (jaune et rouge), dans laquelle on voit la reine, des dames, deux cardinaux, divers personnages. Une jetée arrondie, derrière la porte, est couverte d'une foule bigarrée. La mer est bleue et semée de barques aux couleurs du roi.

gré pour ce faire, par quoy ne pouvoit pour l'eure
arrester, et ainsi passa oultre. Le conte de Foix luy
fut au devant, par mer, avecques grande noblece de
France, qui luy dist nouvelles du Roy et commant il
estoit ja a Savonne, pour la le recueillir et festoyer.
Dont s'avança et fist singler a plaines voisles, tant que
bientost fust oultre le havre de Gennes et a la veue
de Savonne, et de la tran[s]mist devers le Roy ung
nommé domp James Darbyon[1] pour l'advertir de sa
venue, et ausi transmist a Savonne le mareschal de
ses logis avecques ses « pousantadours », qui sont ses
fourriers, pour la mercher ses logis. Ausquelz le Roy
bailla ung nommé Anthoyne de Pierrepont, dit d'Arizolles, mareschal des logys, pour leur monstrer leurs
cartiers et les conduyre partout; ce qu'il fist, et leur
bailla leur cartier pres du chasteau, ou estoit ordonné
le logis du Roy d'Arragon.

Le Roy sceut, par ledit domp James Darbyon, que
le Roy d'Arragon estoit pres et que a ce jour seroit a
Savonne, dont fut le Roy bien joyeulx, et dist a celuy
domp James Darbyon : « Puys qu'il plest au Roy
d'Arragon, vostre maistre, de me venir veoir en mes
pays, je metray peine de le trecter a son vouloir et de
le recueillir joyeusement. » Et, ce dit, luy transmist
au devant maistre Georges, cardinal d'Amboise, les
cardinaulx de Nerbonne, de Sainct Severin, de Final,
d'Alby et de ses princes et seigneurs grousse route,
lesquelz luy furent au devant troys lieues en mer, et
la luy dirent commant le Roy l'avoit ja actendu quatre
jours, et que moult luy tardoit l'eure qu'il ne le veist.

1. Jaime d'Albion, ambassadeur en France.

Ausquelz fist le Roy d'Arragon joyeuse chere et bon recueil, disant : « J'ay tant honnourable louenge ouye du Roy de France, et par experience tant vertueuses œuvres en luy cognues que, a ceste cause, raison m'a meu d'entreprendre le venir jusques en ses pays veoir, honnourer et visiter, desirant, sur toutes choses, luy faire compaignye fraternelle et amyable, et prendre avecques luy familiere cognoissance et alience perpetuelle, et moy, confyant de son nom christianissime et tres excellente renomée, sans autre seureté que de sa seulle fidelité, mettre entre ses mains et en ses dangiers, disant que plus grant eur ne plus noble compaignye ne pourroye au monde rancontrer. »

Ce dit, fist naviguer vers Savonne, duquel lieu se pouvoyent ja choisir et adviser tout a cler les galleres et fustes, qui estoyent tendues et tapissées, et avoyent estandars amont. Pour veoir la venue et arrivée dudit Roy d'Arragon, qui a voisle tendue approchoit, chascun sortit de Savonne et print place autour du moulle, sur la marine et sur les tours et murailles de la ville, au droict de la venue, en maniere que tout estoit plain de peuple.

A la rive du moulle, par ou le Roy d'Arragon devoit descendre, le Roy fist faire ung pont de boys, entrant en mer environ XII pas large, a passer troys hommes de front, faict a gardes et assix sur pillotiz, et sur la fousseure couvert d'ung drap rouge actaché a petitz clouz pour faire la aborder la gallere du Roy d'Arragon et sortir par la de la mer pour entrer en la ville. Et, lorsqu'il fut environ ung mille pres de la ville, le Roy, avecques tous ses princes, gentishommes et archiers de sa garde, se trouva au bort du pont, encontre lequel avoit ung hault boulouart, ou je, avecques plusieurs, montay pour veoir tout a cler la rencontre des Roys.

Or est a entendre que, dedans les fustes et galleres du Roy d'Arragon, n'avoit nulz chevaulx : par quoy le Roy avoit faict la mener en main une mulle richement harnachée, pour monter ledict Roy d'Arragon; et avoit commandé aux autres de ses princes qui la estoyent, et a ses autres gentishommes, qu'ilz eussent la mulles et haquenées pour bailler aux gentishommes d'Espaigne et porter en crouppe les dames de la Royne d'Arragon, dont elle en avoit moult grant nombre richement accoutrées, et toutes a l'espaignolle, combien que plusieurs d'icelles fussent fransoyses.

En ceste maniere, actendoit, le Roy, le Roy d'Arragon, qui tant approcha qu'il entra dedans le moule de Savonne, ou avoit, pour le Roy, grousse route de navires armez et artillez, lesquelz commaincerent a tirer artillerie a toutes mains. Pareillement les galleres et fustes du Roy d'Arragon firent, a l'entrer dudit moulle, telle meute d'artillerie qu'on n'eust oy la tonner. Le capitaine Pregent le Bidoulx, avecques ses quatre galleres, couvertes de fleurs de lys, et toutes ensemble, estoit entré dedans le moulle comme le Roy d'Arragon; et la, apres les autres, fist descharger son artillerie, dont il avoit grousses coulevrines a roe et canons serpentins, tellement qu'il sembloit que tout basist. Des tours de la ville et du chasteau pectoit artillerie comme tonnerre; sur la marine, n'apparroissoit que feu et fumée; fin, plus d'une heure continua ce bruyt, tel que s'estoit chose espouventable a ouyr et merveilleuse a veoir. Aussi estoyent la trompectes et haulx-boys, qui souffloyent sans cesser.

Cepandant, le Roy d'Arragon fist mectre de fil ses galleres, et la sienne, en laquelle il estoit, tirer devant, laquelle estoit toute couverte et parée de draps de la coulleur et livrée du Roy, c'est assavoir de jaune et rouge ; et tous les mathelotz et rameurs vestus de jaune et rouge, avecques cappetes de mesmes. Ses autres galleres et fustes estoyent richement accoustrées et parées de mesmes. Quoy plus? le Roy d'Arragon fist adresser sa gallere droict au pont, ou le Roy estoit : lequel, lorsqu'il vit approcher la gallere du Roy d'Arragon, comme d'ung demy gect de pierre pres, descendit de sa mulle et s'en alla sur le pont, ou ja abordoit la gallere, et si pres que l'escalle de ladite gallere, premier que le Roy fust au bort dudit pont, fut dessus avalle. Ce faict, le Roy marche celle part, et s'en entra dedans ladite gallere, avecques luy deux de ses gens seullement, c'est assavoir messire Charles d'Amboise, son lieutenant dela les mons et grant maistre de France, lequel fist entrer dedans, et messire Galeas de Sainct Severin, grant escuyer de France, lequel entra apres luy.

Le Roy d'Arragon fut aupres du bort de l'escalle, lequel, tout en l'eure que le Roy fut entré, mist le bonnet au poing et le genoil en terre, et le Roy apres, en eulx embrassant assez longuement. Ce faict, le Roy fist bailler les clefz de la ville au Roy d'Arragon, lequel les receut amyablement, et puys les fist retourner entre les mains du Roy, lequel dist au Roy d'Arragon : « Allez vous en devant, je m'en voys amener la

Royne; » laquelle fut la presentée au Roy par le cardinal d'Amboise, et icelle, le genoil en terre, fist la reverence au Roy, lequel auxi la baisa et la prist par la main pour la enmener. Cependant le Roy d'Arragon et le cardinal d'Amboise, viz a viz de luy, cheminerent le pont. Le Roy d'Arragon descendit le pont, ou la atouchant luy fut presentée la mulle que le Roy luy avoit ordonnée, sur laquelle il monta, et actendit la a venir le Roy, qui amena la Royne sa nyepce jusques sur le pont; puys se mist devant et dist de loings au Roy d'Arragon, qui l'actendoit : « Marchez, marchez, je meneray la Royne apres; » ce que ne voulut le Roy d'Arragon, mais, le bonnet au poing, disoit qu'il n'yroit point. Et tandis le Roy monta sur sa mulle et fist monter derriere luy la Royne; puys, dist au Roy d'Arragon : « Allez devant, car la costume de France n'est pas que les femmes tiennent le rang de leurs maris; » et adonc se mist devant, jusques a l'entrée du portal de la ville, pres dudit pont de xx pas ou environ.

A l'entrée dudit portal furent les seigneurs de la ville, tenant ung large poisle soubz lequel se misrent les Roys et la Royne d'Arragon. Le cardinal d'Amboise et Gonsalles Ferrande, duc de Terrenove, marchoient les premiers apres les Roys. D'autres princes estoyent la du party du Roy : le duc d'Allençon, le duc de Bourbon, le duc de Longueville, le duc d'Albanye, le conte de Foix, le conte de Vandosme, le marquys de Mantoue, le marquys de Monferrat, et d'autres grande baronnye, avecques les cardinaulx susdits. Avecques le Roy d'Arragon estoyent des principaulx : Gonsalles Ferrande, duc de Terrenove en Callabre, le duc de

Villeformose[1], le conte d'Arande[2], le marquys de Suye, domp Jehan d'Arragon[3], domp Ferrande de Tholedo, domp Anthoine de Cardonne, filz du duc de Cardonne; le conte de Capache[4], dit Villemarin, capitaine de toutes les galleres du Roy d'Arragon, et grant nombre d'autres seigneurs et gentishommes espaignolz, lesquelz eurent la chevaulx tous pres pour les mener jusques a leurs logis. Ausi furent montées toutes les dames en cruppe et menées par les Françoys jusques au chasteau.

Depuys l'entrée de la porte de la ville jusques a l'entrée dudit chasteau, au[x] deux costez de la rue tendue, estoient les archiers de la garde et les Allemans du Roy, tous en ordre et à pié, la hallebarde au poing, entre lesquelz passerent les Roys : ce que, entre autres choses, regarda voluntiers le Roy d'Arragon et ses Espaignolz.

Toute ceste rue estoit tendue et couverte de verdure, et, en approchant du chasteau, avoit au travers de ladite rue ung arceau de verdure, ou avoit en escript ses mectres :

> Quis me felicem, qui me neget esse beatam ?
> Ecce habeo Regum, leta Saona, decus.
>
> *Qui veult nyer qu'en tout eur je n'abbonde,*
> *Quant en moy est l'onneur des Roys du monde?*

1. Probablement de Villa-Hermosa.
2. Aranda.
3. Le bâtard don César d'Aragon était pensionnaire de la cour de France pour 4,000 livres (quittance du 26 février 1502, a. st. *Tit. orig.,* Aragon, n° 3).
4. Capaccio.

Le Roy doncques, en la maniere susdite, convoya le Roy d'Arragon jusques au dedans du chasteau et, eulx descendus de cheval, le mena jusques en la salle, et puys conduyt la Royne jusques en sa chambre; et, apres quelque joyeulx propos tenus entre eulx, le Roy avecques ses gens s'en alla a son logis, et chascun des autres se retirerent en caze.

Et n'est a oublyer que le Roy d'Arragon, voulant monstrer la grande seureté et singuliere fience qu'il avoit du Roy, ne voulut menger d'autres viandes que celles qu'il luy avoit faict aprester, sans vouloir estre servy que par la main des officiers du Roy et en sa vaisselle, dont il y en eut d'or a grant quantité, et d'argent a places couvertes. Ausi, pour sa personne et pour la Royne, ne voulut avoir autres lictz, ne dormir ailleurs que dedans les lictz de camp et le linge que le Roy avoit faict aprester pour eulx au chasteau.

Ce soir, les Roys soupperent chascun a son logys, l'ung et l'autre servis d'une sorte de vin, de pareilles viandes et par mesmes officiers, c'est assavoir par les officiers du Roy, qui misrent extreme dilligence et toute cure pour bien servir et honnorablement trecter le Roy d'Arragon, car ainsi le vouloit le Roy.

Apres soupper, les varletz de chambre du Roy furent dresser la chambre et parer le lict du Roy d'Arragon, lequel ne voult que aucuns des siens y touchassent; ains, premier que nul desdits officiers du Roy sortissent de la chambre, voulut estre couché. Et ce faict chascun se retira.

Au dedans du chasteau et tout autour de la chambre du Roy d'Arragon estoient les princes d'Espaigne qui la estoyent, comme Gonsalles Ferrande, duc de Terrenove, et sa femme[1], le duc de Villeformose, le conte d'Arande, le marquys de Suye et aucuns autres, pour lesquelz les princes et seigneurs de France avoyent la faict porter et dresser de leurs lictz de camp ce qu'il y en failloit, et ausi pour les dames de la Royne, tant que chascun fut illecques ausi bien couché, ou myeulx par avanture, qu'il n'eust esté en sa propre case.

Le Roy, tantost apres soupper, voulut reposer, comme celuy qui toute jour n'avoit eu passetemps que de presse et de bruyt, dont estoit tout ennuyé et fatigué, par quoy se mist au lict pour prendre repos.

Les seigneurs et autres gentishommes espaignolz, qui estoient logez par la ville, trouverent leurs chambres tandues et lictz de camp dressez que les Françoys leur avoyent la faict apprester, et le banquet partout, ou messire Jacques de Chabbanes, seigneur de La Palixe, et plusieurs des capitaines françoys et autres gentishommes de la maison et des penccionnaires du Roy se trouverent pour accueillir, trecter et festyer les Espaignolz, combien que, peu de temps devant ce, eussent entre eulx eu mortelle guerre et a la deffortune des Françoys. Mais d'autre chose n'estoit lors nouvelles que de bien festyer lesdits Espaignolz; ausi estoit ce le plaisir du Roy et courtoisie des siens : de quoy lesdits Espaignolz, de ce rejoys et contantz, s'esmerveillerent, en recommandant de moult la mode liberalle de France.

Le cardinal Saincte Praxede, legat lors en Lombardie, estoit a Savonne; lequel delibera le lendemain, jour de la feste sainct Pierre et sainct Pol, de chanter

1. Dona Maria Manrique de Hito-Baños.

messe en note au grant domme de Savonne, pour l'onneur du prince des apostres, duquel estoit la grande sollempnité, et des deux plus grans Roys de la chrestienté, qui la estoyent presens; et pour ce, au matin, sur le point de VIII heures, avecques plusieurs des autres cardinaulx qui la estoyent, et tout plain d'evesques et autres prelatz, fut prest a dire la messe, a laquelle se voulurent ensemble trouver les Roys.

Le Roy d'Arragon, sachant que le Roy vouloit aller a ceste messe, luy voulut tenir compaignye; et luy, avecques grant nombre des princes et seigneurs d'Espaigne, descendit du chasteau et s'en alla au logis du Roy, qui ja estoit prest et l'actendoit pour aller a l'eglize. Les archiers de la garde et les Allemans estoyent arrengez a deux rangz, depuys la porte de la chambre du Roy jusques devant le grant autel du domme, pour la faire faire place et departir la presse, qui estoit moult grande. Les deux Roys furent ensemble par l'espace d'une bonne heure, ou ung peu plus, et la parlerent de toute joyeuseté.

Et, lorsqu'il fut temps d'aller a la messe, le Roy, voyant la franchise et liberalité du Roy d'Arragon, qui, sans autres hostages que de la seulle fience qu'il avoit en luy, s'estoit ainsi mys entre ses mains, se delibera luy faire tout l'onneur qu'il pourroit, et luy dist qu'il se mist devant : lequel ne voulut, disant qu'il ne luy appartenoit, et qu'il n'yroit point. Et voyant, le Roy, qu'il ne vouloit marcher, dist de rechief : « Marchez devant, car si j'estoye cheux vous et en voz pays, sachez que je feroye ce de quoy me prieriez; et, pour ce qu'estes en mes pays, vous en ferez ainsi, car je le veulx, et si vous en prie. » Et, ce dit, le Roy d'Arragon se mist devant, et le Roy apres.

A l'issue de la porte du logys du Roy, a luy se vint presenter ung nommé Miquel Pastor, cathellan[1], capitaine de quatre galleres que le Roy d'Arragon avoit transmises au Roy a Gennes; lequel Pastor demanda chevallerye au Roy, et qu'il luy pleust le faire chevalier de sa main : ce qu'il fist voluntiers, en luy baillant l'accollée, ou nom du bon chevalier Sainct George. Et, ce faict, la fut ung foul, qui estoit au Roy d'Arragon, lequel commainça a crier a plaine teste : « O seigneur Miquel Pastor, le tres eureulx, qui est ores faict chevalier de la main du plus noble et du plus grant Roy de tout le monde ! »

Tout cela faict, les Roys cheminerent vers l'eglize; a leur queue, grant suyte de princes et prelatz. Ainsi cheminerent jusques a la porte de ladite esglize, et la se prindrent les deux Roys par les mains, le Roy d'Arragon a la haulte main, et cheminerent jusques devant le grant autel, ou avoit deux chaires parées, desquelles l'une estoit pour le Roy et l'autre pour le Roy d'Arragon, atouchant l'une de l'autre et d'une mesme haulteur; et, au devant desdites chaires, ung banc couvert de drap d'or, de la haulteur du siege desdites chaires, ou ung peu plus hault, pour la dessus appuyer les Roys et eulx agenoiller devant; et estoyent assises icelles chaires sur main destre, en montant audit grant autel. A main senestre, avoit une autre chaire plus haulte, viz a viz de celle des Roys, ordonnée pour le legat, cardinal Saincte Praxede.

Les Roys furent en leurs chaires, et la messe comain-

---

1. Catalan.

cée par les chantres du Roy d'Arragon et aucuns de ceulx du Roy, qui la n'avoit mené tous les chantres de sa chappelle, pour la presse[1]. Or, s'en alla ledit cardinal Saincte Praxede, en ses pontificaulx habitz, devant le grant autel, ou illecques, tout environné de prelatz, fist l'introite de sa messe et puys se retira en sa chaire, tournant la face vers les Roys; et la, tout assix, chanta la messe, jusques au *Per omnia*.

Du costé des Roys, fut mys ung grant banc de long entre le grant autel et les chaires, ou furent assix, premierement et au plus hault, Charles, duc d'Alençon; apres, Gonsalles Ferrande, puys le conte de Vandosme; Francisque de Gonsago, marquys de Mantoue; Jehan Guillerme, marquys de Monferrat, et quelques autres des seigneurs d'Espaigne. De l'autre costé, estoyent assix sur ung autre banc les cardinaulx d'Amboise, de Nerbonne, de Sainct Severin, de Final, de Bayeulx et d'Alby, avecques tout plain d'arcevesques et evesques, qui estoyent la tous droictz. Tout aupres du Roy, estoit debout Françoys d'Orleans, duc de Longueville, lequel estoit au derriere de la chaire, appuyé tout encontre; ausi estoyent la tout autour Jehan Stuart, duc d'Albanye, Loys d'Orleans, marquys de Routhelin, messire Charles d'Amboise, grant maistre de France, le seigneur Jehan Jourdan, Jacques de Bourbon, conte de Roussillon, messire Jacques de Cha-

---

[1]. Louis XII aimait fort la musique (voy. l'*Épître de Marie d'Angleterre* dans les *Épîtres familières* de Bouchet). De Savone même, il écrivit, le 27 juin, aux Florentins pour leur demander la grâce d'un détenu, le frère Alexandre « Copin, » tant comme religieux que « aussi pour les vertu et sciencez de musique qui sont en sa personne » (Champollion-Figeac, *Documents historiques inédits*, I, 676).

bannes, seigneur de La Palixe, et tous ses chamberlans, avecques grant nombre de ses gentishommes et pencionnaires. Autour du Roy d'Arragon, estoyent ausi grant nombre de princes et seigneurs d'Espaigne. C'estoit, a bien le prendre, une assemblée digne d'amiration et de triumphe souverain.

Que fut ce? l'evangille de la messe fut dict par ung evesque, qui faisoit le dyacre, lequel, apres ce, prinst le livre ouvert au droict de l'evangille et le porta aux Roys qui estoient apuyez sur le banc, et joignant l'ung de l'autre; et, premierement, presenta l'evangille a baiser au Roy, lequel l'adressa au Roy d'Arragon, qui ausi la reffusa; et, ce voyant, l'evesque arresta le livre ouvert entre eulx deux; lesquelz tout a la foys baiserent l'evangille, l'ung d'ung costé et l'autre d'autre.

La paix fut pareillement portée aux Roys par ledit evesque, lequel ausi la presenta premierement au Roy. Mais en fut faict comme de l'evangille : car tous deux a la foys la baiserent au pié, qui estoit une croix, ayant le bas en la façon et largeur d'ung pié de calice.

La messe dicte, la benediction fut donnée par ledit cardinal Saincte Praxede, qui avoit la toute la puissance du pape : a laquelle les Roys et toute la seigneurie plyerent les genolz et joignirent les mains.

Et, apres la benedicion donnée, le cardinal d'Amboise se leva et approcha les Roys, en leur disant qu'il failloit aller a l'autel pour avoir le baiser de paix; lesquelz se misrent a marcher vers l'autel; et le cardinal Saincte Praxede avança le pas vers eulx, pour leur donner *osculum pacis;* et la, eut refus a l'onneur d'ung costé et d'autre. Mais le Roy, sachant honneur estre reciproque et retourner a qui le faict, et comme estant cheux luy, voulut tousjours faire l'onneur au Roy d'Arragon ; par quoy fist signe audit cardinal qu'il s'adressast premier a luy : ce qu'il fist, puys au Roy. Ce qui sembloit a plusieurs prejudicier a l'onneur de France, disant que la preeminence d'onneur sur tous les Roys cristiens appartient au Roy de France comme au plus noble des humains, et que, entre autres, est dit seul et intitulé, par prerogative et excellence, le Roy Christianissime. Mais d'a[u]cune chose ne peult prejudicier au Roy l'onneur par luy faict a autruy liberalement et non accepté par auctorité, comme fist tousjours le Roy d'Arragon, qui, a tous honneurs, refussa l'avantaige, premier que l'accepter, sachant ausi que, par le maistre des cerimonies, a Romme, sur et devant tous autres Roys chrestiens, le Roy de France est le premier aux honneurs[1].

Pour entrer en propos, apres la messe dicte, les Roys s'en allerent ensemble, comme devant ; et, a l'issue du domme, monterent sur leurs mulles et tirerent vers le logis du Roy, jusques devant la porte, ou illecques se departirent. Le Roy s'en entra en son logis, et le Roy d'Arragon s'en alla disner au chasteau.

Apres que les Roys eurent disné chascun a son logis, lesquelz ancores n'avoyent ensemble tenu propos que de joyeulx passetemps, pour dire de plus, sur le point de XII heures du matin, le Roy, accompaigné d'au-

---

[1]. Rome était, en effet, la grande régulatrice du cérémonial. Le roi de France y passait immédiatement après l'empereur, avant les autres rois (voy. la *Diplomatie au temps de Machiavel*. Cf. *Mémoires concernans la préséance des roys de France sur les roys d'Espaigne*, par T. Godefroy, advocat en parlement. Paris, Chevalier, 1612, in-4°.

cuns de sés princes et du cardinal d'Amboise, s'en alla au chasteau voir le Roy d'Arragon, lequel luy vint, a bas, au devant. Et eulx ensemble remonterent et parlerent en chambre, touchant aucunes choses segretes entre eulx; pour lesquelles communiquer et deduyre, et que l'affaire d'entre eulx requeroit quelque peu de prolixité de langage, le Roy voulut que le cardinal d'Amboise, en qui se fyoit de moult, eust ceste charge a mener et a trecter, en son lieu, avecques le Roy d'Arragon, de la menée entre eulx entreprise. Et, pour ce, ledit Roy d'Arragon et le cardinal d'Amboise se retirerent dedans une chambre a part; et la furent eulx deux ensemble par l'espace de troys grosses heures ou plus. Et je, qui lors estoye la dedans une salle avecques plusieurs, et pres de la porte de la chambre ou se tenoit le conseil, combien que j'eusse bonne envye de savoir du trecté quelque chose, toutesfoys, ce fut pour moy ung segret escript en lectres fermées et ung conseil celebré a porte close. Mais l'oppinion de chascun estoit que la se trectoit quelque amour fraternelle, perdurable paix et seure alience. Que fut ce? ledit Roy d'Arragon et ledit cardinal d'Amboise, apres leur conclusion faicte, sortirent de la chambre et s'en allerent en la chambre ou estoit le Roy, lequel advertirent de tout ce qu'ilz avoyent trecté et conclut. Et la firent les deux Roys, entre eulx, les promesses qu'ilz voulurent et parlerent en segret, et premierement de leurs affaires.

Et apres ce, le Roy fut deviser avecques la Royne d'Arragon, sa nyepce, laquelle puys en enmena soupper a son logis, avecques grant nombre de ses dames et des seigneurs d'Espaigne pour la convoyer, laquelle, apres soupper, renmena jusques au chasteau. Et la parlerent, luy et le Roy d'Arragon, assez long temps; puys s'en retourna a son logis, ou ledit Roy d'Arragon le voulut reconduyre; mais ne le voulut souffrir.

Tantost que le Roy fut retourné a son logis, les capitaines des gardes furent, avecques les quatre cens archiers et les cent Allemans, devant et tout autour du logis du Roy; et la assirent leurs guectz, ou toutes les gardes estoyent tousjours : ce que le Roy d'Arragon et les seigneurs d'Espaigne regardoyent voluntiers, et se mectoyent aux creneaulx du chasteau tous les soirs, pour veoir de la asseoir le guect, ce qui faisoit beau a regarder : car, scelon commun dire, il n'y avoit prince en toute chrestienté qui eust telle garde et si bien ordonnée.

Nouvelles vindrent lors au Roy que la Royne estoit grosse; lesquelles nouvelles apporta ung nommé messire Jehan Le Roux, seigneur de la Tour, des gentishommes de la Royne, auquel le Roy fist tres joyeuse chere, et fist publier les nouvelles par tous ses pays de dela les mons; dont furent faictz partout les feuz de joye.

La Royne, qui lors estoit a Grenoble, ou Daulphiné, d'eure en heure avoit nouvelles du Roy et si grant envye de le veoir que a toute heure luy escripvoit qu'il s'en retournast en France; et ausi Madame Glaude luy prioit, par tous messagiers, qu'il s'en revint en ses pays : par quoy luy tardoit qu'il n'estoit a chemin, disant que, tout en l'eure que le Roy d'Arragon seroit deslogé, que sans sejour se mectroit en voye.

Pour continuer propos, doncques le lendemain de la feste Sainct Pierre et Sainct Pol, qui fut le derrenier jour du moys de jung, les Roys ouyrent messe a part et disnerent chascun a son logis.

Et, apres disner, le Roy, avecques grosse suyte de seigneurye de France, fut veoir le Roy d'Arragon au chasteau, ou la diviserent longuement ensemble.

Puys la Royne et ses dames furent en place pour dancer. Les Roys dancerent chascun son tour ; et puys les princes estans la, presens et autres gentishommes françoys et espaignolz ranforcerent les dances. La menerent les Roys et autres de leurs suyte[s] tres joyeuse vye et plaisant passetemps, qui dura jusques sur l'eure de vespres. Et, lorsque fut temps de soupper, le Roy en enmena a son logis le Roy et la Royne d'Arragon pour soupper avecques luy ; et, lorsque tables furent couvertes, les Roys et la Royne laverent[1] ensemble, et apres fut baillé a laver a Gonssalles Ferrande. L'acciepte fut telle que le Roy fist mectre a l'onneur le Roy d'Arragon, puys se assist apres, et la Royne[2] en enssuyvant ; et au bas bout du banc fist assoir Gonssalles Ferrande. Aupres du banc, ou estoyent assix les Roys et Gonssalles[3], du costé du bas bout, fut mys ung autre banc et une petite table ; et la fut assize une dame d'Espaigne, dame d'honneur de la Royne. Durant le soupper, furent la tenus maintz plaisans propos et divisé de choses joyeuses, et les Roys tres haultement serviz, car chascun mectoit dilligence a ce faire. Apres

---

1. Se lavèrent les mains.
2. Les Français trouvèrent à la reine une « merveilleuse audace » et l'accusèrent de peu de courtoisie, même envers son propre frère Gaston de Foix (le Loyal serviteur).
3. On remarqua extrêmement l'honneur rendu par Louis XII à Gonsalve de Cordoue (Guichardin).

soupper, l'eau fut apportée pour laver les mains : si se laverent les Roys et la Royne ensemble ; et puys fut baillé a laver audit Gonssalles Ferrande, qui tenoit grosse gravité. Or, furent les Roys a diviser la long temps ; et apres sortirent du banc, ou tousjours avoit demeuré ledit Gonssalles quant et eulx.

Le Roy d'Arragon s'enquist lors ou estoit messire Berault Stuart, seigneur d'Aubigny, disant qu'il le verroit voluntiers, pour ce qu'il le cognoissoit moult bon chevalier et sage, et que autres foys l'avoit veu en Espaigne et en Grenade a son secours contre les Mores, et la faire maintes proesses ; dont avoit grant envye de le veoir. Lequel seigneur d'Aulbigny estoit en la ville malade de goute a son logis. De quoy fut adverty le Roy d'Arragon, lequel dist : « Et vrayement, puysqu'il est malade et qu'il ne peut venir icy, je l'iray veoir jusques a son logis. — Or, allez, dist le Roy, et ce pandant, je meneray la Royne a l'esbat. » Et dist a messire Gabriel de La Chastre : « Allez avecques voz cent archiers conduyre le Roy d'Arragon jusques au logis de mons^r d'Aulbigny. » Et ce dit, le Roy d'Arragon et Gonssalles Ferrande, avecques grousse suyte de barronnye d'Espaigne et de France, et messire Gabriel de La Chastre avecques ses cent archiers pour le conduyre, s'en alla droict au logis du seigneur d'Aulbigny : lequel estoit tant pris de goute qu'il ne se pouvoit lever sans ayde ; et, lorsqu'il sceut que le Roy d'Arragon luy faisoit l'onneur de le venir veoir jusques a son logis, se fist lever et porter en une chaire jusques a la porte de sa chambre, ou le Roy d'Arragon le trouva, comme il se faisoit porter au devant de luy jusques dehors ; ou, si tost qu'il apperceut le Roy d'Arragon, se fist mectre bas, le genoil en terre, et dist : « Ha! sire, et commant pourray je a suffire rendre graces a vostre catholicque magesté, d'avoir pour moy prise la peine a venir jusques cy quant je plustost me devoye a piedz et a mains acheminer que vous veoir prendre ce travail. Mais plaise vous savoir, sire, que l'empeschement de mon mal (qui tant ne me griefve que l'ennuy de vostre peine) m'a deffendu la voye et coppé le chemin et mys en l'estat que chascun me peut veoir. Toutesfoys, sire, pour le boneur de vostre joyeuse visitation, mon mal est tout alliegé, et moy tout sain, ce me semble. » Lors le Roy d'Arragon approcha le seigneur d'Aulbigny et mist pié a terre, puys l'embrassa, en luy faisant moult bonne chere et joyeulx visage. Gonssalles Ferrande, pareillement, et les autres seigneurs d'Espaigne, qui la estoyent, luy firent grant honneur ; et puys le Roy d'Arragon le fist retourner en sa chambre et remectre au lict, ou s'assist aupres de luy. La fut apporté la collacion, ou beurent ensemble, et ceulx qui la furent presens.

Le Roy d'Arragon et le seigneur d'Aulbigny diviserent longuement, en parlant de leurs vieilles guerres de Grenade et de plusieurs autres bons propos et joyeuses choses ; et, ce faict, ledit Roy d'Arragon dist adieu audit seigneur d'Aulbigny et s'en retourna au chasteau, les archiers du Roy, a pié, autour de luy, et messire Gabriel de La Chastre, auquel parla tout le long de la rue jusques au chasteau, et luy demanda du faict et de l'estat des gardes du Roy et de ses gentishommes, qu'il reputoit a grande chose et triumphalle ordonnance[1].

Tandis que le Roy d'Arragon fut au logis du s^r d'Aulbigny, le Roy avoit mené la Royne d'Arragon sur la marine a l'esbat, ou, des navires et galleres de France et d'Espaigne qui la estoyent, furent tirez coups d'artillerye a l'envyz, et là dedans les mathellotz se gecterent d'amont en bas et donnerent au Roy divers passetemps; et puys le Roy, qui avoit la Royne d'Arragon en crouppe derriere luy, l'en remmena au chasteau, ou ja estoit le Roy d'Arragon, qui se trouva en la basse court au devant du Roy; et la firent collacion et parlerent quelque temps ensemble, puys chascun s'en retira.

Dedans les galleres du Roy d'Arragon estoient lors plusieurs Françoys tenus par force, lesquelz avoyent esté priz durant le temps des guerres de Naples et mys en gallere : dont les aucuns furent cognuz et leur cas remonstré au Roy, qui les demanda audit Roy d'Arragon; lequel les promist a faire delivrer, ce qu'il fist depuys.

Apres que le Roy et le Roy d'Arragon furent departis du chasteau, comme j'ay dit, le Roy d'Arragon transmist a Gaston, conte de Foix, son beau frere, deux colliers d'or, jusques a son logis, avecques une raspiere et la sainctgure pour mectre en escherpe, le tout riche a merveilles : car les deux chaynes pesoyent chascune mille escus, desquelles l'une estoit faicte a quatre groux chaynons doubles, et l'autre a menu ouvraige, laquelle pouvoit faire plusieurs tours au-

---

1. D'après *le Loyal serviteur*, le roi d'Aragon témoigna, de son côté, beaucoup de considération à Louis d'Ars et à Bayard.

tour du coul, et toutes garnyes de riche pierrerye.

Lorsque le Roy fut retiré en sa chambre, les capitaines de gardes assirent leurs guectz tout autour de sa chambre et de son logis, en maniere qu'il se pouvoit dormir tout seurement.

Ausi fut faict comandement de par le Roy, a la peine de grosse amende, par toute la ville de Savonne, que, incontinent le jour couché, chascun chief d'oustel eust a mectre devant sa fenestre, sur la rue, une torche ou chandelle ardant jusques au jour, affin que, de nuyt, par les rues, n'y eust nulle brigue, et que nul ne peust aller ne sortir en rue qui ne fust cognu et advisé : ce qui fut faict continuellement durant le temps que le Roy d'Arragon fut audit lieu de Savonne, et tellement que par la ville faisoit la nuyt ausi cler, ou a peu pres, que de jour.

La n'eut, entre les Françoys et Espaignolz, une seule question ne parolle que d'amytié. Ausi avoit faict le Roy deffendre a tous Françoys, a peine de la hart, de ne prendre debat ne dire parolles injurieuses ausdits Espaignolz, et comandé que chascun mist toute peine de les bien trecter et accueillir : ce que chascun fist a son pouvoir.

Le premier jour du moys de juillet, les Roys, apres leur messe ouye[1], disnerent chascun a son logis; et, le vespre venu, le Roy et la Royne d'Arragon furent soupper au logis du Roy, ou, comme devant, mist ledit Roy d'Arragon a l'onneur, combien que tousjours le refusast, le bonnet au poing, mais ainsi le failloit faire pour le mieulx. A ce soupper, furent les Roys servys

---

[1]. Louis XII l'entendait tous les jours (Arch. nat., KK. 88, fol. 171 v°).

par les officiers du Roy, qui tres appoinct s'en acquiterent, comme costumiers de ce faire. Viandes exquises et vins delicieulx furent a largece la mys en avant, et faict entre les Roys vie privée et familiere, et chere joyeuse et amyable.

Messire Charles d'Amboise, grand maistre de France et lieutenant du Roy dela les mons, fist a celuy soir son banquet a Gonsalles Ferrande, ou furent plusieurs des autres princes et seigneurs d'Espaigne : pour lesquelz festyer et entretenir furent la des Françoys ceulx lesquelz on extimoit plus sollempnelz et gens de feste ; et entre autres y estoit messire Jacques de Chabbanes, seigneur de La Palixe, lequel estoit moult beau chevalier et grant, et l'ung des plus hardis et adroictz, et des myeulx extimez qu'on sceust, que plusieurs des Espaignolz qui la estoyent cogneurent bien, car autres foys l'avoyent veu en la Poille et en des lieulx ou plus le doubtoyent a rancontrer que audit banquet, ou ledit seigneur de La Palixe et les autres Françoys qui la estoyent mectoyent toute dilligence a bien trecter et entretenir ledit Gonssalles et les autres seigneurs d'Espaigne. Ausi messire Charles d'Amboise, qui faisoit le banquet, leur faisoit la meilleur chere de quoy se pouvoit adviser, et de l'onneur ce qu'il pouvoit.

A toutes ses bonnes cheres estoyent gentishommes atitrez pour quaqueter a plaisir et dire choses nouvelles et plaisantes ; desquelz estoyent messire Mery de Rochechouart, seigneur de Mortemar, qui disoit merveilles, messire Germain de Bonneval, gouverneur de Limosin, le seigneur de Janlys et tout plain d'autres gentishommes, lesquelz a l'envy dirent estranges nouvelles, et firent nouveaulx comptes, et donnerent a iceulx Espaignolz tant de divers passetemps que, apres ce, disoyent que oncques n'avoyent trouvé meilleur compaignye ne si plaisante.

Or eurent souppé les Roys et la Royne, et apres s'en allerent dedans ung beau jardrin la dedans bien cloz a grosses murailles crenellées et fenestrées au bas par ou l'on regardoit sur la mer, qui batoit de ce costé. Le Roy et la Royne d'Arragon, sa nyepce, s'assirent dedans leurs chaires, encontre une des fenestres qui regardoit en la mer, et la diviserent longtemps ensemble. Le Roy d'Arragon et le cardinal d'Amboise estoyent ausi assix sur leurs chaires, contre une des autres fenestres regardant sur mer, lesquelz pareillement diviserent de plusieurs choses et longuement : ou estoyent assistans les cardinaulx de Nerbonne, de Sainct Severin, de Final et d'Alby, l'arcevesque de Sens, l'arcevesque d'Ays, l'evesque de Paris, l'evesque de Lodeve, l'evesque de Marseille, l'evesque de Cisteron[1] et d'autres prelas et seigneurs d'Eglize, a grant nombre; pareillement y estoyent le duc de Longueville, le duc d'Albanye, le conte de Foix, le conte de Vandosme, le marquis de Mantoe, le marquys de Monferrat; ou ausi se trouverent Gonssalles Ferrande, messire Charles d'Amboise, messire Jacques de Chabbanes, et tous les autres espaignolz et françoys qui avoyent estez au banquet que avoit faict ledit messire Charles d'Amboise. Et ainsi, dedans celuy jardrin, fut la joyeusement passé la serée et plusieurs bons propos mys sus.

Et, lorsqu'il fut heure de se retirer, le Roy dist au

---

1. François de Dinteville.

Roy d'Arragon qu'il allast devant, disant : « Je meneray la Royne apres; allez, dist-il, vous et mons^r le cardinal. » Ce qu'il fist, ledit cardinal d'Amboise main a main; et le Roy prist la Royne d'Arragon a la haulte main et dist a Gonssalles : « Prenez la Royne a l'autre costé, seignor Gonssalles ? » Lequel, le bonnet au poing et le genoil bas, approcha la Royne et la prinst a l'autre main ; et ainsi s'en allerent avecques grande suyte de noblece, en marchant jusques hors la porte du logis. La furent mules et haquenées prestes pour monter les Roys, les seigneurs et les dames qui estoient la. Le Roy d'Arragon fut monté, et le Roy ausi, lequel fist monter la Royne, sa nyepce, en cruppe derriere luy. Les dames de la Royne, et quelques autres des princes et prelatz et autres gentishommes qui la furent, monterent a cheval. Et, ce faict, le Roy et le Roy d'Arragon, tous deux de front, marcherent droict au chasteau et toute la seigneurie apres; et, eulx montez amont, s'arresterent au pié des degrez de l'eschelle par ou l'on monte en la salle du chasteau, ou le Roy d'Arragon descendit de sa mulle, et luy mesmes ayda a la Royne sa femme a descendre, et puys osta son bonnet de dessus le chief, en remercyant le Roy de l'onneur que a luy et a la Royne luy avoit pleu de faire.

Quelque peu de temps parlerent et diviserent illecques ensemble, et conclurent de tout leur affaire; et, comme fut dit, promirent l'ung a l'autre d'eulx secourir et ayder envers tous et contre tous, tant que, pour comaincer, le Roy d'Arragon, sachant que le Roy des Rommains se deliberoit de vouloir faire la guerre au Roy et entrer en Lombardie, donna la charge a Gonssalles Ferrande d'envoyer a Naples querir six mille Espaignolz qu'il avoit la lessez, pour venir en Lombardye au secours du Roy, si besoing en avoit[1].

Ausi dist le Roy d'Arragon au Roy que le lendemain, au vouloir de Dieu, se mectroit sur mer pour s'en aller en Espaigne : de quoy le Roy adverty, commanda a ses maistres d'ostelz qu'ilz fissent advitailler de pain, de vins et de chairs toutes les galleres et fustes dudit Roy d'Arragon, si appoinct que ce fust pour le conduyre et deffrayer tout son train jusques a ses pays, et que, par toute la ville de Savonne, fussent tous les Espaignolz ausi deffrayez.

Le Roy, revenu a son logis, s'en alla prendre repoux. Et chascun print le chemin de son cartier et se retira en caze.

XXXIX.

Des noms d'aucuns des officiers de la maison du Roy, lesquelz se trouverent et servirent a ce voyage.

Tandis que les Roys, que j'ay lessez en leurs cham-

---

[1]. Le secret des délibérations fut très bien gardé, et les historiens, réduits comme le public aux conjectures, ont cru à des pactes qui n'existèrent pas (voy. Razzi, *Vita di Piero Soderini*, p. 27). Le cardinal de Sainte-Praxède, tenu à l'écart, fit seul quelques confidences, qui ne sont pas exactes (Filippi, *il Convegno in Savona tra Luigi XII e Ferdinando il cattolico*. Savona, 1890, in-8°). En réalité, les rois convinrent seulement du *statu quo*. Nous avons dit le dernier mot de cette remarquable entrevue, d'après l'engagement signé par Louis XII le 30 juin 1507, engagement qui se trouve aux archives de Simancas, dans notre mémoire *l'Entrevue de Savone*, 1507 (Paris, Leroux, 1890, in-8°).

bres, reposerent, en continuant propos, et a celle fin ausi que tous ceulx qui, a ce tres heureux et recomandable voyage de Gennes, ont, a la guerre et la paix, accompaigné et servy le Roy, ne soyent, par deffault de memoire, frustrez de loyer de l'onneur de l'affaire, et que leurs biensfaictz ne soyent ores mescogneuz ne en l'avenir oublyez ; apres avoir faict recit des noms et description des faictz de ceulx que j'ay peu veoir a l'ueil en besongne, et ouy le vray dire des ungs sur l'affaire des autres, pour parler de tout, ay voulu cy nommer, des officiers et domestiques de la maison du Roy, ceulx qui s'ensuyvent :

Premierement, de la chapelle du Roy.

Maistre René, cardinal de Prye, maistre de ladite chappelle ; l'evesque de Perigueulx, aumosnier du Roy ; frere Anthoine de Furno, confesseur du Roy[1], avecques tous les chappellains[2] et chantres de sadite chappelle.

Les chamberlans.

Françoys d'Orleans, duc de Longueville ; messire Loys d'Albih, seigneur de Piennes[3] ; messire Jehan d'Amboise, seigneur de Bucy ; messire Berault Stuart, seigneur d'Aulbigny ; messire Françoys de Rochechouart, seigneur de Champdenyer ; messire Robinet

1. Évêque de Marseille.
2. Parmi lesquels Jean d'Auton, qui s'omet modestement. Il convient de dire qu'il omet aussi la présence de Jean Marot.
3. Louis de Hallwyn, seigneur de Piennes, chevalier de l'ordre (*Tit. orig.*, Hallwyn, n°s 11-16). Son héritier, Jean de Hallwyn, bâtard de Piennes, fut reçu dans la compagnie des cent gentilshommes du roi (commandant, le duc de Longueville) (fr. 26113, 1331).

de Fremezelles; le seigneur du Bouchage; le seigneur du Couldray[1].

Les maistres d'ostelz.

Messire Charles d'Amboise, grant maistre de France; Jehan Guerin, seigneur de Coulumbiers; messire Rigault Doreille, seigneur de Villeneufve[2]; le seigneur de Chasteaudreulx; le seigneur de Luppé; le seigneur Sourdon; le gouverneur de Coussy, Georges d'Aucy; le seigneur de Beaumont; le seigneur de Congressault; Loys Herpin; le seigneur de Brillac.

Pannetiers et varlets tranchans.

René de Cossé, premier pannetier; messire Jehan de Sainctz, seigneur de Marigny; le seigneur de Palluau; le bailly de Caen; le seigneur d'Urtebiz[3], et Brillac.

Les varletz de chambre.

Charles de Rochechouart, seigneur de Monpipeau, premier varlet de chambre; Françoys de Crussol, seigneur de Beaudigner; Pierre de Tardes; Guyot[4] de la Baulme; Jehan de la Loue; maistre Jacques le cirurgien; Macé de Villebreme; Guillemin le barbier; Perrinet Tenot; Nantier; Rifflart; Oudin de Mondousset; Bigue[5].

Maistre Anthoyne Tavart; Guillemin de Marques;

---

1. Jean du Puy, seigneur du Coudray et de Dames en Berry, grand maitre des eaux et forêts (ms. Clairamb. 782).

2. Et de Colombines, sénéchal d'Agen et de Gascogne (1511. Ms. Clairamb. 782).

3. Louis de Hurtebye, seigneur dudit lieu, au pays de Coutances (fr. 26107, n° 248).

4. D'Apchier, seigneur de la Baume.

5. Jean de la Bigue, ou de Bigue, poète.

Françoys Planchete; Andrieu de Paule, maistre de la fouriere.

De la garde robbe.

Guillaume Gaspart, maistre de la garde roble (sic); Symon Billou, porte manteau.

Les medecins.

Maistre Salmon; maistre André[1]. Maistre Guillaume de Sauzay, *libraire du Roy*.

Les hussiers de salle.

Allabre de Saulle, premier hussier; Phelippe de Pomperye, dict Popo; Guillaume Furet; Jehan d'Orleans; Jannot.

Les mareschaulx des logis et les fourriers.

Anthoyne de Pierrepont, dict d'Arizolles, et Pierre de Montallembert, seigneur de Granzay, mareschaulx des logis.

Les fourriers.

Jehan de Foville; Henry de Mauville; Bernard Pelletan; Guillaume Pailler; Georges Giffart; Mathurin Richart, dict Bazoges; Jehan Coppin; Jehan Roux; Estienne Durant; Charles Canche: Pierre de Cordon; Hamellot; Girouart; Louys Charnyer.

Lesquelz furent audit voyage de Gennes.

XL.

D'UNG PETIT TRECTÉ, SUR L'EXIL DE GENNES, FAICT PAR BALLADES, BAILLÉ LORS AU ROY.

Durant les triumphes et entrées du Roy en ses villes

---

1. André Buau.

de Lombardye, et l'assemblée de luy et du Roy d'Arragon apres la prise et reduction de Gennes la supperbe, je, lors suyvant la court partout, avecques mes tablettes, pour enregistrer les faictz de ce temps, en tous lieulx ou pouvoye trouver estrangiers, me retiroye pour savoir nouvelles, et tant m'en enquys aux Gennevoys, aux Romipetes, aux Allemans et Venissiains, desquelz avoit tousjours en court, que je sceu comment Gennes se complaignoit de Romme, d'Allemaigne et de Venise, pencent devoir avoir eu d'icelles secours, et commant Romme, mal contente de la prise de Gennes et de son servaige, la consolloit de ce qu'elle pouvoit, comme sa confederée amye et de nouveau alyée ; pareillement fuz adverty commant Allemaigne a ceste cause estoit tres mutinée et marrie, preste a luy donner secours contre France, si elle eust peu ; mais deffault d'argent l'arrestoit, et gardoit d'aller avant[1], et aussi comme Venise, tirant au plus apparant, comme non asseurée de France, calloit la voisle, et, pource qu'elle ne luy pouvoit nuyre, se tenoit de son party, comme du party des plus fors. Dont toutes ses choses ouyes et sceues au vray, sur ce, le trecté qui s'ensuyt, pour bailler au Roy audit lieu de Savonne, composay, et l'atachay a ma cronicque[2] :

Mars, ascendant en la clere maison

---

1. Cf. le discours adressé par l'évêque de Lodève, Guillaume Briçonnet, à Jules II (plaq. contemp. : Bretonneau, *Histoire de la maison de Briçonnet*).

2. Cette pièce fut imprimée à la suite de *les Triumphes de France,* de Jehan d'Ivry, pour Guillaume Eustace, petit in-4º, en 1509, sous ce titre : « Lexil de Gennes la superbe, faict par frere Jehan Danton, historiographe du Roy. » Elle est suivie de « Lepitaphe de maistre Guy de Rochefort, feu chancellier de

Du Scorpion exploictant¹ sa saison
Par les degrez a son cours² ordonnez;
Ses yeulx ardans, a fureur inclinez,
Et la forme de sa rude figure
Gecta sa bas sur les fins de Ligure,
Pour esmouvoir a guerres et contemps
Sa region et tous les habitans.

Lors Neptunus, gouverneur de la mer,
Fist grosses nefz et carraques armer,
Et desplyer³ leurs trinquetz et leurs voisles,
Dont Eolus mist ses vens sur les helles
Pour avancer le veslan et conduyre;
La⁴ vint Aquille artique en la mer bruyre;
Vulturne ausi, du gouffre oriental,
Et Cercius⁵, le vent occidental,
Le pestiffere Auster vint du mydy
Sur les ondes soufflant a l'estourdy;
La furent tous les autres vens en trouppe⁶,
L'ung en prore⁷, l'aultre en rate et en pouppe,
Chascun au lieulx ordonnez et prefix;
Pallinurus, Amiclas et Tephis
Issirent lors des paludz⁸ infernaulx
Pour gouverner barques, fustes et naulx,
Et a leur port mener le navigage.

Pres Acheron, sur le bort du rivage
De Flegyas, en profondes cavernes,
Les Cicloppes, mareschaulx des Avernes,
Martellerent glayves, escuz et armes;
Puys, Vulcanus, en forgant ses allarmes,
Gros tonnerres⁹ vomist a plaine gorge;

France, translaté de latin en françois par le dessusdit. » Nous indiquons en note les principales variantes de l'imprimé, postérieures au manuscrit.

1. Var. imprimée *Expletant*. — 2. *Corps*. — 3. *Desploiant*. — 4. *Lors*. — 5. *Cercinus*. — 6. *Trompe*. — 7. *Present*. — 8. *Palays*. — 9. *Tonnoires*.

Yris ausi picques et noises[1] forge,
Hayne et discors, en lieu de poignans dartz,
Pour convoyer[2] en guerre les souldartz;
Apres survint Erithoine tout prest,
Qui de curres avoit faict grant apprest
Pour charyer au besoing le sommage,
Et aux vainqueurs faire honneur[3] et hommage;
Puys[4], Bellona fist corner sa bucyne,
Tant que Hercules fut querir Proserpine
Et delivrer des ongles de Pluto,
Cerberus, Mort, Megere et Aletho;
Du Laberinthe yssit le Mynostaure,
Accompaigné de Nesus[5] le centaure
Et de Millon, actendant sur les stades
Les griefz effors des mons Olimpiades,
Ce[6] qui a cler signifye et demonstre
Que la guerre veult la faire sa monstre.

Que fut ce lors?[7] sedicions civilles,
Les Liures eurent emmy[8] leurs villes,
Tant que les ungs les autres exillerent
Et les maisons l'ung a l'autre pillerent;
Puys voulurent les Gaules debeller
Et contre tous[9] de faict se rebeller,
Combien que au Roy eussent devant promys
D'estre a jamais[10] ses subgectz et amys;
Par quoy fut dit et par luy arresté
Qu'il assauldroit la superbe cyté.
Si s'adressa avecques son effort
Vers celle part, ou se trouva si fort
Qu'il s'en alla devant Gennes loger,
Que[11] fist par mer et par terre assieger,
Prinst sur ses mons, mallgré tous les rainfors

---

1. *Haches.* — 2. *Esmouvoir.* — 3. *Foy.* — 4. Ce vers et les trois vers qui suivent manquent dans le texte imprimé. — 5. *Nephus.* — 6. Ce vers et le suivant manquent dans l'imprimé. — 7. *Tout cela faict.* — 8. *Dedens.* — 9. *Iceulx.* — 10. *De demourer.* — 11. *Qu'il.*

Des Gennevoys, leurs bastions et fors[1],
Et par deux foys, arangée bataille[2],
Ses ennemys vainquist et mist a taille ;
Dont se rendit a luy Gennes crainctive,
La hart au coul, comme pouvre captive,
Laquelle prist a mercy soubz sa main,
En luy monstrant son vouloir tres humain,
Sans la vouloir subvertir ne[3] destruyre,
Mais doulcement la soubmectre et reduyre,
Combien qu'elle eust faulte commise telle
Que deservist pugnicion mortelle ;
Pour ce, luy fist toutes ses armes rendre,
Et puys voulut[4] hommage d'elle prendre
En son palais, assix en royal siege,
Ou fist brusler son premier privillege ;
Apres soubmist a son royal pouvoir
Son dommaine, seigneurie et devoir,
Et si la fist si bien fortiffyer[5]
Que d'elle plus ne se deust deffyer.

Ce faict, tous ceulx dont estoit alyée,
En la voyant ainsi prise et liée,
Comme tristes et doullans de l'affaire,
Chascun a part en voulut[6] son dueil faire ;
Romme en parloit comme tres courroussée ;
Allemaigne s'en doulloit en pencée ;
Venize avoit, sur ce, parolles fainctes ;
Autres terres et seigneuryes mainctes
Des Italles et estranges pays
Furent, de ce, poureulx et esbays.

Dont je, qui lors les gestes escrivoye
De noz Françoys, ainsy que j'en savoye,
Suyvant le Roy toute part, a l'aller
Et au venir, escoutant a parler

---

1. *Et leurs fors.* — 2. *En ragée bataille.* — 3. *Exiller ou.* — 4. *Voulant.* — 5. *Fructifier.* — 6. *Voulant.*

L'ung et l'autre pour nouvelles savoir,
Ce que j'en peu entendre, oyr et veoir
Et recueillir au plus pres de l'effect,
J'ay mys icy[1] en memoire du faict.

GENNES.

Apres le bruyt d'eureuse renommée
Par moy aquys, et louange estimée
D'honneur de priz et œuvre meritoire,
Ayant soubmys maincte ville fermée,
Mainct dur effort et maincte grosse[2] armée,
Et obtenir contre tous la victoire ;
France a marché dedans mon territoire,
Et par armes m'a vaincue et forcée
Tant que je suys, par contraincte, pressée
Luy obbeyr, et fault que je la serve ;
Or est du tout ma[3] gloire rabbessée.
Supperbe fuz et maintenant suys serve.

De ce meschief seras par moy blasmée,
Romme ingrate, veu que je t'ay sommée
De me donner secourable adjutoire,
Pencent ausi estre la tienne amée,
Et soubz le[4] loz de[5] ta gloire palmée,
Deffendue par main gladiatoire,
Et toutesfoys ton rainfort senatoire[6]
M'a deffailly au besoing et lessée,
Dont j'ay esté tant batue et blecée
Qu'il n'est moyen qui d'exil[7] me conserve ;
Ainsi dechoit[8] chose trop exaulcée.
Superbe fuz et mainctenant suys serve.

O Allemaigne, es tu morte ou pasmée ?
Ta promesse n'est que vent et fumée,

---

1. *Moy.* — 2. *Dure.* — 3. *Ma grand.* — 4. *Ton.* — 5. *Et.* — 6. *Servatoire.* — 7. *De pys.* — 8. *Dechiet.*

Chascun le voit[1], c'est ung poinct peremptoire;
L'on m'eust d'assault bien prise ou affamée
Et mise a sac[2], pillée et emflamée,
Sans ton secours, le cas est tout notoire.
Venize, ausi, qui savoye l'istoire[3],
Et riens, pour ce, ne t'en es efforcée,
Mais telle est ore en pouvoir[4] rainforcée,
Qui pour autruy son domaine reserve,
Par moy seras en ce cas adressée.
Superbe fuz et mainctenant suys serve.

   Prince, je suys decheue en ma pencée,
Voulant trop hault monter comme incencée,
Dont raison veult que chasty[5] j'en deserve;
Or, suys je a bas pour trop m'estre avancée.
Vela comant j'en suys recompencée !
Superbe fuz et mainctenant suys serve.

ROMME.

   Oyant le cry de ta piteuse plaincte
Et la forme de ta dure complaincte,
Touchant le grief et ennuyeulx servaige
Ou tu es mise et detenue en craincte,
Comme exillée a[6] force et par contraincte,
Dont tu soustiens trop excessif oultrage,
Triste en pencée et doulante en courage
Suys de ton mal, veu la nostre alyence
Et amytié, et que n'ay eu puissance
De te donner a temps ayde et secours ;
Par quoy te fault avoir la pacience.
Toutes choses viennent a leur decours.

   Babilloyne est ruyneuse et estaincte,
Nynive ausi et autre cyté maincte,

1. *Scait.* — 2. *Sang.* — 3. *Ceste histoire.* — 4. *Puissante et.* —
5. *Chastoy.* — 6. *Par.*

Comme Thebes, Arges, Troye et Cartage;
Assirye premiere eut son actaincte,
Puys Perse, et Mede et Grece eurent l'estraincte,
Chascune autour sucedant au partage;
Puys, moy, qui eu sur toutes l'avantage,
Fuz destruicte, roupte¹ et mise a l'oustrance
Par moy mesmes et les effors de France,
Qui mainctes foys ont sur moy faict leurs cours,
Sans y pouvoir faire de resistance.
Toutes choses viennent a leur decours.

Tu² fuz jadys de richesses enceincte³,
De mons et mers avironnée et ceincte,
Seulle dicte Royne de navigage;
Ore es a bas, et pour avoir enfraincte
Ta foy petite et ta promesse faincte,
Dont tu avoye a France faict hommage,
C'est le moyen de ta perte et dommage,
Et la cause de ta peine et suffrance,
Affin ausi qu'il n'y eust difference
D'autres a toy, et que toutes noz cours
Sachent n'avoir de durée asseurence.
Toutes choses viennent a leurs decours.

Prince, on ne doibt avoir seure esperence
En ce regne, veu, par clere apparence,
Son temps faillir et ses jours estre cours;
Il ne se peut, par armes ou chevance,
Perpetuer; tousjours sa fin avance.
Toutes choses viennent a leurs decours.

ALLEMAIGNE.

Pour empescher France et mectre a reffaire
Tant qu'elle n'eust⁴ seurté de te meffaire,
Sachant par vray que tu es dessoubz l'aigle,

---

1. *Toute.* — 2. *Je.* — 3. *Ensainte.* — 4. *Tant qu'elle eust.*

Au cas qu'elle ne se voulust retraire
De son propos, son adverse et contraire
Me declairay, en quelque lieu qu'elle aille,
Ce nonobstant, a d'estoc et de taille
Si droictement poursuyvye¹ sa queste
Qu'elle a de toy faict sa prise et conqueste;
De quoy je suys doullante bien souvant;
Mais a tant fault que j'en demeure en reste.
Qui n'a de quoy ne peult aller avant.

Combien que j'eusse envye de parfaire
Une armée pour combatre ou deffaire
Tes ennemys² et leur donner bataille,
Si n'ay je sceu a mon pouvoir tant faire
Que j'aye a temps pourveu a ton affaire³,
En maniere qu'il te profﬁcte ou vaille,
Et si ne tient a moy que je ne saille
A ton secours; mais, lorsque je suys preste,
Deffault d'argent mon entreprise arreste;
Car, si la croix ne va tousjours devant,
Homme des myens de marcher ne s'appreste.
Qui n'a de quoy ne peut aller avant.

Pour te vouloir rejoyr et complaire,
Et a la France ennuyer et⁴ desplaire,
Ta[n]t que a plain champ on l'oppresse⁵ ou assaille,
Vers mes vassaulx me suys allé⁶ retraire
Pour les sommer, requerir et actraire
A ce⁷ besoing, affin que homme n'y faille :
L'ung differe, l'autre promesse baille,
L'ung veust avoir⁸, l'autre dit qu'on luy preste,
Et l'autre faict du payement enqueste,
Qui est plus loings⁹ que le souleil levant;
De riens n'y sert ta priere ou requeste.
Qui n'a de quoy ne peut aller avant.

1. *Tant poursuivyt sa conqueste.* — 2. *Telles advenues.* — 3. *A ton faire.* — 4. *Et luy.* — 5. *Tant que en la fin on le presse.* — 6. *Voulu.* — 7. *Au grand.* — 8. *L'ung n'avoir rien.* — 9. *Long.*

Prince indigent ne peult faire grant feste,
Ne par dessus autres lever la teste,
Tant soit hardy, vertueulx ou savant,
S'il s'efforce pour nyent se tempeste;
Par quoy luy fault soy taire au plus honneste.
Qui n'a de quoy ne peult aller avant.

VENISE.

J'ay bien ouy et entendu le dire
De toy, Gennes, marrye et plaine d'ire,
De la douleur qui t'est ore advenue,
Dont ne me peulz tant rejoyr ne rire
Que sur ce n'aye a pencer a suffire;
Doubtant avoir une telle venue,
Pencent commant France t'a prevenue
Si tres souldain, et[1] par armes[2] soubmise,
Je ne me suys meslée ou entremise
De ton secours, voyant ses grans effors,
Mais au vouloir d'elle me suys commise.
Tousjours me tiens avecques les plus fors.

Ores, as tu a ceste foys du pyre;
Mais ne pences pourtant que je souppire,
Si ta force dechoit[3] ou dimynue,
Car de long temps je souhecte et desire
Que ton pouvoir[4] amaindrisse et empire,
Pour ce que trop m'as au court detenue,
Qui t'eust pillée et mise toute nue,
Sans te lesser ne robe ne chemise,
J'eusse lors faict par la[5] mer a ma guise;
Mais ancores doubté je tes rainfors.
Et, au surplus, pour garder ma franchise,
Tousjours me tiens avecques les plus fors.

Si ton secours fust venu de l'Empire,

---

1. Suppr. *et.* — 2. *Par armes et.* — 3. *Descroist.* — 4. *Ta valeur.*
— 5. *En la.*

De tant que France eusse peu desconfire,
J'eusse pour toy alors la main tenue;
Ou si quelqu'un eust dit : « Je me retire ! »
J'eusse couru a celuy tout de tire,
Et la despoille en eusse retenue;
Mais, quant je viz l'armée survenue
En tes destroictz, qui tout rompt et debrise,
Soubdainement je pourpence et m'avise
Qu'il fault garder mes bastilles et fors,
A celle fin que ne soye surprise.
Tousjours me tiens avecques les plus fors.

Prince, qui faict sur mes fins entreprise,
Si je ne suys butiniere a la prise [1],
S'il est foible, je le chace d'effors,
S'il est puissant, je le loue et le prise [2]
Et l'entretiens par cautelle et faintise.
Tousjours me tiens avecques les plus fors.

FRANCE.

En ensuyvant les œuvres magnificques
Et dignes faictz de louanges publicques
Que firent lors mes eureulx possesseurs,
Pour adjoxter aux triumphes autentiques [3]
Nouveaulx tiltres de vertus autentiques.
A l'exemple des bons predecesseurs,
Louis XIIme, ung des myens [4] sucesseurs,
Apres avoir maincte force domptée,
La superbe Gennes a surmontée,
Par son pouvoir faict esclater et fendre
Mons et rochiers, et la faict sa montée,
L'espée au poing, pour le bon droict deffendre.

Romme et Gennes en ont faict leurs repliques,
Et contre moy leurs accors pacifiques,

---

1. *En la prinse.* — 2. *Et prise.* — 3. *Aux louenges antiques.* —
4. *De mes.*

Confederez¹ comme amyes et seurs;
Allemaigne m'eust faict ennuys et picques,
Et mys sur moy hallebardes et picques,
Si elle eust sceu trouver les moyens seurs;
Venise ausi m'a mys ses advenceurs,
Qui de leur ritz d'hosstelier m'ont trectée²;
Mais, veuz leurs ditz et maniere escoutée³,
Si quelqun veust contre moy son arc tendre,
Tantost seray en armes apprestée,
L'espée au poing, pour le bon droict deffendre.

Or, en say je, par mes ars et pratiques,
Tant des estatz nobles que pollitiques,
Et des plus grans magistres et censeurs⁴,
Qui, au dedans de leurs closes boutiques,
En demeurent assechez⁵ et hetiques,
Plus estonnez⁶ que pouvres ramasseurs,
Qui m'aplaudent et usent de doulceurs,
Me desirant outre mer transportée;
Mais ja, pour ce, ne seray desgostée
Tant que si nul entreprend de m'offendre,
Que tout souldain ne soye remontée,
L'espée au poing, pour le bon droict deffendre.

Prince, je tiens force tant redoubtée
Que j'ay soubmys Gennes et conquestée,
Ce que n'oza oncques nul entreprendre,
Et n'ay pas peur qu'elle me soit ostée,
Car nuyt et jour par moy sera guetée,
L'espée au poing, pour le bon droict deffendre⁷.

1. *Considerez.* — 2. Ce vers manque. — 3. Suppl. à la suite de ce vers : *Je qui suis France en tous lieux redoubtée.* — 4. *Causeurs.* — 5. *Tous a sec.* — 6. *Esbahys.*

7. La victoire de Gênes réjouit d'autant plus les Français qu'elle effaçait les fâcheux souvenirs de la campagne de Naples qu'on aurait voulu rayer de l'histoire. Elle fut chantée par André de la Vigne, par Jean Le Maire. Symphorien Champier composa à ce propos l'opuscule *Expeditio in Genuenses,* que nous avons

XLI.

Commant le Roy d'Arragon s'en alla de Savonne en Espaigne, et le Roy s'en revint en France.

Comme avez ouy cy devant, le Roy et le Roy d'Arragon, par l'espace de IIII jours entiers, furent ensemble

cité déjà, où il passe en revue les plus grands conquérants connus de l'antiquité : César, Alexandre, Miltiade, Alcibiade, Thrasibule, etc., pour les comparer à Louis XII. Ce dithyrambe classique se termine par les distiques suivants :

« Parthenopem cursim victam (*première conquête de Naples*)
    Parmeque labores (*Fornoue*)
Desine mirari, Gallia : majus habes.
Indomitos Ligures, Genuam Ludovicus et urbem
  Fracta jubet solo frena referre die.
Discite jam quid sit Ludovicum offendere gentes.
  Vincere scit : victos et retinere docet. »

Nous avons déjà cité *les Triumphes de France* de Jean d'Ivry. Voy. aussi le *Carmen de expugnatione genuensi cum multis ad gallicam historiam pertinentibus*, paru en 1508 (Paris, 1507, 7 kal. martii), avec des dédicaces de l'auteur (Valerand de Varanis) à Adrien de Hanencourt, doyen d'Amiens (*ex domo nostra Choletorum*, Chaillot, près Paris, 7 id. febr. 1507), à Raoul de Lannoy, « dulcis mî Mecenas » (Paris, 7 id. febr. 1507) : grand poème épique latin, chantant les exploits des Français dans le monde, l'arrivée des Furies à Gênes, etc., la modération du roi, qui n'a toléré notamment aucun excès contre les femmes. Ce poème est suivi de pièces latines à François de Melun, prévôt de Saint-Omer; à Geoffroy Buisardi (*Bussardus*), théologien, qui revient d'Italie; à Gilles « Delphi » (sans doute Dauphin), théologien et poète insigne; à Fabre d'Étaples, illustre philosophe; à Jacques « Pape » (Le père?), poète; au prieur de Chaillot. André de la Vigne, secrétaire de la reine, publia *l'Atolite portas de Gennes* (plaq. goth. petit in-4º de 4 feuillets, s. d.), qui contient un chant de gloire et cinq rondeaux, le tout en vers français. Jean Marot écrivit pour la reine son grand poème épique *le Voiage de Genes* (voy. ci-desen la ville de Savonne, pays du Roy, ou, apres leurs bonnes cheres et aliences faictes entre eulx, fut question de desloger. Et combien que plus longue demeure eust esté au gré de l'ung et de l'autre, toutesfoys les affaires de leurs pays naturelz leur commandoient le departir. Dont le Roy d'Arragon, qui long temps devant ce n'avoit esté en ses pays d'Espaigne, aiant tout son appareil prest pour monter en mer, le Roy et luy, estant lors au chasteau de Savonne, le second jour du moys de juillet, sur les troys heures apres mydy, voulut desloger et la prendre congé du Roy; ce que le Roy ne voulut, disant : « Puysque departir se fault, et que au venir vous ay trouvé sain sur la mer, a l'aller vous rendray en tel estat et mesme lieu, si je puys. »

Ce dit, les Roys monterent sur leurs mules; et puys le Roy fist monter la Royne d'Arragon en cruppe der-

sus. Ce poème a été publié par Cl. Marot; voy. encore le poème latin pompeux de Fauste Andrelin : *P. Fausti, de regia in Genuenses victoria libri tres, in quibus de polytico statu, de Regis clæmentia, et in urbem genuensem ingressu multa scitu dignissima comperias. Præmisso excultissimo Germani de Ganay epigrammate.* Ex ædibus Ascensianis, ad nonas julias M D IX). Ce poème est dédié par l'auteur à Germain de Ganay, son Mécène. Une cause notable de satisfaction pour les Français fut aussi que, pour faire face à l'expédition, le roi avait dû leur demander un supplément de taille, que les États lui accordèrent : la rapidité de la victoire et les indemnités de guerre (bien que diminuées) permirent, à force d'économie, et en réduisant le train personnel de la maison du roi, de ne pas recourir à cet impôt, et le roi y renonça, malgré le vote des États, fait extraordinaire, qui ne s'était pas vu, dit-on, depuis saint Louis (Cl. de Seyssel, *les Louanges du bon Roy...*, p. 106). Rappelons que, sous le règne de Louis XII, les tailles s'élevaient en moyenne à environ 1,550,000 livres. Sous François Ier, elles montèrent à 5,000,000, dont la maison du roi, à elle seule, absorbait 1,500,000 livres.

riere luy, comme tousjours avoit faict par avant. La furent grant nombre de gentishommes françoys, lesquelz eurent chevaulx et haquenées, pour porter en cruppe les dames, et autres monteures pour les gentishommes d'Espaigne qui la estoyent, lesquelz tantost furent montez. Lé quatre cens archiers et les cent Suyces de la garde furent la tous a pié, la halbarde au poing. Et, lorsque tout fut mys en ordre, les Roys descendirent du chasteau, et avecques leur estat marcherent ensemble tout le long de la rue, divisant tousjours de plusieurs choses, et tant qu'ilz ariverent jusques sur la marine, ou estoyent les galleres du Roy d'Arragon : la misrent pié a terre ; et, ce faict, le Roy conduyt le Roy et la Royne d'Arragon jusques dedans leur gallere, ou la prindrent congé l'ung de l'autre, et tres amyablement s'entre accollerent; puys la Royne, le genoil en terre, dist son adieu au Roy, lequel ausi luy dist adieu et la baisa. Et, a chief de ses faictz, le Roy, avecques sa noblece, se mist a retour vers son logis; et le Roy d'Arragon fist singler voisles vers son pays d'Espaigne.

Tantost apres le depart du Roy d'Arragon, le Roy transmist a Naples, avecques lectres dudit Roy d'Arragon, ung espaignol nommé Peralte, pour illecques prendre et lever troys mille cinq cens hommes, et iceulx faire venir en Lombardye pour ranforcer son armée et se trouver au devant du Roy des Rommains. Lequel Peralte fut en poste au Royaume de Naples, et fist incontinant son amas, puys s'en revint, a tout ses gens, en Lombardye, joindre avecques les Françoys pour servir le Roy contre ledit Roy des Rommains.

Le Roy, voyant lors son entreprise du tout a son vouloir mise a fin, et toutes ses affaires de dela les mons en bon ordre, se disp[o]sa de retourner en France et desloger le lendemain, par quoy les mareschaulx des logis et les fourriers furent devant. Le lendemain, III⁰ jour de jullet, sur le point de troys heures apres mynuit, le Roy fut a cheval, avecques peu de nombre de ses gens, et, a la lumiere des torches, se mist en voye, tirant par les montaignes droict a Suze. Ses gens, a la fille, se misrent apres, chascun au plus tost qu'il peut, car il chevauchoit roidement, et tant que, sur les VIII heures, fut arrivé a ung groux bourg nommé Mallegiste[1], a l'entrée du Piemont, devers Savonne. De la s'en alla par le Piemond droict a Suze, et, par le Daulphiné, droict au mont Geneve, a Brianson, a Ambrun, a Gap, a Grenoble et a Lyon[2], ou trouva la Royne, laquelle fut moult joyeuse de sa venue, et tant qu'elle ne pouvoit plus. La fut le Roy le surplus du moys de jullet[3] et tout le moys d'aost[4],

1. A Millesimo, « Milesme » (Arch. nat., KK. 88, fol. 172).
2. Il traversa, en effet, le mont Genèvre à petites journées et arriva le soir du 16 juillet à Lyon ; il était parti le matin d'Heyrieux (Arch. nat., KK. 88, fol. 174 et 174 v°).
3. Le samedi 17 juillet 1507, à huit heures du matin, il fit à Lyon une entrée pompeuse par la porte du Rhône. Il fut reçu par les corps de la ville. Les rues étaient entièrement tendues, sur son passage, en drap jaune et rouge et en tapisseries ; le pont était garni de bannières, la porte ornée d'un poêle fleurdelisé. A la porte, rue Grenette, à la place de l'Herberie, aux Changes, il y avait des *eschaffaults,* avec autant de représentations morales et des jeunes personnes richement habillées, qui débitaient des compliments (*Relation des entrées solemnelles dans la ville de Lyon, de nos rois...,* imp. pour messieurs du Consulat. Lyon, Delaroche, 1752, in-4º).
4. C'est une erreur. Le roi s'installa à Blois au milieu du mois

en actendant si le Roy des Rommains marcheroit, comme se disoit lors, pour entrer en Lombardye, ou se vouloit trouver le Roy pour luy donner la bataille, comme avoit promys a ses gens d'armes de dela les mons, a son departement.

Le Roy, estant lors a Lyon, ayant nouvelles de jour en autre comme le Roy des Rommains estoit en bransle de marcher, fist haster ses gens de pié, qu'il avoit envoyé querir en Gascongne, desquelz l'une partie d'icelz s'en allerent par mer descendre a Gennes, et les autres, par la Savoye, droict a Millan.

Le Roy pareillement [estoit] tousjours en deliberacion et prest de retourner dela les mons, si ledit Roy des Rommains marchoit en avant, auquel avoit transmys en ambaxade ung docteur, chappellain du cardinal d'Amboise, lequel chappelain n'avoit voulu ouyr, mais le detenoit comme prisonnier : de quoy le Roy adverty, aucuns autres ambaxadeurs des Allemaignes, estant lors en court, fist pareillement detenir et mectre au chasteau de Pierre Encise a Lyon, et garder jusques a ce que ledit docteur detenu en Allemaigne fust delivré. Laquelle chose sachant, le Roy des Rommains en envoya celuy docteur, et ausi furent lesdits Allemans despeschez.

En ce mesme temps, le Roy fist despescher deux ambaxadeurs, c'est assavoir ung nommé messire Jehan de Sainctz, pour aller en Angleterre, et ung autre, nommé Gabriel Fourestier, Roy d'armes de Normendye, lequel envoya en Allemaigne : ausquelz demanday

d'août (Arch. nat., KK. 88, fol. 175, 185 et 185 v°). Du reste, Jean d'Auton corrige plus loin cette erreur par les renseignements très exacts qu'il donne lui-même.

de leur charge, pour en savoir dire quelque chose par ma cronique ; mais autre chose n'en peu, si n'est que ledit messire Jehan de Sainctz me dist que a son retour en pourrôye savoir quelque chose, et ledit Fourestier me dist ausi : « J'ay une charge, en laquelle peu de gens prandroyent plaisir a porter ; car, aux Allemaignes, a ores pour nous peu de seureté. Toutesfoys, pour le service du Roy, n'est adventure que je ne pregne. » Et sur ce s'en allerent lesdits ambaxadeurs.

La Royne, estant lors avecques le Roy a Lyon, voyant qu'il estoit en bransle de respasser les mons, ne faisoit pas bonne chere et mectoit toute peine de le vouloir faire mectre a chemin pour s'en aller a Bloys veoir Madame Glaude leur fille, disant qu'elle s'esmoyoit et avoit moult grant soubcy de luy. A quoy dissimula le Roy, disant : « Je suis deliberé, sans point de faulte, de m'en retourner bientost ; mais ancores est mestier, pour donner craincte a mes ennemys et asseurer mes gens, que je demeure icy quelque temps. Et pour le myeulx me semble que vous devez vous en aller devant a Bloiz, pour la vous reposer et faire voz couches ; et tantost apres je m'en iray sans faillir. » La Royne, voyant que c'estoit le plaisir du Roy et le myeulx pour sa personne, fut contente de s'en aller devant. Et, pour s'en aller plus a son aise, le Roy advisa qu'il la feroit porter en une legiere lictiere au coul, par ses Allemans ; desquelz en ordonna XXIIII des plus fors, VIII a la foys et a relaiz. En ceste maniere, le XXVII[e] jour du moys de jullet[1], la Royne, estant ja

---

1. Date et itineraire fort exacts (voy. Arch. nat., KK. 88, fol. 175 et 175 v°).

bien fort enseincte, partit de Lyon, tirant droict a la Bresle et a Tarare, ou le Roy fut avecques elle, et de Tarare s'en retourna a Lion, en luy promectant estre bientost a Bloiz : par quoy elle s'en alla plus joyeusement jusques audit lieu de Bloiz.

XLII.

Comment, audit lieu de Lyon, maistre René de Prye, evesque de Bayeulx, receut le chappeau Rouge par la main de maistre Georges, cardinal d'Amboise, legat en France et delegué a ce par le pape.

Le vme jour d'aoust, le Roy fut ouyr messe a Nostre Dame de Confort, colliege de Sainct Dominique, a Lyon, ou le chappeau Rouge, pour bailler a maistre René de Prye, evesque de Bayeulx, fut la apporté avecques les bulles du pape adroissantes a maistre Georges, cardinal d'Amboise, pour bailler ledit chappeau. La fut ung docteur en théologie suyvant la court, nommé frere Anthoyne de Furno, evesque de Marceille, de l'ordre des Jacoppins, lequel dist la messe en note, chantée par les chantres de la chappelle du Roy. Et apres la messe dicte, celuy de Furno fist ung sermon en latin, ou le Roy estoit present et toute la court ; par lequel sermon elucida et esclarcist la genealogie d'Amboise et de Prye, dont ceulx desdites maisons estoient entre eulx proches parens et alyez, et monstra commant plusieurs, issus jadis desdites maisons d'Amboise et de Prye, avoyent lors faictz grans secours et loyaulx services au Royaume de

France; en declarant ausi le souverain honneur apostolicque et de cardinalité, ramenant au propos les quatre vertus cardinales, c'est assavoir Prudence, Magnanimité, Continence et Justice; en remonstrant comme tout honneur mondain et toute vye humaine, tandant au bien souverain, doyvent estre regiz et gouvernez scelon la moralité de ses vertus, lesquelles sont de telle efficace, que tous ceulx qui d'elles sont armez ne peuvent estre de vice soubmarchez, ne vaincus par fortune. Plusieurs autres bonnes choses au propos afferentes furent la dictes par la bouche du docteur excellant. Et, ce faict, ledit maistre René de Prye receupt Nostre Seigneur tres devotement. Puys luy fut mys sur la teste le chappeau Rouge, par la main dudit maistre Georges, cardinal d'Amboise et legat en France. A chief de ses sollempnelles choses, le Roy, avecques grande suyte de princes, de cardinaulx, arcevesques et evesques, et toute sa maison, s'en alla disner leans, ou le cardinal nouveau fist le banquet, auquel chascun fut trecté a souhect et honnorablement servy.

XLIII.

Commant le Roy des Rommains retira son armée, et commant le Roy s'en retourna a Bloiz.

Le Roy des Rommains, qui lors estoit avecques son armée pres a marcher, voyant que ses gens despendoyent son argent sans riens faire, dist qu'il yroit en avant; et, de faict, se mist au champs, comme pour vouloir marcher et tenir camp. Or, advint que le terme du payement fut venu, dont les Allemans firent question, de quoy ne fut nouvelles. Mais voyant, ledit Roy des Rommains, que sans argent ne passeroyent oultre, les voulant par promesses acheminer, assembla les seigneurs des Allemaignes et les capitaines qui la estoient, ausquelz dist : « Messeigneurs et amys, vous voyez les grans injures et tors faictz par cy devant que nous ont faict les Françoys, qui, malgré nous, tiennent la Lombardye et la forte ville de Gennes, qui est terre d'Empire, comme savez ; et commant ilz sont en armes en la duché de Millan, pour nous garder le passage et nous contredire le voyage de nostre imperial couronnement. Par quoy, a la peine d'estre reputez laches et meschantz, nous est besoing les aller assaillir et combatre. Pour ce, je vous pry que chascun de nous y face loyal devoir et deu acquict. Si l'argent nous est ores court, saichez que, sans faillir, assez en conquesterons sur noz ennemys ; et avecques ce, eulx vaincus, je vous promectz que, a chascun de vous, scelon voz seigneuries et estatz, je donneray villes et chasteaulx et autres seigneuries de la duché de Millan, et tant de chevance qu'il n'y aura celuy qui a largesse n'en soit pourveu. » A chief de propos, les Allemans voulurent sur ce prendre conseil, lequel tindrent entre eulx, disant, tous d'une voix, que sans argent ne marcheroyent. « Commant, dirent les aucuns, l'entend le Roy? Il cuyde, a l'oyr parler, que les Françoys soyent desja deffaictz, et la Lombardye prise. Autrement, a ce que pouvons entendre, en va ; car, dedans la ville de Millan et par les places de la duché, sont plus de XVIII cens hommes d'armes françoys, avecques les gentishommes et archiers de la garde du Roy de France, et plus de XX mille hommes de pié. Et, avecques ce, ledit Roy de France est a Lion, sur le Rosne, prest a retourner a Millan, comme il est bruyt, avecques grosse armée. Noz ennemys tiennent les places et ont force argent. Nous n'avons pas ung blanc et summes aux champs a l'aventure. Quoy plus? l'yver s'aproche, qui sera moult contraire au mal vestus; somme, en ceste emprise, ne pouvons pour ceste heure avoir honneur ne proffict : car la meilleure et plus seure piece de nostre harnoys, qui est argent, nous deffault. Par quoy est impossible de marcher en avant. » Et ainsi firent leur responce au Roy des Rommains : de quoy fut tres mal content, et, sans autre chose faire, s'en retire et son armée se despart[1].

Desquelles choses fut le Roy tost adverty par ses gens de la duché de Millan, qui ja estoient en armes et aux champs pour garder le passage audit Roy des Rommains. Par quoy le Roy, ainsi adverty de celle departie, le lendemain de la Nostre Dame de my aost, s'en partit de Lyon et s'en alla a Bloiz, ou trouva la Royne et Madame Glaude sa fille, laquelle il avoit grant desir de veoir et trouver en bon point : ce qu'il fist; et la, a toute joye et lyesse, passa son yver.

XLIV.

Commant, durant le temps que le Roy estoit dela les mons, messire Jehan Chapperon et ung nommé Anthoyne d'Auton, seigneur dudit lieu, se mis-

---

[1]. On peut voir dans Sanuto (VII, 173, 174) les sonnets ironiques faits en Italie sur ce système d'avortement perpétuel des projets du roi des Romains.

RENT SUR MER, OU FIRENT PLUSIEURS COURCES, DE QUOY LE ROY FUT MAL CONTENT.

Lorsque le Roy estoit a son voyage de dela les mons, comme j'ay dit, le Roy des Rommains et les Flamens, sachant son esloing, et luy et son armée hors le royaume de France, recommaincerent la guerre au duc de Gueldres, parent du Roy, et donnerent sur ses pays : lequel, avecques l'ayde des gens de sa terre et d'aucuns Françoys qui a luy s'estoyent retirez, lors tres vigoureusement se deffendit ; mais, pour longuement soustenir grosse charge de guerre et souldoyer grant nombre de gens d'armes, ne pouvoit, combien qu'il eust le vouloir asseuré et le cueur vertueulx.

Tantost furent semmées les nouvelles de ceste guerre en France, dont aucuns gens d'armes françoys, estant lors en garnison en Bourgongne, oyant ce bruyt, dirent que voluntiers se trouveroint au secours de ce pouvre prince, duc de Gueldres, tant pour vouloir faire service au Roy, de qui il estoit parent, que pour executer la guerre et soustenir la querelle des foulez. Dont, entre autres, deux gentishommes de la compaignye de messire Aymar de Prye, nommez, l'ung, messire Jehan Chapperon, tres hardy chevalier, seigneur de Couhé de Vache en Aulnys, et l'autre Anthoyne d'Auton, seigneur dudit lieu d'Auton en Xantonge, jeune et bien gailla[r]d homme d'armes, dirent que passer par terre estoit chose difficile a faire pour les ambusches des Flamens, qui gardoyent lors les passages. Voulant y aller par mer, firent provision, ledit Chapperon, d'une nef de IIII cens tonneaux, et, le seigneur d'Auton, d'une barche de LX tonneaux. Et, ce pendant qu'ilz armerent et equiperent leurs vaisseaulx, messire Jehan Chapperon transmist devers le duc de Gueldres ung homme d'armes de ceulx de messire Aymar de Prye, nommé le Chevalier Vert, pour avoir son adveu pour luy et pour ledit seigneur d'Auton, et ausi pour en rescripre au Roy, qui estoit lors dela les mons. Celuy Chevalier Vert fist son message en maniere qu'il passa jusques en Gueldres, et la bailla les lectres de Chapperon au duc de Gueldres, lequel les receut voluntiers, et, par icelles cognoissant le bon vouloir dudit Chapperon et du seigneur d'Auton, acepta leur service et leur despescha et envoya par ledit Chevalier Vert lectres d'aveu, et en rescrivit au Roy. Advint que ledit Chevalier, en retournant, fut cognu par les Flamans estre françoys; et, pour ce, le prindrent et aresterent, et luy trouverent les lectres du duc de Gueldres, dont le detindrent prisonnier par l'espace de six moys. Par quoy ledit Chapperon ne peut avoir son adveu ne autres nouvelles du duc de Gueldres, si n'est que, par aucuns venans dudit pays de Gueldres, ouyt dire que ledit duc avoit despesché son messagier auquel avoit baillé son adveu et lectres, pour adresser au Roy, touchant l'affaire, qui fut tel que, apres les nouvelles ouyes de l'adveu, messire Jehan Chapperon et ledit seigneur d'Auton mirent cinq cens hommes de guerre en leurs vaisseaulx, c'est assavoir iiii cens dedans la nau dudit Chapperon, et cent dedans la barche du seigneur d'Auton, et se mirent sur mer, a Queuhe de vache, lesqueulx s'en allerent a une rade sur mer, nommée La Palixe, pres La Rochelle, pour la faire advitailler leurs vaisseaulx, ou demeurerent ung moys. Et, comme ilz fussent la pour faire leur prochas de vivres, deux autres navires marchans angloys, chargez de drap et de saumons d'estaing, passerent pres desdits navires de guerre sans vouloir faire reverence, comme marchans doyvent, scelon les ordonnances de mer ; mais, par leur fierté, voulurent aller au dessus du vent. Ce que voyant le capitaine Chapperon, estant en sa nef de guerre, leur fist tirer deux coups d'artillerie pour les arrester, lesquelz sans autre bruyt s'arresterent et ancrerent pres la nef dudit Chapperon. Apres qu'ilz furent la actachez, le seigneur d'Auton s'en alla dedans la nef de son comp[a]ignon et laissa en la barche ung nommé Gombault, son lieutenant. Ce faict, le capitaine Chapperon et ledit seigneur d'Auton soupperent ensemble et coucherent celle nuyt dedans la nef dudit Chapperon.

Celle nuyt, les mathelotz de la barche du seigneur d'Auton, apres bien dringuer, disrent aux gens de guerre qui estoient la dedans : « Que voulez vous dire, mess^{rs} ? vous estes gens de guerre, cherchant vostre adventure sur mer, laquelle avez icy en veue rancontrée et belle prise. Et sachez que ses navires d'Angloys que voyez icy pres sont de bonne guerre et loyalle prise, car ce sont cursoires contrefaisant marchans, lesquelz, s'ilz vous tenoyent ausi pres de Londres que ilz sont pres de La Rochelle, vous prendroyent prisonniers et destrousseroient. Pour ce, leur devez aller donner ung allarme et nous irons avecques vous. » Et, ce dit, sur la mynuyt, que le capitaine Gombault se fut retiré en sa chambre, ung nommé Perot d'Aujac, et ung autre nommé Aulbert de Massoignes, jeunes gentishommes, avecques les mariniers, jusques au nombre de doze, entreprindrent, a la suasion desdits mathelotz, d'aller ravager les navires desdits Angloys; et, de faict, sortirent de la barche et se mirent dedans ung esquif, sur l'eure de mynuyt, et s'en allerent gecter dedans l'ung des navires d'iceulx marchans, ou se batirent bien estroict a l'entrée, car les Angloys, dont aucuns d'eulx oyrent venir les Françoys, crierent allarme, tellement que chascun se mist en deffence; ou furent d'ung costé et d'autre plusieurs blecez. Mais, a la parfin, les Françoys entrerent par force et prindrent la dedans quatre pieces de draps avecques les mantes et habillemens des Angloys. Ce bruyt fut grant, tellement que le capitaine Chapperon et le seigneur d'Auton, qui assez pres de la estoyent, oyrent le hutin, qui gueres ne dura; car les Françoys firent a coup leur prise et s'en retournerent a leur barche. Mais, par lesdits capitaines, tout en l'eure, fut envoyé ung gentilhomme nommé René Balan, seigneur de Maulevrier en Anjou, devers le maistre des navires engloys, pour savoir quel bruyt c'estoit. « Ce sont, dist il, aucuns de voz Françoys qui, par force et d'emblée, sont venus assaillir noz navires et entrer dedans, et ont iceulx pillez en seureté et emporté ce qu'ilz ont voulu et blecez mes gens, sans ce qu'il y ait guerre ne division entre le Roy de France et le Roy d'Angleterre, mon maistre, au moings de quoy je soye adverty ne que je sache. — Or, vous en venez parler au capitaine Chapperon, dist celuy René Balan, et soyez seur que se quelque extorcion ou grief vous a esté faict par ses gens ou autres de son adveu, que telle raison vous en sera faicte que deverez estre contant. » Et, ce dit, le maistre d'iceulx navires

angloys s'en alla parler au capitaine Chapperon, auquel
dist commant ses gens l'estoient venu piller de nuyt
et par force entrer en ses navires, ou avoyent prins
et emporté ce qu'ilz avoyent peu. Sur quoy ledit
Chapperon fist inquisicion et trouva que ceulx de la
barche du seigneur d'Auton avoyent faict l'exploict :
pour lequel averer, ledit seigneur [d'Auton], tout en
l'eure, transmist querir Andrieu Gombault, son lieutenant en la barche, et ceulx qui avoyent esté au ravage,
ausquelz dist : « Et commant va cecy, Gombault ? Qui
vous a meu d'envoyer ou souffrir aller mes gens faire
ce bruyt de nuyt et piller les navires de ce marchant
angloys qui, a la seureté du capitaine Chapperon et
de moy, s'est ycy arresté comme en nostre sauvegarde et fyence, sachant que, entre le Roy nostre
maistre et le Roy d'Angleterre, n'a guerre ne division,
mais paix, amitié et concorde? Dont, nous autres Françoys, n'avons droict ne querelle contre les Angloys, ne
marque sur les marchans d'Angleterre. Par quoy fault
que vous respondez de cest affaire et reparez le meffaict. » Sur quoy ledit Gombault s'excusa, disant qu'il
ne savoit aucune chose de l'entreprise, et que, pendant ce qu'il estoit en sa chambre, ladite cource avoit
esté faicte, de quoy n'en avoit jamais riens sceu,
jusques a celle heure. Voyant, le seigneur d'Auton,
l'excuse de son lieutenant, demanda a ung nommé
Perot d'Aujac et es autres qui avoient esté audit
ravage, qui les avoit meuz de ce faire, disant : « Si
nous sommes ores gens de guerre et sur mer, si n'est
il pas dit pourtant ne permys que nous, en maniere
de pirates ou larrons de mer, devions faire la guerre
a autres que aux ennemys du Roy et du duc de

Gueldres, duquel nous disons avoir l'adveu, ne que tout nous soit de prise. A ceste fin vous fault respondre, pour quoy ne en quelle querelle avez esté courir sur les navires des Angloys, ausquelz n'avons nulle question ne deffy de guerre. » Celuy d'Aujac et ung autre nommé Aulbert de Massoignes, jeunes gentishommes, firent responce que les mathellotz de leur barche leur avoyent mys en teste et dit que iceulx Angloys estoyent de bonne guerre et de droicte prise; disant que c'estoyent escumeurs de mer, et qu'il leur pouvoyent courir sus sans danger : par quoy, comme non usitez de la mer et nouvelliers en icelle, pencent avoir bon droict et bien faire, avoyent creuz iceulx mathelotz, et, a leur suasion, faicte ladite course, et ainsi s'en excuserent. Dont ledit d'Auton fist rendre le pillage et bailler tout audit marchant angloys; et, pour faire droict du tout, furent lesdits mathelotz envoyez prisonniers a ung nommé Pierre Langloys, vis admiral, estant lors a La Rochelle, pour en faire justice, comme de raison; et puys renvoyez lesdits Angloys tout a seureté.

XLV.

D'AUCUNES COURSES ET PRISES QUE MESSIRE JEHAN CHAPPERON ET LE SEIGNEUR D'AUTON FIRENT EN MER SUR LES FLAMENS, ENNEMYS DU DUC DE GUELDRES, DUQUEL S'AVOUOYENT ICEULX CHAPPERON ET D'AUTON.

Tantost apres que les navires d'Angleterre eurent pris le vent pour eulx retirer, ung autre navire espai-

gnol, de Sainct Sebastien d'Espaigne, du port de
III cens tonneaulx, chargé de marchandise, passa pres
de la, a une lieue desdits navires du capitaine Chapperon et du seigneur d'Auton, et s'en alla ancrer a
ung lieu nommé Chief de Boys, pres La Rochelle, pour
illecques faire change de marchandise : lequel, apres
avoir mys ancre a fons, pour ce qu'il estoit nouvellement arrivé, le seigneur d'Auton voulant savoir qu'il
estoit, se mist apres avecques sa barche. Et luy, approché jusques a pouvoir parler ensemble, demanda a
ceulx qui la dedans estoyent d'ou estoit celuy navire :
lesquelx dirent qu'il estoit d'Espaigne. « Et bien ! dist
le seigneur d'Auton, tout ung, tout ung, noz maistres
sont bons amys, dont nous devons l'ung l'autre secourir. » Puys dist au maistre du navire espaignol :
« Seignor, je vous veulx bien advertir que ung myen
compaignon, nommé Chapperon, et moy, sommes
nouvellement mys sur mer pour servir le Roy nostre
maistre et aucuns de ses alyez. Mais noz navires sont
ung peu mal garnyes d'artillerye; par quoy nous est
mestier en recouvrer : pour ce, si vous en avez
davantage, nous vous voulons bien prier de nous en
prester ou vendre a credit, pour nous ayder a faire
nostre navigage, et nous vous donnerons bonne seureté de voz pieces. » Ce que ne voulut ledit espaignol,
disant qu'il n'estoit point tenu de les en fournir, et
qu'il n'en avoit piece qui besoing ne luy fist ; par quoy
n'en auroyent, s'ilz ne l'avoyent par force. « Sy par
amour, dist le seigneur d'Auton, n'en voulez vendre ou
prester, sachez que autrement en aurons. » Et, se dit,
s'en retourna devers le capitaine Chapperon, auquel
fist rapport du reffus dudit espaignol : de quoy se

mal contanta, disant qu'il en aura s'il se peult joindre avecques luy ; et en l'eure fist lever ancre. Et, ce faict, tirerent vers Chief de Boys, a voisle tendue, adressant vers le navire de celuy espaignol, lequel, voyant l'escarmouche dressée contre luy, dist qu'il se ostera de la voye : dont fist hastivement lever ses appareilz et se mist a la fuyte, et eulx apres, et tant les suyvirent que, environ la mynuyt, l'actaignirent pres d'une isle nommée l'isle Dieulx[1]. L'espaignol, qui estoit artilhé bien a point et garny de gens de main a suffire, voyant qu'il estoit actainct, dist a ses gens : « Sus, compaignons ! il nous est besoing de deffendre le navire pour garentir noz vyes et sauver noz biens ; car la fuyte ne nous peut plus de riens servir. Pour ce, chascun mecte la main a la deffence, car mestier en est. » Et, ce dit, fist charger son artillerie et armer ses gens, et iceulx mectre a la deffence de son navire. Le capitaine Chapperon et son compaignon commaincerent a donner dessus coups d'artillérie, et le voulurent mectre entre eulx deux pour l'assaillir de tous costez : lequel se deffendit a coups d'artillerye, et tant que plus d'une grosse eure se batirent, ou plusieurs d'ung costé et d'autre furent blecez ; et eust esté pris ledit espaignol, mais en se deffendant advisa le vent et se mist au dessus, et, pour fuyr plus tost, mist la mizenne soubz l'estouyn, qui est une voisle tenant a ung des boutz de l'antenne, pendant hors sur le bort du navire, mise la pour faire hastive fuyte ou viste chace. Ainsi se mist l'espaignol a fuyr ; le capitaine Chapperon se mist apres et le suyvit jusques

---

1. L'île d'Yeu.

au jour, mais le perdit, sans le pouvoir approcher d'ung gect de canon pres : par quoy le lessa et se mist au retour vers ou estoit demeuré la barche du seigneur d'Auton, qui n'estoit la ; car, ainsi que ledit Chapperon suyvoit l'espaignol, quatre urques[1] de Flamans passerent par la, que avoit suyvy ledit seigneur d'Auton vers les raz Sainct Mahé[2] ; et avecques sa seulle barche les prist tous et garda jusques a la venue de son compaignon, lequel, en revenant de la chace dudit espaignol, rencontra une autre urque de Flamans et la prist, puys se rendit deux jours apres et se rassembla avecques le seigneur d'Auton, qui avoit sa prise en une rade en Bretaigne pres le Conquet, ou sejournerent VIII jours ; et la, durant ce temps, firent composicion avecques leurs prisonniers flamens, lesquelx promirent a payer mille escus, pour laquelle rançon assigner baillerent deux ostages ; et fut appoincté par lesdits capitaines françoys que iceulx Flamens porteroyent leur rançon au duc de Gueldres, maistre d'iceulx Françoys, et, la rançon payée, en envoyant certification et descharge de ce, leur envoyroyent leurs ostages : ce que ne firent lesdits Flamens, mais s'en allerent en leur pays sans payer leurdite rançon, et lesserent leurs ostages, que lesdits Françoys retindrent en actendant tousjours nouvelles de leurs prisonniers, qui ancores sont a revenir.

Tantost apres ce partirent du Conquet, et adresserent vers la coste d'Angleterre, ou, entour la my oust, eulx estans la, trouverent ung cursoire flament,

---

1. *Urque* ou *orque*, grand bateau.
2. Saint-Mathieu.

lequel estoit d'Arnemüe[1], qui est une ville de Flandres. Or estoit ledit cursoire bien equippé et du port de quatre cens tonneaulx, accompaigné d'une grosse barche d'Espaigne. Et eulx, a une veue l'ung de l'autre, s'entre adviserent et cogneurent qu'ilz estoyent tous gens de guerre : si se mirent en ordre chascun pour assaillir son ennemy et deffendre sa piece, et tant que sur l'eure de vespres commaincerent a eulx entre approcher. Dont les capitaines françoys dirent a leurs souldartz qu'ilz avoyent trouvé jeu party, disant : « Nous avons une nef et une barche de guerre, et autant en avons en barbe rancontré qui nous presentent l'escarmouche que nous leur devons premierement donner, telle que ce soit a nostre honneur et adventage. Or sus, que chascun de nous monstre ce qu'il saura faire, car besoing en est. » Et, sur ce propos, chascun dist que pour mourir ne fauldra a ce hutin. Le flament et espaignol pareillement, voyant qu'ilz avoyent trouvé a qui besoigner, se delibererent de faire leur devoir au coups departir. Et, pour aviser la maniere des Françoys, la barche espaignolle aloit devant le navire flament un gect d'arc loings ou environ ; et, voyent que les navires françoys adressoyent a eulx, voisles tendues, s'en retourna joindre au flamant, disant : « Ce sont Françoys, desqueulx je n'ay sceu avoir cognoissance. Mais tant y a qu'il me semble, a voir leur ordre, qu'ilz sont gens de guerre et deliberez. Pour ce, nous fault entendre a nostre affaire. » Et, ce dit, se joignirent et tirerent de front en bel

---

1. Harlem? Il ne s'agit sans doute pas d'Arnheim, qui est en Gueldre.

ordre vers les Françoys, lesqueulx ausi venoient de
droict fil, leur artillerye chargée et leurs souldartz
armez. Et, lorsqu'ilz furent pres l'ung de l'autre d'u[n]g
gect d'arbaleste, le capitaine Chapperon fist tirer ung
coup de coullevrine droict a la barche de l'espaignol
et donna dedans la proue d'icelle. L'espaignol aussi
fist tirer ung coup de canon vers le navire dudit Chapperon, cuydant donner au travers ; mais le coup passa
par dessus, sans toucher audit navire. Ce faict, les
Françoys, sans plus marchander, adresserent vers
ledit flamant et espaignol ; et, lorsqu'ilz furent a ung
gect de pierre pres, voyant l'espaignol que c'estoit a
tout, dist qu'il prendroit autre chemin, et tout soubdainement tourna la poupe a ses ennemys et se mist
en fuyte, sans autrement secourir son compaignon.
Le seigneur d'Auton se mist apres et le suyvit environ troys lieues en mer, mais ne le peut actaindre,
car il gaigna a bien fuyr : dont s'en retourna vers son
compaignon. Et, ce pendant, ledit Chapperon et le
flamant s'aprocherent de si pres que l'ung l'autre
s'abborderent, et, a coups d'artillerie et de main, se
batirent a toute oultrance. Cependant le seigneur d'Auton arriva, et eulx, ainsi assemblez, assaillirent ledit
flamant de tous costez, lequel se deffendoit a merveilles, comme celuy que neccessité evertuoit. Que
fut ce? leur combat fut tant impetueulx que depuys le
vespre jusques au lendemain mydy ne cesserent de
donner coups : ou furent tuez des gens de celuy flamant XIIII hommes, et gectez en mer, et ung de ceulx
du capitaine Chapperon. Quoy plus? chascun entendoit a ses besoignes. Les Françoys, comme avantageulx et envyeulx de gaigner, de plus en plus fort

continuoyent leur assault a coups de main et d'artillerye sans cesser. Le flamant, foullé et assailly de tous costez, comme contrainct par necessité, se deffendoit a tous effors; mais tant estoit ja batu et lassé qu'il estoit pres a dire le mot et pris, si n'est que, a l'extreme besoing de son doubteux affaire, eut advys de faire lever le derriere d'une grosse piece d'artillerie des siennes et l'emboucher a fleur de mer tout a bort de l'eau : ou fist ruer ung coup bas et donner en la proue du navire du capitaine Chapperon, qui fist telle passée au travers que plus de demy pié de ront y fist d'ouverture, tellement que, au bransle du navire et au flac des vagues de la mer, l'eau entroit dedans par la passée tout a flac, si que, en moings d'ung cart d'eure, elle fut sur le lestage plus d'ung pié de hault, et heust mys le navire a fons. Mais, comme le maistre du navire, nommé Jehan de la Dune, eust l'ueil aux coups de l'artillerye du flamant et veist la passée du coup par ou l'eau entroit tout courant en son navire, tout en l'eure en advisa le capitaine Chapperon, en disant : « Capitaine, si vous ne mectez soubdaine provision de faire escouler l'eau qui entre tout a plain en vostre navire, par la passée du coup d'artillerye que ce flamant a faict ruer bas contre la proue d'icelluy, soyez tout a seur et sachez de vray que nous summes tous a fons et prillez; car plus de cent tonneaulx d'eau sont ja entrez dedans. Et, affin que soyez myeulx asseuré de mon dire, regardez sur le lestage du navire, lequel est tout plain d'eau. » Ce que advisa ledit Chapperon ; et, voyant le danger ou il estoit de perir, oublia le vouloir qu'il avoit de gaigner : dont fist cesser l'assault et courir a l'eau, en lessant partye de ses gens aux gardes, comme faisant maniere de reprandre alaine; et, affin que les Flamans ne se doubtassent de l'inconvenient, fist tenir partye[1] ses gens armez aux deffences et faire bonne myne. Lesqueulx Flamans, qui plus n'en pouvoyent et n'actendoyent fors l'eure de leur prise, voyant cesser l'assaut, ne furent oncques si aises, et tout a coup tournerent poupe, et se mirent a la fuyte si tost que en peu d'eure leur navire fut hors la veue des Françoys, lesqueulx ne coururent apres, mais a toute dilligence vuyderent l'eau de leur navire et estoupperent la passée; ce qui leur fut de saison, car, si de ce ne se fussent lors advisez, ung cart d'eure apres s'en alloyent au fons de la mer. Toutesfoys, comme il pleut a Fortune, escheverent ce danger et passerent ce peril sans eulx vouloir arester, pour l'empeschement de ce destour, pensant une autre foys avoir meilleur adventure et plus eureuse encontre; si dirent que, pour la trouver, ancores chercheroyent divers pays et voyes lontaignes, mais adviserent que leurs navires estoyent fort empirez de coups d'artillerye et desnuez d'equipage, et que besoing leur estoit, premier que entrer plus avant en mer, les faire equipper et radouber.

Et, sur ce propos, mirent voisles amont, puys adresserent vers Honnefleu[2] en Normendye, et, la pres, viz a viz d'une bourgade nommée Villerville, ancrerent : ou demeurerent l'espace de xv jours, cuydant la avoir lieu pour leur adoubage, et eulx refreschir, ce que ne peurent; car la fut lors le vis admiral

1. Ce mot est ajouté en marge.
2. Honfleur.

de Normendie, qui avoit ja sceu commant ilz ennuyoyent les marchans et couroient la mer : par quoy ne les voulut illecques suffrir advitailler, ne faire adouber leurs vaisseaulx. A ceste cause vuyderent le port et s'en allerent en Bretaigne, a ung port de mer nommé le port Blanc, ou mirent leurs vaisseaulx a sec et les adouberent; puys prindrent vivres et autres choses necessaires pour leur navigage, et appoincterent entre eulx de passer les destroictz de Gibaltar et aller en la mer du Levant, disant que la pourroyent trouver quelque bonne adventure : dont tirerent celle part.

XLVI.

Commant messire Jehan Chapperon et Anthoyne d'Auton furent assailliz en mer de deux navires flamens, desqueulx en prindrent l'ung et chacerent l'autre.

A plaine voisle firent singler leurs navires, le capitaine Chapperon et le seigneur d'Auton, droict aux destroictz de Gibaltar; et, eulx estans devant le cap de Fineterre, environ la feste Sainct Michel[1], ung jour, au matin, sur l'esclarcye du souleil levant, adviserent deux gros navires flamens, equippez en maniere de guerre : l'ung nommé Anne, et l'autre le Jaulain, tirant vers eulx a voisle tendue, comme pour les vouloir assaillir et l'aprocher comme d'ung gect de canon pres. Le Jaulain, qui alloit devant son compaignon deux trectz d'arc ou environ, fist tirer ung coup d'ar-

---

1. 29 septembre.

tillerye contre les navires françoys, par maniere de deffience. Le capitaine Chapperon, qui ne demandoit pas myeulx, ne faillit pas a luy rendre son salut de mesmes et luy fist ruer ung coup de canon, en disant : « Puysque entre vous avez commaincé le bruyt et corné la guerre, a nous en aurez! » Puys dist au seigneur d'Auton, qui pres de luy estoit en sa barche : « Mon compaignon, a ceste heure, avons trouvé a qui parler, comme pouvez veoir : ce sont Flamans qui viennent a nous de droict fil pour nous assaillir. Mais ja ne nous sera reproché que deux Flamans, sans autres coups ferir, mectent en fuyte deux Françoys. Or sus, deffendons nous, car mestier en est. » Et, sans plus de parolles, les ungs et les autres approcherent. La barche du seigneur d'Auton, plus viste voisliere que le navire de Chapperon, se mist devant et adressa au navire Jaulain, qui alloit aussi devant son compaignon. Tant s'approcherent que l'ung et l'autre s'entre abborderent pour eulx combatre. La commainça dure meslée; car celuy Jaulain flamant avoit grant force et bonne artillerye et grosse roupte de gens armez et tous gens de guerre. Le seigneur d'Auton, de sa part, avoit en sa barche tant de moyenne et menue artillerie que de pié a pié en estoit garnye et embouchée, avecques cent souldartz, tous choisiz et hommes de main : dont y en avoit plusieurs jeunes gentishommes de ses parens et alyez et autres qui ne demandoyent que la picque. Que fut ce? a ceste premiere charge tellement se batirent que ceulx de la barche de premiere rancontre, a coups de main et d'artillerye, tuherent six hommes flamans, comptez ainsi qu'on les gectoit en mer. De ceulx du seigneur d'Auton furent plusieurs blecez, et ung breton nommé Chappy, maistre de sa barche, tuhé, lequel eut d'ung coup d'artillerye la teste emportée. Le seigneur d'Auton, armé de toutes pieces, la picque au poing, estant a l'assault avecques ses gens en combatant, eut, d'ung coup d'artillerye, emporté l'avant bras tout entier, sans estre blecé autrement que foullé et endormy le bras. Ung jeune gentilhomme des siens, nommé Aulbert de Massoignes, combattit la tant hardiement que, cuydant estre armé de son habillement de teste, tint le combat longuement desarmé ; ce que aucuns des Flamans adviserent, et luy ruerent ung coup de picque au travers de la gorge : de quoy ne fist semblant, mais combatit sans vouloir desemparer sa place jusques a tant que l'autre navire flamant vint secourir le Jaulain ; ce qu'il fist hastivement, voyant que besoing en avoit et qu'il estoit presque a l'oustrance. Le capitaine Chapperon se hasta ausi pour se joindre a la barche et estre aux coups donner. Or, estoit celuy Jaulain tant tenu de pres et si rudement assailly par ceulx de la barche qu'il estoit tout espouventé, et tant que, nonobstant son secours, comme arecreu et pavoreulx, se desaborda de la barche et se mist en fuyte, laissant la son compaignon en la meslée entre le capitaine Chapperon et le seigneur d'Auton : lesqueulx le tindrent si de court que, apres coups d'artillerye et de main, d'ung et d'autre costez donnez, se cramponnerent, et eulx ainsi actachez se batirent longuement. Mais finablement le capitaine Chapperon, qui estoit froys et deliberé, gaigna l'entrée et, avecques ses gens, se mist dedans par force. Et, combien que iceulx Flamens se deffendissent a merveilles, si furent ilz oultrez par

ledit Chapperon, et quarente d'iceulx mys a l'espée.
Le maistre dudit navire fut retenu prisonnier, et xxx
de ses gens, avecques troys femmes, qui furent mys
dedans ung navire portugalloys passant et envoyez
par ledit Chapperon a Lisbonne en Portugal. Ce faict,
dedans celle nef prise, fut mys le seigneur d'Auton,
et sa barche baillée a Andrieu Gombault, son lieutenant;
et, pour gouverner ladite nef prise, fut mys dedans
ung normend nommé Richard du Lyon. Vingt et cinq
pacquetz de draps de noir et xv cendrées d'argent
furent la dedans trouvez avecques largesse de metaulx
et grant force annelletz de cuyvre, pour porter en
Barbarye aux Mores, et grant nombre de bonnes pieces
d'artillerye et prou vivres. Ausi fut trouvé ung grant
coffre soubz les pacquetz, que le capitaine Chapperon
fist mectre en sa nef, pencent que quelque grant tresor y eust : lequel fist ouvrir, ou ne trouva que petilz
couteaulx d'Allemaigne et tout plain de mirouers. De
toutes pars fut cherchée celle nef prise et tout ce qui
fut trouvé dedans mys au butin et departy entre les
capitaines et autres qui la estoyent.

Puys entreprindrent et conclurent de passer les
destroictz, et eulx en aller yverner a Morgues en
Savoye[1] avecques leur prise. Ainsi chascun se retira
en son navire, c'est assavoir : le capitaine Chapperon
dedans sa nef, le seigneur d'Auton dedans la nef prise,
et Andrieu Gombault dedans la barche dudit seigneur
d'Auton; lesquelles nefz furent, premier que partir,
garnyes d'artillerye et de souldartz et d'autre equip-
page, scelon ce qu'ilz en avoyent. Et empruntrent

---

1. Probablement Monaco.

des gens de leurs mesmes vaisseaulx pour mectre dedans la prise, qui en estoit desgarnye. Eulx estant prestz de partir, ung soir, sur l'eure de vespres basses, adviserent venir et approcher neuf grans navires, desqueulx estoit ung nommé La Juliane, leur admiralle, lesquelles ne voulurent actendre ne rancontrer; et, pour eulx vouloir oster de leur roupte, se mirent avant en mer et a cartier, ou tirerent toute celle nuyt, qui fut obscure a cause des brumes qui estoient grandes, tellement qu'ilz ne s'entrevirent plus. Et, comme ilz allassent en avant, ung nommé Bastien, contremaistre de la nef du capitaine Chapperon, sur l'eure de la mynuyt, appella tout hault Richart du Lyon, maistre de la nef prise, dedans laquelle estoit le seigneur d'Auton; lequel Bastien dist a celuy du Lyon qu'il suyvist une certaine roupte, comme pour aller apres le navire de Chapperon. Mais iceulx maistres des navires, qui avoyent entre eulx quelque butin de vaisselle d'argent a departir et s'entendoyent a ce moyen, ne demandoyent que voye pour eulx desrober et escarter leurs capitaines, ce qu'ilz firent; car celuy du Lyon, faignant suyvre la roupte du navire de Chapperon, retourna au rebours et prist le chemin devers la Rochelle, et ledit Bastien mena le capitaine Chapperon tout droict vers les destroictz de Gibaltar. Le seigneur d'Auton, tirant par mer, celle nuyt, pensoit que sa nef suyvist celle de Chapperon, et qu'ilz allassent vers les destroictz; advint que, sur l'esclarcye du jour, sortit de sa chambre et regarda en mer, tout autour de luy, et au loings tant que sa veue peut adviser, et ne vist que sa nef et sa barche; de quoy fut esmerveillé, et lors appella Richart du Lyon, maistre de la nef, auquel dist : « Qu'est cecy a dire, maistre? ou nous avez vous amenez? Je croys que nous summes escartez, car je ne voy point la nef du capitaine Chapperon, que je pensoye tousjours suyvre et accompaigner, ce qui me faict penser et dire que nous summes hors de sa roupte et esloignez de nostre voye. — Capitaine, dist le maistre, je ne say si nous allons droict ou non, mais je suys bien seur que nous suyvons droictement la roupte que Bastien, le contremaistre de la nef de Chapperon, m'a dicte et enseignée. Par quoy ne me devez blasmer de ce, ne ancores vous soucyer de tant, car peut estre que ledit Chapperon a voulu faire quelque cource segrecte ou descouvrir en mer et puys se rendre icy, mesmement pour ce qu'ilz nous ont monstré ceste roupte. — Je ne say que pencer, dist le seigneur d'Auton, car le capitaine Chapperon n'a point acoustumé de s'esloigner sans le me dire ou m'en advertir; par quoy je cuyde qu'il y ait autre chose. » Et, sur ce, fist retourner sa nef sur la coste de Portugal, vers le cap Sainct Vincent, et la se mist a chercher ledit Chapperon et enquerir a ceulx qu'il trouvoit sur mer s'ilz en savoyent aucunes nouvelles, dont ne fut mencion; car il avoit ja passez les destroictz et tiroit vers le royaume de Grenade; par quoy n'en peut savoir autre chose; mais, nonobstant ce, dist qu'il vouloit aller vers les destroictz et qu'il le trouveroit, ou jamais ne cesseroit de chercher. Et, voyant ledit Richart du Lyon, maistre de la nef, le seigneur d'Auton affectionné et tout deliberé de suyvre et retrouver ledit capitaine Chapperon, luy dist : « Ou voulez vous aller, capitaine? Sachez qu'il est impossible a nous de faire long voyage en mer ne retourner arriere vers les destroictz, car les vivres commaincent fort a diminuer, et de tant que, dedans vostre nef, n'y a plus que une pipe de buvrage, ce qui vous deffend tirer plus outre et vous monstre la voye du retour, et bientost. Pour ce, vous fault prendre port pour avitailler et faire equipper vostre nef, qui en a tel besoing que, sans cela, ne pouvez sejourner deux jours en mer que vous et voz gens n'aiez trop grant soif. » Pour savoir la verité de ce, le seigneur d'Auton descendit en la soubste de sa nef, ou la dedans trouva viii pipes de biere escoullées que celuy du Lyon avoit lessées aller pour donner occasions de ne tirer plus oultre et de retourner. De quoy ledit seigneur d'Auton le souppeçonna et luy en cuyda faire question; mais luy faillut pour l'eure dissimuler pour ce qu'il avoit affaire de luy au gouvernement de sa nef. Avecques ce destour survint le vent contraire, dont ne peurent tirer en avant ne suyvre le capitaine Chapperon, dont a ceste cause s'en retournerent et furent aborder a ung lieu nommé Vergerou, a la gueulle de Charante, pres Soubize, esperant la avitailler leur vaisseaulx et radouber pour vouloir de rechief aller chercher et suyvre le capitaine Chapperon.

Tantost apres qu'ilz eurent mys ancres a fons, le seigneur d'Auton voulut prendre terre et laissa dedans sa nef prise Richart du Lyon, le maistre, et quelques autres soubz luy pour la garder; en laquelle demeura la pluspart du butin, mesmement toilles de Hollende, draps, tappisserye et metaulx a grant nombre. Aussi laissa la Andrieu Gombault pour garder sa barche et faire provision de victualles; et, ce faict, s'en alla a son hostel d'Auton, une journée pres de la, pour illecques se vouloir refreschir et veoir sa femme. Cependant advint que ladite nef prise fut, tout soubdainement et sans savoir comment, toute abbrazé et mise en flamme, en maniere que le maistre et ceulx qui estoyent dedans a peine se peurent sauver, laquelle ne peut estre secourue ne estainct le feu de dedans, que sans remede elle ne bruslast jusques a la soubste et tout ce qui estoit dedans. Et ainsi le pauvre gentilhomme, seigneur d'Auton, perdit en ung moment ce que, a dur travail, longue peine et perilleulx danger, avoit sur la mer gaigné, et ne peut oncques au vray savoir qui avoit esté le boute feu, si n'est que troys Flamans, prisonniers la dedans, se desroberent la nuyt de devant, ou par avanture composerent avecques le maistre de la nef, qui ja paravant avoit faict une fausse poincte ; or vint a tant que iceulx Flamans sortirent de la nef et prindrent ung esquif ou se misrent ; puys tirerent oultre, et, en passant, dirent a quelque paisant, qu'ilz trouverent la pres sur la coste de la mer, que avant deux jours entiers ladite nef seroit bruslée ; ce qu'elle fut par quelque traynée, comme est a pencer, ou esmorche qu'ilz avoyent faicte. Et, tout en l'eure que le feu fut dedans ladite nef, celuy Richart du Lyon, maistre en icelle, sans prendre congé de son capitaine, s'en alla d'emblée et s'enfuyt, qui oncques puys ne fut veu en ce lieu.

Les marchans et cursoires de mer, qui par cy devant avoyent rencontrez en mer le capitaine Chapperon et son compaignon, en avoyent, en leurs pays et autres lieulx ou depuys avoyent estez, faict si estrange raport et tant espouventables nouvelles dictes que nul, pour doubte d'iceulx, osoit, sans bonne garde ou grande compaignye, naviguer ou approcher les passages et destroictz de la mer d'Ocidant, ce qui moult ennuyoit les marchans et empeschoit leurs voictures, et portoit grant dommage aux portz de mer de leurs marches. Dont a ceste cause plusieurs, mesmement de ceulx qui avoyent, comme j'ay dit, estez assailliz et chacez, et de ceulx qui de la nef et des urques de Flandres prises estoyent eschappez, en firent grandes plainctes vers le Roy, voire et de telz qui par avanture avoyent par autres estez destroussez; car toutes les courses et pilleryes faictes en mer, durant le temps que le capitaine Chapperon et le seigneur d'Auton, son compaignon, furent sur mer, leur furent toutes mises sus, et, de ce, furent envers le Roy accusez; de quoy fut si tres mal contant qu'il dist que, s'il les pouvoit tenir, qu'il en feroit telle justice que ce seroit a l'exemple de tous autres, pencant qu'ilz n'eussent adveu, et ausi disant que, sans son congé, ne devoyent entrer en mer a main armée. Advint que, par aucuns marchans, fut adverty que le seigneur d'Auton avoit abbordez ses navires vers Soubize[1], pres la Rochelle, et pris terre, dont envoya XXIIII de ses archiers de la garde jusques a Auton, en sa maison, pour le cuyder la trouver et faire prendre. Mais luy, adverty de ce par aucuns de ses amys, vuyda la place et s'en alla autre part, tenant chemins escartez et voyes segretes, estant tousjours en habit dissimulé, sans tenir sejour en logys plus hault d'une nuyt, doubtant a merveilles tumber entre les mains du Roy, qui de jour en autre avoit de luy et du capitaine Chapperon plainctes nouvelles.

1. Sur la Charente, près Rochefort.

Ainsi s'en alloit de lieu en autre tout couvertement, tousjours au prochas de savoir nouvelles de son compaignon Chapperon, lequel avoit ja passez les destroictz de Gibaltar pour aller au royaume de Grenade, ou, a l'aprocher d'une ville, nommée Armairie[1], de celuy royaume, celuy Chapperon et ses gens apperçeurent sur les ondes de la mer, au derriere de la poupe de leur nef, une teste blonde qui les suyvit par sur les ondes, le visage descouvert, plus de troys lieues de mer; de quoy se merveillerent moult et ne sceurent bonnement que pencer de ceste chose, si n'est que le capitaine Chapperon, voyant celle teste blonde sur l'eau, qui le suyvoit, pença que ce fust la teste de son compaignon, lequel avoit les cheveulx blondz, cuydant qu'il se fust mys a cartier hors la roupte, et que quelques navires plus fors l'eussent rancontré et deffaict; toutesfoys, a la parfin, ne sceut que cela devint, dont s'en alla de tire abborder au port d'Armairye, ou fut la recueilly par ceulx de la ville honnorablement et bien receu; la prist refreschissement et sejourna l'espace de xv jours, bien soubcyeulx de son compaignon, qu'il ne veoit ne n'en savoit nouvelles, dont estoit a malaise, pencent qu'il eust eu quelque fortune de mer qui l'eust esloigné et mys hors de roupte; si s'en revint d'Armerye et tira a Aigue Mortes, ou sejourna le temps de troys sepmaines, actendant s'il auroit nouvelles du seigneur d'Auton; et, voyant que la n'en pouvoit autre chose savoir, ne sceut que pencer de luy, si n'est qu'il fut perillé ou pris en mer; et, sur ce, s'en alla d'Aigues Mortes aux isles de Mar-

---

1. Almeria.

ceille, actendant la tousjours quelques nouvelles ; et luy, estant la, sachant que le Roy avoit eu plainctes de luy et de son compaignon, n'ousoit prendre terre ; si dist que, s'il pouvoit avoir sauf conduyt pour luy et pour ses gens de la court de parlement d'Aiz, que il se mectroit a terre pour prendre refreschissement. Par quoy envoya ung des siens devers ung des seigneurs de parlement, seigneur du Luz, pour savoir s'il pourroit avoir son sauf conduyt. Lequel seigneur du Luz luy manda qu'il l'auroit tel qu'il vouldroit, et prist charge de le luy faire despescher et signer de ladite court, ce qu'il fist, et l'envoya audit Chapperon ; lequel, avecques son sauf conduyt, descendit et prist terre a Marcelle, puys voulut aller a Nyce pour quelque affaire qu'il eut la, et, par ce qu'il n'avoit nulz chevaulx, pria le seigneur du Luz luy en bailler. « Bien, dist le seigneur du Luz, je vous en bailleray ce que vous en aurez besoing, et ung myen serviteur pour vous conduyre. » Et, sur ce, luy bailla chevaulx et homme pour le mener ; mais, saichant le chemin que ledit Chapperon tiendroit, manda de nuyt aux seigneurs du parlement d'Aiz, par unes lectres, que le lendemain au matin le lievre partoit du giste, et qu'il tiroit vers Nyce : « Pour ce, tendez la voz raiz au passage, et la ne le fauldrez. » Et, sur ce, lesdits seigneurs de parlement d'Aiz, combien qu'il eussent donné sauf conduyt audit Chapperon, misrent grant nombre de gens armez sur le chemin. Et, sans ce que ledit Chapperon se doubtast de ce, a l'eure qu'il fut au logis pour cuyder repaistre, se misrent dedans sondit logis, et la, au despourveu, le trouverent et prindrent et le menerent a Aiz prisonnier, ou demeura,

par l'espace de troys sepmaines, bien a destroict et
fort doubteulx de son affaire ; mais tant advint que,
au prochatz d'aucuns ses amys, qui tant adoulcirent
le chartrier qu'il luy fist ouverture, dont s'en alla de
nuyt et se remist en son navire, tirant en mer, tant
comme il peut, sans oser plus prendre terre de long
temps et jusques le Roy, par aucuns de ses amys,
fust quelque peu adoulcy, et que les plaintiz fussent
contans.

XLVII.

Commant le Roy des Rommains mist de rechief son armée sus pour passer par Lombardie, et commant le Roy s'en alla a Lyon, cuydant passer les mons pour se trouver au devant de luy.

Le Roy des Rommains, qui ja avoit failly a passer
par la Lombardye pour l'empeschement que le Roy
luy avoit faict par cy devant, de rechief fist son armée
et se delibera de passer, disant que, si le passage de la
Lombardye luy estoit empesché par les Françoys, que
par la terre des Venissians passeroit, ou il ne pouroit ;
et, pour ce, fist grant amas d'Allemens et grousse gent
d'armée. Ce que le Roy sceut tantost par ses postes,
dont envoya dilligement dela les mons devers messire
Charles d'Amboise, son lieutenant, luy mandant que,
avecques grosse armée de Françoys qui lors estoient
dela, il se trouvast au devant dudit Roy des Rommains pour luy deffendre le passage ; ce qu'il fist, car
incontinent ordonna capitaines et grosse roupte de
gens d'armes pour aller aux passages, et iceulx garder

et empescher, et pour donner temps a toute l'armée de marcher, laquelle se trouveroit la a temps pour luy donner la bataille, s'il s'effor[ç]oit de passer. Aussi les Venissiains, qui avoyent villes et passages sur les frontieres d'Allemaigne, vers la Lombardye, sachant que le Roy des Rommains vouloit passer par la, mirent grosse armée sus pour aller deffendre leur terre.

Le Roy, sachant a la verité lesdites choses, dist qu'il yroit en personne, et, deliberant de ce faire, partit de Bloys[1], le IIIe jour du moys de feuvrier, et s'en alla son droict chemin, tirant a Lyon sur le Rosne, lequel se trouva ung peu malade par les chemins, dont s'aresta a Milhan, ou sejourna quelque peu de temps; puys, lorsqu'il peut chevaucher, se mist a la voye et s'en alla a Lyon, la Royne quant et luy, et la firent leur feste de Pasques, sur laquelle je finiray mes croniques annalles des ans mille cinq cens et six et mille cinq cens et sept.

1. Le chancelier Guy de Rochefort était mort en 1507; avant de partir, le roi nomma chancelier Jean de Ganay, par patentes datées de Blois le 31 janvier 1507, a. st. (A. Du Chesne, *Histoire des chanceliers*, p. 543, 550).

TABLE DES MATIÈRES

Cy commance la Cronicque de France de l'an mille cincq cens et cincq (1505).

Pages

I. — Parlant, au premier, d'une griefve maladye dont le Roy fut lors durement actainct. . .   1

II. — De la maniere estrange de la mort d'une dame genevoise nommée Thomassine Espinolle, intendyo du Roy, qui mourut lors en la ville de Gennes   9

III. — La Conplaincte de Gennes sur la mort de dame Thomassine Espinolle, Genevoise, dame intendyo du Roy, avecques l'Epitaphe et le Regret.   13

IV. — Commant, en celuy temps, deux gentishommes de Bretaigne furent pres a combatre pour la querelle d'une dame dudit pays de Bretaigne.   37

Exorde sur les gestes annalles du christianissime Roy Loys, XIIme de ce nom, faittes par frere Jehan d'Auton, historiographe dudit seigneur (1506-1507) . . .   40

I. — Cy commencent les croniques annalles sur les gestes du christianissime Roy Loys, XIIme de ce nom, des ans mille cincq cens et six et mille cinq cens et sept   42

II. — Commant le Roy envoya messire Françoys de Rochechouart avecques autres en embaxade devers le Roy des Rommains   51

III. — Commant le Roy de Castille, archiduc, apres avoir sceu le mariage de madame Glaude et du conte d'Angoulesme, mal content de ce, prist alliance a plusieurs et se declaira ennemy du Roy, et de la mort dudit Roy de Castille .   61

IV. — Commant le Roy envoya messire Charles d'Amboise avecques grosse armée a Boullongne

		Pages
	pour icelle soubmectre a l'obeissance du pape, et commant Françoys de Clermont, cardinal de Nerbonne, fut pour ce et autres choses devers ledict Sainct Pere le pape.	64
V.	— Commant messire Charles d'Amboise, lieutenant du Roy dela les mons, fist marcher son armée droict a Boulongne pour secourir le pape	70
VI.	— Commant le pape entra dedans Boulongne avecques son armée et l'armée du Roy. . .	86
VII.	— Comment en la ville de Gennes, en celuy temps, le peuple et les nobles d'icelle eurent division ensemble, et commant ceulx du peuple chacerent les nobles et s'armerent contre le Roy.	87
VIII.	— Commant les Gennevoys furent mectre le siege au chateau de Monigue	108
IX.	— Du siege et de la baterye du chasteau de Monigue par les Gennevoys	115
X.	— D'ung assault que les Gennevoys donnerent au chasteau de Monigue, ou furent iceulx repossez et plusieurs d'eulx occis	122
XI.	— Commant les Gennevoys leverent leur siege de devant le chasteau de Monigue	126
XII.	— Du revoltement de Gennes, et commant messire Gallaz de Saluzart print aucuns Gennevoys au colliege de Sainct Francisque a Gennes.	127
XIII.	— Commant les Gennevoys se misrent sus contre le Roy et assiegerent le Castellatz de Gennes, et prindrent par composition; et comme, sur ladite composition, il occirent inhumainement les Françoys qui dedans estoient	140
XIV.	— Commant les Gennevoys assiegerent le colliege de Sainct Francisque de Gennes et le chasteau dudit lieu.	143
XV.	— Commant le Roy, sachant la rebellion de sa cyté de Gennes et les exploictz par cy devant faictz, se mist a chemin pour tirer celle part.	148
XVI.	— Commant le Roy transmist maistre Georges, cardinal d'Amboise, devant, en Ast, pour avancer son affaire et faire haster son armée; et du nombre de ses gens d'armes et autres choses sur le faict de la guerre	159

TABLE DES MATIÈRES.

		Pages
XVII.	— Du siege du chasteau de Gennes et d'ung assault tres dur que la donnerent les Gennevoys.	165
XVIII.	— Commant les Gennevoys assaillirent a toute force le chasteau de Gennes, et de la merveilleuse deffence que la firent les Françoys.	168
XIX.	— Commant les villains de Poulcevre voulurent empescher le paissaige aux Françoys a Bourg de Buzalle, et d'aucunes escarmouches la faictes.	182
XX.	— Commant l'armée du Roy partit du bourg de Buzalle pour aller assieger la ville de Gennes.	185
XXI.	— Commant le Roy partit d'Allixandrie pour s'en aller joindre a son armée, qui marchoit droict a Gennes.	190
XXII.	— Commant messire Jacques de Chabbannes, seigneur de La Palixe, avecques plusieurs gentishommes françoys et gens de pié, fut assaillir la montaigne de Gennes; et de la prise d'ung bastion et autres fors, et d'une bataille faicte sur ladite montaigne.	192
XXIII.	— Commant le Roy se rendit a son armée devant Gennes, et d'une bataille gaignée par les Françoys, et comment la ville de Gennes se rendit au Roy.	214
XXIV.	— Du nombre de l'artillerie, de la municion d'icelle et des noms d'aucuns des cannonnyers et autres officiers qui estoint a cedit voyage.	229
XXV.	— Commant le Roy entra en armes en sa ville de Gennes et commant il fist apporter toutes les armes de ladite ville dedans le palais.	231
XXVI.	— Comment le Roy envoya a Romme, devers le pape, deux de ses gentishommes.	245
XXVII.	— Comment le Roy tint en son palays de Gennes siege royal, ou les Gennevoys luy firent le serment de fidelité, et d'une harangue faitte en italien avecques la responce de mesmes.	252
XXVIII.	— Commant ung gennevoys, nommé Demetry Justinian, eut la teste trenchée a Gennes.	278
XXIX.	— Comme le Roy partit de Gennes pour s'en aller a Millan et a ses autres villes de Lombardye; et de son entrée de Pavye et de Millan, avec plusieurs autres nouvelletez.	283

TABLE DES MATIÈRES.

Pages

XXX. — Commant Paule de Nove, duc de Gennes, fut escapité dedans le palais dudit lieu de Gennes. 300

XXXI. — Des articles contenans la maniere d'ung tournay faict a Millan; faictz lesdits articles par ung Roy d'armes françoys, nommé Daulphin. 303

XXXII. — D'aucuns grans banquetz et choses joyeuses qui furent lors faictes a Millan 306

XXXIII. — D'ung banquet sumptueulx que le seigneur Jehan Jacques fist au Roy a Millan. . . . 307

XXXIV. — D'ung bastyon que messire Charles d'Amboyse, lieutenant du Roy, fist tenir a Millan, ou le Roy fut present avecques tous les princes et seigneurs qui la estoyent et grant nombre de dames. 313

XXXV. — D'ung tournoy et combat tenu lors a Millan par messire Galeas de Sainct Severin et autres lombars avecques luy 319

XXXVI. — Commant le Roy catholique Ferrand, Roy d'Arragon, estant a Naples, manda au Roy qu'il s'en vouloit aller en sondit pays d'Arragon, et que tres voluntiers le voirroit en passant, s'il estoit son plaisir 329

XXXVII. — Comme le Roy partit de Millan pour s'en aller en Ast et a Savonne, ou se devoit rendre le Roy d'Arragon. 337

XXXVIII. — De la venue et entrée du Roy d'Arragon a Savonne, et du recueil et trectement que le Roy luy fist, et de la familiarité qu'ilz eurent ensemble. 340

XXXIX. — Des noms d'aucuns des officiers de la maison du Roy, lesquelz se trouverent et servirent a ce voyage 364

XL. — D'ung petit trecté, sur l'exil de Gennes, faict par ballades, baillé lors au Roy 367

XLI. — Commant le Roy d'Arragon s'en alla de Savonne en Espaigne, et le Roy s'en revint en France 379

XLII. — Comment, audit lieu de Lyon, maistre René de Prye, evesque de Bayeulx, receut le chappeau Rouge par la main de maistre Georges, cardinal d'Amboise, legat en France et delegué a ce par le pape 385

		Pages
XLIII.	— Commant le Roy des Rommains retira son armée, et commant le Roy s'en retourna a Bloiz	386
XLIV.	— Commant, durant le temps que le Roy estoit dela les mons, messire Jehan Chapperon et ung nommé Anthoyne d'Auton, seigneur dudit lieu, se misrent sur mer, ou firent plusieurs cources, de quoy le Roy fut mal content . .	389
XLV.	— D'aucunes courses et prises que messire Jehan Chapperon et le seigneur d'Auton firent en mer sur les Flamens, ennemys du duc de Gueldres, duquel s'avouoyent iceulx Chapperon et d'Auton.	394
XLVI.	— Commant messire Jehan Chapperon et Anthoyne d'Auton furent assailliz en mer de deux navires flamens, desqueulx en prindrent l'ung et chacerent l'autre	402
XLVII.	— Commant le Roy des Rommains mist de rechief son armée sus pour passer par Lombardie, et commant le Roy s'en alla a Lyon, cuydant passer les mons pour se trouver au devant de luy	413

TABLE ONOMASTIQUE

A

Abacuc, Abacuth (statue d'), à Gênes. III, 74.
— (bas-relief d'), à Gênes. III, 75.
Abbeville (Somme). IV, 48, n. Voy. *Fosse* (H. de la).
Abbiategrasso, *Byogras, Byagras, Biegras, Abiate, Bia grassa,* au duché de Milan. I, 74, 268, n. 1; II, 306, 317, 364; III, 24.
Abondance. I, 392.
Abruzzes (les), *l'Abruzze, Apruzo, la Brusse,* au royaume de Naples. II, 152, 201, 248, 248, n. 1, 249, 252, 269; III, 146, 180, 377 et suiv., 395.
— (vice-roi des). Voy. *Chabannes.*
Acerains (les), *Acerani* (li). IV, 255, 263.
Acerenza, *la Cherance* (Pouille). III, 188.
Achaïe, *Achaye,* actuellement Morée. II, 196. Voy. *Morée.*
Achéron (l'). IV, 369.
Acqui (bains, eaux minérales d'), à dix lieues de Gênes. IV, 93, n. 1, 130, n.
Actilius. III, 144.
Adam (notre père). IV, 255, 263.
— (statue d'), à Gênes. III, 74.
Adda, *Agde* (rivière de l'), en Lombardie. I, 76, n. 5, 150, n. 1. Voy. *Lodi.*

Adige (fleuve de l'), en Vénétie. I, 76, n. 5.
Adorno (duché de Milan). II, 333. Voy. *Crivelli (Antoyne).*
Adorno (maison), *Adourne,* à Gênes. IV, 89, 90, 130, n., 270, n.
— (les frères), de Gênes. II, 325.
— (Agostino), ancien gouverneur de Gênes. IV, 89.
— (Baltazar). IV, 89.
— (Bernardus). IV, 89.
— (Gabriel). IV, 284, n. 2.
— (Giov.-Battista), capitaine génois. I, 64, n. 1; IV, 89.
Adriatique (la mer), *gouffre de Venize.* II, 143, n., 154, 155.
Advocat de Naples (L'). Voy. *Riz.*
Æmilius (Paulus), « *nobilis Paulus,* » capitaine romain. I, 395.
Ærschot, *Arschot,* en Brabant. Voy. *Croy.*
Afflet, *Afflect, Afflich (Bidez, Wydast, Widast),* écossais, maître d'hôtel du roi, lieutenant de la c^{ie} Aubigny, ambassadeur en Danemark. II, 54.
« Afflit » (*Jehan-Philippes*), maître d'hôtel de Ludovic le More, Napolitain. II, 331.
« Affranquy » (L'). Voy. *Franqui.*
Afrique (l'), *Anffricque.* I, 283.
— (possessions de Portugal en). II, 153, n. 1.
Agde, *Ade* (Hérault). III, 237.

« AGDE » (l'). Voy. *Adda.*
AGEN (Lot-et-Garonne). III, 190, n. 4.
AGENAIS. III, 190, n. 4.
— (sénéchal d'). Voy. *Balsac. Oreille* (R. d').
AGNADEL (la bataille d'). I, 61, n. 2, 245, n. 1; II, 237, n. 3; IV, 190, n. 1.
AGNELA (la), vaisseau. III, 83, n. 5.
« AGNEXE » (*Bartholomie*, dit), pauvre d'Alexandrie. II, 341.
AGNONE, *Auginone* (Abruzze citérieure). II, 248, n. 1.
AGUILAR DEL CAMPO (Vieille Castille). Voy. *Cordova* (P.-F. de).
« AGUZOT » (*Ubertin*), pauvre d'Alexandrie. II, 341.
AIGLE (le seigneur de l') (René de Brosse de Penthièvre, seigneur de Laigle en Normandie ?). II, 216; III, 56.
AIGNAY-LE-DUC (Côte-d'Or). Voy. *Aulx.*
AIGNEAU (Jean), maire de Dijon, pensionnaire de Bourgogne. II, 8, n.
— (Pierre), fils du maire, pensionnaire de Bourgogne, II, 9, n.
AIGUES-MORTES (Gard). III, 211; IV, 411.
AINAY, *Esnai, Hesnay* (abbaye d'), à Lyon. II, 114, n., 284, 284, 287, *notice;* III, 200, n. 2. Voy. *Terrail.*
AIRE, *Aire-sur-la-Lys* (Nord). I, 291, n.
AIX, *Aiz* (Bouches-du-Rhône). IV, 412.
— (archevêque d'). Voy. *Filleul.*
— (parlement d'). IV, 412. Cf. *Luz.*
AIX (Savoie). I, 167, n. 1.
— (Claude d'), *Glaude d'Aiz, Claudius de Aquis, Claude de Seyssel,* docteur, de Savoie, conseiller au grand conseil, conseiller-lai au parlement de Toulouse, ambassadeur, sénateur de Milan, évêque de Marseille, archevêque de Turin. I, 167, *notice,* 362; II, 211, n. 1; III, 82, n. 1, 97, n. 1, 284, n. 1. Cf. *Seyssel.*
— *Ays* (Guillaume d'), lieutenant du sire de Ravenstein. II, 208; III, 46.
ALAIN, Gascon, capitaine de Trezzo. I, 274, 278; II, 353.
ALBA DE TORMES, province de Salamanca (Espagne). Voy. *Toledo.*
ALBANAIS, *Albanoys, estradiotz, mauryens* (de Ludovic le More). I, 17, 27, 29, 35, 36, 40, 41, 45, 57, 58, n. 1, 61, 62, 67, n. 2, 68, 72, 142, 175, 182, 183, 189, 191, 192, 227, n., 229, n. 1, 234, 244, 245, 246, 249, 251, 253, 257, 258, 259, 268; II, 170, 388; III, 111, 259, 263, 273, 276, 299, 300; IV, 74, 118, 162, 184, 185, 202, 217, 220 et suiv., 222 et suiv., 235, n. 4, 314, 316. Voy. *Caraiche, Mercure.* Cf. *Lombards, Mauryens.*
ALBANIE (Turquie). II, 155.
ALBANY, *Albanie* (Ecosse). Voy. *Stuart.*
ALBE (duc d'). Voy. *Toledo.*
ALBENGUA, *Albingue* (Ligurie). IV, 274.
ALBERNATI (Guill.), capitaine de la Roquette de Milan. I, 157, n. 1; le marquis Bernato (?), IV, 71. Cf. *Visconti* (*Jheronime Barnabo*).
ALBERTINELLI, capitaine de galère. III, 211.
ALBI (ville et diocèse d'). III, 207, n. 1.
— (évêque d'). Voy. *Amboise* (Louis d').
ALBIGEOIS (sénéchal d'). Voy. *Bourbon* (le bâtard Charles de).
ALBIMONTE (Guglielmo), héraut d'armes sicilien. III, 130, n. 4.
ALBION (Jaime d'), *Darbyon,* ambassadeur d'Espagne. IV, 341.
ALBIZZI (Luca), ambassadeur florentin. III, 18, n., 28, n. 1.

ALBRET (Alain, sire d'), Libret. I, 97, n. 2, 100, n. 1, 326; III, 190, n. 4, 191, n. 1, 313, 331 et suiv.
— (Amanieu d'), cardinal de Saint-Nicolas in carcere Tulliano. I, 326; III, 27, 57, 205.
— (doña Ana d'), princesse de Navarre. II, 393.
— (Charlotte d'), femme de César Borgia, duc de Valentinois. I, 97, n. 2, 291, n. 1, 325, 329, 330, 336.
— (Charlotte d'), fille du sire d'Orval, femme du sire de Lautrec. I, 101, n.
— (Gabriel d'), sire d'Avesnes et de Lesparre, chambellan, pensionnaire, grand sénéchal de Guyenne. I, 100, 287, 292; II, 100, 210, n. 7; III, 178, 180, 192, 193, 198, 270.
— (Jean d'), le sire d'Orval, seigneur d'Orval. I, 237, n. 4; II, 217; III, 216, n. 1, 223, 247, 310; IV, 310.
— (Johan, Jean d'), roi de Navarre, duc de Nemours, Gandie, Montblanch et Peñafiel, c^{te} de Foix, seigneur de Béarn, c^{te} de Bigorre, de Ribagorça, de Penthièvre, de Périgord, vic^{te} de Limoges, pair de France, sgr de Balaguer. I, 290, n. 2; II, 240, 242, 393, 394. Voy. Navarra.
— (Marie d'), femme du comte Charles de Nevers. IV, 50, n. 1.
— compagnie Albret. III, 262, 288, n.; IV, 157, n. 1, 161. Voy. Durfort.
ALBURQUERQUE, Albruquez (le duc de Beltran d'), capitaine espagnol. III, 233, n.
Alcibiade. IV, 379, n.
ALDA (du). Voy. Gascon.
Alecto, Aletho (la furie). I, 391; IV, 19, 370.
ALENÇON (Charles, duc d'), I, 317; II, 209, n. 1; III, 103 (René); IV, 181, 310, 311. 325, 345, 351.
— (Françoise d'), Mlle d'Alençon, puis comtesse de Dunois. II, 210, n. 7; IV, 39, n. 1, 50, n. 1.
— (Françoise d'), comtesse de Vendôme. IV, 50, n.
— (René d'), comte du Perche. I, 12, 317, n. 1.
ALES, Allez (Gonsales d'), héraut d'armes espagnol. III, 114, n. 1, 115.
ALESSANDRIA DELLA PAGLIA, Alexandrie, Alixendrye, Alixandrye (duché de Milan). I, 17, 26, 27, 30, n. 4, 31, n., 32, 33, 36, 37 et suiv., 83, 177, n., 185, 271, n., 332, 382; II, 27, n., 336, 339 et suiv., 341, 351; III, 73, 327; IV, 66, 158, 180, 181, 190, 191, 244 et suiv. Voy. Prie.
— (le dome San Pietro, à). IV, 181.
— (forts d'), la Rocque, la Rocquedarze, la Rocquedamon, Rocquedetamon, Rocquedetaire. II, 378.
— (la Rocca, à), la Roque, un des forts de la ville. I, 65.
— (officiers d'). II, 378, 379.
— (portes d'), Gaire, Marie. II, 378.
— (rue de la Ferrerie, à). IV, 181.
Alexandre le Grand, Alixandre. I, 318; IV, 282, 379, n.
ALEXANDRE VI (le pape), Borgia, le Père Sainct, Sua Santità, Nostre Signore. I, 120, 121, 124, n. 4, 129, n. 1, 137, 293, n. 1, 295, 296, 297, n., 324 et suiv.; II, 23, 31, n., 32, 33, 34, 35, 36, 84, n., et suiv., 87, n. 1, 92, n. 3, 141, n. 3, 151, 153, n. 1, 220, 235; III, 18, 27, 87, n. 4, et suiv., 94, n. 1, 200 et suiv., 287, 315, n., et suiv., 361 et suiv., 382 et suiv., 385 et suiv., 398.
ALEXANDRIE (duché de Milan). Voy. Alessandria.

ALEXANDRINS, habitants d'Alessandria. IV, 109.

« ALGESII » (château d') (duché de Milan). Alserio, près Como? I, 379.

ALIONE (l'), poète. I, 389.

« ALIPRAND » (*Ambrois*), de Tortona. II, 345.

— (*Francisque*). II, 345.

ALLÈGRE, *Alègre* (Haute-Loire). Voy. *Tourzel*.

ALLEMAGNE, *Almaigne, Allemaigne, les Allemaignes, Allamagna, Alamania*. I, 77, 81, 82, 83, 119, 141, 150, 160, 233, 297, n., 327, 330, 343; II, 6, n. 2, 7, n., 140, 141, 152, n., 330, 331, 332, 333, 334, 335, 336, 338, 339, 346; III, 93, n., 157, n. 1, 200, 209, 225, 228, 230, 232, 235, 248, 255, 273, 288, 357; IV, 6, 7, n., 153, 241, 245, 247 et suiv., 332 et suiv., 368, 371, 372, 374 et suiv., 378, 384.

— (ambassadeurs d'). III, 57, n. 5; IV, 383.

— (ambassadeurs en). I, 348, n. 2; II, 236, n. 1. Voy. *Amboise* (G. d'), *Carles, Forestier, Guérin, Halwin, Haultbois, Prat* (A. du), *Salazart, Trémoille* (L. de la), etc.

— (armures à la mode d'). I, 242.

— (chapeau d'). III, 29.

— (couteaux d'). IV, 405.

— (danse à la mode d'). II, 100.

— (frontières d'). I, 76, 91, 381, 382; IV, 414.

— (langue d'), « *in forma Todescha*. » I, 386.

— (princes d'). III, 359.

— (seigneurs d'). IV, 387 et suiv.

— *Les hautes Allemagnes*. IV, 53. Cf. *Suisses*.

ALLEMANDS, *Allemans, lancequenetz, Todeschi*. I, 17, 68, 69, 79, 91, n. 4, 119, 124, 135, 136, 137, 142, 153, 171, 181, 184, 190, 192, 193, 207, 209, 210, 212, 215, 217, 218, 219, 220, 221, 222, 223, 234, 246, 247, 251, 252, 253, 254, 255, 256, 259, 260, 275, 304, 356, 357, n. 2, 367, 380, 384 et suiv., 388; II, 13, 32, 33, 36, 42, 43, 60, 63, 277, 288; III, 166, 168, 169, 170, 174, 186; IV, 33, 84, 368, 386 et suiv., 413. Cf. *Suisses*. Voy. *France* (les cent Allemands de la garde du roi de), *Averluch*.

« ALMANT » (*Thierry*), connétable à Plaisance. II, 370.

ALMERIA, *Armairie* (royaume de Grenade). IV, 411.

ALON (d'), châtelain de Gênes? II, 339, 344.

ALOYAU (Catherine), femme de Guillaume Doulcet. I, 194, n. 1.

ALPES (les). I, 371; III, 101, n.

ALTAMURA, *Haulte More, Altemore* (duché, puis principauté d'), dans la terre de Bari. III, 138, n. 1, 278, 350, n. Voy. *Baux, Luxembourg*.

— (*Murgie* d'). III, 138, n. 1.

ALVARADE, aventurier espagnol[1]. I, 191.

ALVAREZ DE ALOA (Gutierre de), évêque de Plasencia. III, 233, n.

ALVIANO (Bartolommeo d'). I, 237, n. 3; II, 392; III, 320, 324, 325.

Amadryades (les). IV, 19.

AMANZÉ (Jacques d'). I, 210, n. 1.

— (le bâtard d'), *Amenzay*, bourguignon. I, 210, 212.

AMBERAC (Charente). Voy. *Grèze* (J. de la).

AMBERT (Loiret). III, 354, n. 3.

Ambition. I, 283.

AMBOISE (Indre-et-Loire). I, 316; III, 313, 331.

— (capitaine d'). Voy. *Codeber, Carre, Rohan* (Pierre de).

---

1. Le même qu'Alverade, capitaine de l'Écluse, en 1487? (voy. l'*Histoire des guerres de Flandre, Corpus Chronicorum Flandriæ*, IV, p. 530).

AMBOISE (château d'). III, 100, n. 1, 101, n., 313.
— (cordeliers d'). II, 226.
AMBOISE (généalogie de la Maison d'). IV, 385.
— (Aimery, Emery, Méry d'), grand maître de Rhodes. I, 96, n. 1; III, 199, 200, 247, 310.
— (Anne d'), femme de Jacques de Chazeron. I, 96, n. 1.
— (Catherine d'), femme de Christophe de Tournon. I, 50, n. 1.
— (Catherine d'), femme de Tristan de Castelnau. I, 96, n. 1.
— (Charles d'), seigneur de Chaumont, frère aîné du cardinal d'Amboise. I, 18, n. 2.
— (Charles d'.), seigneur de Chaumont, Meillant, Vandœuvre, Sagonne en Bourbonnais, baron de Charenton et de Revel, grand maître de France, ancien gouverneur de Paris, capitaine de cent lances, capitaine de Dieppe, lieutenant général, maréchal, amiral, etc. I, 15, n. 1, 18, n. 2, *notice*, 45, 47, 52, 56, 63, 72, 91, 94, n., 144, n. 1, 147, n. 1, 313; II, 12, 13, n. 1, 26 et n. 2, 112, 115, 116, 117, 119, 121, 123, 124, 125, 126, 131, 133, 134, 244; III, 25, 36, 37, 41, 80, n. 1, 290, 335, n. 1, 336, n. 1, 353, n. 1, 375, 376; IV, 9, 61, 64 et suiv., 93, n. 1, 111, 113, 130, n., 132, 134, 137, 139, 160, 162, 174, 175, 179, 180, 181, 182, 183, 185, 186 et suiv., 189, 192 et suiv., 204, 235, 243, 292, 313 et suiv., 338, 344, 351, 361, 362, 366, 413. Voy. *Bertrand, Graville*(J.Malet de).
— (armes de Charles d'). IV, 287, 288, 290.
— *Compagnie Chaumont*. III, 288, n., 370, 374.
— (François d'), seigneur de Bussy. Voy. *Vienne* (Françoise de).
— (Georges, cardinal d'), archevêque de Rouen, légat en France et à Avignon, c^{te} de Lomellina-Sartinara en Lombardie, lieut^t gén^{al} en Normandie et en Milanais, cardinal de Saint-Sixte : *le légat, messire Georges*. I, 96, 107, 114, n., 198, 199, 231, 247, 266, 268 et suiv., 272 et suiv., 275, 276, 277, 294, 295, 351, 354, n. 1, 358, 359 et suiv., 361 et suiv., 363, 370 et suiv., 379, 380; II, 5, n. 1, 8, 15, n., 25 et suiv., 83, n., 87, n. 1, 88, n. 1, 92, n. 2, 112, 113, 134, 139, n. 1, 140 et suiv., 146, 209, 217, 218, 219, n. 2, 220, 222, 223, 226, 227, 241, 242, 262, n. 2, 330, 331, 333, 336, n. 1, 398; III, 23, 25, 28, 34, 37, 57, 61, 80, n. 1, 84, 91, n. 1, 94, 156, n. 2, 200, 202, 204 et suiv., 217, n. 3, 249 et suiv., 253, 254, n. 1, 281 et suiv., 289, 290, 315, n., 329, 330, n., 336, n. 1, 353, n. 1, 357 et suiv., 368; IV, 2, n. 2, 5 et suiv., 11, n. 2, 31, n., 32, n., 33, n., 42, n. 1, 46, n. 1, 47, 56, 149, 150, 154, 155, 159, 162, 215, 216, 226, 234, 239, 245, n. 1, 262, 269, n. 1, 280, n. 3, 292, 295, n. 1, 299, 310, 325, 329, 341, 345, 351, 353, 354, 362, 385 et suiv.
— (armes du cardinal d'). IV, 287, 288, 290.
— (chapelain du cardinal d'). IV, 383.
— *le Georges d'Amboise*, cloche de Rouen. II, 26, n. 1.
— (Guy, Guyon), seigneur de Ravel ou Revel, pensionnaire du roi, frère du grand maître de Chaumont, bailli de Montferrand. I, 48, *notice;* II, 244; III, 25, 38, 56; IV, 49 et suiv., 235, 292, 314. Voy. *Dauphin.* Cf. *Poquedenare*.

— (Huet ou Hugues d'), seigneur d'Aubijoux, chambellan, capitaine des cent gentilshommes de l'hôtel, chevalier de l'ordre, sénéchal de Beaucaire et Nîmes. I, 47, n. 2, *notice,* 72, 84, 96, n. 1, 287, n.
— (Jacques d'), abbé de Jumièges, évêque de Clermont. I, 96, n. 1.
— (Jacques d'), seigneur de Bussy. I, 48, n. 4.
— (Jean d'), seigneur de Bussy, pensionnaire du roi[1]. I, 48, n. 4, 96, n. 1; III, 247, 311; IV, 365.
— (Jean d'), évêque de Maillezais, puis de Luçon. I, 96, n. 1.
— (Louis d'), évêque d'Albi, conseiller du roi, I, 96, n. 1.
— (Louis d'), évêque d'Autun, puis d'Albi, ambassadeur, cardinal. III, 37, 80, n. 1, 85; IV, 32, n., 33, n. 1, 36, 235, 269, n. 1, 292, 311, 325, 341, 351, 362.
— (Louis d'), v^{te} de Thouars. I, 96, n. 1.
— (Louise d'), femme de Guillaume Gouffier. I, 96, n. 1.
— (Madeleine d'), femme d'Antoine de Prie. I, 96, n. 2, 213, n. 1.
— (Marguerite d'), femme du baron du Bec. I, 96, n. 1.
— (Marguerite d'), femme du sire de la Trémoïlle. I, 96, n. 1.
— (Marie d'), femme du sire de Genlis. I, 96, n. 1.
— (Pierre d'), sgr de Chaumont. I, 96, n. 1. Voy. *Bueil.*
— (Pierre d'), évêque de Poitiers, I, 96, n. 1.
AMBROIS (le capitaine), suisse. III, 11.

Ambroise (saint), patron de Milan. IV, 294.
« *Ambrosius* » (portrait de *Johannes*). I, 322.
AMELOT, *Hamellot,* GIROUART, fourrier du roi. IV, 367.
Amiclas, pilote aux enfers [2]. IV, 369.
AMIENS (Somme). IV, 48, n. Voy. *Créquy.*
— (bailli d'). Voy. *Lannoy.*
— (doyen d'). Voy. *Hanencourt.*
— (église Saint-Jean, à). III, 72.
AMINALE (Lodovico), homme d'armes de Terni. III, 130, n. 4.
« AMONES » (*Lambert*), capitaine de mortes-paies. II, 350.
Amour (l'). III, 52, n. 3.
« AMOURS » (Lambert), rationnateur à Milan. II, 360.
AMPIUS, *Ampuis* (Rhône). Voy. *Maugiron.*
ANCE. Voy. *Hans.*
ANCENIS (Loire-Inférieure). Voy. *Rieux.*
ANCEZUNE (Rostand d'), archevêque d'Embrun. II, 24.
ANCHEMANT (Pierre), secrétaire d'ambassade de l'archiduc. II, 99, n. 1.
ANCONA, *Anchona, Ancône,* capitale de la marche d'Ancône. I, 341.
— (marche d'). IV, 68. Voy. *Marche.*
ANDA (Dominique de), de Bosco-Marengo. II, 343.
ANDELOT (Haute-Marne). I, 61, n. 2. Voy. *Coligny.*
ANDRADE (don Ferrand d'), espagnol, capitaine de galères. III, 159, 182.
ANDRAKI (l'), en Caramanie. III, 73, n. 1.
ANDRÉ (*maistre*). Voy. *Buau.*
ANDREA DA FERRARA (Jacobo ou Jacomo), *Jaques Andrie de*

---

1. Ms. fr. 26110, n° 833.
2. Probablement Ancæus, pilote des Argonautes.

Ferraire, valet de chambre de Ludovic le More, décapité à Milan. I, 139, 140, 278; II, 335.

ANDRELIN (Fauste), *Faustus orateur, Faustus Andrelinus,* poète. I, 211, n. 1; 212, n., 283, n. 3, 388; III, 101, n., 357, n. 1; IV, 380, n.

ANDRIA, *Andre* (terre de Bari). II, 251, 277, 292, 294, 295; III, 9, 104, 110, 112, 121 et suiv., 274, 275. Voy. *Balzo, Baux, Luxembourg.*

« ANGELE » (le comte), seigneur de *Bergue* (Ogulin), en Hongrie. II, 214.

ANGERA, *Angleria, Anglerya* (duché de Milan). I, 80, n. 2, 303; II, 298. Voy. *Borromeo.*

ANGERS (Maine-et-Loire). IV, 48, n.

— (capitaine d'). Voy. *Bertran, Rohan-Gié.*

Anges (les). III, 76.

ANGITOLA (Rocca d'), *Roque d'Angite* (Calabre). III, 165, 166, 179.

ANGLAC (Jean d'), prévôt de l'hôtel du roi. III, 338.

ANGLAIS, *Anglois* (les). I, 6, 330; IV, 29, 392, 393, 394.

ANGLETERRE. I, 93, n.; II, 217, n. 1.

— (ambassadeur en). Voy. *Sains, Pierrepont.*

— (ambassades d'). III, 246, 247.

— (côte d'). IV, 397.

— (héraut d'). III, 246.

— (marchands d'). IV, 393.

— (Marie d'), reine de France, troisième femme de Louis XII. I, 61, n., 122, n. 2.

— (navires d'). IV, 394.

— (roi d'). II, 20; IV, 30, n., 34 et suiv., 62, 157, n., 392, 393. Voy. *Henri VII, Henri VIII.*

Anglo (le duc), Troyen. I, 303.

ANGLURE (Nicole d'), femme de Gallois de Salazart. I, 258, n. 1.

« ANGORIS » (Marco, Mer), vicaire général de Milan. II, 361.

ANGOULÊME (comte d'). Voy. *François Ier.*

— (comtesse d'). Voy. *Savoie, Valois.*

— (évêque d'). Voy. *Bauza, Fou* (Raoul du).

« ANGRAILLE » (messire). III, 19.

ANGUISSOLA, de Piacenza (le comte Charles). II, 338.

— (Pierre-Antoine). II, 338.

— (Pierre-Bernardin). II, 338.

— (Pierre-Dominique), fils du comte Charles. II, 338.

ANJOU (sénéchal d'). Voy. *Mailly.*

— (le roi Charles d'). I, 34, n.

— (Louis d'), roi de Hongrie. II, 215.

— (Louise d'), femme de Jacques d'Armagnac. II, 93, n. 1.

— (Marguerite d'), dite *Marguerite de Calabre,* fille naturelle de Nicolas d'Anjou. I, 34, n.

— (Nicolas d'), duc de Calabre. I, 34, n.

— (René d'), baron de Mézières. I, 213, n. 1; II, 21, 174, 189; IV, 196. Voy. *Chabannes* (Antoinette de).

ANJOU (Isère). Voy. *Miolans.*

ANNE, navire flamand. IV, 402.

Annibal. Voy. *Hannibal.*

ANNONCIADE (ordre de l'). IV, 26, n. 1.

ANNONE, *Non* (duché de Milan). I, 17, 22 et suiv., 27.

Antée, Anteus (le géant). III, 143.

ANTHON, *Anthon* (Isère) (baronnie d'). II, 147, n. Voy. *Batarnay.*

ANTIOCHE (Syrie). III, 49, 68.

ANTIQUO (Angelo), commissaire de la *Sanitá,* à Milan. II, 26, n. 1.

APCHIER (Guyot d'), seigneur de la Baume. IV, 366.

APENNINS, *les Alpes, le mont Appeninée.* II, 28; IV, 289.

APICE, près Bénévent (comté d') (Principat ultérieur). Voy. *Guevarra, Rohan-Gié.*

Apollon, *Appollo.* IV, 20.
— protecteur de la croisade. I, 400.
Aquila, *l'Aigle* (Abruzze ultérieure). II, 71 ; III, 385.
Aquilon (l'), *Aquille.* IV, 13, 369.
Aquino (terre de l'Eglise), près Monte-Cassino. III, 256, n. 1, 258.
Arabes. I, 394 ; III, 325 ; IV, 55.
Aragon (royaume d'). III, 233, n., 234 n.; IV, 33, n. 2, 329. Voy. *Espagne.*
— (connétable d'). Voy. *Cardonne.*
— (frontière d'). III, 210, n. 2.
— (galères d'). IV, 346.
— (maison d'). III, 349, n. 2, 387.
— (reine d'). Voy. *Foix.*
— (roi d'). Voy. *Ferdinand.*
— (Alfonso d'), deuxième fils de Frédéric. III, 350, n.
— (Camilla d'), marquise de Tourcelles. I, 276.
— (César d'), troisième fils de Frédéric. III, 350, n.
— (Charlotte d'), princesse de Tarente ; *la princesse de Tharente,* femme de Guy de Laval, fille de Frédéric. I, 286, n. 1, 291, *notice,* 326 ; II, 209 ; III, 350, n.
— (Ferrand d'), *domp Ferrande,* duc de Calabre, fils ainé du roi Frédéric. II, 91, 269 ; III, 254, 350, n., 388.
— (Frédéric d'); *domp Phederic, Federich, Feuderich,* prince de Tarente, pensionnaire, comte de Villefranche-de-Rouergue, puis roi de Naples [1], puis duc du Maine, comte de Beaufort et Saint-Sauveur-Landelin, capitaine de Saumur. I, 291, n. 1, 335 ; II, 18, 37, 39, 41, 50, 60, 64, 67, 68, 69, 73, 74 et n., 75, n. 1, 76, 77 et n., 78, 79, 82, 83, n., 84, 87, 88, 89, 90, 92 et n. 3, 94, n., 95, n., 146, 148, n. 2, 149, n., 150, 211, n. 1, 242, 257 ; III, 57, n. 5, 100, n. 1, 238 et suiv., 254, n. 1, 349, n. 2. Voy. *Naples* (rois de).
— (Isabelle d'), veuve de Giov.-Galeazzo Sforza. I, 80, n. 2[2], 392.
— (Isabelle d'), fille de Frédéric. III, 358, n.
— (Jean d'). IV, 346.
— (Jean d'), marquis de Liseti, *le marquis de Lycite.* II, 279 ; III, 152, 193, 282.
— (Julie d'), fille de Frédéric. III, 350, n.
— (le bâtard Alfonso d'), archevêque de Saragosse. III, 203, 244.
— (le bâtard don César d'). IV[3], 346, n. 3.
— (le bâtard don Juan d'), comte de Ribagorca, capitaine espagnol. III, 233, n.
— Violantille, bâtarde de Frédéric. III, 350, n.
Aragonais. III, 210, n. 2.
Aramon (Gard). Voy. *Poitiers* (Guill. de).
Aranda, *Orande* (le conte d'), capitaine espagnol. III, 233 ; IV, 346, 347.
Araxe (le fleuve), *Araxes.* IV, 287.
Arbe, *Albe* (île d'), dans l'Adriatique. II, 214.
Arbouville (Charles d'), seigneur d'Arbouville (Eure-et-Loir), chambellan de Charles d'Orléans, gouverneur d'Orléans. I, 276, n. 1.
— (Jean, *Janot,* Jannet d'), *Arbonville,* seigneur d'Arbouville et de Buneau, pensionnaire de Milan : *M. de Buno.* I, 276,

---

1. Appelé dans les textes de Louis XII « Arragon, » et non *roi de Naples.*
2. Lignes 7 et 12 : ligne 12, lisez *Isabelle.*
3. Cf. *Tit. orig.,* Aragon, n° 3.

299, 310; II, 160, 292, 344, 355; III, 159, 164, 305.
ARBRESLE (l'), la Bresle (Rhône). IV, 154, 385.
ARCE (Abruzze citérieure). II, 248, n. 1.
ARCES (Philibert d'), seigneur de la Batie. I, 42, n. 3. Cf. Ars, Arse.
ARCEY, Arsey-le-Duc (Côte-d'Or). Voy. Longwy.
ARCHET (d'). Voy. Darchet.
ARCHIAC (Catherine d'), femme du sénéchal d'Armagnac. I, 35, n.
ARCHIDUC de Bourgogne (l'), comte de Flandre, fils de Maximilien. Voy. Philippe le Beau.
— (fils de l'). Voy. Charles-Quint.
ARCHIDUCHESSE (l'). Voy. Jeanne la Folle.
ARCHINTI (Susanna), femme de Michele Tonso. I, 272, n. 1.
ARCHIPEL, Archipellegue (l'), anciennement mer Égée. II, 161, 188.
Archita Tarentinus. IV, 258, 268.
ARCIMBOLDO, degli Arcimboldi, Arcimbold (Nicolo), docteur de Milan. II, 329, 333.
— (Ottaviano). I, 362.
ARCOLA, Arcora (Ligurie). IV, 274.
ARCONATI, Darconnat (Jean-Gaspard), pensionnaire à Milan. II, 387.
AREZZO (Toscane) (évêque d'). Voy. Pazzi.
ARGENSOLLES (Marne) (N.-D. d'), abbaye de femmes, de l'ordre de Citeaux, près d'Epernay. I, 157, n. 1.
« ARGENTINE, » dame d'honneur de Catherine Sforza. I, 135.
Argos, Arges. IV, 374.
ARGOULES, Argoulles (Somme). Voy. Benserade.
« ARGRIOT » (Armendare). II, 333.
ARIANO (Principat ultérieur). II, 248, n. 1. Voy. Caraffa, Guevarra, Rohan-Gié.

ARIES (Johan), capitaine espagnol. III, 233, n.
ARIGOYS. Voy. Hérigoye.
ARILLANO (Diego d'), capitaine espagnol. II, 277; III, 187, 273, 275, 279, 280.
ARIMPIO (Andrea de), de Capoue. III, 280, n. 1.
Arion, Haryon, Arion de Méthymne. II, 188; IV, 20.
ARISOLES (d'), Darissoles. Voy. Pierrepont.
ARLES (Bouches-du-Rhône) (archevêque d'). Voy. Ferrero.
ARLUNI (Bernardo), poète. I, 388.
ARMAGNAC (gouverneur d'). Voy. Camicans.
— (sénéchal d'). Voy. Galiot.
ARMAGNAC (Charlotte d'), fiancée du sire d'Avesnes. I, 100, n. 1.
— (Jacques, Jacques et Jean d'). II, 93, n. 1. Cf. Anjou.
— (Jacques d'), comte de Guise, duc de Nemours. I, 61, n. 2, 99, 105.
— (Louis d'), duc de Nemours, vice-roi de Naples. II, 84, n. 1, 92, 93 et n. 1 et 2, 94 et n. et suiv., 98, 253, 256, 257, 258, 259, 268, 269, 270, 271, 274, 276, 277, 279, 280; III, 1, 2, 3, 5, 10, 12, 14, 104, 121, 123, 137, 147, 151, 156, 166 et suiv., 169 et suiv. Voy. Coligny (Gasp. de), Masqueron.
« ARNEMUE. » Voy. Harlem, Arnheim.
ARNHEIM, Arnemue (Gueldre). IV, 398.
ARNITI (Costantino), régent de Montferrat. I, 32, n. 4.
ARNO (le fleuve de l'), en Toscane. I, 299, n. 1, 306, n. 1.
ARNULF (Francesque), de Bosco-Marengo. II, 343.
ARONA (duché de Milan). I, 80, n. 2.
ARPAJON, Arpayon (Cantal) (Antoine et René d'). I, 239, n.
— (Gaston, Guy d'). I, 238, n. 3.

— (Hugues d'). I, 239, n. Voy. *Prat* (Géraulde du).
— (Jean d'), seigneur d'Arpajon, Séverac, Espairac, vicomte d'*Aulterive*, échanson, sénéchal de Rodez. I, 238; IV, 197.
Arquata (Franciscus de), ancien de Gênes. IV, 275, n. 2.
Arques[1] (Seine-Inférieure) (le seigneur d'). II, 280 et n. 1.
— (capitaine d'). I, 145. Voy. *Brimeu, Mailly*.
Arras (Pas-de-Calais) (gouverneur d'). Voy. *Choiseul*.
Arrazzo. Voy. *Rocca*.
Arrigoni (Simone), *Symon Rigon*, capitaine de la Rocca-de-Baye. II, 386; III, 26, n. 2; IV, 108.
Ars (François d'). IV, 51.
— (Louis d'), chambellan, capitaine de cinquante lances, duc de Termes, marquis d'Ars, comte de Voghera. I, 42, *notice*, 72, 114, n., 150, 152, 171, 175, 176, 187, 213, 214, 255, 256, 350; II, 249, 254, 271, 277, 287, 289, 332, 334, 338, 340; III, 1 et suiv., 111, 149, 150, 171, 174, 176, 180, 185, 186 et suiv., 272 et suiv., 305, 318 et suiv., 381; IV, 359, n. 1. Voy. *Coulon*.
Arse, ou Ars (Ferrando, Consalo d'). I, 42, n. 3. Cf. *Arce*.
Ascallade, capitaine espagnol. II, 124, 261, 265; III, 124.
Ascension Nostre Seigneur (l'). IV, 278 et suiv., 284.
Asie, *Ayse* (l'). I, 283.
Asnières (Huguet d'), homme d'armes. IV, 202.
Aspremont (Petit Jean Toetors, dit d'), gentilhomme de Franche-Comté. II, 9, 10, 11.
Assier (Lot). Voy. *Galiot*.
Assyrie. IV, 374.
Astarac, *Estarac, Estrac*, en Gascogne (Gers) (Jean, vicomte d'), seigneur de Fontrailles, chambellan, capitaine de cinquante lances, capitaine d'estradiots, pensionnaire de Milan; *le capitaine Fontrailles*. I, 67, 68, *notice*, 187, 188; II, 355; III, 208, 209; IV, 71, 162, 202.
— *Fontrailles*. IV, 118.
Astesan (l'), *l'Astizanne*. Le comté d'Asti, en Lombardie. II, 347; IV, 161, 162, 339. Voy. *Asti*.
Asti, *Ast* (ville et comté d'), en Lombardie. I, 5, 12, 16, 17, 18, 26, 33, n. 2, 34, n., 35, n., 58, n. 1, 59, n. 1, 61, n., 145, 147, n. 1, 185, 273, n. 1, 331, 338, n., 349, n. 1; II, 21, 114, 210, 244, 247, 348; III, 15, 18, 19, 20, n., 21 et suiv., 87, 88, 129; IV, 47, n. 2, 99, n. 1, 130, n., 131, n., 159, 162, 173, 174, 175, 176, n. 1, 179, 181, 230, 244, 337. Voy. *Royer*.
— (dames d'). IV, 310.
— (évêque d'). Voy. *Trivulzio*.
— (gouverneur d'). Voy. *Aynard*.
— (monnaie au type d'). I, 58, n. 2.
Atella, *la Telle*, ville du prince de Melphe (Basilicate). II, 253, 257.
Athènes (élégants orateurs d'). I, 3.
Atissa, *Attessa* (Abruzze citérieure). II, 248, n. 1.
Atripalda, *la Tripaulde* (Principat ultérieur). II, 251, 261, 263, 265, 268, 269, 270; III, 177, 178.
Atropos (la parque). IV, 17.
Attendolo, *de Actendolis* (Pierre), de Tortone. II, 345.
Aubert, *Aulbert* (Jean), homme d'armes de Louis d'Ars. III, 327.

---

1. Ou *Arc?* Le capitaine d'Arques était Ferry de Mailly, seigneur de Conti, sénéchal d'Anjou (*Tit. orig.*, Mailly en Bourgogne).

AUBERTIN, procureur du roi au sénat de Milan. II, 357.
AUBIGNY (Cher). Voy. *Stuart.*
— (Côte-d'Or). Voy. *Mypont.*
— (Regnauld d'), *le petit Aubigny,* écuyer. I, 39, *notice,* 135.
AUBIJOUX, *Aubijou* (Cantal). Voy. *Amboise* (Huet d').
AUBIN (Jean), seigneur de Malicorne. III, 264, 267.
AUBUSSON DU MONTEIL, *Aulbusson* (Pierre d'), grand prieur d'Auvergne, puis grand maître de l'ordre de Rhodes, cardinal-légat d'Orient. I, 293, *notice;* II, 20, 160, 185, 195 ; III, 49, n. 1, 199.
— (Renaud d'). II, 160, n. 1. Voy. *Comborn.*
AUCH (Gers) (archevêque d'). Voy. *Trémoïlle* (J. de la).
AUDET (le capitaine). Voy. *Aydie.*
Auguste, César-Auguste. I, 388, 399, 402.
AUJAC (Perrot d'), homme d'armes. IV, 391, 393, 394.
AULLA, *la Gulle* (duché de Milan). I, 298.
AULX, *Aux* (Louis d'), *Dos,* premier valet tranchant de Charles VIII. II, 244, n. 3, 245, n.
— (Pierre d'), bourguignon, bailli de la Montagne, seigneur de Thieux, d'Aignay-le-Duc, lieutenant de la Trémoïlle. II, 17, n., 244, *notice;* III, 262, 299, 300, 303, 305, 306. Voy. *Lezay.*
— (Pierre d'), fils du précédent bailli de la Montagne. II, 244, n. 3.
AUMALE (Seine-Inférieure) (comte d'). Voy. *Rieux.*
AUMONT (Jean d'), seigneur de Coulches et d'Étrabonne, pensionnaire de Bourgogne. II, 8, n.
AUNIS (l'), *Aulnys.* I, 49, n. 2 ; III, 389.
AURE (pays d'). III, 210, n. 2.
AUREL, *Orelle* (montagne d'), près Embrun (Hautes-Alpes). III, 290.
AURILLAC (Aymar, *Aymé* d'), *Aurilhac,* dit *Poquedenare,* écuyer du roi. I, 48, n. 4. Voy. *Poquedenare.* Cf. *Auvillar.*
Aurora. IV, 18.
AUSSEL (d'). Voy. *Daussel.*
Auster, vent du midi. IV, 369.
AUTON (Antoine d'), seigneur dudit lieu (Charente-Inférieure), homme d'armes de la compagnie Prie. IV, 388 et suiv.
— (hôtel du seigneur d'). IV, 408.
— (Cyprien d'), homme d'armes de la compagnie Du Rousset (c'est-à-dire Valentinois). I, 212.
AUTRICHE (montagnes d'). IV, 56.
AUTRUI (Jacques d'), *Dautry,* cordelier de Blois, gardien des cordeliers de Paris. II, 227.
AUTUN, *Authun* (Saône-et-Loire). II, 6.
— (bailli d'). Voy. *Guiche.*
— (cordeliers d'). II, 226.
— (évêque d'). Voy. *Amboise, Clèves.*
AUVERGNE. II, 156 ; IV, 203. Cf. *Avernye.* Voy. *Langeac.*
— (grand prieur d'). Voy. *Montagnes d'Auvergne, Rhodes.*
— (la Tour d'), bastion improvisé à Milan. IV, 315.
AUVILLAR (Falco d'), alias *Falco Daurillac, Falque,* français, sénateur de Milan, pensionnaire à Milan. II, 357, 387 ; IV, 98. Cf. *Aurillac.*
AUVILLARS, *Auvilliers* (Côte-d'Or). Voy. *Courcelles.*
AUXERROIS (l'). III, 351, n.
AUXEY-LE-GRAND (Côte-d'Or). II, 7, n.
AUXONNE, *Aussonne* (Côte-d'Or). I, 100, n.; II, 6 et n. 1, 11.
— (maire d'). Voy. *Courtois.*
— (vicomté d'). III, 351, n.
AUXY, *Aucy* (Georges d'), maître d'hôtel du roi. IV, 366.
AUZIS (Jean d'), capitaine de la nef *la Marquise.* II, 19.

Auzon. Voy. *Oizon.*
Avallon, *Avalon* (Isère). II, 255, n.
— (Yonne) (prévôt d'). Voy. *Mandelot.*
Avalos (Béatrice Inigo d'), femme de J.-J. Trivulce, dite *la comtesse de Misoc, la marquise de Vigève.* I, 10, 167; II, 333; IV, 309.
— (Ferdinando-Francesco d'), marquis de Pescaire. II, 91, 258, 259.
« Avanes ». Voy. *Avesnes.*
Avaugour (Côtes-du-Nord). Voy. *Bretagne* (Ch. de).
Avellino, *Lavelline* (Principat ultérieur). II, 261, 263, 265.
Averluch, allemand, porte-enseigne. IV, 138.
Avernes (les). Voy. *Enfer.*
Avernye (roi de). Voy. *Bituite.*
Aversa, *Verse* (terre de Labour). II, 43, 53, 67, 68, 249, 262; III, 178.
— (gouverneur d'). Voy. *Lalande, Mons.*
Avesnes, *Avanes* (Nord). I, 100, n. 1, 156, n. 2. Voy. *Albret.*
Avigliana (Piémont). IV, 159, n. 1, 174.
— (église N.-D., à). IV, 173, n. 1.
Avignon (Vaucluse). III, 82, n.; IV, 66, 245, n. 1.
— (archevêque d'). Voy. *Flores.*
— (légat d'). Voy. *Légat.*
— (légation d'). III, 285.
— (pont d'). Voy. *Béarn.*
Avlone ou Valone, *Lavellone* (Roumélie). II, 155.
Aydie (François d'), vicomte de Ribérac. I, 45, n. 1.
— (Odet d'), sire de Lescun. I, 45, n. 1.
— (Odet ou Pierre d'), comte de Comminges, dit *le cadet d'Aydie,* gouverneur de Guyenne, capitaine de *Breny,* en Milanais. I, 46, n.; II, 353.

— (Odet ou Gallet d'), dit *le capitaine Audet, Odet Desye,* sénéchal de Carcassonne, capitaine de 2,000 Gascons. I, 45, n. 1, 47, 350[1]; III, 208, 220; IV, 336. Voy. *Pons.*
Aynard, *Ainard* (Hector), seigneur de Monteynard, gouverneur d'Asti. I, 275, *notice,* 299; II, 114, 136, 137, 138. Voy. *Montferrat.*
— (Raymond), seigneur de Monteynard, gouverneur du Dauphiné. I, 275, n. 2.
« Ays ». Voy. *Aix.*
Azay (François d'). III, 208.
Azevety (le marquis d'). Voy. *Mendoza.*

B

Babylone, Babilloyne. IV, 373.
Baden, *Bade, Baulde, Baude* (maison de). Voy. *Hochberg.*
— (Bernard de), margrave de Baden-Baden. I, 236, n. 1.
— Christophe I (marquis, margrave de), gouverneur de Luxembourg, capitaine du vaisseau *le Marais.* I, 236; II, 19, 50, 170, 183, 210; IV, 53. Voy. *Catzenellobogen.*
— (Ernest de), margrave de Baden-Durlach. I, 236, n. 1.
— (Jacques de), archevêque de Trèves. IV, 57, 59.
Badino da Pavia, *Badin de Pavye,* capitaine de Ludovic le More. I, 30, n. 4; II, 332.
Baganza (val de la) (duché de Milan). I, 298, n. 1.
Bagarotto (Giov.-Bat.), évêque de Bobbio. II, 385.
« Bagazia » (*Andrie, dict*), de Come. II, 339.
Baglione (Frangiotto). III, 388.
— (Giovanpaolo), condottiere. III, 386, 388, 398.
— (Troïlo), évêque de Pérouse. III, 388, 398.

---

1. Dans cette pièce, il signe : *Pyere d'Aydye.*

BAGLIONE, *baglioneschi*. III, 386, 398.
BAGNI SAN GIULIANO, près Pise. Voy. *Campo*.
BAIA, *Baye*, près Naples (Terre de Labour). II, 71, 72.
BAILLET (Thibault), deuxième président du parlement de Paris. III, 286, n.
Balaam (statue de), à Gênes. III, 74.
BALAGUER, en Catalogne (seigneur de). Voy. *Albret*.
BALAN (René), seigneur de Maulevrier, *Mallivrer*, homme d'armes de la compagnie Stuart d'Aubigny, capitaine de Locarno. I, 386, 387 ; II, 67 et n.; IV, 392.
BALBIANO, *Balbian* (le comte Annibale di), de Côme. II, 338.
BALDO (Charles de). II, 336.
— (*Jehan, Ange, Federic, Loys*, frères de), et *nepveux du général*. II, 334.
BALDRINO (*Cesar* de), de Bosco-Marengo. II, 343.
« BALGEN » (*Jehan*), d'Alexandrie. II, 340.
« BALLATOIO, » terre des Orsini. III, 383.
BALSAC (Geoffroy de), seigneur de Montmorillon. I, 44, n. 1.
— (Robert, *Pierre* selon J. d'Auton, de), seigneur d'Entragues, sénéchal d'Agenais, capitaine de cinquante lances. II, 13, n. 1 ; IV, 318, 319.
BALSANO (*Jehan-Françoys* de), vicaire de la justice de Milan. II, 357.
BALSASENA, *Bulsasur* (duché de Milan). II, 374. V. *Arrigoni*.
Balthazar, roi mage. III, 311.
BALZO (Catarina del), femme de Giov.-P. Cantelmo. III, 152, n. 1.
— (Giov.-Paolo del), duc d'Andria. III, 152, n. 1.
« BARALLET » (*Pierre*), trésorier de Lodi. II, 368.

BARBANÇOIS (Antoine), seigneur de Charon. III, 229, 231.
BARBARES (les). IV, 281.
BARBARIE (pays de). IV, 225, 273, 405.
« BARBARIN » (*Aloys*), de Bosco-Marengo. II, 342.
BARBAVARA (Scipione). I, 362.
BARBAZAN. Voy. *Foix*.
BARBIANO, *Barbiane* (Arnauld de), seigneur napolitain. II, 170, 255 ; III, 7.
BARI, *Bar*, capitale de la terre de Bari. II, 251.
— (archevêque de). Voy. *Castelloni*.
— (duc de). Voy. *Sforza*. III, 9, 134, 135.
— (gens de). III, 73, n. 2.
— (Terra di), *terre de Bar*, au royaume de Naples. II, 250 ; III, 377 et suiv.
BAR-LE-DUC, *Bar* (Meuse). IV, 53.
— (gouverneur de). Voy. *Neuchâtel*.
BARLETTA, *Barlete, Barlette* (Terre de Bari). II, 254, 277, 295 ; III, 9, 11, 12, 97, n. 1, 104, 107, 108, 109, 110, 112, 122, 124, 127, n. 3, 128, 133, 137, 138, 146, 157, n. 1, 167, 177, 273, 274, 275, 277.
BARON (Martinet), homme d'armes. III, 221.
BARRAULT, *Barrau, Baraud* (Jean-Bernard), — (Olivier). II, 189 et n. 1 ; III, 149.
BARRES (François et Jean des). I, 238, n. 1.
— (Jacques des), dit *le Barrois*, seigneur des Barres (Allier) et de Neufvy-sur-Allier, capitaine de Perpignan et de la Réole. I, 238, n. 1. Voy. *Estouteville*.
— (Louis des), dit *le Barrois*, capitaine de la Réole, de Pontorson, panetier, maître d'hôtel, pensionnaire. I, 57, n. 1, 237, *notice*, 288, 292, 293.

Barres, *Barroys* (le jeune), gentilhomme lorrain. II, 174.
Barrois (pays de). I, 239, n. 1.
Bar-sur-Seine (Aube). III, 351, n.
Bartault, gascon. II, 280. Cf. *Barrault*.
Barthélemy (reliques de saint), à Gênes. IV, 277, n. 2.
Bartolini (Mariano), nonce en Allemagne. III, 317, n.
Barzan (Philippe de). III, 220.
Barzola? *Barreul* (châtelain de). Voy. *Bessey*.
Bascler (Mathieu), ambassadeur d'Angleterre. III, 247.
Basilicate (la), *Basilicat*, au royaume de Naples. II, 250.
Baslon, écossais. III, 166.
Basque (le), homme d'armes français. I, 41, 42. Voy. *Tardes*.
Basset (Jean, *alias* Philippe), seigneur de Normanville, élu de Bayeux en 1494 (ms. fr. 26104, 1030), capitaine de 2,000 hommes de pied, capitaine des nobles de Caux, chambellan, bailli de Gisors. I, 24, *notice*; III, 256. Voy. *Roussel* (Isabeau).
— (Jean), vicaire général de Rouen. I, 24, n. 1.
— (Jean), sgr de Malaunay, chambellan. I, 24, n. 1.
— (Nicolas), sgr de Malaunay, capitaine de Valmont pour les Anglais. I, 24, n. 1.
Bastia (Corse). IV, 273.
Bastide (la) (Basses-Pyrénées). Voy. *Béarn*.
Bastien, contremaitre de navire. IV, 406, 407.
Batarnay (Ymbert de), sgr du Bouchage, baron d'Anton. II, 146; III, 347; IV, 32, n., 47, n., 228, 366.
Batie (la) (Isère). Voy. *Rivoire*.
Baudot (Phil.), conseiller au grand conseil. III, 80, n. 1.
Bauffremont, *Beffroymont* (Henri de), sgr de Sambernon (Sombernon), pensionnaire de Bourgogne. II, 8, n.
Baulme (Guy de la), sgr de la Roche-du-Vanneau, pensionnaire de Bourgogne. II, 8, n.
Baume (la) (Lozère). Voy. *Apchier*.
Baux (Yseult de ou des), princesse d'Altamura, femme de Pierre de Guevarra. I, 8.
— de Guevarra (Léonor des), *Delbaux*, princesse d'Altamura, duchesse d'Andre (Andria), duchesse de Venoze (Venosa), comtesse de Montepelloze (Montepeloso), dame de la Velle (Lavello), de Mynervyne (Minervino), de Montscayoux (Montescaglioso), de la Sidoigne (Spinazzolea?), de Convertine (Copertino), de Saint-Petre-Gallatine (Gallatina), de Rouvre (Ruvo), de Beseilles (Bisceglie), de Castel-Delmont (Castel del Monte), de Montemellon (Monte Milone), du pallais Saint-Gervays (Palazzo San Gervasio), de Besasses (Bisaccia), femme du comte de Ligny. I, 8; II, 254.
— (dame Sabelle), femme du roi Frédéric de Naples. II, 91.
Bauza, *Banza* (Hugues de), évêque d'Angoulême. III, 246.
Bayé, de *Bulsasur* (la rocca di), à Valsasena, sur le lac de Côme. Voy. *Arrigoni*.
Bayard, *Bayart* (Isère) (l'*ostel*). II, 255, n. Voy. *Terrail*.
Bayern, *Bavière* (Albert de), évêque de Strasbourg. IV, 53.
— (Ludwig, duc de), comte palatin. III, 311.
— (Margarita von), *Marguerite de Bavière*, épouse du marquis Frédéric Ier de Mantoue. I, 93, n. 1.
— *Le bâtard de Bavière*, pensionnaire. II, 350.
Bayeux (Calvados) (élection de). I, 24, n. 1.

Bayeux (évêque de). Voy. *Prie* (René de).
— (vicomte de). Voy. *Plessis* (Jean du).
Bayezid, *Bajazet*, empereur des Turcs. I, 142, n. 2 ; III, 73, n. Voy. *Turc* (le grand).
Bay gracieulx, *Boy gracieulx*, coursier du roi. IV, 178, 219.
Bayonne (Basses-Pyrénées) (capitaine, maire de). Voy. *Gramont*.
— (Bertrand de), homme d'armes. I, 57.
Bazan (don Emanuel de), maréchal, sgr de Benavides, espagnol. III, 12, 161, 233, n.
Bazas (Gironde) (capitaine de). Voy. *Castillon*.
Bazoges (Mayenne).Voy. *Champagne* (Brandelis de), *Richart*.
Béarn (sgr de). Voy. *Albret*.
— *Béart* (Bernard de), *bâtard de Foix, bâtard de Comminges*, chambellan, sgr de Gerderès, capitaine du pont d'Avignon, visiteur général des gabelles du Languedoc, maître des ports et passages du même pays. I, 40, n. 1. Cf. *Gramont*.
— (Léonore de), fille de Bernard, sgr de Gerderès, femme de Roger de Gramont. I, 54, n.
— (Roger de), *le jeune baron de Béart*, baron de Béarn, sieur de la Bastide, vicomte et receveur d'Orbec, capitaine de 50 lances, chambellan, capitaine de Mauléon-Soule, capitaine de Locarno. I, 40, n. 1, notice, 56, 62, 72, 238 ; II, 280, 353, 364, 384 ; III, 299, 300 ; IV, 31, n., 71, 161, 197. Voy. *Commandire, Gaspard*.
— compagnie *Béart*. III, 262.
Beaucaire (Gard) (Chantiers de constructions navales, à). II, 88, n. 1.

Beaucaire (sén^{al} de). Voy. *Amboise* (Huet d'), *Crussol, Galiot de Genoilhac, Pot, Urfé, Vesc.*
Beauchamp (Saône-et-Loire). Voy. *Rolin*.
Beaufort-en-Vallée (Maine-et-Loire) (comté de). Voy. *Aragon* (Frédéric d').
« Beaulfilz » (*Domat*), trompette de Milan. II, 383.
Beaujeu (Philibert de). IV, 205.
Beaumont (Puy-de-Dôme). Voy. *Polignac*.
Beaumont-le-Roger (Eure).Voy. *Stuart*.
Beaumont (Gervais de), conseiller au grand conseil. I, 166, n. 2.
— (Menaud de), maître d'hôtel du roi. IV, 366 (cf. fr. 21448, fol. 312).
— (le seigneur de [1]). IV, 50. Cf. *Belmonte*.
Beaune (Côte-d'Or). I, 100, n., 383, n. 1 ; II, 6 et n. 2, 7, n., 9, 10, 11. Voy. *Courtois*.
— (capitaine de). Voy. *Dinteville*.
— (doyen de). Voy. *Salins*.
— (Jacques de), général de Languedoc, général des finances, *le général de Beaune* (1499). I, 324 ; III, 191, 200.
— (vins de). II, 7.
Beaupoil (Jean), sgr de Saint-Aulaire. III, 228.
Beauregard (Aveyron). Voy. *Blanchefort*.
— près Blois (Loir-et-Cher). Voy. *Doulcet* (Jean).
Beauvais (Oise). I, 24, n. 1.
Beccaria, *Becharia* (Augustin-Maria de), de Pavie. II, 337.
Bec-Hellouin (le), *le Bec* (Eure). Voy. *Crespin*.
Beldon (Jean). III, 337.
Belfito, *Belefique* ou *Velefique* (prov. d'Almeria) ? (le c^{te} de), capitaine espagnol. III, 233, n.

---

1. Jean de Porcon ? (voy. *Porcon*) ou, plus probablement, M. de Beaumont de Bacqueville, pensionnaire du roi (V. K. 78, n° 7).

BELGIOJOSO, *Bel Joyeulx* (c^te Carlo), pensionnaire de Milan. II, 354. Cf. *Belle-Joye*.

BELLEFORIÈRE, *Bellefourrière* (Michel de), capitaine picard. III, 5, n. 1.

— (Pierre de), sgr de Thun, Beaumanoir-en-Cambrésis et Saint-Martin. III, 5. Voy. *Coucy* (Madeleine de).

BELLEGARDE (Isère). Voy. *Lay*.

BELLE-JOYE. Voy. *Caillo*.

Bellides, l'infernal. IV, 19.

BELLINZONA (Suisse), *Bellinsonne, Bilansonne, Bellanconne, Bellisonne, Benissonne*. I, 150, 151, 171, 266, 380, 382, 384 et s.; II, 109, 110, 111, 116, 121, 122, 124, 125, 133, 134, 347, n. 1, 374, 385.

— (gens de), *Bellinzonaschi*. I, 387.

BELLON (frère Mathieu), cordelier, aumônier du comte de Nevers. II, 225.

Bellona, déesse de la guerre. IV, 370.

BELMONTE, *Beaumont* (domp Loys de), pensionnaire de Milan. II, 355.

BELVEDERE AL PÔ, *Belleveder*, près Pavie (*Rocca* de) (duché de Milan). II, 369.

BENARD (Jean), contrôleur de l'argenterie. I, 320; III, 84, n. 1.

BENAUGE, *Benauges* (Gironde). Voy. *Foix*.

BENAVENTE (Castille), *Bonnaventin* (le comte de). Voy. *Pimentel*.

BENAVIDES (province de Léon) (le maréchal). Voy. *Bazan*.

BENCE (*Anthony*), capitaine monégasque. IV, 122, 124.

— (Jean), charroyeur d'artillerie. IV, 231.

BENE (Pirro del). III, 388.

BENETTI (Silvestro), évêque de Sarzana. II, 373.

BENEVENTO (Italie) (cardinal de). Voy. *Podocatharo*.

BENOIST (frère Claude), serviteur de l'évêque de Sisteron. III, 247, n. 1.

— (Louis), commissaire de l'artillerie. IV, 195, 231.

BENON (Charente-Inférieure). Voy. *Trémoïlle* (La).

BENSERADE, *Bensseradde, Busserade, Beusserade, Busseraille* (Paul de), fils de Jean de Benserade et de Jeanne de Ligny, sgr de l'Espy ou Cheppy, ou Sépy, grand maître de l'artillerie, capitaine du château de Milan. I, 25, n. 1, 156, *notice*, 166; II, 333, 334, 335; III, 336, n. 2; IV, 195, 229, 231, 277.

— (Raoul de), sgr de Chepy, Rieu et Argoulles, maître de l'artillerie. I, 156, n. 2.

BENTIVOGLIO (Alessandro). IV, 76, 175.

— (Antonio-Galeazzo), ambassadeur de Bologne. III, 28, n. 2.

— (Ercole), ambassadeur de Bologne. III, 371.

— (Giovanni II), gouverneur de Bologne. I, 95, n. 4, 277; III, 204, 361, 365, 368, 369, 373 et suiv.; IV, 64, 72 et suiv., 174.

— (Laura), de Bologne, femme du marquis de Vescovato. I, 192, n. 3.

— (le protonotaire). III, 369.

BENZONE (Sonzino), *Socin Benson, Soussin de Gonzago*, capitaine au service de Venise, puis de la France. I, 262, n. 3.

BERCETO, *Bercye* (duché de Milan). I, 298.

BEREGUARDO, *Beau-Regard* (duché de Milan). II, 317; IV, 337, n. 1.

— (canal de). II, 386 [1].

BERGAMINO, *Bergamin* (Bernar-

---

1. Note 6, lisez *Bereguardo*, au lieu de *Berlguardo*.

din), pauvre d'Alexandrie. II, 341.

BERGAMINO (le comte Ludovic), de Milan. II, 334. Voy. *Gallerani.*

BERGAMO, *Bergame,* en Vénétie. I, 274, n. 2.

BERGHES (Henri de), évêque de Cambrai. II, 210.
— (Jean II de). II, 210.

« BERGUE. » Voy. *Ogulin.*

BERN (les gens de). I, 349.

BERNARDIN (le comte). Voy. *Visconti.*
— (frère), cordelier, confesseur du sire de Ravenstein. II, 150, 166, 182, 191[1].

BERNARDINO, de Feltre (saint), cordelier. III, 35.

BERNATE, *l'abbaye de Brena* (duché de Milan). I, 169.

BERNATO (le marquis), capitaine de gens de pied. Voy. *Albernati.*

BERNAY (Eure). Voy. *Malet de Graville.*

BERNIN (Isère). Voy. *Terrail* (Pierre).

BERRY (élu de). Voy. *Chevrier.*
— (gouvernement de). I, 12. Voy. *Bourges.*

BERTAULT, homme d'armes savoisien. III, 129 et suiv.

BERTIN (Jean), dit *Lancement,* dit *Le Bisque,* écuyer de Marie de Clèves. I, 45, n.

BERTRAINET, canonnier. III, 274.

BERTRAND, *Bertran,* archer de la compagnie Chaumont. II, 133.
— (Gilbert), sgr de Lys-Saint-Georges, bailli de Bourges. I, 280, *notice.*
— (Guyon), breton. II, 16.
— (Jean), sgr de Villemer, commis à la capitainerie d'Angers. IV, 31, n.
— ou *Bernard,* capitaine de laquais, gascon. I, 135 et n. 4.

BESANÇON, *Bezançon* (Doubs). II, 391.

BESANÇON (l'archevêque, le *Digne* de). Voy. *Busleiden.*
— (Guillaume de), conseiller au parlement. III, 286, n.

« BESIGNY, » en Gâtinais, châtellenie de Château-Landon. Voy. *Chatre* (Cl. de la).

BESSEY, *Bessé, Baissey* (Antoine de), baron de Trichastel, sgr de Longicourt, de Brasey, de Saint-Jean-de-Losne, bailli de Dijon, capitaine de 40 lances, châtelain de *Barreul,* capitaine de Lugano. I, 91, n. 5, 121, *notice,* 144, n. 1, 157, n. 1, 190, 191, 198, 200 et suiv., 205, 229, n. 2, 240, 247, 260, 263, 264, 265, 351, 357, n. 2, 381, 382, 383 ; II, 17, n., 110, 373, 374 ; III, 253, 263, 293, 295, 337, 338, 339, 347, 348. Voy. *Lenoncourt.*
— (Jean de), père d'Antoine et de Philippe. I, 121, n. 1. Voy. *Saulx.*
— (Philippe, *Jean* selon Jean d'Auton, de), gruyer de Bourgogne, capitaine de 45 lances, capitaine de Tirano, pensionnaire à Milan. I, 91, n. 5, 121, n. 1 ; II, 353 ; IV, 71, 157, 158, 161, 182, 186, 314, 318.

BETHLÉEM (l'évêque de). III, 311. Voy. *Pillore.*

BETHLEN (Jean), hongrois. III, 42, n. 2.

BEUFFLE (le), pièce d'artillerie. IV, 108, 145.

« BEURRE » (*Jehan-Francisque*), commissaire du sel à Milan. II, 359.

BIANCHI (Niccolò), ambassadeur de Ferrare. I, 93, n.

BIARDS (les), *Biars, Byars, Bayrs* (Manche). Voy. *Tardes.*

BIARGE, *Byarges* (Vienne). Voy. *Rivière.*

BIBLYA (Jean), secrétaire du roi de Naples. II, 257.

---

1. « Ung cordellier... dont j'ay parlé par cy devant. »

BIDOUX, *Bidóulx* (Prégent le ou de[1]), gascon, capitaine de galères, *le capitaine Prégent*, gascon. II, 17, 19, 155, 156, 161, 165, 195, 201, 202, 203, 204; III, 181, 182, n. 1, 183, 185, 193, 260, 270, 297 et suiv.; IV, 164, 172, 235, 246 et suiv., 249, 250, 300 et suiv., 343.

BIGARS (Guillaume de), écuyer du roi, pensionnaire[2]. I, 60, n.

— (Louis de), *le capitaine Lalande*, écuyer, sgr de la Londe ou la Lande, Commin et Tourville, capitaine de 2,000 hommes de pied, de 50 lances, capitaine de vaisseau, gouverneur d'Aversa. I, 59, *notice*, 362, 383; II, 13, 68, 269, 270, 278, 287; 290[3]; III, 111, 185, 191, 193.

BIGNA (Simone), notaire génois. III, 20, n., 53; IV, 275, n. 2.

BIGNE ou *Bigue* (Jacques de), maître d'hôtel du duc de Bourbon. III, 245, n. 1.

— (Jean), valet de chambre du roi. IV, 366.

BIGORRE, en espagnol *Begorra* (comte de). Voy. *Albret*.

BIGOT (Jean), sgr de Bourgueil. II, 17.

BILIA, *Bille* (Hovyn). II, 332.

— (Jacobo). II, 329.

— (*Jehan-Antoyne*), camérier de Ludovic le More. II, 346.

— (*Philippom*), greffier à Milan. II, 360.

BILLI (Salvator), de Naples. III, 380, 381.

BILLON (Simon), porte-manteau du roi. IV, 367.

BINASCO, *Binasque* (duché de Milan). I, 226, n. 1; II, 365; III, 31; IV, 337.

BIRAGO, *Biraga* (Jean de), procureur du roi au sénat de Milan. II, 357.

— (Nicolo), de Milan. I, 362.

— (le protonotaire). II, 329.

BISACCIA, *Besasses* (Pouille). Voy. *Baux*.

BISAGNO, *Besaigne* (bourg de). Voy. *Gênes*.

BISCAYE (pays de). Voy. *Salazart*.

— (gens de), *Biscayns*. II, 277; III, 124, 168.

BISCEGLIE, *Biseilles*, en italien ancien *Biseglie* (terre de Bari). II, 251; III, 1, 2, 3, 4, 5, 7, 9, 275, 277. Voy. *Baux*.

— *Beseillyens*. III, 2, 3.

BISIGNANO (Calabre citérieure). Voy. *San-Severino*.

BISQUE (le). Voy. *Bertin*.

BITCHE, *Bisse* (Simon, bâtard de), capitaine allemand. IV, n. 7.

BITONTO, *Bitruti* (marquis de). III, 280, 324; IV, 33, n. 2.

— (c[te] de Conversano, fils du marquis de). III, 280, 281, 324.

Bituite, roi de *Avernye*. IV, 255, 263.

BLANCHEFORT (Antoine de), sgr de Beauregard en Rouergue. II, 174, n. 3.

— (François de), fils de Jean, sgr de Saint-Jeanvrin. I, 213, n. 1; II, 174, n. 3. Voy. *Prie* (Renée de).

— (Guy ou Guynot), en Rouergue. II, 174, n. 3.

— (Jean de), maire de Bordeaux. I, 97, n. 1, 213, n. 1; II, 174, n. 3. Voy. *Noroy*.

— (Jeanne de), fille du précédent, femme de Jean Brachet. I, 97, n.

« BLANCQUEFORT, » « Blanquefort » (*Agremolles, Arzelles*[4]). II, 174, 196.

---

1. Voy. Jal, *Marie la Cordelière* (Paris, 1885, in-8°); Montaiglon, *Recueil de poésies françaises*, VI, 97-101.

2. Mort en 1507 (fr. 26110, 775).

3. P. 13, 278, Jean d'Auton l'appelle *Jean de la Lande*; p. 287, 290, *Pierre de la Lande*.

4. Probablement italien. En France, la seigneurie de Blanquefort appartenait aux Duras, sgrs de Durfort.

BLAYE (Gironde) (château de). III, 191, n.
BLET (Saint-Quentin-de-), *Saint-Quintin* (Cher). Voy. *Gamaches*.
BLOIS, *Bloiz* (Loir-et-Cher). I, 176, 194, 197, 313, 316, 320, n. 1; II, 139, 148, 205, 208, 217, 218, n. 1, 240, 241, 242, 255, n.; III, 79, n. 1, 100, 104, 156, n. 1, 249, n. 1, 314, 323, 338, 347, 348, 350, 355, 357, n. 2, 359, n. 1, 360; IV, 2, n. 1 et 2, 26, n. 2, 28, 29, 30, 31, n., 33, n. 1 et 2, 38, 39, 47, n. 2, 56, n. 2, 87, n. 1, 149, n. 1, 153, 276, n. 3, 382, n. 4, 384, 385, 388, 414.
— (capitaine et bailli de). Voy. *Hédouville*.
— (censier de). Voy. *Doulcet*.
— (château de). II, 209, 210; III, 100 et suiv.
— (cordeliers de). II, 227.
— (église Saint-Sauveur à). III, 354.
— (forêt de). IV, 30.
— (gouverneur de). Voy. *Hurault*.
— (jacobins de). III, 338.
— (jardins de). III, 101, n.
BLONDIN (héritiers). II, 218, n. 1.
BOBBIO, *Bobio, Boby,* sur la Trebbia (comté de Pavie) (évêque de). Voy. *Bagarotto*.
— (*saline* de). II, 318.
Boccace, Bocace, Boccasse, cité. I, 283.
BOCCHETTA (la), *le Bosc,* près Gênes. III, 50.
BOCHETEL (Bernardin), contrôleur de l'artillerie. IV, 231.
BOCSKAI ou *de Bachka* (Nicolas), évêque de Nyitria, ambassadeur de Hongrie. II, 216, 244.
Boèce (Saint-Séverin, dit). III, 32.
BOFFALORA SOPRA TICINO, *Bufferores* (duché de Milan). I, 174.

BOHÊME, *Boesme* (royaume de). II, 215. Voy. *Jagellon*.
BOHIER, *Bouyer* (Antoine), abbé de Fécamp et de Saint-Ouen de Rouen. IV, 32, n., 326.
— (Henri), receveur général des finances. IV, 7, n.
— (Thomas), général de Normandie. III, 191; IV, 196, 243, 326, n. Voy. *Briçonnet*.
BOIS (Josselin du), bailli des montagnes d'Auvergne. I, 146, n. 2. Cf. *Duboys*.
BOISBOISSEL, *Boysboissel, Boissel* (Guillaume de), breton. II, 16, 17, n., 245, n. 2.
BOIS-POUVRAUD, *Bois-Pouvreau* (Deux-Sèvres). Voy. *Estissac*.
BOIS-SAINTE-MARIE (Saône-et-Loire). II, 7, n.
BOISY (Vendée). Voy. *Gouffier*.
BOJANO (comté de Molise, royaume de Naples). III, 377.
BOLOGNA, *Bologne, Bouloigne-la-Grasse.* I, 119, n. 1, 120, n. 1, 124, 180, 262; III, 15, 16, 28, n. 2, 82, n. 1, 97, n. 1, 156, n. 2, 203, n. 1, 204, 290, 307, n. 1, 327, 361 et suiv.; IV, 64 et suiv., 76 et suiv., 105, n. 1, 150, 174, 246, 248 et suiv., 325, n. 1. Voy. *Bentivoglio*.
— (ambassades de). III, 15, 366, 371, 373, 376, 392. Voy. *passim*.
— (archevêque de). Voy. *Ferrero*.
BOLONAIS, *Boullonnoys* (les). I, 181, 277; III, 16; IV, 74 et suiv.
BOLZANETO (Ligurie), *Bosseneau.* IV, 274.
BOMBELLES (Salomon de), médecin du roi, *maistre Salamon.* II, 333, 334; III, 190, n. 2; IV, 367.
BOMMIERS (Indre). Voy. *Trémoïlle* (La).
BONABEL, *Bonabelle (Bernardin),* de Bosco-Marengo. II, 343.
— (Julian). II, 343.

BONCONTE (Guirard), ambassadeur génois. IV, 276, n. 3.
BONCOURT (Côte-d'Or). Voy. *Villiers.*
BONDENO, *Bondena*, près du Pô (duché de Ferrare). I, 124, n. 3.
BONIFACIO, *Boniface* (Corse). IV, 273.
BONNET (Scipion), trésorier d'Alexandrie. II, 378.
BONNEVAL (Eure-et-Loir). III, 360. Voy. *Bourbon-Vendôme.*
— (Germain de), chambellan, pensionnaire, gouverneur du Limousin, dit *le jeune Bonneval,* capitaine de 50 lances. I, 237, *notice,* 287, 292; III, 208; IV, 12, 197, 201, 221, 361.
— (Guillaume de), sgr de Chatain. I, 39, n.
BONNIN (Pierre), procureur général au grand conseil. II, 223, 225, 226.
BONNIVET, *Bonivet*, près Poitiers (Vienne). Voy. *Gouffier* (Guillaume).
BONOMO (Pietro), évêque de Triest. IV, 7, n.
BONSOVO (*Bénédict*), génois. IV, 105.
Bon-Vouloir, vertu. II, 207, n.
BOQUIN (Guillaume), capitaine de galère. III, 211.
BORDEAUX (Gironde). I, 98, n. 1; IV, 48, n.
— (Château-Trompette, à). I, 101, n. 1.
— (maire de). Voy. *Blanchefort.*
BORDELAIS. III, 102, n. 2.
BORDIER (Jean), référendaire de Milan. II, 360.
— (Pierre), commissaire pour le sel, à Milan. I, 159, 276.
BORGIA[1] DE FRANCE (César), duc de Valentinois, comte de Diois, sgr d'Issoudun, *Vallentinoys* (V. *Alexandre VI*),
Valentinensis, capitaine de 100 lances, « neveu du frère d'Alexandre VI. » I, 10, 48, n. 3, 92, n. 4, 97, 105, 119, n. 1, 120, 124, n. 4, 131, 135, 136 et suiv., 194, 240 et n., 291, n. 1, 325, 326, 329, 330, 335, 336, 338, 389; II, 12, 14, 28, 32, 36, 42, 45, 46, 47, 50, 54, 55, 62, 68, 72, 84, n., et suiv., 87 et suiv., 92, n. 3, 138, 264; III, 5, 15, 16, 17, 18, 19, 28, 29, 30, 31, 57, 82, n., 86, 91, n. 3, 94, n. 1, 156, n. 2, 178, 196, 200, 202, 282, 287 et suiv., 315, n., 362, 364, 366, 367, 368, 369, 374, 387, 391, 392 et suiv., 397; IV, 33, n. 2. Voy. *Albret* (Charlotte d'), *Auton* (Cyprien d'), *Rival* (J. du), *Rousset* (Aub. du).
BORGIA (le card^{al} Giov.), légat dans les Marches et en Ombrie, envoyé extraordinaire du pape près de Louis XII en 1499. I, 92, 324, 330, 331, 333, 334, n. 1, 335, 336, 337, 338, 341, 345.
— (Pierre-Louis), cardinal, archevêque de Montréal, de Valence, confesseur du roi d'Espagne. III, 235, 316, n.
— (Louise), fille de César Borgia, deuxième femme de Louis de la Trémoïlle. I, 100, n.
BORGO. Voy. *Busalla.*
BORGOFRANCO, actuellement *Suardi,* près Vigevano; *Bourgfranc* (duché de Milan). II, 333. Voy. *Maino* (Ambr. del).
BORGORATTO-ALESSANDRINO, *Bourgual* (duché de Milan). II, 379.
BORGO-SAN-DONNINO, *Bourg-Sainct-Donnyn, Bourg-Sainct-Denys* (duché de Milan). I, 124 et n. 1, 166, n. 3, 298; II, 369, 382. Voy. *Pallavicini.*
BORMIDA (rivière de la), en Mila-

---

1. En italien *Valentia,* lorsqu'il était encore considéré comme cardinal de Valence. I, 325 et suiv.

nais. I, 31, n. 5, 38, 39, n. 3, 52, n. 1.

Borromeo, *Bonromeo, Bourroimé* (les), *les comptes Bourrommes, les contes Borronmes,* de Milan, sgrs d'Angera. I, 80, n. 2, 108; II, 298, 334, 365.

— (le comte). II, 385.

— (Filippo ou Filippone), *le compte Philipes.* I, 95.

— (Giberto), *le compte Guybert,* sénateur de Milan. I, 80, n. 1, 94, 140, n. 2; II, 357.

— (Giovanni). I, 95, n. 1.

— (Lodovico), *le compte Ludovic,* pensionnaire à Milan. I, 95; II, 339, 355; IV, 48, n., 174.

— (Vitaliano). II, 333, n. 6, 334.

Boschetto, *le Bousquet, Busquete,* près Gênes. IV, 232, n. 2.

— (monastère de Saint-Augustin, à). IV, 232, n. 2.

Bosco-Marengo, *Bosc, Bosq, Vosque, Borgo di Fenari,* près Alexandrie (duché de Milan). II, 342, 348; IV, 191.

— *Les Bosquins,* habitants de Bosco. IV, 109.

Bothéon, *en Forez.* Voy. *Bourbon* (le bâtard Mathieu de).

Bottus (Baptista). IV, 275, n. 2.

Bouc (tour du), près Aigues-Mortes. III, 211.

Bougan (Jean de), gentilhomme du sieur de Ravenstein. II, 171.

Bouchage (le) (Isère). Voy. *Batarnay.*

Bouchard, *Bouchart* (Alain), chroniqueur. IV, 11, n. 1.

— (Jean), conseiller au parlement. III, 286, n.

Bouchede (Bertrand de), gascon. II, 129, 266, 280.

Boucherie, *Boucherye* (Georges de la). I, 42, n.

— (Gilles de la), sgr du Guy. I, 42, n. Voy. *Theronneau.*

— (Jean de la), sgr du Guy. I, 42, n. Voy. *Roche* (Louis de la).

Boucherie (Pierre de la), homme d'armes. I, 41, n. 2; IV, 202.

Bouchet (Jean), poète, historien. I, 283, n. 3; IV, 26, n. 1, 46, n. 1, 329, n. 3.

Bouchier (Jean), ambassadeur en Suisse. IV, 157.

Boulogne (Pas-de-Calais) (capitaine de). Voy. *Cardonne* (Jean, bâtard de), *Fayette* (Ant. et Ch. de la).

Bourbon (le noble seigneur de). I, 271, n.

— (généalogie de). III, 248.

— (le duc Jean II de). I, 101, n. 1.

— (Jeanne de), femme du prince d'Orange. I, 284, n. 3.

— (le duc Pierre de), gouverneur du Languedoc. I, 57, n. 1, 101, n. 1, 147, n. 1, 317, n. 1, 397; II, 209; III, 90, 216, n. 1, 245 et suiv. Voy. *France* (Anne de), *Serpens* (G. des).

— *compagnie Bourbon.* III, 228. Voy. *Potin.*

— (Suzanne de). I, 317; IV, 50, n., 180, 214, 221, 234, 269, n. 1, 292, 299, 310, 311.

Bourbon-Montpensier (Charles de), comte de Montpensier, duc et *connétable de Bourbon.* I, 285, n., 317, n. 1, 322, 325, 345.

— (Gabrielle de), femme du sire de la Trémoïlle. I, 99, n. 4; IV, 50, n. 1.

— (Gilbert de), comte de Montpensier. I, 94, n.; II, 71, 72, 75, n. 1, 77, n. Voy. *Gonzaga* (Clara).

— (Louis de), comte de Montpensier. I, 317, n. 1; II, 38, 52, 53, 71, 72, 135, 396; III, 103, 152, n. 3, 153, n.

Bourbon-Vendôme (Charles, c^{te} de). III, 103, 152, n. 3, 153, n.; IV, 50, 221, 234, 322, 325, 345, 351, 362. Voy. *Alençon.*

— (Jacques de), vidame de Chartres, prince de Chabanais, capitaine des gentilshommes du roi. I, 43, n. 1. 69, 84; III, 25, 56.

BOURBON-VENDÔME (Louis de), sgr de la Roche-sur-Yon, *Loys, monseigneur de Vandosme*. II, 217; III, 57.

BOURBON, *bâtards* (Charles de), comte de Roussillon, fils de l'amiral bâtard Louis de Bourbon, pensionnaire. I, 236, n. 2; II, 21 (*appelé* Louis), 155, 174, 178, 189 [2]; (Jacques), III, 229, 230, 231; (Jacques), IV, 50, 183, 196, 221, 234, 310, 314, 351. Voy. *Tour* (Anne de la).

— (le bâtard Charles de), sgr de Lavedan, Malause, etc., baron de Chaudesaigues, sénéchal de Toulouse, d'Albigeois et de Bourbonnais, capitaine de Busset. I, 101.

— (Jean de), vicomte de Lavedan, deuxième fils du bâtard Charles. II, 21.

— (Louis, bâtard de), amiral. I, 236, n. 2.

— (le bâtard Louis de). III, 229, 231.

— (le bâtard Mathieu de), sgr de Bothéon, *le grant bastard Mathieu*, gouverneur de Guyenne et de Picardie, amiral de Guyenne, maréchal de Bourbonnais, capitaine de 50 lances, capitaine de Château-Trompette. I, 101, *notice*, 148, 383. Voy. *Clayette*.

— (Tristan de), sgr de Lavedan. II, 174, 175, 176.

— *bâtards de Liège*, ou *bastards du Liége* (Jacques), chevalier de Rhodes. I, 237, n. 1.

— (Louis), ancien enfant d'honneur du roi. I, 237.

— (Pierre), sgr de Busset. I, 237.

— *bâtard de Vendôme* (Jacques de), dit *le bastard de Vandosme*, fils naturel de Jean de Bourbon, comte de Vendôme, et de Philippe de Gournay; sgr de Bonneval, Vansay, etc., baron de Ligny, pensionnaire, chambellan, bailli de Vermandois [1]. I, 237; II, 100.

BOURBONNAIS (duché de). I, 317, n. 1.

— (gouverneur du). Voy. *Stuart* (Jean).

— (maréchal du). Voy. *Bourbon* (bâtard Mathieu de), *Vienne* (Jean de).

— (sénéchal du). Voy. *Bourbon* (bâtard Charles de).

BOURDELAYS (Colin de), homme d'armes de la compagnie Caïazzo. II, 48.

BOURDILLON, en Nivernais. I, 237, n. 4. Voy. *Platière* (La).

BOURDON (Jean), palefrenier de Frédéric d'Aragon. II, 149, n.

BOURG-D'OISANS, *Bourg-Duisant* (Isère). III, 90.

BOURG-LA-REINE (Seine). III, 357.

BOURGES (Cher). I, 15, n. 1, 97, n. 2, 281, n. 2, 283, n. 3; III, 359, n. 2; IV, 26, n. 1, 48, n., 105, n., 149, 150, 152, 231.

— (archevêque de). Voy. *Menipeny*.

— (bailli de). Voy. *Bertrand, Dupuy*.

— (cordeliers de). II, 226.

— (grand archidiacre de). Voy. *Prie* (René de).

— (grosse tour de). I, 280, n. 1, 281, *notice*, 282, n. Voy. *Machalan*.

BOURGUEIL (Indre-et-Loire). Voy. *Bigot*.

BOURGOGNE (pays et duché de). I, 35, n., 59, n. 1, 284, 287; II, 4, 6 et n. 2, 7, n., 11, 14, 353, 390, 391; III, 223, 351, n.; IV, 149, 151, 153.

---

1. Nommé le 12 juin 1514 (Clair. 782).

Bourgogne (comté de). II, 392. Voy. *Franche-Comté*.
— (Chambre des comptes de). II, 7, n.
— (ducs de). II, 211, n. 1; III, 221. Voy. *Archiduc, Charles le Téméraire*.
— (gouverneur de). Voy. *Trémoïlle* (Louis de la).
— (gruyer ou bailli de). Voy. *Bessey* (Philippe de).
— (lieutenant général de). Voy. *Choiseul*.
— (maréchal de). Voy. *Hochberg, Neufchâtel, Vergy, Viennes*.
— (parlement de). Voy. *Dijon*.
— (vin de). II, 6, n. 2, 7, n., 218, n. 1. Voy. *Beaune, Chenove, Corton*.
Bourgoing (Philippe), bénédictin de Cluny. II, 227, 228, 230, 231, 232, 233, 235.
Bourguignons. I, 17, 124, 136, 142, 191, 193, 207, 209, 210, 212, 213, 215, 217, 229, n. 1, 245, 249, 251, 252, 253, 254, 255, 256, 257, 258, 356, 357, n. 2. Voy. *Amanzé, Cousturier, Deschenon, Dinteville, Hubines, Pietres, Rochefort*, etc.
Bourneau (Vendée). Voy. *Puy du Fou* (P. du).
Bourquet (le sgr de) (Jacques de Cloué?). III, 222.
Bourré du Plessis (Jean). III, 190, n. 4.
Bousse (Jehan-Pierre), notaire à Milan. II, 361.
Boutière (la), *Boutières* (Isère). Voy. *Guiffrey*.
Bouton (Charles), sgr du Fay, pensionnaire de Bourgogne. II, 9, n.
Boutteville (Guion de), capitaine de gens de pied normands. I, 60, n.
Bouvens, *Bouvent, Bouvant* (Claude de), sgr de Ciriés. III, 113.
— (James de), sr de Bouvent, chambellan du duc de Savoie. III, 114.
« Bouzy, » (M. de), capitaine d'estradiots. II, 388.
Bovalino, *Mota Bogolina, la Mothe-Bonnellyne* ou *Bouvellyne* (Calabre), II, 250.
Boys-Ront (Jean du), gentilhomme de Ravenstein. II, 151.
« Boz » (*Baptiste*), rationateur des intrades à Milan. II, 360.
Brabant (le duc de). I, 98, n. 2.
Bracciano, domaine des Orsini (Terre de l'Église). III, 192, n., 204, 289, 290, 383, 388, 392.
Brachet (Gilles), baron de Meignat. Voy. *Tranchelion*.
— (Jean), sgr de Palluau. I, 96; IV, 366. Voy. *Blanchefort*.
Bramaiano, *Bramalle* (*André Grison*, de), trompette de Milan. II, 383.
Brambilla, *Brandilia* (*Jacques*), d'Alexandrie. II, 341.
— (*Martin*), de Lodi. II, 337.
Brancaccio (Giov.-Battista), romain. III, 396.
Brancaleone (Jean). Voy. *Miale*.
Brandebourg (le marquis Joachim de). IV, 58, 59.
Brandon (Louis de). II, 290; III, 7.
« Brane » (Francisque), de Plaisance. II, 338.
Brazey-en-Plaine, *Brasey* (Côte-d'Or). Voy. *Bessey*.
Brennus. I, 65, n. 1.
« Breny ». Voy. *Brivio*.
Brescia, *Bresse*, en Vénétie. II, 246, n. 1; IV, 161, n. 7. Voy. *Nassiniis*.
Brésille, *Brézille*, écuyer de Louis XII. I, 275, n. 2.
Bresse (comte de). Voy. *Savoie* (Philippe de).
Brest (Finistère). II, 16, 17.
Bretagne, *Bretaigne* (duché de). I, 70, n. 1 et 2, 114, n., 285, n., 290, n. 2 et 3, 313; II, 79, n., 88, n. 1, 245, n. 2;

III, 95, n. 1, 351, n.; IV, 10 et suiv., 37 et suiv., 47, n. 2, 221.
BRETAGNE (amiral de). Voy. *Fou* (Jean du).
— (vice-amiral de). Voy. *Garland*.
— (bénéfices de). III, 351, n.
— (chancelier de). IV, 37, 47, n. 2.
— (contrôleur général de). Voy. *Briçonnet*.
— (écu de). III, 55; IV, 181, 288.
— (général de). IV, 47, n. 2.
— (légation de). III, 251.
— (lieutenant général en). Voy. *Chalon* (Jean II de).
— (maréchal de). Voy. *Rieux*.
— (objets d'art donnés aux églises de). I, 320 et suiv.
— (seigneur de). III, 351.
— (Anne de), reine de France, duchesse de Bretagne. I, 15, 49, n. 3, 61, n. 3, 70, n. 1, 90, 103, 105, 108, 110, n., 195, n. 1, 197, 283, n. 1, 284, 285, n., 287, 289, 290, n. 3, 291, n. 1 et 3, 292, 293, 308, 313, 316, 320, 321, 396; II, 16, 17, et n. 1, 19, n. 1, 21, 94, 99 et suiv., 139, 148, 206, 209 et suiv., 217, 240, 241, 242, 248, n. 1; III, 84, n. 1, 88, 89, 90, 91, 92, 95, n. 1, 104, 153, 156, n. 2, 200, n. 2, 306, n. 1, 314, 315, n., 329, n., 330, 336, n. 2, 338, 350 et suiv., 360; IV, 1, 2, n. 2, 8, 10 et suiv., 30 et suiv., 37 et suiv., 42, n. 1, 43, 47, n. 2, 50, 149, 190, n. 1, 355, 382, 384, 388, 414.
— (échanson d'Anne de). Voy. *Haucourt*.
— (écuyer d'Anne de). Voy. *Guierche* (Jean de la).
— (gentilshommes de la reine). Voy. *Benard, Guibé, Le Feuvre, Maillé, Malestroit, Peguineau, Roux* (Jean le), *St-Amadour, Serpens, Signac*.

BRETAGNE (héraut d'Anne de). Voy. *Chocque*.
— (tapissier d'Anne de). Voy. *Feuvre* (Le).
— (trésorier d'Anne de). Voy. *Hurault*.
— (duchesse de). Voy. *Foix*.
— (François II, duc de). I, 70, n. 1 et 2, 290, n. 3.
— (Charles, bâtard de), sgr d'Avaugour, comte de Vertus. I, 70, n. 2.
BRETONS. I, 290, n. 3; II, 16, 18, 168; III, 144, n.; IV, 45, n. 1. Voy. *Bertrand, Boisboissel, Espinay, Jagu, Meschinot, Penguern*, etc.
— *bretonnant*. II, 180.
BREUIL, *Brueil* (Lyonnet du), capitaine savoisien. III, 131, 133, 139, 149, 150, 276.
BRÉZÉ (Louis de), comte de Maulévrier, baron du Bec-Crespin et de Mauny, etc., grand sénéchal de Normandie. IV, 235, 292, 314, 316, 317.
— *compagnie Brézé*. IV, 317.
BRIANÇON, *Brienson* (Hautes-Alpes). III, 90; IV, 66, 159, 382.
BRIÇONNET, *Brissonnet* (famille). I. 390.
— (Catherine), femme de Thomas Bohier. IV, 196, n. 1, 325, n. 5.
— (Denis), évêque de Toulon, de Lodève, de Saint-Malo. IV, 35, n. 5.
— (Guillaume), général des finances, cardinal, archevêque de Reims. III, 246; IV, 325, n. 5.
— (Guillaume), évêque de Lodève, puis de Meaux, ambassadeur à Rome. IV, 325, 362, 368, n. 1.
— (Nicolas), contrôleur général de Bretagne. IV, 325, n. 5.
— (Pierre). III, 191, n. 2.
BRICOT (Jean), docteur régent à Paris et chanoine de N.-D., député. IV, 45 et suiv.

Brie (Augier de), abbé de Saint-Évroult en Normandie. I, 362.
Brignali (Niccoló de), ambassadeur génois. III, 69, n. 1.
Brillac, *Brilhac* (Huguette de), dame d'honneur de Marie de Clèves, femme de Philippe de Hédouville. I, 144, n. 2.
— (Georges? de), maître d'hôtel du roi. IV, 366.
— (Guillaume? de), valet tranchant du roi. IV, 366.
— (Jean de), bailli des montagnes d'Auvergne. I, 146, n. 2.
Brimeu, *Brymeu* (Adrien de), sgr d'Imbercourt ou *Hymbercourt*, pensionnaire, chambellan, capitaine de 80 lances, capitaine d'Arques, pensionnaire à Milan, lieut^t du m^{is} de Mantoue. I, 122, *notice*, 125, 138, n. 1, 240, 246; II, 134, 247, 278, 355; III, 12, 13, 97, 159, 161, 162 et suiv., 305; IV, 70.
Bris (Paulus), capitaine des gens d'armes. IV, 6, n. 1.
Brisay (Jaquette de), femme de François Mauvoisin. I, 148, n.
Briseau (Nicolas). III, 337, 338.
Brissac (Maine-et-Loire). Voy. *Cossé.*
Brito (le géant). III, 144, n.
Brives-la-Gaillarde (Corrèze). I, 34, n.
Brivio, *Brevy, Breny* (duché de Milan). II, 27, n.
— (capitaine de). Voy. *Aydie, Lemuyeulx.*
— (*Francisque* de), maître des intrades de Milan. II, 358.
« Brocard » (*Julian*), de Bosco-Marengo. II, 343.
Brosse (René de); dit *de Bretagne*, c^{te} de Penthièvre, *le seigneur de Poinctiévre.* III, 214, 229, 231; IV, 197, 221, 234, 310, 314, 318.
Brügger (Jean VII), abbé de Disentis. II, 354.
Bruyères (Guillaume des), capitaine de Nuits, pensionnaire de Bourgogne. II, 9, n.
Bua (Mercure), chef des Albanais. III, 255, 258, 259, 263, 294, 299; IV, 15, 71, 118, 162, 184, 202, 217, 220, 222 et suiv., 235, n. 4, 314, 316.
Buau (André), médecin du roi, *maistre André.* IV, 367.
Bucello, *civita Burelle* (Abruzze citérieure). II, 248, n. 1.
Buch (départ^t actuel de la Gironde) (captal de). Voy. *Foix.*
Buda, *Bude,* en Hongrie. II, 215.
Budé (Guillaume), secrétaire du roi. II, 392.
Budriolo (Vincent), ambassadeur de Bologne. III, 97, n. 1.
Bueil (Anne de), femme de Pierre d'Amboise. I, 96, n. 1.
Bugiardo (Ambrogio), envoyé milanais près le Grand Turc. I, 67, n. 2.
Buillon, *Bullio* (Édouard), valet de chambre du roi, envoyé français. II, 92, n. 3; III, 358, n., 383, 385, 388, 391.
Buisard (Geoffroy), théologien. IV, 379, n.
Bulco (Francesco de), maître des intrades de Milan. II, 358.
Bulla (*Blasin*), d'Alexandrie. II, 341. Voy. *Bilia.*
Bunau-Bonneveaux, *Buno, Binno* (Seine-et-Oise). Voy. *Arbouville.*
Buonaccorsi, envoyé florentin. I, 15, n. 1.
Burcianico, *Bouchiamque* (Abruzze citérieure). II, 244, n. 1.
Bureau (Laurent), confesseur du roi, évêque de Sisteron, docteur. II, 23 et suiv., 24, 25, 212, n.; III, 137, 247 et suiv., 311; IV, 269, n. 1.
Burgo (Andrea di), *Andrie de Burgo,* crémonais, chancelier de Ludovic, puis ambassadeur impérial en France. II, 331.

Burgos, *Bourgues* (l'évêque de). Voy. *Fuensanta*.
Busalla, *Burguebusalle, Borgo, Busalla, borgo di Busalla*[1], près Gênes (Ligurie). III, 50, 86; IV, 132, 137, 140, 160, 162, 163, 173, 174, 179, 180, 182, 183, 185, 186, 191, 208, 243, 274, 284, 285.
Busleiden (François de), archevêque de Besançon, ambassadeur de l'archiduc. II, 99, 209.
Bussaro, *Busaro, Brisaro* (Andreas de), huissier à Milan. II, 359.
— (Bernardo di), *maistre des euvres* du château de Pavie. II, 365.
Busset (Allier). Voy. *Bourbon bâtards de Liège*.
Busseto, *Busset*, de Tortona (*Estienne, Hieronyme, Nicolas de*). II, 345.
— (Gasparin de). II, 345.
— (*Georges de*). II, 344.
Bussola (Nicolo della), barbier et chirurgien de Milan. I, 139, 278.
Bussy, *Bucy* (Haute-Marne). Voy. *Amboise* (Jean d').
« Bust » (*Antoine de*), maître des intrades de Milan. II, 358.
« Butero » (*Tebald de*), de Tortone. II, 345.
Buygnes (Raphaël), français, maître des intrades de Milan. II, 358.
Buzançais, *Busançois* (Indre). Voy. *Prie* (Aimar de).
« Byagras, » *Byogras*. Voy. *Abbiategrasso*.

C

« Cabalaire, » *Cavalaire* (Innocent), d'Alexandrie. II, 341.
— (Luquin), d'Alexandrie. II, 340.
Caballine (la fons), « Fons Castalie. » IV, 286.
Cabella (Ligurie). IV, 274.
Caccia (Antonio), de Novare. I, 362.
Cadoré (Guillaume), breton, porte-enseigne de Jacques Guybé. II, 16, 48, 182, 183.
Caen, *Can* (Calvados) (bailli de). Voy. *Silly, Tourzel* (Gabriel de).
Cagli, *Caille, Callium* (Terre de l'Eglise) (évêque de). Voy. *Golfi* (Caspar).
« Cagnamot » (*Augustin*), de Tortone. II, 345.
« Cagnata » (*Conrad*), de Bosco-Marengo. II, 342.
« Cagnole » (*Marc-Antoyne*), de Milan. II, 335.
Cahors (Lot) (évêque de). Voy. *Luczet* (Antoine).
Caïazzo, *Gayace* (Terre de Labour). Voy. *San Severino*.
Caillo ou *Caille* (Marguerite), dite *Bellejoye*, fille de chambre de la reine. II, 100.
Caire (le), *le Quaire*, en Égypte. I, 318.
Calabre (La), au royaume de Naples. I, 12, 25, n. 1; II, 152, 201, 248, 250; III, 12, 13, 14, 97, 151, 158 et suiv., 167, 182, 260, 381, 395.
— (duc de). Voy. *Anjou, Aragon, Lorraine*.
« Calabre » (*Lorans de*), de Tortone. II, 345.
Calabrais. III, 132.
Calbo (*Paule*), patron de galères vénitiennes. II, 200.
« Calbouagaigne » (le duc de) (Guadalajara?), espagnol. IV, 244.
Calco (Bartolommeo), *Barth. Chalcus*, secrétaire de Ludovic le Maure. I, 353.
— (*Jehan de*), de Lodi. II, 337.
— (Tristano), auteur de la *Genealogia Vicecomitum*. I, 387.
Caligula. III, 201, n. 2.
Calliope, muse. I, 400.

---

1. On distinguait Busalla et le Borgo proprement dit.

« Caluin, » *Caluine*, de Tortona (*Hiéronyme*). II, 344.
— (*Jehan Andrie*). II, 345.
Calveau (Jean), conseiller des requêtes de la comtesse d'Angoulême. IV, 51, n.
Calvi (Corse). IV, 273.
Cambrai (Nord) (évêque de). Voy. *Berghes*.
Cambyse. I, 404.
Camillus (Furius). IV, 258, 268.
Campo, commune de Bagni San Giuliano (comté de Pise). I, 299, 306, 307.
Campo (Magno del), maître de camp espagnol, châtelain du Castel-Nuovo de Naples. III, 396.
Campofregoso (maison), *Campefregoze, Campefurgose*, à Gênes. IV, 89, 90.
— (Battista), de Gênes, sgr de Novi. II, 380.
— (le cardinal), archevêque de Gênes. III, 82, n.
— (Petrus de). IV, 89.
Camulio (Franciscus de). IV, 275, n. 2.
Canale, *Canali, Canalle* (Manuel da), génois. IV, 91, 95, 105, 106, 109, 140, 212.
Canaples (Somme). Voy. *Créquy*.
Cancer, Cancre (le), signe du zodiaque. IV, 15.
Canche (Charles), fourrier du roi. IV, 367.
Candalle, *Candale*, en Angleterre. Voy. *Foix*.
Candia, près Vercelli (duché de Milan). I, 99, n. 4.
— (George de), écolier de Pavie. IV, 289.
Candie, *Candye*, île de Crète. II, 161.
Canée (la), dans l'île de Crète. II, 161.

Cannes (bataille de). II, 283.
Canne (pont de), royaume de Naples. III, 11, 12.
Canosa di Puglia, *Canoze* (Pouille). II, 251, 277, 282, 283, 284, 291, 293, 294; III, 1, 2, 7, 8, 9, 12, 14, 147, 149, 150.
Cantelmo, *Quantelme* (Giov.-Paolo, *Zismond*), duc de Sora. III, 151, 152, 193. Voy. *Balzo*.
Capaccio (le comte de), dit *Villamarina*, espagnol. III, 5, 196; IV, 346.
Capdenac (Lot). Voy. *Galiot*.
Capharée (le mont). IV, 287, 288.
Capitanate (la), *le Capitainat, citra et ultra*, au royaume de Naples. II, 98, 250, 252, 256, 259, 260, 275, 276; III, 150, 377.
Capoccio (Jean), homme d'armes romain. III, 130, n. 4.
Capricorne (le palais). IV, 14.
Caprona, *Androne* (comté de Pise). I, 306.
Capua, *Capoue, Coppone, Cappone, Cappe, Cape* (Terre de Labour). II, 37, 39, 40, 41, 42, 43, 45, 46, 47, 48, 49, 50, 51, 52, 53, et suiv., 55 et suiv., 73, n. 2, 98, 249; III, 128, 130, 178; IV, 255, 263.
— (le cardinal de). Voy. *Lopez*.
— (gens de), *Cappuains*. II, 57. Voy. *Fieramosca*.
« Capuz, » *Capuis*. Voy. *Milan*.
Caracciolo (Francesco), évêque de Melfi. I, 338, n.
— (Troiano), *Troian Caraiche*, prince de Melphe. III, 151, 193, 280.
Caraffa, *Carraphes* (famille), de Naples, sgrs de Maddaloni. I, 9; II, 42.
— (Alberico), comte de Marigliano, d'Ariano, sgr de Montecalvo[1], Monteleone[2]. II, 248, n. 1.

---

1. Montecalvo Irpino (Puglia). — 2. Monteleone di Puglia (id.).

CARAFFA (Al.), archevêque de Naples, cardinal. III, 205.
— (Giov.-Tommaso), comte de Maddaloni, capitaine général. II, 250, n.
— (Girolamo). II, 248, n. 1.
— (Oliverio), archevêque de Naples, cardinal du titre de Saint-Eusèbe, dit *le cardinal de Naples*. I, 324, 325.
« CARAICHE. » Voy. *Caracciolo*.
— (Bernardin), aliàs *Jean-Bernardin Cazaiche, Cazache*, capitaine des Albanais de Ludovic le Maure, dit aussi *le capitaine Bernardin*. I, 192, 193, 226, n. 1.
CARAMANICO, *Caramonica*, fief des Colonna (Abruzze citérieure). II, 248, n. 1.
CARBONNEL (Jacques), sgr de Cerance. II, 21, 174; III, 229.
« CARGANINGE » (*Vincent, George, Antoyne, frères de*), d'Alexandrie. II, 339.
CARCANO (Girolamo), *Hieronyme de Carcano*, docteur de Milan. II, 329, 332.
CARCASSONNE (Aude) (juge-mage de). Voy. *Saint-André*.
— (sénéchal de). Voy. *Aydie, Levis*.
— (viguier de). Voy. *Tardes*.
CARDAILLAC, *Cardillac* (le sgr de), gascon. III, 209.
Cardinal, inconnu (portrait de). I, 323.
CARDONA, *Cardonne* (province de Barcelone) (duchesse de). I, 240, n.
— (le duc Alonzo *Folch* de), oncle du roi d'Espagne. III, 234, n.; IV, 346.
— (l'amiral de), fils du duc. III, 234, n.
— (Jean Folch, comte de), comte de Prades, connétable d'Aragon, pensionnaire. I, 239, n. 2.
— (Miquael, Michel et Jean-François de). I, 239, n. 2.
— (Ugo, duc de). I, 240, n.; III, 12, 244.

CARDONA (Jean, bâtard de), chambellan, capitaine de 40 lances. I, 239, n. 2, *notice*, 258; II, 13, n. 1.
— (*le fils du bastard de*), pensionnaire du roi. I, 239, n. 2.
« CARIES » (*Gracian* de), capitaine espagnol. III, 233, n.
CARINTHIE (comté de), en Autriche. IV, 53 et suiv.
« CARISSIME » (*Angelo*), rationateur à Milan. II, 359.
CARLES (Geoffroy, *Geuffroy*), docteur, de Saluces, sénateur de Milan, ambassadeur en Allemagne, premier président du parlement de Grenoble, vice-chancelier de Milan : *Monsr le president du Daulphiné*. 1, 167, 362; II, 146, n., 239, n., 333, 356, 362; III, 284, n. 1; IV, 295, n. 1.
CARLINO, serviteur d'Hercule Ruscha. I, 387.
CARMAGNOLA, *Carmagnole* (Piémont). II, 336.
CARMES (ordre des). III, 247.
CARMONNE (Christophe de), président du parlement. III, 330; (Étienne), 331.
CARNAC (Étienne de), gentilhomme gascon. IV, 201.
CARNEU (Robin), canonnier. IV, 231.
« CARNEVAR » (*Bernardin*), docteur de Pavie. II, 337.
Caron. IV, 19.
CARPI (ville et seigneurie de), dans le Modénais. I, 206, n. 2.
— (Giberto ou Alberto, Pio da), sgr de Carpi, gendre de Jean Bentivoglio, pensionnaire à Milan, ambassadeur. I, 95; II, 386; IV, 245, n. 1.
— (Margherita da), épouse d'Antonio-Maria di San-Severino. I, 66, n.
— (astrologue de). I, 122, n. 3.
CARRE (Gatien), fils de Codebert. I, 157, n. 1.
— (*Godebert*). Voy. *Codeber, Carre*.

CARRE (Jean), neveu de Codebert. I, 157, n. 1.
CARRETTO (Ch. de), marquis de Finale, évêque de Thèbes, cardinal, ambassadeur du pape. III, 315, n., 357, n. 4 et suiv.; IV, 148, n. 2, 235, 269, n. 1, 292, 311, 325, 341, 351, 362.
— (Gal. di), poète. I, 93, n. 1.
CARRO, *Carle* (Ligurie), seigneurie de J.-L. de Fieschi. IV, 101.
CARTHAGE, *Cartage*. I, 403; II, 3, 30; IV, 255, 263, 374.
CARTHAGÈNE, *Cardegevo* (royaume de Murcie). II, 18.
Carthaginois, Cartagynois, Cartagyens. I, 318; IV, 255, 263.
CARTIER (Antoine du), maître d'hôtel de Charles d'Amboise. IV, 201.
CARVAJAL, *Caravajal* (*Bernardino*), *cardinal de Sainte-Croix*, évêque d'Astorga, Badajoz et Carthagène, ambassadeur d'Espagne. I, 324, 325.
CARVORA (le maréchal de), capitaine espagnol. III, 233, n.
CASA (Francesco della), ambassadeur de Florence. I, 312, n. 1.
CASAGO, *Cusago, Cuzanne* (duché de Milan). II, 306, 348, 384.
CASALE, *Cazal* (Federico da). I, 120, n. 3.
— (Georges de), musicien. III, 90, n. 7.
— (Giovanni da), *Jean du Casal*, favori de Caterina Sforza, capitaine de cavalerie de Ludovic le Maure. I, 120, 135, 205, 219, 223.
— (Jacques de), trompette. I, 120, n. 3; III, 90, n. 6.
— (Martino da), envoyé milanais près du Grand Turc. I, 67, n. 2.

CASALE, près Bologne. III, 370, 374.
— MONFERRATO, *le Cazal*, chef-lieu du marquisat de Montferrat. I, 32, n. 3, 179, 185, 186; IV, 160, n. 5.
CASALNUOVO, *di Napoli, le Cazal*, près Naples. III, 188.
« CASATE » (*Tibaldin de*), d'Alexandrie. II, 341.
CASERTA, *Caserte* (terre de Labour) (comte de). Voy. *Laval*.
CASOLA (en Modenais, duché de Milan). I, 80, n. 2.
— *Caselles* (?), domaine des Torelli. II, 338.
CASSAIGNET (Bernard de), sgr de Camicans, *le jeune Camicant, Camican, Clamican* (?), gouverneur d'Armagnac. I, 289; III, 221, 229. Cf. *Villars*.
— (Jean de), sgr de Camicans, dit *Camicans, Carrucans, Canucans, Canican*[1], dit aussi sieur de Busta. I, 289, n. 1; III, 228, 231.
CASSANO, *Cassan* (duché de Milan). II, 307, 350, 364.
— (Bonifort de), de Tortone. II, 345.
CASSET, homme d'armes savoisien. III, 130 et suiv.
CASSINE, village du Montferrat ou du duché de Milan. I, 379; II, 380.
CASSINO. Voy. *Monte-Cassino*.
— *Cassin*, cavalaire. II, 369.
— (Vincent de), de Lodi. II, 337.
CASTAGNO, *Casteigneure*, près Gênes (Ligurie). III, 50.
CASTALDO (Prudence de), pensionnaire de Bourgogne. II, 9, n.
CASTANEA (Thomasio), de Lugano. I, 386.
CASTELBAJAC (Bertrand de), *Castelbayart, Chasteau-Baiac, Castelbeac...*, homme d'armes. I, 57, *notice;* II, 21 (Louis), 183.

---

1. « Canucas, » dans le procès du maréchal de Gié, *Procédures politiques du règne de Louis XII*, p. 353.

CASTELBOLOGNESE, près Bologne (terre de l'Église). III, 362, 364, 367.

« CASTEL-DEL-MONT ». Voy. *Baux, Castello di Monte.*

CASTELFERRUS(Tarn-et-Garonne). Voy. *Haucourt.*

CASTEL-FRANCO (en Modenais, duché de Milan). IV, 71 et suiv., 76.

CASTELGIUDICE, *Castello de lo Iudice* (Abruzze citérieure). II, 244, n. 1.

« CASTELLAIN » (*Sebastian*), d'Alexandrie. II, 340.

CASTELLAMARE (Principat citérieur) (évêque de). Voy. *Flores.*

CASTELLANETA, *Castellanet* (terre de Lecce). II, 251; III, 105, 136, 137, 138, 146.

CASTELLAZZO, *Castellaz, Castellas* (Manuel du), capitaine lombard. IV, 110.

— (*Mathieu de*), commissaire du sel à Milan. II, 359.

CASTELLAZZO-BORMIDA, *Castellas, le Castellat* (duché de Milan). I, 39; II, 349; IV, 160, 218. Voy. *Visconti* (Fr.-Bern.).

CASTELLAZZO DE' BARZI, *Cast* (duché de Milan). I, 169.

CASTELLI DE CORNETO (Adrien), évêque d'Hertford, cardinal. III, 391.

CASTELLO, *Castelfort,* sur le Garigliano. III, 262.

CASTELLO DI MONTE, *Castel del Mont* (terre de Bari). II, 251, 279).

CASTELLONI, *Castiglioni* (Gian-Giac.), archevêque de Bari. I, 154, n. 1; II, 329, 336.

CASTELNAU (Fr.-Guillaume de), sgr de Clermont-Lodève, cardinal-archevêque de Narbonne. III, 251, 284, n. 1, 285, 286, 287; IV, 27, 64, 66 et suiv., 74 et suiv., 79, 81, 83 et suiv., 227 et suiv., 240 et suiv., 311, 325, 328, 329, 341, 351, 362.

— (Tristan de), sgr de Clermont-Lodève. Voy. *Amboise* (Catherine d').

CASTELNUOVO-SCRIVIA, *Chasteauneuf-en-Tortonois* (duché de Milan). II, 330.

CASTELPERS (Aveyron) (le sieur de), Raymond de Castelpers, v^{te} de Pannat? III, 228; IV, 50.

CASTEL-SAN-GIOVANNI, *Chastel-Saint-Jehan* (Émilie). II, 370.

CASTEL-SAN-PIETRO, près Bologne (terre de l'Eglise). IV, 69, 70.

CASTERNO, *Caston* (duché de Milan). I, 169.

CASTIGLIONE D'ADDA, *Castillon, Castillion* (duché de Milan). I, 385; II, 385.

— (Agostino da), capitaine génois. IV, 109, n. 2.

— (*Estienne de*), sénateur de Milan. II, 357.

— (Giov.-Stefano da), sénateur de Milan. I, 362; IV, 48, n.

— (*Hieronyme de*), de Milan. II, 335.

— (*Jehan-Ange de*), greffier à Milan. II, 360.

— (*Jehan-Antoyne de*). II, 346.

— (*Jehan-Francisque de*), maître des intrades de Milan. II, 358.

— (*Loys de*), pensionnaire de Milan. II, 354.

CASTIGLION-FIORENTINO(Toscane). III, 398.

CASTILLA, *la Castille.* IV, 33, n. 2. Voy. *Charles-Quint, Espagne, Isabelle, Philippe.*

— (amiral de). III, 244.

— (*Armendat* de). III, 233, n.

CASTILLON (Jean de), écuyer, sgr de Mauvesin, capitaine de Bazas. I, 148, n.

Castor. II, 188.

CASTRO, *Castres* (don Philippe de), capitaine espagnol. III, 233, n.

CASTROCARO (Toscane?). II, 85, n.

CASTRON (c^{te} de), capitaine espagnol. III, 244.

CASTRONOVATE (*Bon-Galeaz de*), de Milan. II, 334.

« Castrum novum » (Castel nuovo all' Adda?) (duché de Milan). I, 379.
« Cataguin » (Antoyne, filz de), de Côme. II, 339.
Cataluña, Catalogne, Catalans. III, 234, n. Cf. *Roquebertin*.
« Catellie » (*Antoinet*), de Tortone. II, 345.
« Cathino » (*Camille*), chancelier des intrades de Milan. II, 358.
Cato (*Marcus*). IV, 258, 268.
Cattaneo (maison), *Cathanées*, à Gênes. IV, 89.
— (Alberto), *Albert Cataigne*, prévôt de San-Lazaro, à Milan, sénateur. II, 357.
— *Cathamus* (Durando), génois. III, 53.
— (Lorenzo), génois. III, 20, n.
— (Petrus-Franciscus), ancien de Gênes. IV, 275, n. 2.
Catzenellobogen (Ottilia von), femme du marquis de Bade. I, 236, n. 1.
Cauton (*André de*), italien, commissaire du sel à Milan. II, 360.
Caux (bailli, bailliage de). I, 24, n. 1, 145. Voy. *Cossé*.
« Cavagnie, » de Bosco-Marengo (*Guillaume*). II, 342.
— (*Zanin*). II, 342.
« Cazal. » Voy. *Casale*.
« Cazemont » (*André-Georges de*), référendaire de Côme. II, 375.
Cazenove, capitaine de gascons. III, 199.
Celano (Covella di), femme d'Odoardo Colonna. II, 30, n. 2.
Célestins (ordre des). III, 354, n. 3.
« Centobrasque, » commissaire du sel à Milan. II, 359.
Centurione (maison), *les Centurions*, à Gênes. IV, 89.
— (Julianus). III, 53.

Céphalonie, *la Chaffellonnye* (île de). II, 159.
« Cepy. » Voy. *Chepy*.
Cerbère, Cerberus, gardien des Enfers. I, 77; IV, 370.
Cercius, vent d'ouest. IV, 369.
Cercle zodiaque (le). I, 282.
Cerda (Luis de la), duc de Medinaceli, capitaine espagnol. III, 233, n.
Cerdagne, *Serdaigne, Sardaigne* (gouverneur de). Voy. *Roquebertin*.
« Cérémye. » Voy. *Nyitria*.
Ceresole, *Cérisoles*, en Piémont (bataille de). I, 35, n.
Cereto, *Ceret*, de Tortona (*Bartholomie de*). II, 344.
— (*Bartholomie, Antoyne*, frères, de). II, 344.
— (*Castelin de*). II, 345.
— (*Estienne de*). II, 345.
— (*Hieronyme de*). II, 345.
— (*Jehan-Jacques de*). II, 345.
Ceri (Giovanni, sgr de), père du condottiere Renzo da Ceri. III, 388.
Cerignola, *la Cherignolle, Cerignole* (Pouille). I, 58, n. 1; II, 254, 277, 279, 280, 282; III, 109, 110, 166 et suiv., 177, 178, 179, 180, 181, 186, 192.
Cerigo, *Cytharée* (île de), dans l'archipel (terre de Saint-Marc). II, 196, 197, 198, 199, 200.
— (ville de). II, 197.
Cerisano, *la place Seresye* (Calabre). III, 167.
Cernerieu (Etienne de), docteur siennois. IV, 99, 103, 138.
« Cerniel » (*Gasparin*), d'Alexandrie. II, 340.
Certaine (Cyprian), chancelier de la comté de Tyrol. IV, 6, n. 1, 59.
Cesar, Julle Cesar. I, 110 et n.[1], 318, 365, 388, 397, 399, 401; III, 17, 350, n.; IV, 281, 379,

---

1. Louis XII. « Felice Lodovico regnante duodecimo, Cesare altero... »

n. Voy. *Maximilien, Romains* (roi des).

Cesare (Julio), de Pérouse. III, 398.

Césarée (Cappadoce). III, 69, n. 1.

Cesarini, *Cesarino, Cezarin* (le cardinal Giuliano), cardinal-diacre du titre de SS. Serge et Bacchus. I, 331.

— (le frère du cardinal). II, 387.

Cesena, *Sezayne* (terre de l'Église). III, 315, n., 358, n.; IV, 69.

Ceva, *Suève* (marquis de). II, 136, 137.

Cezaro (*Andreas*), pensionnaire de Milan. II, 355.

Chabanais (Charente). Voy. *Bourbon*.

Chabannes (Anne de), fille du comte de Dammartin, femme du sire de Châtillon. I, 33, n. 4.

— (Antoinette de), femme de René d'Anjou, baron de Mézières. I, 213, n. 1.

— (Avoye de), femme d'Aymar de Prie. I, 213, n. 1.

— (Avoye de), femme de Jacques de la Trémoïlle. I, 143, n. 2.

— (Geoffroy de), sieur de Charlus, gouverneur de Pont-Saint-Esprit. I, 28, n. 1. Voy. *Prie*.

— (Jacques de), sgr de la Palisse, dit *le Gran mareschal, la Pallisce, la Palice,* dit *le second Hector,* capitaine de 40 et 50 lances, chambellan, chevalier de l'ordre, maréchal, grand maitre des eaux et forêts de Languedoc, vice-roi de l'Abruzze, capitaine de Novare, pensionnaire à Milan. I, 28, n. 1, *notice,* 68, 72, 237, 261; II, 12, 13, n. 1, 43, 55, 71, 72, n. 4, 269, 270, 271, 275, 277, 289, 350, 352, 355; III, 3, 104, 106, 107, 113, 123, 124, 134 et suiv., 137 et suiv., 180, 305, 314; IV, 70, 186, 188, 189, 192 et suiv., 314, 316, 348, 351, 352, 361, 362.

Voy. *Melun* (Marie), *Meuble* (Le Pin), *Montberon* (Jeanne de).

Chabannes (*compagnie La Palisse*). IV, 161. Voy. *Mondragon*.

— (Jean de), sgr de Vandenesse, dit *le petit lion,* pensionnaire. I, 237; III, 263.

— (Jeanne de), femme d'Yves d'Alègre. I, 43, n. 1; III, 150, n. 1.

« Chabery. » Voy. *Chiavari*.

Chabot (Charles), baron de Jarnac. IV, 51, n. 2. Voy. *Saint-Gelais*.

— (Catherine). IV, 51, n. 2.

— (Jeanne), dite *la dame de Montsoreau,* femme du sire de Montsoreau. I, 144, n. 1.

Chabride (Angelo), écrivain vénitien. II, 244, n. 2.

Chalon (Claude de), femme du comte de Nassau. I, 285, n.

— (Jean II de), prince d'Orange, *le prince d'Orenge,* lieutenant général en Bretagne, pensionnaire, capitaine du Louvre. I, 70, n. 1, 284, *notice,* 290; II, 8, n., 10, 13, n. 1. Voy. *Bourbon* (Jeanne de), *Luxembourg* (Philberte de).

— (Philibert de), prince d'Orange. I, 285, n.

Chalon-sur-Saône (Saône-et-Loire). II, 4, n. 1, 6, n. 2, 7, n.

— (évêque de). Voy. *Poupet*.

— (faubourgs de). II, 11.

Chals (Pierre de), homme d'armes savoisien. III, 129 et suiv.

Chambellan (David), avocat. III, 286, n.

— *Chambellant* (François), homme d'armes. III, 179.

— (Henri), conseiller à Dijon, pensionnaire de Bourgogne. II, 8, n.

Chambéry (Savoie). II, 243.

Chambes ou Jambes (Jeanne de), dame de Montsoreau, fille de Jean de Chambes et de la *dame de Montsoreau,* femme du sire de Beaumont. I, 144, n. 1.

CHAMBORD (Loir-et-Cher). III, 349, n.
CHAMBRE (Jean de la), vicomte de Maurienne. IV, 196.
CHAMPAGNE. I, 61, n.
— (le roi d'armes). Voy. *Godebyète*.
CHAMPAGNE, *Champaigne* (Brandelis de), seigneur de Bazoges et de la Suze. III, 38.
CHAMPDENIERS (Deux-Sèvres). Voy. *Rochechouart*.
CHAMPELLAYS (Étienne de), commissaire de l'artillerie. IV, 195, 231.
CHAMPIER (Symphorien), médecin, polygraphe. IV, 378, n. 7.
CHAMPION (Jean), canonnier. IV, 231.
Champs-Élysées (paradis des). III, 101, n., 272.
CHANDÉE, *Champdée, Champdé, Chandea, Chandes* (Philibert de), sgr de Chandée, commandant de 50 lances et d'Albanais, chambellan, capitaine de la citadelle de Parme. I, 53, 56, 57, 58, *notice*, 62, 72, 121, 183, 192, 202, 350, 383; II, 12, 13, n. 1, 271, 278, 332, 371; III, 111, 169, 170, 174, 177. Voy. *Chavanes* (Ant. de), *Lay*.
CHANDIO, *Chandiou, Chandieu* (Jean, homme d'armes de la compagnie Ravenstein, et Louis de). 1, 58, n. 1; IV, 319, 321, 322, 324.
« CHANTRANS, » capitaine du roi des Romains. II, 9.
CHAPELLE (la), près Paris (actuellement à Paris). II, 206, n. 2, 207, n.
CHAPELLE-BLANCHE (la) (Savoie). II, 255, n.
« CHAPPELLES » (les), dans le Val-Colla, près Sonvico (Tessin). II, 110, 132, 133, 134.
CHAPPERON, *Capperon* (Jean), chevalier, homme d'armes de la compagnie Prie[1]. II, 21, 50, 183, 189; III, 159, 164, 185, 260, 261, 263, 293, 297, 301; IV, 388 et suiv.
CHAPPY, breton, maître de barque. IV, 404.
CHARDONNET, homme d'armes. II, 61.
CHARENTE (la *gueulle* de la), près Soubise. IV, 408.
— *Chairente, Charante, Celante* (la), vaisseau de guerre. II, 18 et n. 3; III, 45, 108, 194, 304, 381; IV, 93, n. 1. Voy. *Porcon*.
CHARENTON (Seine) (baronnie de). Voy. *Amboise* (Charles d').
CHARITÉ (la) (Nièvre). I, 144, n., 297, n.
CHARLEMAGNE (l'empereur), *Charlemaigne*. I, 13, n. 1, 94, n.; II, 75, n.; IV, 246, 256, 264, 327.
CHARLES VI, roi de France. IV, 256, 264.
CHARLES VII, roi de France. IV, 256, 264.
CHARLES VIII, roi de France, *Charles Magnanime*. I, 7, 25, n. 1, 70, n. 1, 99, n. 4, 284, n. 1, 293, n. 1, 304, 321, n.; II, 39, 63, 71, 75, n. 1, 77, n., 87, 88, n. 1, 93, n. 2, 95, n., 102, n. 2, 103, n., 107, 125, 131, 141, n. 3, 212, n., 248, n. 1, 391; III, 5, 21, n., 221, 335, n. 1.
CHARLES LE TÉMÉRAIRE OU LE HARDI, duc de Bourgogne. I, 285, n.
CHARLES-QUINT, *Don Carlos, le duc de Luxembourg, le fils de l'archiduc*, roi de Castille. II, 99, 139, n. 1; III, 154, n. 1, 354, n., 359, n. 1; IV, 2, n. 2, 52, 60.
CHARLUS (Cantal). Voy. *Chabannes*.

---

1. D'après dom Bétencourt, un Jean Chapperon était en 1478 seigneur de Masaugeau et avait « maison et courtil en la ville de Château-Ceaux. »

CHARNIER (Louis), fourrier du roi. IV, 367.
CHAROLAIS. II, 6, n. 2.
— (le bailli de). IV, 151 et suiv.
CHARRON (François le), sénateur de Milan. II, 357.
— (Pierre), secrétaire du roi. IV, 285.
CHARTRES (Eure-et-Loir). III, 331, 360.
— (vidame de). Voy. *Bourbon*.
CHARTREUSE (la Grande), la *Chartrouze*. II, 25.
CHAST... Voy. *Chat*...
CHASTEAUDREULX (Jean de), maître d'hôtel du roi (cf. fr. 2927, fol. 27). IV, 366.
CHASTEAUNEUF (M.[1] de). III, 228.
CHASTEAUVERT (Gilbert de), sgr de Chasteauvert. II, 21 (Gilles), 171, 174, 178, 179.
CHASTELART, homme d'armes bourguignon, « lieutenant du sire de Chandée » (lieutenant lui-même de la c[ie] Montoison en 1506 : fr. 25784, n° 94). III, 129 et suiv. Cf. *Chatelard, Lay*.
CHASTELLAIN (Georges), poète. III, 152, n. 3.
CHASTELLUX, *Chatelus* (Hélène de), femme d'Hector de Salazart. I, 258, n. 1.
« CHAT » (*Bley*). II, 350.
CHATAIGNERAYE, *Chastigneroye* (la) (Vendée). Voy. *Vivonne*.
CHATAIN (Vienne), *Citran, Cytain, Chitain, Chitin, Sytain, Citain, Chitam, Oitin*... Voy. *Serpens* (Gilbert des), *Bonneval* (Guillaume de). Cf. *Chetain*.
CHATEAUBRIANT, Mlle de *Chasteaubryant* (Madeleine ? ou Claude ? fille de Louis de). II, 100.
CHATEAUDUN (Eure-et-Loir). III, 360.
CHATEAUGIRON (le sgr de). IV, 37 et suiv.

CHATEAU-GONTHIER (Mayenne). I, 12.
CHATEAUNEUF-SUR-SORNIN, *Châteauneuf-en-Mâconnais* (Saône-et-Loire). Voy. *Urdos*.
CHATEAU-TROMPETTE, à Bordeaux. II, 5, n. 1.
CHATEAUVILLAIN (Jean de), *Chastelvillain*, sgr de Montrevel, de Châteauvillain (H[te]-Marne), Grancey et autres lieux. I, 60.
CHATEL-SUR-MOSELLE, *Chastel-sur-Mezelle* (Vosges). Voy. *Neuchâtel*.
CHATELARD (le), *Chastelart, Chastellart, Chastellard, Chastelart*. Voy. *Lay*.
CHATELET (Jeanne du). Voy. *Choiseul*.
CHATILLON-SUR-LOING, *Chastillon* (Loiret). I, 34, n., 313. Voy. *Coligny*.
CHATILLON-SUR-SEINE (Côte-d'Or). Voy. *Dinteville*.
CHATRE (Abel de la). I, 105, n.
— (Claude de la), sgr de Nansay, capitaine de la garde du roi, chambellan. I, 104, n. 2.
— (Gabriel de la). I, 105, n.; III, 57, 96 ; IV, 31, n., 234, 291, 357. Voy. *Ducos* (G.).
CHAUDESAIGUES (Cantal). Voy. *Bourbon* (le bâtard Charles de).
CHAUMONT (Loir-et-Cher). III, 349, n. Voy. *Amboise*.
CHAUNY (Aisne). III, 355, n.
CHAUVEAU (Gilbert), roi d'armes sous le nom de *Montjoye*. I, 294 ; III, 246, 247.
CHAUX (Gilbert de), homme d'armes de la compagnie Louis d'Ars. II, 255, 290 ; III, 7, 186, 276, 278, 320, 327.
CHAVANES (Antoine de), sgr de Saint-Nizier et de Malaval, bailli de Bresse, guidon et neveu de M. de Chandée. I, 39, 56, 183, 187 ; III, 173. Voy. *Montjouvent*.
CHAVANNES. Voy. *Chiavenna*.

---

1. Sigismond de Chasteauneuf, coseigneur de Chasteauneuf-de-Randon ?

CHAZERON (Jacques de). Voy. *Amboise* (Anne d').
CHÉDEVILLE, *Chiédeville* (Jean de). III, 337.
CHEF-BOUTONNE, *Chebotonne* (Deux-Sèvres). Voy. *Bonneval*.
CHEF-DE-BAYE, *Chief-de-Boys* (pointe de), près la Rochelle. IV, 395, 396.
CHENOVE (Côte-d'Or) (vin de). II, 7, n.
CHEPY, *l'Espy, Espoy, Sepy, Cepy, Cheppy* (Somme). Voy. *Benserade*.
CHERANCE. Voy. *Acerenza*.
CHERASCO (Piémont). I, 31, n. 2.
CHERBOURG (Manche) (capitaine de). Voy. *Fou* (Jean, Guillaume du).
CHESNAYE (René de la), homme d'armes. III, 113, 117, 124.
CHESNE (Marc du). Voy. *Fresne*.
CHETAIN (Antoine de), page de Charles VIII. I, 39, n.
« CHEURA » (*Gérardin,* dit), pauvre d'Alexandrie. II, 341.
CHEVALIER (Le), estradiot de la compagnie Chandée. I, 57.
CHEVALIER-VERT (Le), homme d'armes de la compagnie Prie[1]. IV, 390.
CHEVERNY (Loir-et-Cher). Voy. *Hurault* (Jacques).
CHEVRIER (Josse), fourrier royal, élu de Berry, pensionnaire de Bourgogne. II, 8, n.
CHEVRIERS, *Chevrières* (Philippe de). IV, 50.
CHIARAVALLE, *Clerval* (abbé de) (duché de Milan). II, 371.
CHIAVARI, *Cranaro, Chabéry* (Ligurie). IV, 102, 273.
CHIAVENNA, *Clavene, Chaucaines, Chavanes, Chavannes,* dans la Valteline (duché de Milan). I, 381, 382; II, 27, n., 338.
« CHICELLE » (*Angelo de*), connétable. II, 372.

CHIERI, *Quiers* (Piémont). III, 290, 306.
CHIETI, *Civita de Quiecte* (Abruzze citérieure). II, 248, n. 1.
CHIÈVRES (Hainaut). Voy. *Croy*.
CHILLOU (Le) (Deux-Sèvres). V. *Roy* (Guyon Le).
— (le bastard de), homme d'armes. IV, 143.
CHIMAY, *Cymays* (Hainaut). Voy. *Croy* (Charles de).
CHINON, *Chynon* (Indre-et-Loire). I, 314.
CHIO, *Syo* (île de), dans l'archipel (terre de Gênes). II, 163, 196; III, 49; IV, 274.
— (cordeliers de). II, 196.
« CHIOQUE » (*Aloys*), camérier de Ludovic le Maure. II, 330.
CHOCQUE (Pierre), dit *Bretaigne*, héraut d'armes de la reine. II, 17.
CHOISEUL (Philibert de), sgr de Lanque (*alias* Lauque, I, 245), fils de Guillaume de Choiseul, baron de Clémont, et Jeanne du Châtelet, capitaine de 100 lances, chambellan, capitaine de Noyers, gouverneur d'Arras, lieutenant général de Bourgogne, gouverneur de Langres. I, 19, n., 146, 245, 383; II, 112, 114, 117, 130, 131, 134. Voy. *Seuly*.
« CHOQUEREL » (*Jheronyme*), notaire à Milan. II, 361.
CHRÉTIENTÉ (la), « les potentats chrétiens. » I, 332, 333, 341, 343, 345, 346; II, 79, n., 80, n., 151, 152.
— princes chrétiens. III, 88, n., 89, n.
CHUENTZ, capitaine de suisses de la ligue Grise. I, 263.
CHYPRE, *Cipro*. III, 52, n. 3. Voy. *Vénus*.
CIBO (Battistina), Mme *Batine*

---

1. Identifié à tort, par le bibliophile Jacob, avec l'*Amant-Vert*, de Jean Le Maire, qui était un perroquet.

Cyba, pensionnaire de Milan. II, 356.

Ciceri, ambassadeur génois. IV, 105, n. 1.

Cicéron. I, 388.

Cinna, Cynna. IV, 258, 267.

Ciocchi (Antonio), évêque de Città di Castello. III, 388.

Ciotat (la), port militaire (Bouches-du-Rhône). II, 88, n. 1.

« Cipho » (*Miquel*), chancelier des intrades de Milan. II, 358.

Circé, Circes. I, 318.

Ciriès, *Ciriez,* en Bugey. V, *Bouvant.*

Cisa (col de la), dans les Apennins. I, 298, n. 2.

Cisery (Yonne). Voy. *Mandelot.*

« Cisteron. » Voy. *Sisteron.*

« Citran. » Voy. *Chatain.*

Citta di Castello (duché d'Urbin). III, 392.

— (évêque de). Voy. *Ciocchi.*

Ciulli (Antoine de). IV, 105, 106, 109, 140, 212.

Civita-Vecchia (terre de l'Église). III, 270, 382, 385; IV, 246.

« Clavere » (*Bernardin de*), huissier à Milan. II, 359.

« Claveron » (*Ambrois de*), huissier à Milan. II, 359.

Clayette, *Clerecte* (le bâtard Marc de la), homme d'armes de la compagnie Bâtard de Bourbon, puis lieutenant de la compagnie Ravenstein, pensionnaire à Milan. I, 356; II, 7, n., 126, 384; IV, 131, n., 160.

Clefmont, *Clémont* (Haute-Marne). Voy. *Choiseul.*

« Cler » (*Lorans*), serviteur du chevalier Ferussin, d'Alexandrie. II, 341.

Clérée, *Clairée* (frère Jean), confesseur du roi. III, 248, 354; IV, 2.

Clérieux, *Clériou* (Drôme). Voy. *Poitiers.*

Clermont (Antoine de), sgr de Tallard, homme d'armes. III, 113, 116, 173.

Clermont (Philibert de), sgr de Montoison, dit *le capit^{ne} Montoyson, Monteson, Montoison, Monthoison,* dit aussi *Émerillon de guerre,* pensionnaire, chambellan, capitaine de 30 lances, sénéchal de Valentinois et de Diois, capitaine de Lodi. I, 41, n., 121, *notice;* II, 337, 352; III, 38, 371 et suiv., 375; IV, 71, 161, 186, 199.

—*compagnie Montoison.* IV, 118, 184.

— (le), vaisseau de guerre. III, 45, 62.

Clermont-Ferrand (Puy-de-Dôme). I, 146, n. 3.

— (évêque de). Voy. *Amboise* (Jacques d').

Clermont-Lodève (Hérault). Voy. *Castelnau.*

— (prieuré de). IV, 27.

Cleron (Othenin de), capitaine de Talant, pensionnaire de Bourgogne. II, 9, n.

Cléry (Loiret) (N.-D. de). III, 94, 356; IV, 7.

Clèves (Adolphe de). I, 98, n. 2. Voy. *Portugal.*

— (Charles de). III, 247; IV, 181.

— (Engilbert de), comte de Nevers, gouverneur de Bourgogne. I, 98, n. 2; II, 7, n., 100, 104, 105, 106, 206, n. 2, 207, n., 209, 217, 225, 227, 241, 242; III, 246, n. 1, 351, n.; IV, 2, n. 2, 28, 214, 228. Voy. *Bellon, Guyaut.*

— (Jean et Marie de). I, 98, n. 2.

— (Marie de), duchesse d'Orléans, mère de Louis XII. *Passim* et I, 275, n. 2, 290, n. 2; III, 355.

— et la Marck (Philippe de), sgr de Ravenstein, *Phelipes de Ravestain, Ravestan, Ravastain,* gouverneur des Pays-Bas, puis gouverneur de Gênes, amiral du royaume de Naples, chef de l'armée contre les Turcs. I, 76, n. 3, 98, 107, 219, n.; II, 18, 76 et suiv., 78 et n. 1 et 2, 80, n., 81 et suiv., 84, n., 87, 88, 89, 90, 91, 108, 149, 150, 151, 152, 155, 156, 159, 160, 162, 163, 164, 165, 166, 170, 171, 172, 173, 174, 181, 185, 186, 187, 189, 192, 193, 195, 196, 197, 198, 199, 200, 204, 329, 334, 337; III, 19, 22, 25, 46, 50, 55, 60, 84, n., 85, n.; IV, 87, 92 et suiv., 98, 102 et suiv., 112, 129, n. 1, 130, n., 131, n., 133, 138, 160, 264, 273, n. Voy. *Bernardin, Boys-Ront, Boucan, Chandio, Clayette, Créquy, Damas, Luxembourg.*

Clèves (Philippe de), évêque d'Autun. II, 220, 222, 223, 225, 226; III, 246.

Cloto (la parque). IV, 17.

Cloué (Jacques de). III, 208, 210.

Cobyac, sgr gascon. III, 209.

Cockburn, *Coquebourne, de la Conquebourne* (Georges), archer écossais, porte-enseigne. I, 105, n. 1.

— (Georges), capitaine de cent écossais. III, 57.

— (Georges, Guillaume, James, Jean, Tom). I, 105, n. 1.

— (Robert), aumônier du roi, envoyé en Écosse. I, 105, n. 1.

Codeber-Carre, *Code-Becarre, Godebert-Carre, André Quentin, Quentin l'Écossois,* sgr de Saint-Quentin et Parrigny, chambellan, capitaine d'Amboise, de Libourne, écossais, capitaine de la Roquette de Milan. I, 157, *notice,* 166; II, 330, 334. Voy. *Stuart* (Martine).

Codefa (château, tour de), à Gênes. Voy. *Gênes.*

Códignola? *Condinople* (duché de Milan). II, 381.

Coetivy (Mme de), *la dame de Taillebourg.* Voy. *Orléans-Angoulême.*

Cœur, *Cueur* (Jacques). II, 196.

Cœur-Loyal, vertu. II, 207.

« Cohere » (*Denys*), maitre des intrades de Milan. II, 358.

Coire, *Coyre, Coyra* (Grisons). I, 339, 341.

— (évêché de). I, 335.

« Col, » d'Alessandria (*Bernardin*). II, 341.

— (*Fabrice, Alpin, Augustin* et *Boniface de*). II, 341.

— (*Marc, Cornel, Anibal*). II, 341.

— (*Tomen*). II, 340.

Coligny (Anne de), femme de Gilbert des Serpens. I, 38, n. 3.

— (Gaspard de), sgr de Frementes ou Fromente, frère cadet du sire de Châtillon, pensionnaire du roi, lieutenant de la compagnie Duc de Nemours, puis maréchal, lieutenant général, prince d'Orange. I, 61, *notice,* 239, 288, 293; II, 271, 275, 276, 279, 280, 282; III, 110, 170, 175, 305.

— (Gaspard de), amiral de France. I, 34, n.

— (Jacques de), *Decoulligny,* sgr de Châtillon et d'Andelot, fils aîné de Jean de Coligny, prévôt de Paris, concierge de l'hôtel Saint-Paul, capitaine de 30, puis de 50 lances. I, 14, n. 2, 33, n. 4, *notice,* 57, 72, 83, 237, n. 4, 244, 286, 288, 292; II, 13, n. 1, 21, 22, 155, 161, 181, 182, 183; III, 223. Voy. *Chabannes, Libourne, Tournon.*

— (Jean de), sgr de Coligny, Châtillon et d'Andelot. I, 33, n. 4. Voy. *Courcelles.*

— (Marie de), dame de Coligny-le-Neuf, femme de Georges de Menthon. I, 34, n.

Collomat, homme d'armes. I, 54.

Colonna (maison), à Rome, *Coullonnoys* (c.-à-d. Colonna et gens des Colonna) *romains.* II, 30,

37, 39, 46, 57, 60, 61, 65; III, 202, n. 2, 255, 282; IV, 90.
COLONNA (Fabricio), *Fabrice Coulonne.* II, 30, 61, 64, 65; III, 390. Voy. *Montefeltro.*
— (le cardinal Giov.). I, 192, n. 2, 345.
— (Odoardo), père de Fabricio. II, 30, n. 2. Voy. *Celano.*
— (don Prospero), duc de Traetta, comte de Fondi, *messire Cyerve,* capitaine des gens d'armes du roi de Naples et romains. I, 192, 193, 194.
— (Venere), condottiere romain. III, 292.
COMBEREL, *Combret* (Louis de), sgr de Gibanel. II, 342, 343; III, 255.
COMBORN (Marguerite de), femme de Pierre d'Aubusson. II, 160, n. 1.
« COMEL » (Anthonin). II, 350.
COMMANDIRE (Le), archer du baron de Béarn. I, 41.
COMMARIN, *Commarien* (Côte-d'Or). Voy. *Dinteville.*
COMMINES (Philippe de), sgr d'Argenton. I, 144, n. 1.
COMMINGES (Antoine-Roger de), sgr de Lescure. III, 229, 230, 233.
— (bâtard de).Voy. *Aydie, Béarn.*
COMO, *Côme, Coni, Comme, Cosme* (duché de Milan). I, 76, n. 1, 80, n. 2, 81, 114, n., 150, 153, 155, 160, 162, 164, n. 2, 171, 172, 177, 198, n. 2, 381, 382; II, 27, n., 114, 134, 336, 387; IV, 161.
— *(Jehan-Pierre de),* orlogeur à Milan. II, 363.
— (commun, cité, *ceulx* de). II, 338 et suiv., 374, 375.
— *(daciers de).* II, 382.
— (évêque de). Voy. *Trivulzio.*
— (gabelle de). II, 376.
— (lac de). I, 91, 160; III, 27, n.
— (officiers de). II, 373 et suiv.
— (portes : Torre, *Ture, Turque;* Sala, *Salle*). II, 374.
— (la Tour longue, à). II, 374.

COMO (la Tour ronde, à). II, 374. Voy. *Roche-Baravelle.*
COMPARE (Jacques), de Gênes. III, 80, n. 1.
— (Pierre). III, 80, n. 1.
COMPIÈGNE (Oise). III, 102, n. 2.
« COMPTY » *(un nommé).* Voyez *Mailly.*
COMTAT-VENAISSIN, *comté de Venisse.* III, 285, n. 3; IV, 66, 245, n. 1.
« CONCOREZ » *(Benedict de),* de Lodi. II, 337.
CONCRESSAULT, *Concorsault* (Cher). Voy. *Menipeny.*
CONFLANS (Antoine de), écrivain de marine, capitaine de navire. II, 18, n. 3, 19, n. 4, 158; III, 195, 196 et suiv.
CONQUET (le) (Finistère). IV, 397.
CONSERANS (pays de). III, 210, n. 2.
CONSTANCE (Pierre-Louis de), capitaine de gens de pied. III, 159.
CONSTANTINOPLE, *Constantinoble.* I, 318, n. 4, 319, 397, 400; II, 74, n., 75, n., 149, 186, 188; III, 73, n.
CONSTANZO, *Coustance* (Abruzze citérieure). II, 248, n. 1.
CONTAY, *Conti, Compty* (Somme). Voy. *Mailly.*
CONTE, *Conti,* « *Comitis* » *(Bernard de),* officier à Milan. II, 383.
— *(Bernardin de),* cavalaire de Côme. II, 373.
— (Filippo). II, 329.
— *(Francisque du),* de Milan. II, 335.
— *(Gaspard du),* châtelain de Crémone pour Ludovic le Maure. II, 346.
— *(Jehan-Ange de),* commissaire du sel à Milan. II, 359.
— *Conti (Panthelin de'), des Comptes,* capitaine de galion. III, 211.
Continence, vertu cardinale. IV, 386.

Contour (Antoine), précepteur du duc d'Albany. I, 98, n. 1.
« Convenz » (Conversano?), domaine du comte Torelli, de Parme. II, 338.
Conversano (royaume de Naples). III, 324.
— (comte de), fils du marquis de Bitonto. Voy. *Bitonto.*
Copertino, *Convertine* (Pouille), Voy. *Baux.*
Coppin (Jean), fourrier du roi. IV, 367.
Corato, *Corastre* (terre de Bari). II, 251; III, 9, 105, 131, 137, 278.
Corbeil (Seine-et-Oise). Voy. *Malet de Graville.*
Corbetta, *Corbete* (duché de Milan). I, 169.
Corbisse (la), bateau de police du lac de Côme. II, 376.
Cordebeuf[1] (le s^r de). III, 228.
Cordelière (la), *Marie-la-Cordelière*, vaisseau de guerre de premier rang. II, 16; III, 45, 194.
Cordeliers (moines). II, 219, n. 3, 220. Voy. *Amboise, Autun, Bellon, Bernardin, Blois, Bourges, Chio, Maillart, Paris, Rouen.*
— (tableau représentant un religieux de l'ordre de Saint-François[2]). I, 323.
Cordon, *Cornon* (Claude de), en Bugey, lieutenant de la c^{ie} Duc de Savoie. II, 154, 287, 290; III, 140, 146, 148.
— (Pierre de), fourrier du roi. IV, 367.
Cordova (Fernandes-Gonsalez de), *Gonsalve de Cordoue, Gonssalles Ferrande, Ferrant,* lieutenant général du roi d'Espagne en Pouille et Calabre. II, 151, 202, 203, 248, 249, 255, 256, 259, 263, 268, 270, 271, 274, 277 (duc de Terranova et « Vernosa ») 293, 295; III, 9, 82, n., 104, 105, 106, 107, 110, 121, 122, 123, 128, 137 et suiv., 145 et suiv., 157, 167 et suiv., 177, 180 et suiv., 258, 259 et suiv., 283, 288, 289, 291 et suiv., 318 et suiv., 381, 382, 390, 391; IV, 228, 240, 345, 347, 356 et suiv., 361, 362, 363, 364. Voy. *Hito Baños.*
Cordova (le neveu de). III, 108.
— (Pedro-Fernandez de), sgr d'Aguilar. II, 248, n. 2. Voy. *Herrera.*
Corduba (Antonio di). III, 395.
Corfou, *Corpho, Corso* (île de) (terre de Saint-Marc). II, 20, 155, 156, 157, 200.
Coria, *Corya* (province de Cacérès, Espagne) (marquis de). Voy. *Toledo.*
Coriana, *Corrillane* (le baron de), capitaine espagnol. III, 275.
Corio, historien de Milan. I, 321, n.
Cormenta (marquisat de Montferrat). I, 18, n. 1.
Cormigliusca (*Bartholomie de*), de Tortone. II, 345.
Cornelio (G.), envoyé vénitien à Milan. II, 83, n., 84, n., 87, n. 1, 92, n. 2.
« Corniel » (*Jacquemin*), d'Alexandrie. II, 340.
« Coronatus » (J.), faisant fonctions de maître des actes, à Naples. III, 380.
Corps (Isère). IV, 159, n. 1.
Corregio (en Modénais, duché de Milan). I, 206, n. 2.
— *Coregio* (*Charles de*), trompette de Milan. II, 383.
— (*Julien de*), trompette de Milan. II, 383.

---

1. Fils d'Antoine, seigneur des Chareil et de Cordebœuf, et de Marie de Coligny?
2. Probablement saint François d'Assise ou saint Antoine de Padoue.

Corregio (Niccolò da), *Nicolas de Corese*, poète. I, 95.
— (Niccolò da), père de Niccolò. Voy. *Este* (Béatr. d').
Corrèze (Corrèze). Voy. *Bonneval* (Germain de).
Corse (île de). IV, 225, 271, n., 273, 300 et suiv.
— (vins de). IV, 332.
Corsi, *Corsé* (Jacomo), pensionnaire à Milan. II, 387.
« Corsie » (*Pedret*), de Plaisance. II, 338.
Corsus (Jacobus), condottiere pisan. IV, 211, 223, 225.
Corte (Bernardino da ou della), *Bertrand de Court*, en latin *Bernardinus Curcius*. I, 78, 79, 88, n. 1, 379.
— (di), de Pavie, *Françoys Cours, Françoys de Cours*. I, 288, 292, 293.
— (*Jacques de Court*), de Pavie. II, 381. Cf. *Cours*.
Corton, *Tourton* (vins de), en Bourgogne. II, 7, n.
« Cose » (*Luquin de*), de Bosco-Marengo. II, 343.
Cosenza, *Consenza,* capitale de la Calabre citérieure. II, 31, n.
Cosne, *Caune-sur-Loire* (Nièvre). I, 313.
Cosnet (Philippe de), musicien. III, 90, n. 6.
Cosquer, *Quosquier* (Pierre de), breton. II, 17.
Cossains, capitaine de gens de pied, *aliàs* de laquais. III, 297; IV, 71, 118, 206, 207.
Cossé (René de), sgr de Brissac, premier panetier, bailli de Caux. 1, 49, n. 3; III, 336, n. 2; IV, 366. Voy. *Caux, Gouffier* (Charlotte).
Costa, de Bosco-Marengo (*Bernardin*). II, 343.
— (*Jacques* de). II, 343.
— (*Jehan* de). II, 343.
— (*Marquni* de). II, 342.
— (*Paulin*). II, 343.
— (*Pierre*). II, 343.
— (*Santin de*). II, 343.

Costabele (Bertrando di), de Ferrare, protonotaire, lieutenant de l'archevêque de Milan. I, 362.
Cotentin (bailli du). Voy. *Prie*.
Cotrone, *Cotron* (marquisat de) (Calabre). Voy. *Poitiers*.
Couches, *Coulches* (Saône-et-Loire). Voy. *Aumont*.
Coucy (Aisne). IV, 47, n. 2.
— (le gouverneur de). IV, 366.
— (Madeleine de), femme de Pierre de Belleforière. III, 5.
Coudray (le) (Cher). Voy. *Puy* (J. du).
Couldrez (Pierre du), capitaine savoisien. III, 139.
Coulon (Jean de), secrétaire de Louis d'Ars. III, 186, 188, 323.
Courcelles (Eléonor de), femme du sire de Châtillon. I, 33, n. 4.
— (Jean de), sgr d'Auvilliers, pensionnaire de Bourgogne. II, 9, n.
Courcillon de Dangeau (Louise de), femme de Lancelot de Salazart. I, 258, n. 1.
Courcou (Court-col), *Courcoul*. Voy. *Plessis* (du).
Courret (Jean du), homme d'armes de la c^{ie} Caïazzo. II, 48.
Cours (famille de). I, 288, n. 2. Voy. *Corte*.
Coursinges, *Corsinges*. Voy. *Rovorée*.
Courtempierre (Loiret). I, 313.
Courteville (Jean de), bailli de Lille, conseiller et maître d'hôtel de l'archiduchesse, ambassadeur de l'archiduc. II, 99, n. 1, 236, n. 1; IV, 44, n. 3; 45, n. 1 et 2, 46, n. 2, 47, n.
Courtois, *Courtoys* (Hugues), maire d'Auxonne, pensionnaire de Bourgogne. II, 9, n.
— (Jean), marchand de Beaune. II, 9, 10, 11.
Courtot (Jean), concierge de la

maison du roi à Dijon, pensionnaire de Bourgogne. II, 8, n.

COUSTURE, *Costure* (le sire de la). V. *Poisieux* (*Cibus de*).

COUSTURIER (le), capitaine (probablement bourguignon) de Ludovic le Maure. I, 191.

COUTANCE, *Coustance, Constance* (Pierre-Louis de), capitaine de gens de pied lombards. II, 278, 285.

COUTHARDY (Pierre), premier président au parlement de Paris. II, 211, n. 1; III, 286.

CRAON (Mayenne). Voy. *Trémoïlle* (La).

CRÉANCES, *Cérance* (Manche). Voy. *Carbonnel*.

CREMA (Vénétie). II, 245, n. 2.

« CREMEL » (*Jehan-Marc*), d'Alexandrie. II, 340.

CREMONA, *Cremonne* (Vénétie, ou duché de Milan). I, 75, 88, n. 2, 276, 367; II, 298, 307, 331, 337; III, 315, n.

— (châtelain de). Voy. *Conte* (Gasp. du).

CRÉMONAIS (le), *Cremonnoys*, comté de *Crémonne*. II, 15, n.; IV, 175.

CRÉQUY, *Créqui* (Antoine de), dit le Hardi, sgr de Pont-de-Rémy ou Pontdormi, maître d'hôtel du sire de Ravenstein, puis bailli d'Amiens, capitaine de 80 lances. II, 89, *notice*. Voy. *Saveuses*.

— (François de), sr de Douriez, sénéchal de Boulonnais, ambassadeur en Angleterre. III, 337, n. 1, 349, n. 2.

— (Jean de), sgr de Canaples, père d'Antoine. II, 89, n. 1. Voy. *Rubempré*.

— (Louis de). III, 228, 231.

CRESPIN (Jean), baron du Bec, maréchal de Normandie. Voy. *Amboise* (Marguerite d').

CRÉTIN, poète. IV, 153, n. 1.

CRÈVECŒUR (Jean de), sgr des Querdes, capitaine de 30 lances. II, 13, n. 1.

CRISTON, *Creston* (Guyou, *aliàs* Guillaume), écossais, capitaine de la Roquette de Milan. II, 353; IV, 31, n., 293.

CRIVELLI, *Crivello, Crivel, Cribelle* (Alessandro), prévôt de San-Pietro a l'Olmo. I, 80, n. 1 et 2, 154, n. 1.

— (le comte *Anthoine*), sgr d'Adorno, pensionnaire à Milan. II, 333, 387.

— (*Antoyne-Marie*), pensionnaire de Milan. II, 332, 387.

— (*Baptiste*), commissaire du sel à Milan. II, 360.

— (le comte *Bartholomie*), de Milan. II, 333.

— (*Blasin*), capitaine de Ludovic le Maure. II, 332.

— (Eneas), de Milan. II, 335.

— (*Jaques*), homme d'armes de Ludovic le Maure. II, 332.

— (*Lodris*), de Milan. II, 333.

— (*Lucrezia*). I, 80, n. 4.

— (*Luquin*), de Milan. II, 335.

— (*Protais*), connétable à Milan. II, 364.

— (le protonotaire), à Milan. II, 329, 336.

CROATIE, *Crouassye*. II, 214.

— (roi de). Voy. *Jagellon*.

CROCE (Giov.-Marco della). II, 329.

CROIX (Claude de la), b^{on} de Plancy, maître des comptes. I, 170, n.

— (Geoffroy de la), trésorier des guerres, sgr de Ricquebourg et de Plancy en partie. I, 169, *notice*. Voy. *Marcel*.

— (Guillaume de la), gouverneur de Montpellier. I, 169, n. 7.

CROPELLO, *Cropel* (Marc-Antoyne de), jeune, de Milan. II, 332.

CROPTE (la) (Mayenne). Voy. *Daillon*.

CROY (Charles de), comte de Chimay, III, 103.

— (Guillaume de), sgr de Chiè-

vre et d'Arschot, grand bailli de Hainaut, ambassadeur de l'archiduc. II, 99, n. 1; IV, 62, n. 1.
CRUSSOL, *Cresol, Cressol* (François de), sgr de Beaudiner, dit le *sgr de Beaudiner* ou *Beaudmer,* pensionnaire, frère cadet de Jacques de Crussol. I, 238; IV, 366. Voy. *Salignac.*
— (Jacques de), sgr de Crussol, Beaudiner, Lévis, Florensac et autres lieux, vicomte d'Uzès, chambellan et grand panetier, capitaine de 200 archers de la garde, capitaine de Nimes, sénéchal de Beaucaire. I, 104, *notice,* 279; II, 5, n. 1, 112, 117; III, 38, 57, 202, n., 282; IV, 31, n., 197, 234, 291, 338. Voy. *Uzès* (Simone d').
— (Louis de). Voy. *Lévis.*
« CULTELA » (*Morel*), de Bosco-Marengo. II, 343.
Curtius. III, 144.
CURZAY (Jacques de), lieutenant des gens de pied du Languedoc. I, 70, n. 2.
CUSANO, *Cuzan* (Girolamo, *Jherosme* de), sénateur de Milan, pensionnaire de Milan. I, 80, n. 1, 357, 362, 386.
CUVILLIER (Baudichon du), chef de bande, de la Cie Graville. II, 112.
CUYRAT (Geoffroy), dit *le Familh,* capitaine de gens de pied. II, 262, 265; III, 194.
Cyclopes (les), Cicloppes, mareschaulx des Avernes. IV, 369.
« CYERVE (messire). » Voy. *Colonna* (Prospero).
Cyla. Voy. *Sylla.*
Cyrus (le grand). I, 133, n. 1, 404; IV, 281.
« CYTAIN. » Voy. *Chatain.*

D

DAILLON (François de), sgr de la Crote, fils de Jean de Daillon, capitaine de gens de pied. II, 262, 278, 292; III, 193, 263; IV, 49, 50.
« DALBEME, » banquier à Rome. III, 250.
DALMATIE (roi de). Voy. *Jagellon.*
DAMAS, en Syrie. I, 318.
— (Jean), sgr de Digoin. II, 21, n. 7.
—, (Philbert de), sgr de Saint-Amour. II, 21, 174, 178, n. 1, 179.
— (Pierre), maître d'hôtel de M. de Ravenstein. II, 334.
DAMMARTIN, *Dampmartin* (Doubs). Voy. *Dinteville.*
DAMPIERRE (Adrien de), sommelier de paneterie du roi. I, 321. Voy. *Dompierre.*
DAMVILLE (Eure). Voy. *Pot.*
DANDOLO, ambassadeur vénitien. III, 91, n. 1, 97, n. 1, 111, 156, n. 2, 247.
DANEMARK (ambassadeur en). Voy. *Afflect.*
DANGU (Nicolas), homme d'armes. IV, 143.
Daniel (bas-relief représentant), à Gênes. III, 75.
DANUBE (le), *la Dunoe.* IV, 53.
DARCHET, *d'Archet* (Thibault), canonnier. IV, 196, 231.
Dardanus, poète de la cour. III, 201, n. 2, 350, n.; IV, 4, n. 1.
DARE (Pierre), lieutenant général du bailli de Rouen. II, 398, 399.
« DARESTZ » (*André*), entrepreneur à Gênes. II, 385.
Darius, Daire. I, 404; IV, 281.
DAUPHIN, *Daufin* (Catherine), dite Mlle *de Combronde,* femme de Guy d'Amboise. I, 49, n.
— (Gilles), théologien. IV, 379.
— (le roi d'armes). IV, 252.
DAUPHINÉ, *Daulphiné.* I, 197, 198, n. 1, 275, n.; II, 22 et suiv., 92, n. 1, 96, 139, 146, 210; III, 89, 191, 204; IV, 66, 164, 382.
— (Chambre des comptes de). III, 287, n.

Dauphiné (francs-archers du). Voy. *Galiot.*
— (gouverneur du). Voy. *Aynard.*
— (lieutenant du gouverneur de). Voy. *Maugiron* (Guy de).
— (parlement de). III, 287, n.
— (le président du). Voy. *Carles.*
— (Vaudois, *Vauldoys* du). II, 22 et suiv.
Dauphinois. II, 278, 285; IV, 231. Voy. *Villars.*
Daurillac. Voy. *Auvillar.*
Daussel, *d'Aussel* (Jacques), canonnier. IV, 196, 231.
David (le roi). II, 207, n.
— (bas-relief représentant), à Gênes. III, 75.
Dax (Landes) (capitaine de). Voy. *Verdusant.*
Decius. I, 391.
Deela Rien (?) (*Bonyral*), capitaine de gens d'armes. IV, 6, n. 1.
Denia, *Denya* (province d'Alicante). Voy. *Sandoval.*
Dentice, *Dentys* (Antoine), chevalier napolitain. III, 182.
Denys (le tyran), *Dyonisio.* IV, 258, 267.
Déols (Indre). Voy. *Prie* (René de).
Desbarres. Voy. *Barres* (des).
Descenon, *de Scenon* (Bernard), gascon, homme d'armes de la compagnie Lanque. I, 245;. II, 115, 124; III, 257, 291, 299, 303, 305, 306.
— (Jacques), homme d'armes. III, 148.
Deschenon (Dreux), échevin de Dijon, pensionnaire de Bourgogne. II, 8, n.
Deschesnoy (François), sgr dudit lieu, gentilhomme de la maison du roi, bourguignon. IV, 151 et suiv.
« Descoulabre » (*Jehan*), châtelain de Monza. II, 365.
Desfriches (Pierre), avocat. III, 286, n.

Desiderius, roy des Lombars. IV, 327.
Desio, *Dece* (duché de Milan). II, 306.
« Destagien, » *Destagyen* (*David*), de Gênes. II, 155, 156.
« Desye. » Voy. *D'Aydie.*
Deza (Didacus), évêque de Palencia. III, 233, n.
Diable (le), *el Diavolo del inferno.* I, 344.
Diano-Marina (?), *Dessano* (Ligurie). II, 356.
Didon, Dido de Cartage. IV, 21.
Dieppe (Seine-Inférieure). I, 60, n. Voy. *Amboise* (Charles d').
— (capitaine de). Voy. *Malet de Graville.*
Diesbach (Guillaume de), pensionnaire à Milan. II, 384.
— (Louis). II, 350.
Dieu, *Divinité, sire Dieu.* I, 305, 307, 317, 318, 319, 329, 341, 343, 350, 353, 358, 363, 384, 389; II, 129, 142, n., 152; III, 153, n., 235, 238, 239, 242, 243, 250, 308, 309, 359, n. 2 et suiv., 397; IV, 4, 7, 21, 31, n., 148, 290, 297, 333, 337, 343, 344, 345.
— *deffenceur des justes querelles.* I, 235.
— *donneur des victoires.* I, 236; III, 339.
— *le Myre souverain.* I, 296.
— *consolateur des désolés.* IV, 3.
— *créateur.* IV, 303.
— *maître du monde.* III, 83.
— *nostre créateur* (formule de chancellerie). II, 74, n., 75, n. 1, 93, n. 2, 194, 206, n.
— *prince des princes.* I, 266.
— *punisseur des forfaits.* III, 87.
— *qui des royaumes dispose.* IV, 63.
— (la mère de). III, 298.
— *Deus optimus maximus.* I, 360, 363, 371, 374 (discours de Lascaris).
— *Rex imago Dei.* I, 378.

Dieu, en italien *Dio.* II, 298, 299, 302, 309, 326.

Digoin (Saône-et-Loire). Voy. *Damas.*

Dijon, *Disjon* (Côte-d'Or). I, 47, n. 3, 100, n., 106, n. 1; II, 4, 6 et n. 2, 7, n., 10, 11; III, 338; IV, 48 n.
— (bailli de). Voy. *Bessey* (Antoine de).
— (capitaine de). Voy. *Lay.*
— (échevin de). Voy. *Deschenon.*
— (maire de). Voy. *Aigneau.*
— (maison du roi, à). Voy. *Courtot.*
— (parlement de). Voy. *Chambellan, Ferté* (Ph. de la).
— (la sainte Hostie de). IV, 3.

Dimenche (Guy). II, 5, n. 1.

Dinan (Ille-et-Vilaine). IV, 11, n. 1.

Dinteville, *Tinteville* (François de), évêque de Sisteron. IV, 362.
— (Jacques de), sgr d'Eschanetz, de Commarien, de Villiers et Maisey, veneur du roi en Bourgogne, pensionnaire de Bourgogne, capitaine de Beaune. II, 7, n., 8, n., 9, n. 1, 11.
— (Jean de), bourguignon. II, 21, 174, 175, 178, n. 1.

Diodore, Dyodorus. II, 229.

Diois (comté de). Voy. *Borgia.*
— (francs-archers du). Voy. *Galiot.*
— (sénéchal de). Voy. *Clermont* (Philibert de).

Disentis, *Isentis, Sortais* (abbé de) (Grisons). Voy. *Brügger.*

Dissolution. I, 297, n.

Diversi, *Diverses* (les nobles), de Pavie. II, 366.

Dobenburg (Balthasar von), gentilhomme bohémien. IV, 6, n. 1.

« Dogas » (Perot). II, 386.

Dolze (Zuan), secrétaire, envoyé de Venise. I, 166.

Domartin (Antoine de), sous-viguier de Toulouse. III, 210, n. 2.

Domfront (Orne). Voy. *Milhau.*

Domitius, « Domicio. » IV, 255, 263.

Domo d'Ossola, *Domdossole, Dandolse, Dondolfe* (duché de Milan). I, 382; II, 27, n., 389, 351, 378. Voy. *Mattarella.*
— (capitaine de). Voy. *Marolles, Marrolles.*
— (commun de). II, 383.
— (péage de l'évêque de Novare, à). II, 382, 383.
— *Laval de Boulonne* (les habitants de), à. II, 383.
— *Le Val Scommaize* (Valcamonica?), à. II, 382.
— (*Valle Anzuno*, à), *Laval Langure, Laval Laudure.* II, 382.

Dompierre (Orne). Voy. *Silly.* Cf. *Dampierre.*

Donato (Jérôme), ambassadeur vénitien. III, 18, n.
— (Rafagnino), capitaine de Valenza. I, 30, n. 4.

Donges (Loire-Inférieure) (vicomté de). Voy. *Rieux.*

Dordos (*Bernard*), capitaine de Lecco. II, 334.

Doreille. Voy. *Oreille.*

Doria, *de Auria, Dorie,* de Gênes (Agostino). IV, 130, n.
— (Andrea), ambassadeur de Gênes. IV, 130, n.
— (Constantin). IV, 88.
— (Jean-Jacques-Jean). II, 387; III, 20, n., 53; IV, 131, n., 275, n. 2.
— (*Iheronyme*), ancien de Gênes. III, 55; IV, 88.
— (Marcus). IV, 88.
— (Raphus). IV, 88.
— (Stephanus). IV, 88.
— (Visconte). IV, 95 et suiv.

Dos. Voy. *Aulx.*

Doulce (Guillaume), secrétaire du roi. I, 194, n. 1.

Doulcet (François), *ung nommé Doulcet,* commis au paiement de l'extraordinaire des guerres. I, 194, *notice,* 196, 247,

263, 264, 351, 352; III, 337, 338.
Doulcet (Guillaume), contrôleur des finances, contrôleur de l'argenterie, *le contrôleur Doulcet.* I, 195, n. 1. Voy. *Aloyau, Doulce.*
— (Jacques), censier de Blois. I, 194, n. 1.
— (Jean), sgr de Beauregard, maître de la chambre aux deniers de Charles d'Orléans. I, 195, n.
Dourdan (Seine-et-Oise). Voy. *Malet de Graville.*
Douriez, *Dourrier* (Pas-de-Calais). Voy. *Créquy.*
Doyac (Odile de), capitaine de charroi. IV, 231.
Dozillat, homme d'armes. IV, 143.
Dragon de mer. II, 158.
Dresnay (Renaud du), capitaine de Charles VII et de Charles d'Orléans, gouverneur d'Asti. I, 65, n. 1.
Dreux (Eure-et-Loir). III, 331, 332.
Droit-Chemin, vertu. II, 207, n.
Dryades (les). IV, 19.
Duboys (Jean), homme d'armes de la compagnie Chandée. I, 57, 62.
Ducos (Guillaume), sgr de la Hitte, *le cappitaine la Hicte,* archer de la compagnie La Châtre, capitaine du châtelet de Gênes, commandant d'artillerie. II, 355, 356; IV, 319, 321, 322, 336.
Ducro (Guillaume), homme d'armes. IV, 143.
— (Philippe), fils de Guillaume, homme d'armes. IV, 143.
Dufour. Voy. *Four* (A. du).
Duingt, *Duesme* (Haute-Savoie). I, 34, n.
Dune (Jean de la), maître de navire. IV, 400.
« Dunoe » (la). Voy. *Danube.*
Dunois (comté de). Voy. *Orléans.*

Duprat (Antoine), maître des requêtes, conseiller, ambassadeur. III, (Jean) 330, 331, 334.
Dupuy (Gilbert), sgr de Vatan, bailli de Bourges. I, 280, n. 1.
Durant (Étienne), fourrier du roi. IV, 367.
— (Georges). I, 294, n. 2.
Duras, en Gascogne (Lot-et-Garonne). Voy. *Durfort.*
Durfort (Georges de), dit le *cadet de Duras.* III, 209; IV, 337.
— (Jean de), sgr de Duras en Gascogne, pensionnaire de Milan, lieutenant de la compagnie d'Albret. II, 245, 355; III, 262, 299; IV, 71, 157, 161.
Durtal, *Durestal, du Restal* (Maine-et-Loire). Voy. *Jaille* (La).

E

Eacus (le dieu). IV, 19.
Ébrard de Saint-Sulpice (Souveraine d'), première femme de Guy de Lauzières. I, 25, n. 1.
Échannay, *Eschanetz* (Côte-d'Or). Voy. *Dinteville.*
Éco (la nymphe). IV, 20.
Écossais. III, 56, 161, 163, 164, 186; IV, 31, n. Voy. *Criston, France* (roi de), *Vielle.*
Écosse. I, 98, n. 1.
— (ambassadeur de France en). Voy. *Cockburn, Poitiers* (Guill. de).
— (roi d'). III, 285, n. 1.
Égée (mer). II, 188. Voy. *Archipel.*
Église (l'). III, 30, 72, 201, 250, 284, 361 et suiv.
— (terre d'). Voy. *Faenza, Pérouse,* etc.
— *gallicane.* III, 286, n.
— *militante.* I, 295, 297, n.; II, 218.
— *pacifiée.* I, 7.
Egmont (Charles d'), duc de Gueldre. IV, 27 et suiv., 34, 389, 390, 393, 394, 397.

www.ingramcontent.com/pod-product-compliance
Lightning Source LLC
Chambersburg PA
CBHW071706230426
43670CB00008B/925